21 世纪会计学系列教材

总主编 江希和 熊筱燕

ZHONGJICAIWUKUAIJIJIAOCHENGYUANLI

中级财务会计教程与案例

熊筱燕 **主 编**

向有才 **副主编**

立信会计出版社

图书在版编目(CIP)数据

中级财务会计教程与案例 / 熊筱燕主编. —上海:
立信会计出版社,2009.10
(21世纪会计学系列教材)
ISBN 978-7-5429-2365-3

Ⅰ.中… Ⅱ.熊… Ⅲ.财务会计—高等学校—教材
Ⅳ.F234.4

中国版本图书馆 CIP 数据核字(2009)第 184109 号

责任编辑　徐小霞
封面设计　周崇文

中级财务会计教程与案例

出版发行	立信会计出版社	
地　　址	上海市中山西路 2230 号	邮政编码　200235
电　　话	(021)64411389	传　　真　(021)64411325
网　　址	www.lixinaph.com	电子邮箱　lxaph@sh163.net
网上书店	www.shlx.net	电　　话　(021)64411071
经　　销	各地新华书店	
印　　刷	常熟市梅李印刷有限公司	
开　　本	787 毫米×960 毫米	1/16
印　　张	30.5	
字　　数	570 千字	
版　　次	2009 年 10 月第 1 版	
印　　次	2015 年 7 月第 3 次	
印　　数	6 101—7 200	
书　　号	ISBN 978-7-5429-2365-3/F	
定　　价	44.00 元	

如有印订差错,请与本社联系调换

总序

中国的高等教育在"九五"期间实现了超常规、跨越式发展。在大发展的同时,也面临着新的挑战:内涵提高和外延发展如何协调进行?人才培养质量如何保证?教育教学水平如何提高?为了解决好这些问题,引导高校教学的改革、建设和发展,并同时落实国家关于"本科教育要把重点放在提高质量上"的方针,教育部从2003年开始,正式确立了周期性教学工作评估制度,并以一定形式向社会公布评估结果。可见,国家对高校本科教育的重视程度。

21世纪是知识快速更新、科学技术综合交叉发展的新世纪,也是世界历史上国际市场竞争最为激烈的一个世纪。国际竞争的胜负,取决于各个国家科技发展的创新程度,但归根结底,取决于创新人才的培养效果。高校作为培养创新人才的重要基地,其教材建设是决定能否培养出创新人才的一个重要因素。也正因为如此,国家对高校教材建设的重视力度日益加强,国家级规划教材建设的大规模启动,就是很好的例证。

为了培养适应当代市场需要的创新型、实用型人才,根据教育部印发《关于进一步加强高等学校本科教学工作的若干意见》的通知(教高[2005]1号)中关于加强教材建设的精神,对高校教材建设的基本要求应该是:有利于学生实际动手能力、创新能力和分析问题、解决问题能力的培养,要与案例教学方法的应用密切结合,要符合教育规律,同时,还要便于教师安排教学。基于这样的要求以及我国会计教材的现状,由南京师范大学会计与财务管理系江希和教授以及熊筱燕主任规划和设计,并组织南京师范大学部分会计与财务管理系教师,编写了本系列教材。

本系列教材的选题范围是在教育部工商管理类学科专业教学指导委员会制订的会计学专业指导性教学计划(2002年)所列

的主干课程基础上,结合会计教育发展和本校会计学专业建设的特点确定的。具体包括:《初级会计学教程与案例》、《中级财务会计教程与案例》、《高级财务会计教程与案例》、《成本会计教程与案例》、《财务管理教程与案例》等。

本系列教材的主要特色是:

(1) 以生动有趣的案例作为引言,导出教学主要内容,以明确学生的学习目标。

(2) 内容规划上,突出适度新颖、强化理论基础、多用案例、重在应用、加强对学生实际操作能力培养的教学宗旨。

(3) 正文中设计了问题与思考栏目,有的章节还设有小案例分析、知识库等内容,在大多数章后还设计了内容全面、重点突出的同步测试题,并且备有参考答案(在电子教案中),以方便教师教学。

(4) 设计了案例讨论题。每一案例都可作为课堂实施案例教学法的教学内容。案例内容来源于实践,又不拘泥于实践,使之既与实际紧密结合,又便于教学。通过案例教学,能进一步激发学生的学习积极性,培养学生分析问题、解决问题的能力,使学生在轻松愉快的讨论中,掌握核心知识。

由于时间以及作者水平有限,本系列教材中不妥与错误之处在所难免,恳请广大读者和同行多提意见,以备日后修改与完善。

江希和

2009 年 1 月

前言

会计是社会经济环境的产物，同时社会经济环境又决定会计提供信息的"量"与"质"。在现今信息网络化、经济全球化的环境下，作为"商业语言"的会计所要反映的现实问题越来越多。尤其是资本市场的迅猛发展以及各经济主体之间的收购兼并等众多特殊业务的发生，使财务会计反映与揭示经济活动的功能越来越重要，而与国际会计惯例相趋同是我国会计改革的必然选择。因此，本教材编写时力求贴近我国会计实践与改革的步伐，同时体现现实性、前瞻性并考虑创新人才培养的要求。按照这一编写目的，本教材主要具有以下两个特点：

（1）依据财政部最新颁布实施的1项基本会计准则、38项具体会计准则和应用指南等文件编写，既立足于我国国情，同时又注意吸收西方成熟市场经济条件下的会计理论与方法，为学生将来从事会计管理工作或科学研究奠定良好的理论基础和丰富的财务会计知识。

（2）注重理论与实践的密切结合，强调会计知识的理解与应用；同时，力图体现财务会计的教学规律，体现学生的认知规律，注重学生分析问题、解决问题能力的培养。为此，本教材在每一章都配有与该章内容相关的、取自于现实经济活动又不局限于现实的案例分析题，同时还附有相关的思考题和测试题。

本教材适用于高等院校会计、财务管理、工商管理等专业的本科学生学习，也可以作为在职会计人员及相关经济管理工作者继续教育、高等教育自学考试以及会计师、注册会计师考试的教学用书或参考用书。

本教材由南京师范大学会计与财务管理系系主任熊筱燕主编，向有才老师担任副主编，由江希和教授设计框架并指导编写。本教材共分13章。各章编写分工如下：第一章由熊筱燕编写，

第二、第八章由张小军编写，第三、第四章由沈涟波编写，第五、第十一、第十二章由陈文军编写，第六、第七章由廖浪涛编写，第九、第十章由王水娟编写，第十三章由向有才编写。

本教材在编写过程中，得到了立信会计出版社徐小霞编辑的大力支持和帮助，并借鉴了财务会计等方面有关学者的观点，在此一并表示感谢！限于作者认知水平及能力，加之时间仓促，教材中难免有不足之处，敬请专家和广大读者批评指正。

作　者

2009年10月

目录

第一章　财务会计基本理论 …………………………………………… 001
 学习目标 ………………………………………………………………… 001
 引言 ……………………………………………………………………… 001
 第一节　财务会计的含义及其特点 ……………………………………… 002
 第二节　财务会计的目标、会计核算基础以及会计基本假设 ………… 005
 第三节　会计要素及其确认、计量与报告 ……………………………… 010
 第四节　会计信息质量要求 ……………………………………………… 020
 第五节　财务会计规范 …………………………………………………… 023
 本章小结 ………………………………………………………………… 029
 复习思考题 ……………………………………………………………… 030
 案例讨论题 ……………………………………………………………… 030
 同步测试题 ……………………………………………………………… 031

第二章　货币资金 ………………………………………………………… 034
 学习目标 ………………………………………………………………… 034
 引言 ……………………………………………………………………… 034
 第一节　库存现金 ………………………………………………………… 035
 第二节　银行存款 ………………………………………………………… 041
 第三节　其他货币资金 …………………………………………………… 048
 本章小结 ………………………………………………………………… 051
 复习思考题 ……………………………………………………………… 052
 案例讨论题 ……………………………………………………………… 052
 同步测试题 ……………………………………………………………… 053

第三章　应收款项 ………………………………………………………… 057
 学习目标 ………………………………………………………………… 057
 引言 ……………………………………………………………………… 057
 第一节　应收票据 ………………………………………………………… 057
 第二节　应收账款 ………………………………………………………… 062

第三节　其他应收款及预付款 …………………………………… 066
　　第四节　应收债权融资 …………………………………………… 073
　　本章小结 …………………………………………………………… 076
　　复习思考题 ………………………………………………………… 076
　　案例讨论题 ………………………………………………………… 076
　　同步测试题 ………………………………………………………… 077

第四章　存货 …………………………………………………………… 083
　　学习目标 …………………………………………………………… 083
　　引言 ………………………………………………………………… 083
　　第一节　存货概述 ………………………………………………… 083
　　第二节　存货取得、发出的计量 ………………………………… 085
　　第三节　存货的日常核算 ………………………………………… 103
　　第四节　存货的期末计量 ………………………………………… 115
　　第五节　存货清查 ………………………………………………… 122
　　本章小结 …………………………………………………………… 124
　　复习思考题 ………………………………………………………… 124
　　案例讨论题 ………………………………………………………… 124
　　同步测试题 ………………………………………………………… 125

第五章　投资 …………………………………………………………… 133
　　学习目标 …………………………………………………………… 133
　　引言 ………………………………………………………………… 133
　　第一节　投资概述 ………………………………………………… 134
　　第二节　交易性金融资产的核算 ………………………………… 137
　　第三节　持有至到期投资 ………………………………………… 142
　　第四节　可供出售金融资产的核算 ……………………………… 149
　　第五节　长期股权投资的核算 …………………………………… 153
　　本章小结 …………………………………………………………… 172
　　复习思考题 ………………………………………………………… 173
　　案例讨论题 ………………………………………………………… 173
　　同步测试题 ………………………………………………………… 173

第六章　固定资产 ……………………………………………………… 182
　　学习目标 …………………………………………………………… 182
　　引言 ………………………………………………………………… 182
　　第一节　固定资产的性质与分类 ………………………………… 183

第二节　固定资产的取得 …………………………………… 187
　第三节　固定资产折旧 ……………………………………… 198
　第四节　固定资产的后续支出 ……………………………… 206
　第五节　固定资产的处置与期末计价 ……………………… 209
　第六节　固定资产减值 ……………………………………… 214
　本章小结 ……………………………………………………… 219
　复习思考题 …………………………………………………… 220
　案例讨论题 …………………………………………………… 220
　同步测试题 …………………………………………………… 221

第七章　无形资产及其他资产 …………………………………… 225
　学习目标 ……………………………………………………… 225
　引言 …………………………………………………………… 225
　第一节　无形资产 …………………………………………… 226
　第二节　其他长期资产 ……………………………………… 239
　本章小结 ……………………………………………………… 240
　复习思考题 …………………………………………………… 240
　案例讨论题 …………………………………………………… 240
　同步测试题 …………………………………………………… 241

第八章　负债 ………………………………………………………… 245
　学习目标 ……………………………………………………… 245
　引言 …………………………………………………………… 245
　第一节　流动负债 …………………………………………… 246
　第二节　长期负债 …………………………………………… 273
　第三节　借款费用概述 ……………………………………… 280
　第四节　或有事项 …………………………………………… 285
　本章小结 ……………………………………………………… 288
　复习思考题 …………………………………………………… 288
　案例讨论题 …………………………………………………… 289
　同步测试题 …………………………………………………… 289

第九章　收入、费用和利润 ……………………………………… 298
　学习目标 ……………………………………………………… 298
　引言 …………………………………………………………… 298
　第一节　收入 ………………………………………………… 299
　第二节　费用 ………………………………………………… 325

　　第三节　利润 …………………………………… 330
　　本章小结 ………………………………………… 344
　　复习思考题 ……………………………………… 344
　　案例讨论题 ……………………………………… 345
　　同步测试题 ……………………………………… 345

第十章　所有者权益 …………………………… 351
　　学习目标 ………………………………………… 351
　　引言 ……………………………………………… 351
　　第一节　所有者权益概述 ……………………… 352
　　第二节　投入资本 ……………………………… 353
　　第三节　资本公积 ……………………………… 355
　　第四节　留存收益 ……………………………… 358
　　本章小结 ………………………………………… 363
　　复习思考题 ……………………………………… 363
　　案例讨论题 ……………………………………… 363
　　同步测试题 ……………………………………… 364

第十一章　非货币性资产交换 ………………… 368
　　学习目标 ………………………………………… 368
　　引言 ……………………………………………… 368
　　第一节　非货币性资产交换概述 ……………… 369
　　第二节　以公允价值为基础计量换入资产 …… 370
　　第三节　以换出资产账面价值为基础计量换入资产 … 374
　　第四节　同时换入多项资产的账务处理 ……… 377
　　第五节　非货币性资产交换的披露 …………… 380
　　本章小结 ………………………………………… 381
　　复习思考题 ……………………………………… 381
　　案例讨论题 ……………………………………… 382
　　同步测试题 ……………………………………… 382

第十二章　债务重组会计 ……………………… 389
　　学习目标 ………………………………………… 389
　　引言 ……………………………………………… 389
　　第一节　债务重组概述 ………………………… 390
　　第二节　以资产清偿债务的债务重组 ………… 391
　　第三节　以债务转为资本的债务重组 ………… 394

第四节　修改债务条件的债务重组 ··· 395
第五节　混合重组方式的债务重组 ··· 397
第六节　债务重组的披露 ·· 398
本章小结 ··· 399
复习思考题 ··· 399
案例讨论题 ··· 400
同步测试题 ··· 401

第十三章　财务报表 ·· 408
学习目标 ··· 408
引言 ··· 408
第一节　财务报表概述 ··· 408
第二节　资产负债表 ··· 413
第三节　利润表 ··· 432
第四节　现金流量表的编制 ··· 438
第五节　所有者权益变动表的编制 ··· 454
第六节　财务报表附注的编制 ··· 459
本章小结 ··· 464
复习思考题 ··· 465
案例讨论题 ··· 465
同步测试题 ··· 467

参考文献 ··· 475

第一章 财务会计基本理论

学习目标

- 理解财务会计的目标与会计核算的基础工作以及财务会计假设
- 掌握会计要素及其确认、计量与报告的基本原理
- 能运用会计确认、计量与报告基本方法
- 掌握财务会计的逻辑主线

引 言

谁需要财务报表?他们需要什么信息?在他们所需要的信息中有多少是由会计师提供的?为了提供所需要的信息要求报表有一个怎样的结构?从以上课题出发,由罗伯特·特鲁布罗德负责领导的"财务报表目标研究小组"经过一系列的调查研究,用了两年半时间于1973年提出了一份题为《财务报表的目标》的报告。这一报告列举了12项财务报表目标,其中基本目标是"提供据以进行经济决策的信息"。美国财务会计委员会(FASB)在1973年成立以后,充分认识到财务会计目标对会计准则制定的重要性,对其进行全面研究并取得了新的突破。FASB把目标放在财务会计概念的整体研究中加以考察,明确规定目标应起"指引方向"的作用。FASB提出的目标是向使用者提供有助于经济决策的信息,即"决策有用观"。国际会计准则委员会和英国ASB提出财务报告的目标应同时满足两个方面的需求:一是提供有助于经济决策的信息;二是反映管理当局受托责任的履行情况,即"决策有用观"和"受托责任观"同时并存。从此,国内外会计理论界围绕着会计目标的"决策有用观"和"受托责任观"进行了长期的研究和探讨。那么,我国会计准则的财务目标是什么呢?学习本章之后,你将得到这一问题的正确答案。

第一节 财务会计的含义及其特点

一、市场经济与财务会计

市场经济是商品经济发展的一个高级阶段。这个阶段由于商品概念和内容的扩展,从而形成一个广泛的市场体系,即除了生活资料这类物质产品的市场外,其他生产要素市场,如金融、技术、信息、人才、产权等市场也都陆续形成,并建立起全国统一的市场。

在市场经济中,企业是经济活动的主体和基础,任何一个企业进行生产经营活动都必须拥有一定的经济资源。企业生产经营活动的目的,就是通过不断获取、使用经济资源,从而生产和销售其产品,在满足社会需求的同时,获取尽可能多的经营利润。为加强企业经营管理,管理者必须借助于财务会计,以财务会计所提供的会计信息,作为经营管理和决策的一个重要基础和依据。就财务会计而言,这种为加强企业经营管理而提供的服务,是会计工作的一个重要方面。但我们也应看到,在市场经济中,伴随着企业投资的多元化,现代企业的规模与组织形式也日益庞大化和复杂化,企业不仅可能有多个现实的投资者,而且还可能需要向银行及金融机构借贷,或在证券市场上发行股票和发售债券以获取资本。企业会因经营活动所需而与其他主体产生信用关系,政府为管理和调控社会经济秩序,也将会更多地利用法律、经济手段来约束和管理企业的生产经济活动。这样,现代企业的生产经济活动,就不仅仅是关系到企业本身经营的成败,而且与诸多外部利害关系者密切相关。这些成分复杂、想法各异的外部利害关系者,并不能直接或间接地参与企业的生产经营活动,但他们十分关心企业的财务状况、经营成果和现金流量情况。正是由于外部利害关系者不能直接从事经营管理,因此他们只能从企业定期对外公布的财务会计报告中获取有关决策的会计信息,从而成为企业会计信息的外部使用者。围绕现代企业的经营活动,在企业外部利害关系者与企业经营管理者之间,由于对经济利益的关心程度和立脚点不同,难免会产生不一致的认识,有时甚至会形成利益上的矛盾。如企业经营者会要求财会人员尽可能地按企业的需要来编制对外财务会计报告,而外部利害关系者由于成分复杂和利益需求各异,各自都希望尽可能多地获取按其特定需要而编制的对外财务会计报告,以获取企业经营的信息。在这种矛盾的协调中,产生了应该规范会计活动和制定会计准则来明确规定会计对会计主体所发生的交易或事项进行确认、计量和报告的需求。因而,从传统会计分支的角度出发形成了一个以会计准则为依据、充分考虑各种信息使用者的特征、提供以主要满足企业外部利害关系者作出决策有用信息的会计信息系统,即财务会计。

二、财务会计的特点和内容

财务会计的特点主要有以下几个方面。

(一)以会计准则为确认、计量、报告的依据

前已述及,现代企业经营活动的影响和制约因素日渐增多、复杂,各外部利害关系者对企业关注的程度和角度也各不相同,这就要求财务会计在提供外部利害关系者使用的会计信息时,有一个能保证财务会计真实地反映企业生产经营情况和财务状况并能为各方接受的会计准则,财务会计处理发生的交易事项通常要经过确认、计量和报告这三个基本环节,而这三个环节都必须按照会计准则的规范进行,以保证不会导致财务会计报告使用者的误解。同时,依照会计准则而进行财务会计工作,也为注册会计师及外部利害关系者执行审计业务和审查企业经营活动提供审查的依据和标准。

(二)以对外编报财务会计报告、提供对决策有用的会计信息为主要目的

与企业经营相关的各种外部利害关系者,特别是投资者和信贷者,时常需要了解和掌握相关企业的财务状况、经营成果和现金流量情况,但限于他们本身无法依靠参与经营来获取满足其特定需要的各种情况,他们获取这些信息的途径,主要是来源于企业所编制的财务会计报告,借助于企业所编报的财务会计报告,获取作出合理的投资、信贷等决策的有用信息。因而,对于企业来说,面对需求各异的外部信息使用者,编制财务会计报告本身并不是目的,而主要在于通过所编制的财务会计报告,尽可能地提供能够满足各种信息使用者需求的信息。同时,企业在编报财务会计报告过程中,不能仅以编报者和使用者的意愿提供信息,而必须按照会计基本准则的规范,经过标准的格式、项目、时期间隔及编制程序,真实完整地提供能反映企业现状、对决策者有用的信息。但对于企业外部信息使用者而言,首先应认识到,企业编制的财务会计报告所提供的信息,由于各种原因的影响导致这种信息具有其特性和局限性;其次如何利用企业财务会计报告所提供的基本会计信息来进行分析、评价、估计和判断,作出相应的预测和决策,则应完全由他们自己决定。同时必须加以说明的是,财务会计以对外编报财务会计报告、提供与决策相关的有用信息为主要目标,并不排除所提供的信息能为企业管理者使用。在实际工作中,企业内部的管理人员也经常利用财务会计报告的信息进行分析、研究,只不过是在利用这种信息时,管理者还可使用企业不向外界传递的信息,以便更好地分析经营现状,预

测未来,强化管理。

(三)以传统会计为基础构建财务会计模式

一般认为,会计的基本假设,如会计主体假设、持续经营假设、会计分期假设以及货币计量假设等,构成财务会计的一般基础,在此基础上,财务会计在确认、计量和报告等方面,仍依循传统会计模式。如在传统会计模式中,会计的确认、计量和报告的主要对象,是能够给企业带来经济利益的经济资源,因其基本界定在经济资源的物资资源中,对那些十分重要的人力资源等不纳入确认、计量和报告对象之内。同时,会计计量以历史成本原则而进行,会计的确认一贯强调以权责发生制为基础,采取应计、递延、分配和摊销等方式对经济事项进行处理和调整,进行会计的账项处理和记录。以上所述的传统会计在会计确认、计量和报告等方面的原则与方法,依然在财务会计中保持和采用,因而现行的财务会计是以传统会计为基础构建其结构模式的。

(四)以披露企业经营的过去和现在的会计信息为主

在现行财务会计体系下,财务会计主要通过特定的确认、计量和报告的形式与程序,记录企业在特定时期内的经营活动,传递企业已发生的各种经营活动及其经营成果的信息,披露和报告企业的财务状况、经营情况和现金流量情况。财务会计并不对企业未来的经营方针、计划进行确认、计量和报告,也不预测企业未来的经营前景,其所披露的是关于企业已经过去的会计期间内的会计信息。应该指出的是,财务会计以提供过去和现在的信息为主,并不排除财务会计信息具有预测的价值。只有获取和利用财务会计信息和其他各种信息,在考虑各种因素的基础上,依照自己的分析和判断,才能对企业今后的经营进行估计和预测。

财务会计是一门涉及范围广、内容丰富且始终处于不断发展的学科,同时它也是会计学科中应用性最强的学科。

三、财务会计与其他会计分支的关系

会计学科按其基本内容划分,大致可分为基础会计、财务会计、成本会计、管理会计和审计学等重要分支。作为会计学科的一个分支,财务会计与会计学科的其他分支,既有相互关联之处,也有其独特之处。我们择其要点简述如下:

基础会计主要研究和阐明会计的基本原理、基本概念、基本方法和程序及技术。基础会计的内容是财务会计的基础和前提。

成本会计主要研究和阐明成本的预测、计划、核算、分析控制以及管理的理论、程序和方法。成本会计和财务会计的关系十分密切,就会计实务而言,两者交融于一体,只是侧重点不同而已。例如,成本的计算必须使用财务会计核算的数据,而财务会计中的利润确定又以成本会计提供的数据为基础。

管理会计研究和阐明如何利用财务会计和成本会计信息以及其他有关管理的信息,向企业内部各管理者报告管理信息及其他有关管理的信息理论、程序和方法。从管理会计发展进程看,它主要是在成本会计基础上逐渐发展形成的,至今已成为与财务会计并重的一个重要分支。管理会计在其目标、程序和方法上是否受会计准则约束等方面与财务会计有着明显的区别。

审计学研究和阐明如何对经济活动的合法性、合规性、合理性和有效性,以及所披露的会计信息的真实性、公允性和一贯性进行经济鉴定与评价。财务会计所提供的关于企业经营的会计信息和方法,一向都是审计的重要依据和评价对象。

第二节 财务会计的目标、会计核算基础以及会计基本假设

一、财务会计的目标

财务会计通过一系列的确认、计量和报告程序,能够向财务会计报告使用者提供与企业财务状况、经营成果和现金流量等有关的会计信息,反映企业管理层受托责任履行情况,有助于财务会计报告使用者作出经济决策。具体来说,财务会计提供的财务会计报告的作用主要表现在以下几个方面:

(1) 有助于财务会计报告使用者了解企业的财务状况、经营成果和现金流量,并据以作出经济决策、进行宏观经济管理。反映过去是为了预测未来,有关企业财务状况、经营成果和现金流量等方面的信息,是包括投资者和债权人在内的各方面进行决策的依据,而决策离不开会计信息,尤其是高质量的会计信息。比如,对于作为企业所有者的国家和广大投资者来说,他们为了选择投资对象、衡量投资风险、作出投资决策,不仅需要了解企业包括毛利率、资产收益率、净收益率等指标在内的盈利能力和发展趋势方面的信息,也需要了解有关企业经营情况方面的信息及其所处行业的信息;对于作为债权人的银行来说,它们为了选择贷款对象、衡量贷款风险、作出贷款决策,不仅需要了解企业包括速动比率、资产负债率等指标在内的短期偿债能力和长期偿债能力,也需要了解企业所处行业的基本情况及其在同行业所处的地位;对于作为社会经济管理者的政府部门来说,它们为了制定经济政策、进行宏观调控、配置社会资源,需要从总体上掌握企业的资产负债结构、损益状况和现金流转情况,从宏观上把握经济运行的状况

和发展变化趋势。所有这一切，都需要作为经济管理工作的会计提供决策的信息。

(2) 有助于考核企业管理层经济责任的履行情况。企业接受了包括国家在内的所有投资者和债权人的投资，就有责任按照其预定的发展目标和要求，合理利用资源，加强经营管理，提高经济效益，接受考核和评价。会计信息应该有助于考核企业管理层经济责任的履行情况。比如，对于作为企业所有者的国家和广大投资者来说，他们为了了解企业当年度经营活动成果和当年度的资产保值和增值情况，需要将利润表中的净利润与上年度进行对比，以反映企业的盈利发展趋势；需要将其与同行业进行对比，以反映企业在与同行业竞争时所处的位置，从而考核企业管理层经济责任的履行情况；对于作为社会经济管理者的政府部门来说，它们需要了解企业执行计划的能力，需要将资产负债表、利润表和现金流量表中所反映的实际情况与预算进行对比，反映企业完成预算的情况，表明企业执行预算的能力和水平。所有这一切，都需要作为经济管理工作的会计提供信息。

(3) 会计信息有助于企业管理层加强经营管理、提高经济效益。企业经营管理水平的高低直接影响着企业的经济效益、经营风格、竞争能力和发展前景，在一定程度上决定着企业的前途和命运。为了满足企业管理层进行经营管理对会计信息的需要，现代会计已经发展了以满足内部经营管理需要为主的管理会计。但是，这并不意味着企业内部经营管理不需要财务会计信息。实际上，通过分析和利用财务会计所提供的有关企业财务状况、经营成果和现金流量等方面的信息，企业管理层就可以全面、系统地了解企业生产经营活动情况、财务状况和经营成果，并在此基础上预测和分析未来发展前景；可以发现过去经营活动中存在的问题，找出存在的差距及原因，并提出改进措施；可以通过预算的分解和落实，建立起内部经济责任制，从而做到目标明确、责任落实、考核严格、赏罚分明。要做到这一点，没有会计所提供的真实、完整的信息，几乎是不可能的。会计通过真实地反映企业的权益结构，为处理企业与各方面的关系、考核企业管理层的经营业绩、落实企业内部管理责任奠定了基础，也使得会计信息真正成为企业加强经营管理、提高经济效益的基础。

二、会计核算的基础工作

(一) 权责发生制

根据会计基本准则的规定，企业应当以权责发生制为基础进行会计确认、计量和报告。权责发生制原则要求企业的会计核算应当以权责发生制为基础，凡是当期已经实现的收入和已经发生或应当负担的费用，不论款项是否收付，都应当作为当期的收入和费用;凡是不属于当期的收入和费用,即使款项已在当期收付,也不应当作为当期的收入和费用。有时,企业发生的货币收支业务与交易或事项本身并不完全一致。例如,款项已经收到,但销售并未实现;或者款项已经支付,但并不是为本期生产经营活动而发生的。为了明确会计核算的确认基础,更真实地反映特定会计期间的财务状况和经营成果,就要求企业在会计核算过程中应当以权责发生制为基础。

收付实现制是与权责发生制相对应的一种确认基础,它是以收到或支付现金作为确认收入和费用的依据。目前,我国的行政单位采用收付实现制,事业单位除经营业务采用权责发生制外,其他业务也采用收付实现制。

(二)配比原则

根据基本准则的规定,企业为生产产品、提供劳务等发生的可归属于产品成本、劳务成本等的费用,应当在确认产品销售收入、劳务收入时,将已销售产品、已提供劳务的成本等计入当期损益;企业发生的支出不产生经济利益的,或者即使能够产生经济利益但不符合或者不再符合资产确认条件的,应当在发生时确认为费用,计入当期损益;企业发生的交易或者事项导致其承担了一项负债而又不确认为一项资产的,应当在发生时确认为费用,计入当期损益。换句话说,配比原则要求企业在进行会计核算时,收入与其成本、费用应当相互配比,同一会计期间内的各项收入和与其相关的成本、费用,应当在该会计期间内确认。

配比原则是根据收入与费用的内在联系,要求将一定时期内的收入与为取得收入所发生的费用在同一期间进行确认和计量。在会计核算工作中坚持配比原则有两层含义:一是因果配比,将收入与其对应的成本相配比,比如将主营业务收入与主营业务成本相配比,将其他业务收入与其他业务成本相配比;二是期间配比,将一定时期的收入与同时期的费用相配比,比如将当期的收入与管理费用、财务费用等期间费用相配比等。

三、财务会计假设

面对复杂而特定的环境,财务会计要为经营者提供多变的企业经营活动的信息,就必须对特定环境和企业经营活动作出基本的假设。财务会计假设就是对特定环境和经营活动所作出的合乎情理的推理和基本规定。财务会计假设主要有:会计主体假设、持续经营假设、会计分期假设和货币计量假设。

(一)会计主体假设

会计主体假设是财务会计应当以会计主体发生的各项经济事项为对象,确认、计量和报告主体本身的各项生产经营活动。一般而言,会计主体是指控制特定的经济资源、并能利用这些资源进行有效的经营活动、对资源负有法律责任的经济组织。因而会计主体假设将财务会计核算的资源界定在一个特定的主体之内；会计确认、计量和报告中的特定范围的经济活动，既不包括该会计主体的所有者本人，更不包括其他会计主体经济活动。基于该假设，会计才能够将特定主体的财务状况、经营成果和现金流量情况独立地、准确地和完整地披露出来，使该主体的所有者、债权者以及各种会计信息使用者，从财务会计报告中获取关于其判断、分析和决策的有用信息。会计主体的要领是对特定主体与所有者之间及该主体与其他主体之间的关系加以界定和规范，它侧重于确认、计量和报告经济活动的范围，因而这一概念并不完全等同于企业法人概念。法人概念是对企业作为法律实体的规范，强调的是企业与各方面的经济法律关系。企业法人都是会计主体，但会计主体不一定都是企业法人。因为，会计主体可以是一个独立的法律主体，如企业法人，也可以不是一个独立的法律主体，如企业内部的相对独立核算单位。

（二）持续经营假设

持续经营假设是指企业或会计主体在可以预见的将来不会被清算或破产，其经营活动将无限期地进行下去的一种设定。任何企业的经营活动期限，只有两种可能：一种是在近期内解散或破产，另一种是持续经营下去。对于财务会计来说，面临着不同的可能性，在会计处理的方法、程序和披露信息方式等方面，均有不同的要求和选择。但我们知道，就企业经营角度讲，任何一个企业在经营过程中，均存在着破产清算的风险和可能性；然而一般情况下，经营的本质是为了盈利，为使企业能持续生存下去，同时真正在经营中由于各种原因而导致破产清算的企业为数极少。因此，在会计上假定，除非已出现明显的迹象，表明企业已无法继续经营下去，企业总是会长期经营下去的。

确立会计主体持续经营假设十分重要。基于此假设，企业将按既定的用途使用其拥有的各种经济资源，也会按原先承诺的义务和条件清算其负担的各种债务；财务会计在确认、计量和报告各种经济事项时所运用的会计方法和程序才能保持稳定。也正是基于持续经营假设，现行会计实务才能按历史成本原则和权责发生制原则来确认和计量资产、收入及费用等要素，才会产生企业资本保全概念，以及产生会计核算中正确划分资本与收益的必要。

（三）会计分期假设

会计分期假设是指为了处理和披露会计信息的需要，将企业不间断的经营活动分割为一定的期间。会计如何处理不间断的企业经营活动，如何确认、计量和报告，必须于会计处理以前予以明确。若仅基于经营活动的不间断性，财务会计似乎需待企业的所有经营活动终止后才能处理和披露经营活动的绩效，反映企业经营成果。然而，企业在通常情况下将持续经营下去，在不间断的经营过程中，无论是企业内部各层次的管理人员,还是企业外部的利害关系人,都需要及时了解和掌握企业经营活动情况,分析有关会计信息,进行相应的判断、处理和决策。因此,在会计上,就需要将川流不息的企业经营活动人为地划分成一个个相等的间隔,并依据会计原则和准则,确认、计量和报告在每个间隔时期内企业发生的各种经营事项的信息,满足各类会计信息使用者的需要。这种人为划分的间隔就是会计期间。会计期间通常分为年度、季度和月份,分别称为会计年度、会计季度和会计月份,年度、季度和月份一般与公历相同。最常用的会计期间是会计年度。我国以公历年度为一个会计年度,即从1月1日至12月31日止为一个会计年度。

会计分期假设,对于确定会计程序极为重要。在此假设基础上,本期与非本期的区别,财务会计需要在各期之间运用预收、预付、应收、应付、摊销和预提等会计方法和程序,合理和正确地分配企业经营收入和费用及成本。也正是这一假设产生了一贯性原则以体现选择和分析会计处理方法和程序、保持一致性处理和披露会计信息的必要。这种分期在使财务会计提供信息更具有及时性和相关性的同时,也使会计处理过程本身更具有经营分析及预测的成分。

会计分期假设是持续经营假设的一个有机延伸,两者互为补充,它们使财务会计既能及时地反映企业持续经营活动的各期间的财务状况、经营现状和现金流量情况,又能一贯地处理和披露企业繁忙的经营活动。

(四) 货币计量假设

货币计量假设是指财务会计以货币为计量单位,确认、计量和报告企业经营的财务状况和经营情况以及现金流量情况。进行任何一种度量活动,都必须有一种尽可能统一和稳定的尺度,度量企业的经营活动也不例外。企业经营活动中涉及人、财、物等方面,可采用的尺度有多种多样。特别是企业经营活动中大量涉及的各种实物,如厂房、机器设备、存货等,若采用的实物计量尺度不同,相互之间就无法进行统一的度量和比较。因而为了全面地、综合地反映企业经营活动,就必须以一种综合和统一的计量单位作为会计的计量尺度。企业经营活动中的各生产要素虽然在实物形态上各不相同,但它们的价值形式却具有同质性;由于货币是商品的一般等价物形式,是度量商品价值的共同尺度,因此财务会计可"天然"地采用统一的货币计量单位,以货币形式来处理和披露企业经营活动的信息。

由于世界各国的法定货币币种不同以及经营活动日益全球化,各国还需对会计记账本位币作出规定。我国会计制度规定,会计核算应以人民币为记账本位币,对于业务收支以外币为主的企业,也可以选定某种外币作为记账本位币,但是编报的财务会计报告应当折算为人民币。

计量结果的准确与否,除去其他因素,与计量尺度本身是否稳定有很大的关系。由于财务会计是以货币为计量尺度,这就面临着货币这一特殊商品自身价值稳定的问题。在现实经济生活中，由于各种影响因素所致，作为会计计量尺度的货币其自身价值并非十分稳定，因此给如何准确地处理和披露会计信息提出了不少需要研究和解决的问题。对此，这里需要特别指出，在货币计量假设下，同时假设了币值稳定，即假设作为统一计量尺度的货币币值是稳定的，不会因币值波动而造成会计信息的失真。

上述的四个财务会计基本假设，是财务会计确认、计量和报告的基础，它们实质上是对财务会计活动的时、空、期、度所进行的规范。在这些基本假设之上，又形成了一系列相互关联的、规范财务会计实务的会计原则和会计准则。

第三节 会计要素及其确认、计量与报告

一、会计要素

会计要素是会计核算对象的基本分类，是设定财务报表结构和内容的依据，也是进行确认和计量的依据。对会计要素加以严格的定义，就能为会计核算奠定坚实的基础。具体来说，企业应当按照交易或者事项的经济特征确定会计要素。会计要素包括资产、负债、所有者权益、收入、费用和利润。

（一）资产

企业从事生产经营活动必须具备一定的物质资源，或者说物质条件。在市场经济条件下，这些必要的物质条件表现为货币资金、厂房场地、机器设备、原材料等。这些货币资金、厂房场地、机器设备、原材料等，被称之为资产，它们是企业从事生产经营活动的物质基础。除上述货币资金、厂房场地、机器设备、原材料等外，资产还包括不具有物质形态、但有助于进行生产经营活动的专利权、商标权等无形资产，以及包括对其他单位的投资。

1. 资产的定义

资产是指过去的交易或者事项形成的、由企业拥有或者控制的、预期会给企业带来经济利益的资源。它具有以下特征：

第一，资产能够直接或间接地给企业带来经济利益。

资产定义中所说的"预期会给企业带来经济利益"，是指直接或者间接导致现金和现金等价物流入企业的潜力。其中，经济利益是指直接或间接地流入企业的现金或现金等价物。资产导致经济利益流入企业的方式多种多样，比如单独或与其他资产组合为企业带来经济利益、以资产交换其他资产以及以资产偿还债务等。资产之所以成为资产，就在于其能够为企业带来经济利益。如果某项目不能给企业带来经济利益，那么就不能确认为企业的资产。例如，货币资金可以用于购买所

需要的商品或用于利润分配;厂房场地、机器设备、原材料等可以用于生产经营过程,制造商品或提供劳务,出售后收回货款,货款即为企业所获得的经济利益。

第二,资产都是为企业所拥有的,或者即使不为企业所拥有,也是企业所控制的。

资产定义中所说的"由企业拥有或者控制",是指企业享有某项资源的所有权,或者虽然不享有某项资源的所有权,但该资源能被企业所控制。企业拥有资产,就能够排他性地从资产中获取经济利益。有些资产虽然不为企业所拥有,但是企业能够支配这些资产,因此同样能够排他性地从资产中获取经济利益。如果企业不能拥有或控制能带来经济利益的资产,那么这部分资产就不能作为企业的资产。例如,对于以融资租赁方式租入的固定资产来说,虽然企业并不拥有其所有权,但是由于租赁合同规定的租赁期相当长,接近于该资产的使用寿命;租赁期结束时,承租企业有优先购买该资产的选择权;在租赁期内,承租企业有权支配资产并从中受益。所以,以融资租赁方式租入的固定资产应视为企业的资产。对于以经营租赁方式租入的固定资产来说,由于企业不能控制它并从中受益,所以,以经营租赁方式租入的固定资产不应视为企业的资产。

第三,资产是由过去的交易或者事项形成的。

资产定义中所说的"企业过去的交易或者事项",包括购买、生产、建造行为或其他交易或者事项。预期在未来发生的交易或者事项不形成资产。资产必须是现实的资产,而不能是预期的资产。只有过去发生的交易或者事项才能增加或减少企业的资产,而不能根据谈判中的交易或计划中的经济业务来确认资产。例如,已经发生的固定资产购买交易会形成企业的资产,而计划中的固定资产购买交易则不会形成企业的资产。

2. 资产的分类

资产可以按照不同的标准进行分类,比较常见的是按照流动性和按有无实物形态进行分类。

按照流动性分类,资产可以分为流动资产和非流动资产。资产满足下列条件之一的,应当归类为流动资产:① 预计在一个正常营业周期中变现、出售或耗用。② 主要为交易目的而持有。③ 预计在资产负债表日起 1 年内(含 1 年)变现。④ 在资产负债表日起 1 年内,交换其他资产或清偿负债的能力不受限制的现金或现金等价物。流动资产以外的资产应当归类为非流动资产。通常情况下,流动资产主要包括现金、银行存款、短期投资、应收及预付款、待摊费用、存货等;非流动资产主要包括长期股权投资、固定资产、无形资产等。

按照有无实物形态分类,资产可以分为有形资产和无形资产。如存货、固定资产等属于有形资产,因为它们具有物质实体;货币资金、应收款项、短期投资、长期股权投资、长期债权投资、专利权、商标权等属于无形资产,因为它们没有物质实体,而是表现为某种法定权利或技术。一般来说,通常将无形资产作狭义的理解,仅将专利权、商标权等不具有物质形态,能够为企业带来超额利润的资产称为无形资产。

【问题与思考1-1】

企业购入一项固定资产的成本为20万元,预计使用年限为5年,净残值为0。请问:1年后,该项资产的价值是16万元吗?为什么?

(二) 负债

1. 负债的定义

负债是指企业过去的交易或者事项形成的、预期会导致经济利益流出企业的现时义务。它具有以下特征:

第一,负债是企业承担的现时义务。

现时义务是指企业在现行条件下已承担的义务。现时义务包括法定义务和推定义务。法定义务通常是指企业在经济管理和经济协调中,依照经济法律、法规的规定必须履行的责任。如企业与其他企业签订购货合同产生的义务,就属于法定义务。因国家法律、法规的要求产生的义务,如企业按税法要求交纳所得税的义务,也属于法定义务。推定义务通常是指企业在特定情况下产生或推断出的责任。如新欣公司是一家化工企业,因扩大经营规模到美国创办了一家分公司。如果美国尚未针对新欣公司这类企业的生产经营可能产生的环境污染制定相关法律,因而新欣公司的分公司对在美国生产经营可能产生的环境污染不承担法定义务。但是,新欣公司为了在美国树立良好的社会形象,自行向社会公告,宣称将对生产经营可能产生的环境污染进行治理。新欣公司的分公司为此承担的义务,就属于推定义务。

负债是企业的现时义务。也就是说,负债作为企业的一种义务,是由企业过去的交易或事项形成的现在已承担的义务。如银行借款是因为企业接受了银行贷款而形成的,如果企业没有接受银行贷款,则不会发生银行借款这项负债;应付账款是因为企业采用信用方式购买商品或接受劳务而形成的,在购买商品或接受劳务发生之前,相应的应付账款并不存在。

第二,负债的清偿预期会导致经济利益流出企业。

清偿负债导致经济利益流出企业的形式多种多样,如用现金偿还或以实物资产偿还、以提供劳务偿还、部分转移资产以提供劳务偿还以及将负债转为所有者权益等。企业不能或很少可以回避现时义务;如果企业能够回避该项义务,则不能确认为企业的负债。

第三,负债是由过去的交易或事项形成的。

作为现时义务,负债是过去已经发生的交易或者事项所产生的结果,是现实的义务。只有过去发生的交易或事项才能增加或减少企业的负债,未来发生的交易或者事项形成的义务,不属于现时义务,不应当确认为负债。如银行借款是因为企业接受了银行贷款而形成的,如果企业没有接受贷款,则不会发生银行借款这项负债;应付账款是因为企业采用信用方式购买商品或接受劳务而形成的,在购买商品或接受劳务发生之前,相应的应付账款并不存在。

2. 负债的分类

按照流动性分类,负债可以分为流动负债和非流动负债。

负债满足下列条件之一的,应当归类为流动负债:① 预计在一个正常营业周期中清偿。② 主要为交易目的而持有。③ 在资产负债表日起1年内到期应予以清偿。④ 企业无权自主地将清偿推迟至资产负债表日后1年以上。流动负债以外的负债,应当归类为非流动负债。

对于在资产负债表日起1年内到期的负债,企业预计能够自主地将清偿义务展期至资产负债表日起1年以上的,应当归类为非流动负债;不能自主地将清偿义务展期的,即使在资产负债表日后、财务报表批准报出日前签订了重新安排清偿计划协议,该项负债仍应归类为流动负债。企业在资产负债表日或之前违反了长期借款协议,导致贷款人可随时要求清偿的负债,应当归类为流动负债。贷款人在资产负债表日或之前同意提供在资产负债表日起1年以上的宽限期,企业能够在此期限内改正违约行为,且贷款人不能要求随时清偿的,该项负债应当归类为非流动负债。

通常情况下,流动负债包括短期借款、应付票据、应付账款、预收账款、应付职工薪酬、应付股利、应交税金、其他暂收应付款项、预提费用和1年内到期的长期借款等。非流动负债包括长期借款、应付债券、长期应付款等。

(三)所有者权益

所有者权益是指企业资产扣除负债后由所有者享有的剩余权益。公司的所有者权益又称为股东权益。它具有以下特征:

第一,除非发生减资、清算,企业不需要偿还所有者权益。

第二,企业清算时,只有在清偿所有的负债后,所有者权益才返还给所有者。

第三,所有者凭借所有者权益能够参与利润的分配。

所有者权益在性质上体现为所有者对企业资产的剩余权益,在数量上也就体现为资产和负债的计量。所有者权益的来源包括所有者投入的资本、直接计入所有者权益的利得和损失、留存收益。直接计入所有者权益的利得和损失,是指不应计入当期损益、会导致所有者权益发生增减变动的、与所有者投入资本或者与所有者分配利润无关的利得或者损失。利得是指由企业非日常活动所形成的、会导致所有者权益增加的、与所有者投入资本无关的经济利益的流入；损失是指由企业非日常活动所发生的、会导致所有者权益减少的、与所有者分配利润无关的经济利益的流出。

（四）收入

1. 收入的定义

收入是指企业在日常活动中形成的、会导致所有者权益增加的、与所有者投入资本无关的经济利益的总流入。它具有以下特征：

第一，收入是从企业的日常活动中产生，而不是从偶发的交易或事项中产生。日常活动是指企业为完成其经营目标而从事的所有活动，以及与之相关的其他活动，如商业企业从事商品销售活动、金融企业从事贷款活动、工业企业制造和销售产品等。企业所进行的有些活动并不是经常发生的，比如工业企业出售作为原材料的存货，此时，虽然不是经常发生的，但因与日常活动有关，也属于收入。

但是，有些交易或者事项虽然也能为企业带来经济利益，但由于不属于企业的日常经营活动，所以，其流入的经济利益不属于收入，如工业企业出售固定资产净收益。

第二，收入可能表现为企业资产的增加，或负债的减少，或两者兼而有之。

收入为企业带来经济利益的形式多种多样，既可能表现为资产的增加，如增加银行存款，形成应收款项；也可能表现为负债的减少，如减少预收账款；还可能表现为两者的组合，如销售实现时，部分冲减预收的货款，部分增加银行存款。

第三，收入会导致企业所有者权益的增加。

企业取得收入能导致所有者权益的增加。但是，收入与相关的成本费用相配比后，则可能增加所有者权益，也可能减少所有者权益。由于收入是经济利益的总流入，所以，收入会导致所有者权益的增加。

第四，收入只包括本企业经济利益的总流入。

企业所有者向企业投入资本导致的经济利益的总流入，一方面增加企业的资产，另一方面增加企业的所有者权益，因此，不能作为本企业的收入。同样的道理，企业为第三方或者客户代收的款项，如增值税、代收利息等，一方面增加企业的资产，另一方面增加企业的负债。因此，若不增加企业的所有者权益，也不属于本企业的经济利益，不能作为本企业的收入。

2. 收入的分类

按照企业所从事日常活动的性质，收入有三种来源：一是销售商品，取得现金或者形成应收款项；二是提供劳务；三是让渡资产使用权，主要表现为对外贷款、对外投资或者对外出租等。

按照日常活动在企业中的地位，收入可分为主营业务收入和其他业务收入。

其中,主营业务收入是企业为完成其经营目标而从事的日常活动中的主要项目,如工商企业的销售商品、银行的贷款和办理结算等。其他业务收入是主营业务以外的其他日常活动,如工业企业销售材料、提供非工业性劳务等。

(五)费用

1. 费用的定义与特征

费用是指企业在日常活动中发生的、会导致所有者权益减少的、与所有者分配利润无关的经济利益的总流出。它具有以下特征:

第一,费用是企业在日常活动中发生的经济利益的流出,而不是从偶发的交易或事项中发生的经济利益的流出。

商业企业从事商品采购活动、金融企业从事存款业务、工业企业采购原材料等所发生的经济利益的流出,属于费用。但是,有些交易或者事项虽然也能使企业发生经济利益的流出,但由于不属于企业的日常经营活动,所以,其经济利益的流出不属于费用而是损失,如工业企业出售固定资产。

第二,费用可能表现为资产的减少,或负债的增加,或两者兼而有之。

费用的发生形式多种多样,既可能表现为资产的减少,如购买原材料支付现金、制造产品耗用存货;也可能表现为负债的增加,如负担长期借款利息;还可能是两者的组合,如购买原材料支付部分现金,同时承担债务。

第三,费用会导致所有者权益的减少。

企业发生费用会导致所有者权益的减少,但是,会导致所有者权益减少的经济利益的总流出却不一定属于费用。例如,企业向所有者分配利润,一方面可以减少企业的所有者权益,另一方面可以减少企业的资产或增加企业的负债,因此,不属于费用。

2. 费用的分类

按照费用与收入的关系分,费用可以分为营业成本和期间费用。

营业成本是指销售商品或提供劳务的成本。营业成本按照其销售商品或提供劳务在企业日常活动中所处地位,可以分为主营业务成本和其他业务成本。期间费用包括管理费用、销售费用和财务费用。管理费用是企业行政管理部门为组织和管理生产经营活动而发生的各种费用;销售费用是企业在销售商品、提供劳务等日常活动中发生的除营业成本以外的各项费用以及专设销售机构的各项经费;财务费用是企业筹集生产经营所需资金而发生的费用。

(六)利润

利润是指企业在一定会计期间的经营成果。

利润包括收入减去费用后的净额、直接计入当期利润的利得和损失等。直接计入当期利润的利得和损失是指应当计入当期损益、会导致所有者权益发生增减变动的、与所有者投入资本或者与所有者分配利润无关的利得或者损失。利润金额的计量取决于收入和费用、直接计入当期利润的利得和损失金额的计量。

二、会计确认

会计确认是指将某一项目作为资产、负债、收入、费用等正式地记入或列入会计主体财务报表的过程。某一项目能否作为会计要素记入资产负债表或利润表，应当满足基本的确认条件。

（一）资产的确认条件

根据《企业会计准则——基本准则》的规定，符合资产定义的资源，在同时满足以下条件时，才能确认为资产：① 与该资产有关的经济利益很可能流入企业。② 该资源的成本能够可靠地计量。

1. 与该资源有关的经济利益很可能流入企业

很可能是指发生的可能性超过50%的概率。对于资产而言，其预期会给企业带来经济利益，所以，在确认资产时，只有当其包含的经济利益流入企业的可能性超过50%，并同时满足其他确认条件，企业才能加以确认；否则，不能将其确认为资产。例如，对于公司因销售业务而形成的应收款项而言，如果公司所销售的商品完全满足合同要求，同时没有其他例外情况发生，公司能够在未来某一时日完全收回款项。也就是说，公司因销售业务而形成的应收款项所包含的经济利益很可能流入企业，即满足资产确认的第一个条件。

2. 该资源的成本或者价值能够可靠地计量

会计工作就是要以货币计量的形式，在财务报表中反映企业的财务状况和经营成果，因此，能否可靠地计量是会计要素确认的一个基本前提。如果与资源有关的经济利益能够可靠地计量，并同时满足资产确认的其他条件，就可以在财务报表中加以确认；否则，企业不应加以确认。也就是说，如果与资产有关的经济利益不能够可靠地计量，就无法在资产负债表中作为资产列示。在考虑资源确认条件时要求与该资源有关的经济利益能够可靠地计量，并不意味着不需要进行估计。例如，对于无形资产项目中的自创商誉而言，由于企业在自创商誉过程中发生的支出难以计量，因而不能作为企业的无形资产予以确认。又如，一些高科技企业的科技人才，如果其与企业签订了服务合同，并且合同规定在一定期间内其不能为其他企业提供服务。在这种情况下，虽然这些科技人才的知识在规定的期限内预期能够给企业带来经济利益，但是，由于这些技术人才的知识难以辨认，同时为形成这些知识所发生的支出难以可靠计量，因而，不能作为企业的无形资产予以确认。符合资产定义和资产确认条件的项目，应当列入资产负债表；符合资产定义、但不符合资产确认条件的项目，不应当列入资产负债表。

（二）负债的确认条件

根据基本准则的规定，符合负债定义的义务，在同时满足以下条件时，才能确认为负债：① 与该义务有关的经济利益很可能流出企业。② 未来流出的经济利益的金额能够可靠地计量。

1. 与该义务有关的经济利益很可能流出企业

对于负债而言，其预期会导致经济利益流出企业，所以，在确认负债时，只有当其包含的经济利益流出企业的可能性超过50%，并同时满足其他确认条件，企业才能加以确认；否则，不能将其确认为负债。例如，对于公司因购买业务而形成的应付款项而言，如果公司所购买的商品完全满足合同要求，同时没有其他例外情况发生，公司能够在合同规定的未来某一时日履行其所承担的义务，支付这笔款项。也就是说，公司因购买业务而形成的应付款项所包含的经济利益很可能流出企业，即满足负债确认的第一个条件。

2. 未来流出的经济利益的金额能够可靠地计量

会计工作就是要以货币计量的形式，在财务报表中反映企业的财务状况和经营成果，因此，能否可靠地计量是会计要素确认的一个基本前提。如果与义务有关的经济利益能够可靠地计量，并同时满足负债确认的其他条件，就可以在财务报表中加以确认；否则，企业不应加以确认。也就是说，如果与负债有关的经济利益不能够可靠地计量，就无法在资产负债表中作为负债予以列示。在考虑负债确认条件时要求与义务有关的经济利益能够可靠地计量，并不意味着不需要进行估计。例如，某公司涉及一起诉讼案。根据以往的审判结果判断，公司很可能败诉，相关的赔偿金额也可以估算出一个范围；此时，就可能认为该公司因未决诉讼承担的现时义务的金额能够可靠地估计。但是，如果公司不能对相关的赔偿金额作出可靠的估计，即使公司因未决诉讼承担的现时义务满足负债确认的其他条件，也不能作为企业的负债予以确认。

（三）收入的确认条件

根据基本准则的规定，收入只有在经济利益很可能流入从而导致企业资产增加或者负债减少、且经济利益的流入额能够可靠计量时才能予以确认。

1. 经济利益很可能流入企业

经济利益是否很可能流入是判断收入能否确认的一个基本条件。如果经济利益不可能流入企业，或者流入企业的可能性小于不能流入企业的可能性，则收入不能加以确认。经济利益能够流入企业，必将导致企业资产增加或者负债减少，即导致企业资产增加或者负债减少的情形，基本上可以认定为经济利益能够流入。

例如，在销售商品的交易中，与交易相关的经济利益主要表现为销售商品的价款。销售商品的价款能否有把握收回，是收入确认的一个重要条件。企业在销售商品时,如估计价款收回的可能性不大,即使收入确认的其他条件均已满足,也不应当确认收入。销售商品的价款能否收回,主要根据企业以前与买方交往的直接经验,或从其他方面取得的信息,或根据政府的有关政策等进行判断。例如,企业根据以前与买方交往的直接经验判断买方信誉较差;或销售时得知买方在另一项交易中发生了巨额亏损,资金周转十分困难;或在出口商品时,不能肯定进口企业所在国是否允许将款项汇出等等。在这些情况下,企业应推迟确认收入,直至这些不确定因素消除。

企业在判断价款收回的可能性时,应进行定性分析,当确定价款收回的可能性大于不能收回的可能性时,即认为价款能够收回。实务中,企业售出的商品符合合同或协议规定的要求,并已将发票账单交付买方,买方也承诺付款,即表明销售商品的价款能够收回。

2. 经济利益流入额能够可靠计量

收入能否可靠地计量是确认收入的基本前提。例如,企业在销售商品时,售价通常已经确定,但销售过程中由于某种不确定因素,也有可能出现售价变动的情况,则新的售价未确定前不应确认收入。

(四)费用的确认条件

根据基本准则的规定,费用只有在经济利益很可能流出从而导致企业资产减少或者负债增加、且经济利益的流出额能够可靠计量时才能予以确认。

1. 经济利益很可能流出企业

经济利益是否很可能流出企业,是费用确认的基本条件。如果经济利益很可能流出企业,则在满足其他条件时才能确认费用;如果经济利益不是很可能流出企业,或者费用流出企业的可能性小于不能流出企业的可能性,则即使满足其他确认条件,也不能确认费用。

2. 经济利益流出额能够可靠计量

流出企业的经济利益只有在能够可靠计量时,才有可能确认并在利润表中加以列示;如果流出企业的经济利益不能够可靠计量,则无法在利润表中加以列示。

三、会计计量

会计计量是指根据一定的计量标准和计量方法,在资产负债表和利润表中确认和列示会计要素而确定其金额的过程。会计计量基础又称会计计量属性。它是指用货币对会计要素进行计量时的标准。根据基本准则的规定,会计计量属性主要有历史成本、重置成本、可变现净值、现值和公允价值。企业在对会计要素进行计量时,一般应当采用历史成本;采用重置成本、可变现净值、现值、公允价值计量的,应当保证所确定的会计要素金额能够取得并可靠计量。

（一）历史成本

历史成本又称原始成本。它是指以取得资产时实际发生的成本作为资产的入账价值。一般情况下，资产的历史成本越高，资产的原始价值就越大；反之，资产的原始价值就越小。两者在质和量的内涵上是一致的。

在历史成本计量下，资产按照购置时支付的现金或者现金等价物的金额，或者按照购置资产时所付出的对价的公允价值计量；负债按照因承担现时义务而实际收到的款项或者资产的金额，或者承担现时义务的合同金额，或者按照日常活动中为偿还负债预期需要支付的现金或者现金等价物的金额计量。

（二）重置成本

重置成本是指企业重新取得与其所拥有的某项资产相同或与其功能相当的资产需要支付的现金或者现金等价物。重置成本适用的前提是资产处于在用状态，一方面反映资产已经投入使用，另一方面反映资产能够继续使用，对所有者具有使用价值。

一般情况下，重置成本可分为复原重置成本和更新重置成本。复原重置成本是指运用原来相同的材料、建筑或制造标准、设计、格式及技术等，以现行市价复原购建原来某项全新资产所发生的支出。更新重置成本是指利用新型材料，并根据现代标准、设计及格式，以现行市价生产或建造具有相同功能的全新资产所发生的支出。

在重置成本计量下，资产按照现在购买相同或者相似资产所需支付的现金或者现金等价物的金额计量；负债按照现在偿付该项债务所需支付的现金或者现金等价物的金额计量。

（三）可变现净值

可变现净值是指在日常活动中，存货的估计售价减去至完工时估计将要发生的成本、估计的销售费用以及相关税费后的金额。

在可变现净值计量下，资产按照其正常对外销售所能收到现金或者现金等价物的金额扣减该资产至完工时估计将要发生的成本、估计的销售费用以及相关税费后的金额计量。

（四）现值

现值是指资产或负债形成的未来现金流量的折现价值。在现值计量下，资产按照预计从其持续使用和最终处置中所产生的未来净现金流入量的折现金额计量；负债按照预期期限内需要偿还的未来净现金流出量的折现金额计量。

（五）公允价值

公允价值是指在公平交易中，熟悉情况的交易双方自愿进行资产交换或债务清偿的金额。在公允价值计量下，资产和负债按照在公平交易中，熟悉情况的交双方自愿进行资产交换或者债务清偿的金额计量。

第四节 会计信息质量要求

　　会计工作的基本任务就是向财务会计报告使用者提供与企业财务状况、经营成果和现金流量等有关的会计信息。会计信息质量的高低是评价会计工作成败的标准。会计信息质量要求主要包括可靠性、相关性、可理解性、可比性、实质重于形式、重要性、谨慎性和及时性等八项。

一、可靠性

　　可靠性要求企业应当以实际发生的交易或者事项为依据进行会计确认、计量和报告,如实反映符合确认和计量要求的各项会计要素及其他相关会计信息,保证会计信息真实可靠、内容完整。

　　可靠性是对会计工作的基本要求。会计工作提供信息的目的是为了满足会计信息使用者的决策需要,因此,就应做到内容真实、数字准确、资料可靠。在会计核算工作中坚持可靠性原则,就应当在会计核算时客观地反映企业的财务状况、经营成果和现金流量,保证会计信息的真实性;会计工作应当正确运用会计原则和方法,准确反映企业的实际情况;会计信息应当能够经受验证,以核实其是否真实。

　　如果企业的会计核算不是以实际发生的交易或事项为依据,没有如实地反映企业的财务状况、经营成果和现金流量,会计工作就失去了存在的意义,甚至会误导会计信息使用者,导致决策的失误。

二、相关性

　　相关性要求企业提供的会计信息应当与财务会计报告使用者的经济需要相关,有助于财务会计报告使用者对企业过去、现在或者未来的情况作出评价或者预测。

　　信息的价值在于其与决策相关,有助于决策。相关的会计信息能够有助于财务会计报告使用者评价过去的决策,证实或修正某些预测,从而具有反馈价值;有助于财务会计报告使用者作出预测,作出决策,从而具有预测价值。在会计核算工作中坚持相关性原则,就要求在收集、加工、处理和提供会计信息过程中,充分考虑财务会计报告使用者的信息需求。对于特定用途的会计信息,不一定都要通过财务会计报告来提供,而是可以采用其他形式来提供。

　　如果会计信息提供以后,没有满足财务会计报告使用者的需要,对财务会计报告使用者的决策没有什么作用,就不具有相关性。

三、可理解性

可理解性要求企业提供的会计信息应当清晰明了,便于财务会计报告使用者理解和使用。

提供会计信息的目的在于使用,要使用会计信息首先必须了解会计信息的内涵,弄懂会计信息的内容,这就要求会计核算和财务会计报告必须清晰明了。在会计核算工作中坚持可理解性原则,会计记录应当准确、清晰,填制会计凭证、登记会计账簿必须做到依据合法、账户对应关系清楚、文字摘要完整;在编制财务报表时,项目勾稽关系清楚、项目完整、数字准确。

如果企业的会计核算和编制的财务会计报告不能做到清晰明了、便于理解和使用,就不符合可理解性原则的要求,不能满足财务会计报告使用者的决策需求。

四、可比性

可比性要求企业提供的会计信息应当具有可比性。

企业发生的交易或事项具有复杂性和多样化,对于某些交易或事项可以有多种会计核算方法。例如,存货的领用和发出,可以采用先进先出法、加权平均法或者个别计价法确定其实际成本;固定资产折旧方法可以采用年限平均法、工作量法、年数总和法、双倍余额递减法等。保证会计信息可比性的前提是企业在各个会计期间应尽可能地采用相同的会计核算方法,即同一企业不同时期发生的相同或者相似的交易或者事项,应当采用一致的会计政策,不能随意变更;确需变更的,应当在附注中说明。不同的企业可能处于不同行业、不同地区,经济业务发生于不同时点,为了保证会计信息能够满足决策的需要,便于比较不同企业的财务状况、经营成果和现金流量,企业应当遵循可比性要求,即不同企业发生的相同或者相似的交易或者事项,应当采用规定的会计政策,确保会计信息口径一致、相互可比。如果对于相同或者相似的交易或者事项,不同的企业或者同一企业在不同的会计期间采用不同的会计政策,将不利于财务会计报告使用者对会计信息的理解,不利于会计信息作用的发挥。

五、实质重于形式

实质重于形式要求企业应当按照交易或者事项的经济实质进行会计确认、计量和报告,不应仅仅以交易或者事项的法律形式为依据。

在实际工作中,交易或者事项的外在法律形式或人为形式并不总能完全反映其实质内容。所以,会计信息要想反映其所拟反映的交易或者事项,就必须根据交易或者事项的实质和经济现实,而不能仅仅根据它们的法律形式进行核算和反映。

例如，销售商品的售后回购，如果企业已将商品所有权上的主要风险和报酬转移给购货方，并同时满足收入确认的其他条件，则销售实现，应当确认收入；如果企业没有将商品所有权上的主要风险和报酬转移给购货方，或没有满足收入确认的其他条件，即使企业已将商品交付购货方，销售也没有实现，不应当确认收入。又如，以融资租赁方式租入的资产，虽然从法律形式来讲企业并不拥有其所有权，但是由于租赁合同中规定的租赁期相当长，接近于该资产的使用寿命；租赁期结束时承租企业有优先购买该资产的选择权，在租赁期内承租企业有权支配资产并从中受益。所以，从其经济实质来看，企业能够控制其创造的未来经济利益。

如果企业的会计核算仅仅按照交易或事项的法律形式或人为形式进行，而其法律形式或人为形式又没有反映其经济实质和经济现实，那么，其最终结果将不仅不会有利于财务会计报告使用者的决策，反而会误导财务会计报告使用者的决策。

六、重要性

重要性要求企业提供的会计信息应当反映与企业财务状况、经营成果和现金流量等有关的所有重要交易或者事项。

重要性是指财务报表某项目的省略或错报会影响使用者据此作出经济决策的，该项目就具有重要性。重要性原则与会计信息成本效益直接相关。坚持重要性原则，就能够使提供会计信息的收益大于成本。对于那些不重要的项目，如果也采用严格的会计程序，分别核算，分项反映，就会导致会计信息的成本大于收益。

在评价某些项目的重要性时，很大程度上取决于会计人员的职业判断。一般来说，应当根据企业所处环境，从项目的性质和金额大小两方面加以判断。从性质来说，当某一事项有可能对决策产生一定影响时，就属于重要项目；从金额方面来说，当某一项目的数量达到一定规模时，就可能对决策产生影响。

七、谨慎性

谨慎性要求企业对交易或者事项进行会计确认、计量和报告时要保持应有的谨慎，不应高估资产或者收益、低估负债或者费用。

企业的经营活动充满着风险和不确定性，在会计核算工作中坚持谨慎性原则，要求企业在面临不确定因素的情况下作出职业判断时，应当保持必要的谨慎，充分估计到各种风险和损失，既不高估资产或收益，也不低估负债或费用。例如，要求一个企业在资产负债表日判断资产是否存在可能发生减值的迹象。资产存在减值迹象的，应当估计其可收回金额。可收回金额的计量结果表明，资产的可收回金额低于其账面价值的，应当将资产的账面价值减计至可收回金额，减计的金额确认为资产减值损失，计入当期损益；同时计提相应的资产减值准备，充分体现了谨慎性原则。

需要注意的是,谨慎性并不意味着企业可以任意设置各种秘密准备,否则,就属于滥用谨慎性,将按照对会计差错更正的要求进行相应的会计处理。

八、及时性

及时性要求企业对于已经发生的交易或者事项,应当及时进行会计确认、计量和报告,不得提前或者延后。

会计信息的价值在于帮助所有者或其他方面作出经济决策,具有时效性。即使是客观、可比、相关的会计信息,如果不及时提供,对于财务会计报告使用者也没有任何意义,甚至可能误导财务会计报告使用者。在会计核算过程中坚持上述基本原则:一是要求及时收集会计信息,即在经济业务发生后,及时收集整理各种原始单据;二是及时处理会计信息,即在国家统一的会计制度规定的时限内,及时编制出财务会计报告;三是及时传递会计信息,即在国家统一的会计制度规定的时限内,及时将编制出的财务会计报告传递给财务会计报告使用者。如果企业的会计核算不能及时进行,会计信息不能及时提供,就无助于经济决策,就不符合及时性原则的要求。

第五节 财务会计规范

财务会计规范是涉及财务会计领域的会计法规、会计准则和会计制度等的总称。

财务会计规范可以有不同的表现形式,如对会计工作有较强作用的各种法律、国家的财经法规和制度、会计准则、会计制度、会计职业道德守则等。所有这些对财务会计具有一定影响和规范作用的各种法律、法规、准则、制度等彼此有机结合所形成的规范体系,就构成了财务会计规范。

在财务会计规范的各构成要素中,最主要的是会计法律、会计准则、会计制度和企业财务会计报告条例。

一、会计法律

会计法律是一种泛称。它泛指所有对会计工作具有规范和约束作用的各种法律。会计法律通常有两种表现形式:一是单独制定成法,即专门针对会计工作制定一部独立的会计法律,如我国于1985年制定并实施、1993年12月29日经第八届全国人民代表大会常务委员会第五次会议修订、1999年10月31日再次经第九届全国人民代表大会常务委员会第十二次会议修订的《中华人民共和国会计法》就是一部独立的会计法律;二是将会计法律规范并入其他相关的经济法律之中,如在英国的《公司法》、日本的《商法》和我国的《公司法》、《企业破产法》等经济法律中都包括一些关于会计实务规范的条款。从世界各国会计法律的实践看,采用后一种形式者居多。

《中华人民共和国会计法》分为7章52条,除了指出立法目的、规定适用范围、对会计工作全国和地方管理的权限划分以及国家统一会计制度的规定外,还对会计核算、会计监督、会计机构和会计人员、法律责任等方面作了规定,并规定了会计工作应达到的要求。国家机关、社会团体、企事业单位、个体工商户和其他组织办理会计事务,都必须遵守我国《会计法》的各项规定。

我国的会计法律除独立的《会计法》以外,其他相关的经济法律中也有一些有关财务会计规范的条款,比如《中华人民共和国公司法》中就设有独立的"公司财务、会计"一章,规定"公司应当依照法律、行政法规和国务院财政部门的规定建立本公司的财务、会计制度","公司应当在每一会计年度终了时编制财务会计报告"等;同时,《中华人民共和国公司法》中还对公司净利润的分配、股本筹集及公积金的形成和使用等方面的具体财务会计问题作出了明确的规定。我国《税法》、《企业破产法》、《经济合同法》和《民事诉讼法》等法律中也涉及一些有关财务会计方面的规范。这些规定都会对企业财务会计工作产生不同程度的影响,因而均可纳入其他会计法律的范畴。

二、会计准则

(一) 会计准则的含义

会计准则是指导会计核算工作的各种规则和规范。在长期的会计实践中,各种会计处理的程序与方法逐步形成惯例,得到会计界普遍公认,再由民间权威的会计职业团体或政府有关机构加以总结、制定和发布,遂形成会计准则。

财务会计主要目标之一是向外界提供财务状况和经营成果的信息资料。这些信息集中地反映在企业对外报送的财务财务报表中。财务报表的使用者除政府机构、企业主管部门外,还包括企业的投资人、债权人等。如果每一企业各有一套会计处理的原则与方法,则所提供的信息便不易为外界所了解,无法使报表使用者做出正确的决策,同时也不便于企业间的比较。这就在客观上要求有一套为大家所公认、所有企业共同遵守的准则和标准。

(二) 会计准则的层次

会计准则作为规范会计核算业务的法规形式,应该是一个由不同层次和部分组成的严密的结构体系。我国会计准则包括两个层次:第一层次为基本准则。基本准则涉及整个会计工作和整个会计准则体系的指导思想和指导原则,对38个具体准则起统御和指导作用,其内容包括会计基本假设,会计信息质量要求,会计要素的确认、计量准则,会计报告准则等部分。第二层次为具体准则。它是根据基本准则制定的,用来指导企业各类经济业务确认、计量和报告的规范。它包括三个方面的内容:一是各行业共同业务的准则,二是财务报表的具体准则,三是特殊行业特殊业务的准则。

会计基本准则内容包括:

(1) 会计的基本假设。它包括会计主体、持续经营、会计期间、货币计量等会计假设。

(2) 会计信息质量要求。它包括可靠性原则、相关性原则、可理解性原则、可比性原则、实质重于形式原则、谨慎性原则、及时性原则。

(3) 会计要素的确认、计量准则。它包括资产、负债、所有者权益、收入、费用和利润等六个会计要素的确认和计量准则。

(4) 会计报告准则。它包括会计报告的种类以及资产负债表、现金流量表、利润表及其所有者权益变动表等会计报告应反映的基本内容及编制要求等方面的规定。

(三) 会计准则的产生与发展

会计准则最早产生于美国,由于生产资料的资本主义私有制,企业的会计核算完全是企业和个人行为,采用哪种会计处理方法和程序完全取决于企业自身的需要。20世纪30年代,发生了世界经济大危机,美国的企业公司纷纷破产倒闭,股票价格猛跌,美国的国民经济遭到了巨大的破坏。经济危机过后,人们普遍认为,企业弄虚作假,财务报表严重失真,客观上对资本主义金融证券市场和经济危机的爆发起了推波助澜的作用。当时在美国社会公众中普遍存在着对企业财务报表的不信任感,强烈指责和批评会计实务处理的随意性。面对这种情况,加强会计实务规范和提高会计信息的真实可靠性,以增强对企业财务报表的信任感,就成为当务之急。1933年和1934年,美国国会先后颁布了《证券法》和《证券交易法》,明文规定所有证券上市公司均应执行统一的会计程序,对外报送统一标准的财务报表。同时,美国国会授权证券交易委员会(简称SEC)负责制定统一的会计准则。美国证券交易委员会在1937年发布了《会计处理文集》之后,就把制定会计准则的权限转交给美国会计师协会(简称AIA,1953年改为美国注册会计师协会,简称AICPA)。为了更好地规范会计行为,美国于1973年6月30日成立了财务会计准则委员会(简称FASB),专门负责制定财务会计准则。这样美国注册会计师协会的权力又转交到美国财务会计准则委员会。其任务是制定和颁布《财务会计准则公告》,并对会计执行过程中出现的问题作《解释文告》。当然,根据美国有关法律,仅有美国的证券交易委员会才具备统一会计准则的最终制定权。虽有会计职业团体(FASB)制定会计准则,但 SEC 对其有监督权和否决权。美国的会计准则,又可叫做公认会计原则(简称 GAAP)。无论是从狭义角度来看,还是从广义角度来看,它均包括政府部门和民间组织制定的各种形式的会计准则。概括来说,美国的公认会计原则包括以下几个方面:

(1) 美国会计程序委员会(简称 CAP,1936—1959 年)的会计研究公报。
(2) 美国会计原则委员会(简称 APB,1959—1973 年)的意见书。
(3) 美国会计准则委员会(FASB)的公告。
(4) 美国会计准则委员会对会计准则的解释。
(5) 美国会计学会(简称 AAA)制定的有关会计处理准则。
(6) 美国联邦财务经理协会(简称 FEI)制定的有关会计处理准则。
(7) 美国全国会计师联合会(NAA)关于成本会计与管理会计方面的处理规则。
(8) 美国审计总署、成本会计准则委员会(简称 ASB)等制定的有关会计规则。

在美国会计准则的影响下,世界上许多国家,如英国、法国、日本、加拿大、澳大利亚、德国、新加坡等都纷纷根据本国的具体情况制定了各自的会计准则。第二次世界大战后,随着社会生产力的发展,国际贸易量不但增多,而且贸易的性质也有所改变,过去的国际贸易,主要是买卖原材料、货物及劳务,而现在的业务范围有所拓展,因此,资金流通也不断加快。跨国公司的投资者、管理者以及参与国际资金流通的人士,都需要了解一种共同的财务报告系统,才能就企业的财务状况及经营活动进行彼此沟通。由于不同国家的会计准则存在差异,就使跨国公司所属企业提供的财务报表不具有可比性,也给合并报表的编制造成困难。因此,如何协调不同国家的会计准则和政策,已成为处理国际会计事务亟待解决的问题。进入 20 世纪 70 年代后,会计准则国际化的客观需求越来越强烈。于是,由澳大利亚、加拿大、法国、德国、荷兰、日本、墨西哥、英国和美国 9 个国家的 16 个主要会计职业团体于 1973 年 6 月 29 日在英国伦敦成立了国际会计准则委员会,其目标是制定和发布国际会计准则,促进各国会计实务在国际范围内协调一致。该委员会已发展成为具有来自 69 个国家的 90 多个会计师团体委员的国际性组织。到 1990 年年底,该委员会已发布了 31 项会计准则公告,为协调各国会计准则、提高财务报表资料的国际可比性发挥了重要作用。以上颁布的会计准则文告主要包括:

(1) 会计政策的说明。
(2) 历史成本制度下存货的估价与列报。
(3) 折旧会计。
(4) 财务报表应提供的资料。

(5) 财务状况变动表。
(6) 非常项目。
(7) 前期项目和会计政策的变更。
(8) 研究和开发活动的会计。
(9) 或有事项和资产负债表日以后发生的事项。
(10) 施工合同会计。
(11) 所得税会计。
(12) 流动资产和流动负债的列报。
(13) 按分部编报财务资料。
(14) 反映价格变动影响的资料。
(15) 固定资产会计。
(16) 租赁会计。
(17) 收入的确认。
(18) 雇主财务报表中退休金会计。
(19) 政府补助会计和政府援助的说明。
(20) 外币汇率变动影响的会计。
(21) 企业合并会计。
(22) 借款费用的资本化。
(23) 关于有关联者的说明。
(24) 投资会计。
(25) 退休金计划的会计和报告。
(26) 合并财务报表和对于公司投资的会计。
(27) 对联营企业投资的会计处理。
(28) 恶性通货膨胀经济中的财务报告。
(29) 银行和类似金融机构财务报表应提供的资料。
(30) 合营中权益的财务报告。

过去，我国一直没有单独制定会计准则，会计核算工作所遵循的规则，主要是国家统一会计制度。不可否认，新中国成立后，我国的会计制度体系从无到有，逐步完善，对于加强经济管理、严格经济核算和提高经济效益，对于保证会计工作的质量和提高会计管理水平，对于维护财经纪律和保护社会主义财产的安全等各个方面，都发挥了非常积极的作用。但是，我们必须看到，原有会计制度模式是在高度集中的计划经济体制下确立的，是与单一的产品经济相适应。随着我国社会主义市场经济的建立与发展，经济体制改革的不断深入和对外开放政策的贯彻执行，原有会计制度已不能很好地适应形势发展的需要，客观上要求必须进行改革，建立与新的与经济环境相适应的具有中国特色的会计准则体系。为此,1992年年底经国务院批准,财政部正式发布了《企业会计准则》。《企业会计准则》共有10章66条,其中包括总则、一般原则、资产、负债、所有者权益、收入、费用、利润、财务报告、附则等。另外,财政部自1994年陆续颁发了一系列的会计准则。到2006年2月15日,我国正式颁布了《企业会计准则——基本准则》、《企业会计准则第1号——存货》、《企业会计准则第2号——长期股权投资》、《企业会计准则第3号——投资性房地产》、《企业会计准则第4号——固定资产》、《企业会计准则第5号——生物资产》、《企业会计准则第6号——无形资产》、《企业会计准则第7号——非货币性资产交换》、《企业会计准则第8号——资产减值》、《企业会计准则第9号——职工薪酬》、《企业会计准则第10号——企业年金基金》、《企业会计准则第11号——股份支付》、《企业会计准则第12号——债务重组》、《企业会计准则第13号——或有事项》、《企业会计准则第14号——收入》、《企业会计准则第15号——建造合同》、《企业会计准则第16号——政府补助》、《企业会计准则第17号——借款费用》、《企业会计准则第18号——所得税》、《企业会计准则第19号——外币折算》、《企业会计准则第20号——企业合并》、《企业会计准则第21号——租赁》、《企业会计准则第22号——金融工具确认和计量》、《企业会计准则第23号——金融资产转移》、《企业会计准则第24号——套期保值》、《企业会计准则第25号——原保险合同》、《企业会计准则第26号——再保险合同》、《企业会计准则第27号——石油天然气开采》、《企业会计准则第28号——会计政策、会计估计变更和差错更正》、《企业会计准则第29号——资产负债表日后事项》、《企业会计准则第30号——财务报表列报》、《企业会计准则第31号——现金流量表》、《企业会计准则第32号——中期财务报告》、《企业会计准则第33号——合并财务报表》、《企业会计准则第34号——每股收益》、《企业会计准则第35号——分部报告》、《企业会计准则第36号——关联方披露》、《企业会计准则第37号——金融工具列报》、《企业会计准则第38号——首次执行企业会计准则》等,1项基本准则、38项具体会计准则。

三、会计制度

会计制度是根据我国《会计法》和国家其他法律、法规及会计准则制定的,是企业进行会计工作所应遵循的规则、方法、程序的总称。会计制度有广义和狭义之分。广义的会计制度包括会计管理工作的规则、会计科目和财务报表、会计处理程序、记账方法、会计监督和检查方法、会计档案管理方法、会计人员的职业道德标准及其他会计事务的规定等。狭义的会计制度主要是指财政部颁布的企业会计制度。其主要内容包括会计科目及其核算内容、会计事项的处理方法及财务报表的编制方法。

四、企业财务会计报告条例

企业财务会计报告条例是对财务会计报告的构成、编制、对外提供、法律责任等重大方面的系统规范。于2000年6月21日以国务院令的形式发布,并于2001年1月1日开始实施,《企业财务会计报告条例》共分6章46条。

财务会计规范的具体内容将在有关章节中予以具体介绍。

本 章 小 结

本章介绍了财务会计的基本理论和基本概念,探讨了财务会计的定义以及特点,结合我国会计核算的实际,重点对会计法律、会计准则和会计制度等规范体系的内容进行了介绍。

中国会计国际趋同

综观当今世界,经济一体化已成为世界经济发展的重要趋势。影响贸易的关税壁垒和非关税壁垒正在大幅度削减,贸易自由化程度越来越高;国际资本市场、跨国并购和战略联盟的发展,使资本、劳务等生产要素在全球范围内自由流通更加便捷,推动着经济领域中包括会计标准在内的各种标准、制度的国际趋同;信息资源正在被更广泛的区域、更多的群体所分享,日益成为一种世界性的公共产品。所有这些,都对会计准则的国际趋同提出了新要求,同时也注入了新的活力。

会计信息作为公共信息资源和国际通用商业语言,其相互可比、真实公允,对各国经济与世界经济的融合发展起着不可或缺的作用。在这种背景下,国际财务报告准则的国际趋同化业已成为一种必然趋势。但是,"普遍性离不开特殊性,普遍性寓于特殊性之中"。在会计准则国际趋同过程中,我们也不能忽视国情。既要坚持中国特色,又要妥善处理好与国际财务报告准则的趋同问题。我们的原则是:

第一,趋同是进步,是方向。趋同是协调的进一步深化,体现了世界经济一体化进程的要求。任何一个不想游离于国际市场之外的经济体或组织,都不能无视准则国际趋同这一发展趋势,这就需要共同努力,尽量寻求一致。

第二,趋同不是简单的等同。各国在经济环境、法律制度、文化理念以及监管水平、会计信息使用者和会计人员素质等方面存在着不同程度的差异,不顾各国国情,不顾会计审计发展状况和环境特点,一味追求会计准则的简单趋同,难以实现真正的趋同。

第三,趋同需要一个过程。各国国情的差异决定了合作的自愿性,需要积极且不断地研究新情况、解决新问题、创建新机制,努力追求符合国际效率、公平、主权和全球多样性发展要求的建设机制。

第四,趋同是一种互动。趋同并不意味着单向运动。它是世界各个国家之间以及各国与国际财务报告准则理事会之间、国际财务报告准则理事会同各区域会计组织之间,相互沟通,相互借鉴,相互认可。世界多样性特点下的国际化趋同互动是一种客观规律,遵循它,就能更好前进,否则,就会影响效率或效果。

资料来源:王军:《关于中国企业会计准则体系建设与实施的若干问题》,摘自《企业会计准则讲解》,人民出版社2007年版。

复习思考题

1. 什么是现代会计?它有哪两大分支?
2. 什么是财务会计?财务会计的目标是什么?
3. 什么是会计假设?它包括哪些内容?
4. 财务会计与管理会计相比有哪些区别?
5. 财务会计核算一般原则有哪些?它们的含义是什么?

案例讨论题

1984年10月3日,美国联邦法院第11巡回法院审理的奈特—里德报业集团(Knight-Ridder Newspapers Inc.)诉美国政府案的一段判词中有如下描述:

……这两种最常见的会计方法(收付实现制和权责发生制)象征着人类精神的两种截然对立的本性。收付实现制——简单、乏味、原始——牢牢控制着物质世界。它通过身体感官作出反应,确认货币的有形流动。只有当这头野兽用自己笨拙的爪子实际触摸到钱币时,它才确认为收入;同样,只有当这头野兽看到钱币确实已经被取走时,它才确认为支出。

权责发生制存在于更加虚无缥缈、更加神秘的王国。它是充满幻想的先知,确认未来对现在的影响。它用自己神秘的预感或者狂热的预期宣布世界的未来。当它确信自己的预言将成为现实,便会假想新的时代已经到来,并生活在这种假想中。产生收入或者支出的交易,尽管一个子儿也没动过,但在先知眼里却是活生生的生活。

通过以上描述,你是如何理解收付实现制和权责发生制的,收付实现制和权责发生制有何关系?

同步测试题

一、单项选择题

1. 企业将融资租入的设备作为固定资产核算所体现的会计信息质量要求是( )。
   A. 可比性　　　B. 谨慎性　　　C. 实质重于形式　　　D. 重要性
2. 下列各项中,不符合资产会计要素定义的是( )。
   A. 委托代销商品　　　　　　B. 委托加工物资
   C. 待处理财产损失　　　　　D. 尚待加工的半成品
3. 下列经济业务中,会引起公司股东权益增减变动的是( )。
   A. 用资本公积金转增股本　　B. 向投资者分配股票股利
   C. 向投资者分配现金股利　　D. 用盈余公积弥补亏损
4. 某企业发生的经济业务,不影响其营业利润的是( )。
   A. 销售材料的收入　　　　　B. 存货跌价损失
   C. 出租无形资产的价款收入　D. 处置固定资产净损失
5. 下列各项中,能够引起资产总额和所有者权益总额同时变动的是( )。
   A. 根据经过批准的利润分配方案向股东实际发放现金股利
   B. 为企业福利部门购置医疗设备1台
   C. 以低于债务账面价值的现金清偿债务
   D. 按规定将应付可转换公司债券转换成股份

二、多项选择题

1. 根据会计基本准则的规定,所有者权益的来源包括( )。
   A. 所有者投入的资本　　　　B. 直接计入所有者权益的利得
   C. 直接计入所有者权益的损失　D. 留存收益
2. 下列各项中,可以作为资产要素的特征的是( )。
   A. 必须是过去的交易或事项所产生的

B. 必须是以实物形式存在的
C. 必须是企业拥有或实际控制的
D. 必须是经济资源并能以货币进行可靠计量

3. 下列项目中,能同时引起资产和利润减少的项目是(　　)。
   A. 计提发行债券的利息 B. 计提固定资产折旧
   C. 存货发生盘盈 D. 无形资产价值摊销

4. 根据会计基本准则的规定,下列表述中,符合会计信息质量要求的是(　　)。
   A. 会计核算方法一经确定不得随意变更
   B. 会计核算应及时进行,不得提前或延后
   C. 会计核算应当仅反映交易或事项的法律形式
   D. 会计核算应当以实际发生的交易或事项为依据

5. 根据企业会计准则的规定,下列各项中,仅影响所有者权益内部结构发生增减变动的是(　　)。
   A. 分配现金股利 B. 分配股票股利
   C. 提取法定盈余公积 D. 用盈余公积弥补亏损

三、判断题

1. 财务会计也称为对外报告会计。　　　　　　　　　　　　　　(　　)
2. 财务会计也称为通用财务会计。　　　　　　　　　　　　　　(　　)
3. 财务会计以货币作为主要计量单位。　　　　　　　　　　　　(　　)
4. 会计基本假设包括会计分期、会计主体、货币计量和持续经营。(　　)
5. 管理会计和财务会计是会计的两大分支。　　　　　　　　　　(　　)
6. 财务会计依赖大量的估计,所以财务会计在某种程度上是不精确的。(　　)
7. 从20世纪中叶开始,传统的会计理论和方法逐步分化为两个系统——财务会计和管理会计。　　　　　　　　　　　　　　　　　　　　(　　)
8. 资产是指由于过去的交易或事项引起的,企业拥有或控制的经济资源。(　　)

【延伸阅读】

科技浪潮与会计变革

进入20世纪90年代,科技浪潮席卷全球,人类迈入了全球信息化和知识经济社会,以软件、硬件、网络、通信、多媒体等为核心的信息技术已成为世界经济、科技发展的制高点。"新经济"——信息技术创新和信息技术产业所推动的经济繁荣——已经不仅仅是一种概念,而是成为人类迈入新世纪过程的一个让全球政治家、经济学家和企业家们最感欣慰的经济现实。100多年前,马克思惊叹产业革命

所创造的巨大生产力比过去一切时代创造的总和还要大,他没有也不可能预见到下一次革命的形式及其广度和深度。目前的新经济是建立在网络经济和技术创新基础上的一种经济形态。冷静地讲,信息技术本身并不等于新经济,只是新经济首先萌发于信息产业并由其推向其他产业从而引发了一场经济领域的革命。信息技术的发展使得信息产业成为传统经济新的增长点,并由此而带来整个经济结构的调整与升级。信息网络化在发展过程中正在完成对经济存量的重新分割和增量分配原则的初步构建,同时也通过对信息流、物流、资本流之间的关系的历史性重构而改变原来的资源、商业、产业格局。信息技术的发展将人们置身于不亚于两次工业革命的伟大时代,并对未来经济产生深刻的影响。信息技术正日益渗透到社会生活的各个领域,当然也对财务会计与报告产生了巨大的影响。古老的会计学需要变革。毕马威会计公司合伙人 Bob Elliot 曾借用"第三次浪潮"一词来形象地预言:"信息技术引起的变革浪潮正在撞击着会计的海岸线,在 20 世纪 70 年代,它彻底冲击了工业界,80 年代它又荡涤了服务业,而到了 90 年代,会计界将接受它的洗礼。它改变了商业运营的方式,也改变了经理们面临的问题。现在的经理们需要新的信息模式进行决策。因此,内部会计和对外报告会计都必须改革。"

资料来源:陈少华:《财务会计研究》,中国金融出版社 2007 年版。

第二章 货币资金

- 了解货币资金的控制原则以及现金、银行存款的日常管理
- 了解其他货币资金的概念和账务处理
- 掌握现金及银行存款收付、清查核对的账务处理
- 能解释货币资金的基本概念和内涵、相关的内部控制、会计处理方法
- 能操作货币资金的日常业务

引　言

不论以何种标准评判，同事、邻居和朋友们均认为37岁的美国人约翰是典型的中产阶级。他受过良好的教育，精通金融业务，任职于联合爱尔兰银行巴尔的摩分支机构，为外汇交易员。但2002年2月初突然传来的消息却令人们大为震惊，这个平日里谦逊友好的人却成了巨额金融欺诈案的主角。据最初估算，总金额高达7.5亿美元，该金融丑闻导致爱尔兰银行股价当日急剧下挫达20%，同时伦敦、纽约以及亚洲金融市场、国际日元/美元汇率市场也遭到冲击。美国联邦调查局、美国联邦储备理事会和爱尔兰央行在事件发生后立即介入调查。约翰开始出现交易亏损是在1997年，但直到美国"九一一"恐怖袭击事件后金融市场动荡，日元/美元期权出现大幅震荡导致出现巨额亏损，最终他在向总行要求调拨资金时才露出马脚。颇具讽刺意味的是，约翰曾经提议安装先进风险管理软件但遭到上司拒绝。不管爱尔兰银行承认与否，这已经显示出银行存在监管风险。那么作为监管机构又该如何进行有效监管呢？学习本章后，你将得到这一问题的正确答案。

第一节 库存现金

一、现金概述

现金是通用的交换媒介,是流动性最强的一种货币性资产。可以随时用其购买所需的物资,支付有关费用,偿还债务,也可以随时将它存入银行。现金的定义有狭义和广义之分。狭义的现金是指企业的库存现金。西方会计上所说的现金包括库存现金、银行存款和其他符合现金定义的票证,如未结付支票、汇票等,即为广义的现金。在我国的会计实务中,长期以来使用的"现金"概念是一个狭义的概念,即只包括库存现金。库存现金包括人民币现金和外币现金。为了更好地与国际通用会计准则接轨,2006年,我国新颁布的《企业会计准则》用"库存现金"账户代替以往的"现金"账户。库存现金以外的各种货币资金,则通过"银行存款"账户和"其他货币资金"账户进行核算,前者用来核算企业存入银行或其他金融机构的存款;后者则用来核算企业除库存现金和银行存款以外的各种货币资金,包括外埠存款、银行汇票存款、银行本票存款、信用证存款和存出投资款等。在编制资产负债表时,"库存现金"、"银行存款"和"其他货币资金"三个账户的余额,应汇总列示在"货币资金"项目之下。至于使用受到限制的各种货币资金,如银行冻结存款、存入银行的各种保证金等,应分别设置账户进行核算,并应根据性质分别列作"其他流动资产"或"其他长期资产"项目列示在期末资产负债表上。

根据我国现金管理的规定,各企业单位为便于支付日常零星开支,经批准后可以留存一定限额的库存现金,超过限额的部分,必须及时存入银行。现金的收入、支出和保管业务,由出纳员负责办理。每笔现金收入和支出业务都需根据经过审核无误的原始凭证编制收款凭证和付款凭证,作为记账的根据。为了反映库存现金的收入、支出和结存,要设置"现金日记账"进行序时登记,并在"库存现金"账户中进行总分类核算。

二、现金的使用范围和有关管理规定

根据国务院颁发的《现金管理暂行条例》规定,开户单位可在下列范围内使用现金:① 职工工资、津贴。② 个人劳务报酬。③ 根据国家制定颁发给个人的科学技术、文化艺术、体育等各种奖金。④ 各种劳保、福利费用以及国家规定的对个人的其他支出。⑤ 向个人收购农副产品和其他物资的价款。⑥ 出差人员必须随身携带的差旅费。⑦ 结算起点(1 000元)以下的零星支出。⑧ 中国人民银行确定需

要支付现金的其他支出。

企业与其他单位的经济往来，除规定的范围可以使用现金外，其他一律应当通过开户银行进行转账结算。转账结算凭证在经济往来中具有与现金相同的支付能力。企业在办理有关现金收支业务时，还应当遵守以下几项规定：

（1）企业现金收入应于当日送存开户银行。当日送存有困难的，由开户银行确定送存时间。

（2）企业支付现金，可以从本企业库存现金限额中支付或者从开户银行提取，不得从本企业的现金收入中直接支付（即坐支）。因特殊情况需要坐支现金的，应当事先报经开户银行审查批准，由开户银行核定坐支范围和限额。企业应定期向银行报送坐支金额和使用情况。

（3）企业从开户银行提取现金，应当写明用途，由本单位财会部门负责人签字盖章，经开户银行审核后，予以支付现金。

（4）企业因采购地点不固定、交通不便以及其他特殊情况必须使用现金的，应向开户银行提出申请，经开户银行审核后，予以支付现金。

三、现金交易的确认和计量

（一）现金交易的确认和计量概述

为了加强对现金的管理，随时掌握现金收付的动态和库存余额，保证现金的安全，企业必须设置"现金日记账"，由出纳员根据收付款凭证，按照现金业务发生的先后顺序，逐笔序时进行登记。每日终了，应根据登记的"现金日记账"结余数与实际库存数进行核对，做到账款相符。如果发现账款不符，应及时查明原因，进行处理。月份终了，"现金日记账"的余额必须与"库存现金"总账账户的余额核对相符。有外币现金的企业，应当分别人民币和各种外币设置"现金日记账"进行明细核算。

企业发生的每笔现金收入和现金支出业务，都必须根据审核无误的原始凭证编制记账凭证，然后据以记账，记入"库存现金"账户。"库存现金"账户可以根据现金收付款凭证和银行存款付款凭证直接登记。如果企业日常现金收支量较大，为了简化核算工作，可以根据实际情况，采用汇总记账凭证或科目汇总表等核算形式，根据汇总收付款凭证或科目汇总表定期或月终登记"库存现金"账户。登记"库存现金"账户时，收入的现金，借记"库存现金"账户，贷记"主营业务收入"、"其他业务收入"账户等；支出的现金，借记"原材料"账户或其他有关账户，贷记"库存现金"账户。对于从银行提取现金和将现金存入银行的业务，一般只编制付款凭证，不再编制收款凭证，以防重复登账。

从银行提取现金，根据支票存根所记载的提取金额，借记"库存现金"账户，贷记"银行存款"账户；将现金存入银行，根据银行退回的进账单第一联，借记"银行存款"账户,贷记"库存现金"账户。企业因支付内部职工出差等原因所需的现金,按支出凭证所记载的金额,借记"其他应收款"等账户,贷记"库存现金"账户;收到出差人员交回的差旅费剩余款并结算时,按实际收回的现金,借记"库存现金"账户,按应报销的金额,借记"管理费用"等账户,按实际借出的现金,贷记"其他应收款"账户。企业因其他原因收到现金,借记"库存现金"账户,贷记有关账户;支出现金,借记有关账户,贷记"库存现金"账户。每日终了在结算现金收支、财产清查时发现的有待查明原因的现金短缺或溢余,应通过"待处理财产损溢"账户核算:属于现金短缺,应按实际短缺的金额,借记"待处理财产损溢"账户,贷记"库存现金"账户;属于现金溢余,按实际溢余的金额,借记"库存现金"账户,贷记"待处理财产损溢"账户。待查明原因后作如下处理:

(1) 如为现金短缺,属于应由责任人赔偿的部分,借记"其他应收款——应收现金短缺款(××个人)"账户或"库存现金"等账户,贷记"待处理财产损溢"账户;属于应由保险公司赔偿的部分,借记"其他应收款——应收保险赔款"账户,贷记"待处理财产损溢"账户;属于无法查明的其他原因,根据管理权限,经批准后处理,借记"管理费用——现金短缺"账户,贷记"待处理财产损溢"账户。

(2) 如为现金溢余,属于应支付给有关人员或单位的,应借记"待处理财产损溢"账户,贷记"其他应付款——应付现金溢余(××个人或单位)"账户;属于无法查明原因的现金溢余,经批准后,借记"待处理财产损溢"账户,贷记"营业外收入——现金溢余"账户。

"库存现金"账户期末借方余额,反映企业实际持有的库存现金数。

(二) 备用金的核算

企业在日常经营过程中经常有一些单位会频繁地发生一些小额零星支出,如果这些小额零星支出每笔都要经过逐级审核、审批(包括申请支出和报销)等手续则不胜其烦。根据重要性原则,对于这样的单位或个人,企业可以建立定额备用金制度,既可满足其业务需求,也简化了许多手续。

实行定额备用金的单位,一般要经过以下业务和核算流程:

(1) 一般在年初或必要时,由财务部门根据需要使用备用金单位的申请和实际需要核定其备用金数额,并拨给该单位由专人负责管理,这时财务部门应根据有关凭证作借记"其他应收款——备用金"账户,贷记"库存现金"账户或"银行存款"账户的记录。

(2) 使用备用金的单位,平时可在其备用金中支付日常的开支;保管备用金的人员,应妥善保管好备用金使用的凭据及各种报销凭证,并定期或在备用金快用完时,凭有关凭证向财务部门报销,以补足备用金。这时,财务部门应根据报销凭单,作借记"管理费用"账户、贷记"库存现金"账户或"银行存款"账户的记录,而不再通过"其他应收款——备用金"账户核算。

(3) 年末或者不需要使用备用金、需要取消备用金时,使用备用金的单位在上交多余备用金并报销已使用数的同时,会计部门应核销其定额,作借记"管理费用"、"库存现金"账户,贷记"其他应收款——备用金"账户的核算。

所以,备用金核算的特点是:除了备用金的拨付、增加、减少或取消需要通过"其他应收款——备用金"账户以外,使用或报销有关备用金的支出时不再通过该账户核算。

企业也可以直接用"备用金"总账取代上面的"其他应收款——备用金"账户。

【例 2-1】 金欣股份有限公司采购员小钱经常外出采购需要借款,于是企业在年初给其核定一笔备用金,供其周转之用,核定金额为 900 元,付以现金。

借:备用金——采购员小钱　　　　　　　　　　　900
　　贷:库存现金　　　　　　　　　　　　　　　　　　900

【例 2-2】 小钱将几次出差的票据整理好后到财务去报销以补足备用金,票据金额为 1 000 元,企业付以现金。

借:管理费用　　　　　　　　　　　　　　　　1 000
　　贷:库存现金　　　　　　　　　　　　　　　　　1 000

【例 2-3】 年末,小钱将已出差的票据金额 800 元到财务报销的同时,将多余备用金 400 元交回财务以核销本年度的备用金。

借:库存现金　　　　　　　　　　　　　　　　　400
　　管理费用　　　　　　　　　　　　　　　　　800
　　贷:备用金——采购员小钱　　　　　　　　　　1 200

四、现金的管理与控制

现金的流动性决定了现金内部控制的必要性。除了个人的道德与法制观念的建立外,一个企业必须强调它的现金内部控制,要严格现金内部控制的措施与手段,建立健全现金的内部控制制度,这样才能防止现金的丢失、被盗以及违法乱纪行为的发生,保持现金的流动性、安全性,提高现金的使用效果与获利能力。

(一) 现金控制的基本原则

虽然现金的内部控制程序会随企业具体情况的不同而各具特点,但通常来说,健全的现金控制制度,应遵循以下原则。

1. 加强银行对现金收支的控制和监督

尽可能保持最少量的库存现金,而把绝大部分现金存入银行。所有的现金收入应每天结计后如数存入银行。对于所有主要的现金支出,每一笔都要使用银行支票或采用其他银行转账方式。对于零星的小额开支，如果不便通过银行办理，应设置一笔金额固定的零用现金，以备支用。这笔零用现金的设立需要签发支票从银行提款，报销开支时再按报销金额签发支票予以补足。这样，所有的现金支出实际上都是通过银行支票来进行控制的，这不仅可以减少保存大量库存现金的成本和风险，更主要的是，通过签发银行支票可以加强对现金支出的有效控制。

此外，这种方式无异于由银行为企业保持另一种现金收支的记录，并定期通过银行对账单与企业的现金日记账相核对，保证现金收支记录的正确性。

2. 对现金业务进行合理分工

现金收支业务包括授权、付款、收款和记录等各个环节，每一环节应由不同的人员来完成，形成严密的内部牵制制度，使得现金收付过程中的舞弊行为只有通过共谋才有可能发生，从而大大降低了这种舞弊的可能性。这方面工作通常应注意以下几个方面：

（1）现金支出的授权、现金收支的经办（出纳）和现金账目的记录（会计）应由不同的人员来完成。

（2）现金支出业务和现金收入业务应分开进行处理，防止将现金收入直接用于现金支出的"坐支"行为发生。

（3）经办销售业务的人员不得同时办理现金收款业务，反之亦然。

3. 建立内部审计或稽核制度

企业除了由出纳人员逐日盘点库存现金和定期核对银行存款并编制银行存款余额调节表外，内部审计人员还应对库存现金和银行存款实施经常性检查和突击性抽查，以确保现金记录的正确性。

4. 实施定期轮岗制度

通过将涉及现金管理和控制的业务人员进行定期岗位轮换，可以减少现金管理和控制中产生舞弊的可能，及时发现有关人员的舞弊行为，做到防患于未然或避免损失的扩大。

（二）库存现金的控制

库存现金的管理应该坚持"钱账分管"的内部控制制度。出纳人员除了收付保管现金和登记银行存款和现金日记账以外，不得兼办费用、收入、债权和债务的账簿登记工作，不得涉及稽核和会计档案的保管工作等。

库存现金的控制是通过核定库存限额、登记现金日记账并定期核对账目以及定期或不定期的现金财产清查来实施的。其目的是保证库存现金的安全完整。

1. 核定库存限额

库存现金限额是指银行对实行现金管理的单位，根据其日常零星现金开支的需要所核定的现金库存的额度。它是我国现金管理制度的一项内容。库存现金限额由单位提出计划,报开户银行审批。库存现金的限额一般不超过3~5天日常零星开支所需要的现金。边远地区和交通不发达地区的单位,可以适当放宽,但最多不得超过15天的日常零星开支。对没有在银行单独开立账户的附属单位也要实行现金管理;必须保留的现金,也要核定限额,其限额应包括在开户单位的库存限额之内。商业流通企业的找零备用现金也要根据营业额核定定额,但可不包括在开户企业的库存现金限额之内。各企业单位的库存现金限额由于生产或业务变化,需要增加或减少时,应向开户银行提出申请,经批准后再行调整。核定各企业单位的库存现金限额,对于压缩流通中的现金数量,有计划地调剂货币流通有着重要的作用。

持有现金的四大动机

交易动机:指企业为了满足经营发展的需要而持有现金。

预防动机:指企业为了应付紧急情况而保持现金支付能力所产生的需要。

投资动机:指企业为了利用潜在的获利机会而持有现金。

补偿动机:指出于银行的要求而在企业银行账户中保留的存款。

2. 日记账控制

为了及时、准确地了解企业现金流转和结存情况,企业的出纳人员必须及时登记现金日记账,随时计算出结存余额,做到日清月结,不得以不符合财务制度和会计手续的"白条"抵冲库存现金。每日营业终了要将日记账余额与库存实际金额进行核对相符,如有不符应及时查明原因并报有关人员处理。期末,出纳人员还应将现金日记账与会计的现金总账进行核对相符。

3. 财产清查控制

出纳员通过登记日记账和自查的方式可以在一定程度上减少现金管理上的差错,但却不能杜绝监守自盗的现象。为了保证企业货币资金的安全完整,企业应该派遣内部审计等有关人员定期对出纳员保管的库存现金进行清查,必要时还要进行突击检查。清查程序包括:由出纳员当着清查人员的面结出现金日记账的余额,清点库存现金,将两者核对看是否相符,并对清查结果出具清查报告,经有关人员签字盖章后交由会计处理;经有关人员批准后对现金短缺或溢余作出处理结果,并将处理结果交由会计进行账务处理,以保证账实相符。

【问题与思考 2-1】

出纳小王下班前盘点现金时发现多了20元,查找各种单据后仍然没有发现原因,于是小王将这20元现金放入自己钱包中。请问:他的这种做法对否?为什么?

第二节 银行存款

一、银行存款管理的有关规定

银行存款是指企业、单位储存在银行和其他金融机构的各项款项。它是货币资金的主要组成部分。存款账户分为基本存款账户、一般存款账户、临时存款账户和专用存款账户。基本存款账户是存款人办理日常转账结算和现金收付的账户。存款人的工资、奖金等现金的支取,只能通过基本存款账户办理。一般存款账户是存款人在基本存款账户以外的银行借款转存、与基本存款账户的存款人不在同一地点的附属非独立核算单位开立的账户。存款人可以通过本账户办理转账结算和现金交存,但不能办理现金支取。临时存款账户是存款人因临时经营活动需要开立的账户。存款人可以通过本账户办理转账结算和根据国家现金管理的规定办理现金收付。专用存款账户是存款人因特定用途需要开立的账户。我国相关法规规定存款人只能在银行开立一个基本存款账户。一个企业、单位在几家银行和其他金融机构开户的,应由一家开户银行负责现金管理工作,核定库存现金限额。每一个企业、单位除了在规定限额以内可以保存少量的现金外,对收入的一切款项,都必须及时存入银行。一切支出,除规定可用现金支付的以外,都应按有关结算规定,通过银行办理转账结算。

银行业务集中法

它是通过多个收款中心来代替单一收款中心以加速库存现金收回的一种方法。客户可以直接将货款寄给指定的收款中心,该中心收款后立即存入当地银行,最后再由当地银行将所收的资金转给总的收款中心。其优点是可以缩短客户邮寄票据的时间和支票托收所需的时间;缺点是增加了企业的费用。

二、银行存款结算种类

由中国人民银行发布的《支付结算办法》是银行结算制度的主要依据。支付结算是指单位、个人在社会经济活动中使用支票、银行汇票、银行本票、商业汇票等票据,采用汇兑、委托收款、托收承付以及信用证、信用卡等结算方式进行货币给付及其资金清算的行为。企业在办理支付结算时,必须遵守国家关于银行支付结算的各项结算纪律:不准签发空头和远期支票,套取银行信用;不准签发、取得和转让没有真实交易和债权、债务的票据,套取银行和他人资金;履约付款;不准违反规定开立和使用账户。

1. 支票

支票是出票人签发的、委托办理存款业务的银行在见票时无条件支付确定的金额给收款人或者持票人的票据。支票是同城结算中应用较为广泛的一种结算方式。支票可以分为普通支票、现金支票和转账支票三种。支票的起点金额是100元,付款期限为10天。支票可背书转让。

背书是指在票据背面或者粘贴单上记载有关事项并签名盖章的票据行为。

采用支票方式的,对于收到的支票,应在收到支票的当日填制进账单连同支票送交银行,根据银行盖章退回的进账单第一联和有关的原始凭证编制收款凭证,或根据银行转来由签发人送交银行支票后,经银行审查盖章的进账单第一联和有关的原始凭证编制收款凭证;对于付出的支票,应根据支票存根和有关原始凭证及时编制付款凭证。

2. 银行汇票结算方式

银行汇票是汇款人将款项交存当地出票银行,由出票银行签发给汇款人持往异地办理转账结算或支取现金的票据。银行汇票一律记名,起点金额500元,可以背书转让。采用银行汇票结算方式的,收款单位应根据银行退回的进账单和有关的原始凭证编制收款凭证;付款单位应在收到银行签发的银行汇票后,根据"银行汇票申请书(存根)"联编制付款凭证。如有多余款项或因汇票超过付款期等原因而退款时,应根据银行的多余款收账通知编制收款凭证。

采用银行汇票方式,应注意以下几个问题:

(1) 银行汇票的付款期为1个月,逾期的票据,兑付银行不予办理。

(2) 受理银行汇票的企业,应注意审查票据的有效性,其中包括:银行汇票和解讫通知是否齐全、汇票号码和记载的内容是否一致;收款人是否确为本单位或本人;银行汇票是否在提示付款期限内;必须记载的事项是否齐全;出票人签章是否符合规定,是否有压数机压印的出票金额,并与大写出票金额一致;出票金额、出票日期、收款人名称是否更改,更改的其他记载事项是否由原记载人签章证明。

(3) 银行汇票和解讫通知必须由收款人或被背书人同时提交银行,缺少任何一联均无效,银行不予办理。收款单位应从汇票背面加盖预留银行印章后,将银行汇票和解讫通知、进账单送交开户银行。银行审查无误后办理转账。

3. 银行本票结算方式

银行本票是申请人将款项交存银行,由银行签发的、承诺自己在见票时无条件支付确定金额给收款人或者持票人的票据。银行本票分定额和不定额两种,不定额的起点金额为100元,定额本票有1 000元、5 000元、10 000元和50 000元四种。银行本票一律记名,可背书转让,适用于同城结算。

采用银行本票方式的收款单位按照规定受理银行本票后,应将银行本票连同进账单送交银行办理转账,根据盖章退回的进账单第一联和有关原始凭证编制收款凭证;付款单位在填送"银行本票申请书"并将款项交存银行,收到银行签发的银行本票后,根据申请书存根联编制付款凭证。企业因银行本票超过付款期限或其他原因要求退款时,在交回本票和填制的进账单经银行审核盖章后,根据进账单第一联编制收款凭证。

采用银行本票方式,应注意以下几个问题:

(1) 由于本票受理银行见票即付款,不予挂失,对于银行本票应同现金一样,妥善保管。

(2) 银行本票的提示付款期限自出票日起最长不得超过2个月。逾期后,兑付银行不予受理。

(3) 受理银行本票的企业,应注意审查票据的有效性,审查的内容同银行汇票基本一致。

4. 商业汇票结算方式

商业汇票是出票人签发的、委托付款人在指定日期无条件支付确定的金额给收款人或者持票人的票据。按其承兑人的不同,商业汇票可分为商业承兑汇票和银行承兑汇票。商业承兑汇票由银行以外的付款人承兑;银行承兑汇票由承兑申请人向开户银行申请,经银行审查同意承兑。商业承兑汇票的付款人为承兑人。

商业汇票结算方式适用于同城和异地。商业汇票一律记名,可以背书转让或贴现。

采用商业承兑汇票方式的,收款单位将要到期的商业承兑汇票连同填制的邮划或电划委托收款凭证,一并送交银行办理收款后,在收到银行的收账通知时,据以编制收款凭证;付款单位在收到银行的付款通知时,据以编制付款凭证。采用银行承兑汇票方式的,收款单位将要到期的银行承兑汇票连同填制的邮划或电划委托收款凭证,一并送交银行办理转账,然后根据银行的收账通知,据以编制收款凭证;付款单位在收到银行的付款通知时,据以编制付款凭证。收款单位将未到期的商业汇票向银行申请贴现时,应按规定填制贴现凭证,连同汇票一并送交银行,然后根据银行的收账通知编制收款凭证。

采用商业汇票方式,应注意以下几个问题:

(1) 在银行开立存款账户的法人以及其他组织之间,必须具有真实的交易关系或债权债务关系,才能使用商业汇票。

(2) 商业汇票承兑后,承兑人负有到期无条件支付票款的责任。如承兑人或承兑申请人账户不足支付票款,凡属商业承兑汇票的,银行将汇票退给收款人,由其自行处理;凡属银行承兑汇票的,承兑银行除凭票向持票人无条件付款外,对出票人尚未支付的汇票金额按照每天5‰计收利息。

(3) 商业汇票的付款期限,最长不得超过6个月。

5. 汇兑结算方式

汇兑是汇款人委托银行将其款项支付给异地收款人的结算方式。汇兑结算方式分信汇和电汇。采用汇兑结算方式的,收款单位对于汇入的款项,应在收到银行的收账通知时,据以编制收款凭证;付款单位对于汇出的款项,应在向银行办理汇款后,根据汇款回单编制付款凭证。

6. 委托收款结算方式

委托收款是收款人向银行提供收款凭据、委托银行向付款人收取款项的结算方式。无论单位和个人都可以凭已承兑的商业汇票、债券、存单等债券证明,委托银行向债务人收取有关款项。同城和异地都可采用这种结算方式。

采用委托收款结算方式的,收款单位对于托收款项,应在收到银行的收账通知时,根据收账通知编制收款凭证;付款单位在收到银行转来的委托收款凭证后,根据委托收款凭证的付款通知联和有关的原始凭证,编制付款凭证。如在付款期满前提前付款,应在通知银行付款之日,编制付款凭证。如拒绝付款,属于全部拒付的,不作账务处理;属于部分拒付的,企业应在付款期内出具部分拒付理由书并退回有关单位,根据银行盖章退回的拒付理由书第一联编制部分付款的凭证。

7. 托收承付结算方式

托收承付是指根据购销合同由收款人发货后委托银行向异地付款人收取款项,由付款单位向银行承认付款的结算方式。采用托收承付结算方式的,收款单位对于托收款项,应在收到银行的收账通知时,根据收账通知和有关原始凭证,编制收款凭证;付款单位对于承付的款项,应于承付时根据托收承付结算凭证的承付通知和有关发票账单等原始凭证编制付款凭证。

托收承付结算方式的使用范围有一定的限制,只适用于企业之间签订经济合同的商品交易活动,以及由于商品交易而发生的劳务供应的异地之间的结算。使用托收承付结算方式的必须是国有企业、供销合作社以及经营管理较好并经开户银行审查同意的城乡集体所有制工业企业。根据我国有关规定,托收承付结算方式目前的起点金额是10 000元(新华书店为1 000元);并且,对于承付和拒付也有相应的规定。

8. 信用卡

信用卡是指商业银行向个人和单位发行的,凭其向特约单位购物、消费和银行存取现金,且具有消费信用的特制载体卡片。信用卡可分为单位卡和个人卡,按信用等级分金卡和普通卡。信用卡的使用和透支都有相应的规定。同城和异地都可使用信用卡结算方式。

采用信用卡方式的,收款单位对于当日受理的信用卡签购单,填写汇计单和进账单,连同签购单一并送交收单银行办理进账,在收到银行收账通知时,据以编制收款凭证;付款单位则根据银行转来的付款通知和有关原始凭证编制付款凭证。

9. 信用证结算方式

信用证是指开证银行依据申请人的申请开出的,凭符合信用证条款的单据支付的付款承诺,并明确规定该信用证为不可撤销的、不可转让的跟单信用证。信用证结算方式是国际结算的一种主要方式。经中国人民银行批准经营结算业务的商业银行总行以及经商业银行总行批准开办信用证结算业务的分支机构,也可以办理国内企业之间商品交易的信用证结算业务。

采用信用证结算方式的,收款单位收到信用证后,即备货装运,签发有关发票账单,连同运输单据和信用证,送交银行,根据退还的信用证等有关凭证编制收款凭证;付款单位在接到开证行的通知时,根据付款的有关单据编制付款凭证。

三、银行存款的账务处理

为了反映银行存款的收入、支出和结存情况,企业单位要设置"银行存款"账户进行核算,并按开户银行和其他金融机构、存款种类,分别设置"银行存款日记账",根据收付款凭证,按照业务发生顺序逐笔登记。"银行存款日记账"是登记各种银行存款收支业务的一种明细序时账,一般采用收入、支出、结存三栏订本式,由出纳员根据银行存款的收款、付款凭证和现金存入银行时填制的现金付款凭证,按照业务发生的时间先后,逐日逐笔顺序登记,以便随时掌握银行存款的收支动态和结存金额,为合理调度资金、组织货币资金的收支平衡提供资料,对银行存款日记账也可按照收入和支出业务设置"银行存款收入日记账"和"银行存款支出日记账",在账簿中按收入和支出的对应账户设置专栏进行登记。这种分别收入和支出,并各按其对应账户设置专栏的银行存款日记账,亦称"多栏式银行存款日记账"。根据银行存款支出日记账,每日将支出合计数过入银行存款收入日记账的支出合计栏,并结出余额,反映各种银行存款的每日结存数。月末,结出各对应账户栏以及收入和支出的总额(即本月发生额),据以登记总分类账。但其中"库存现金"账户栏的本月发生额,因已同时记入现金收入日记账和现金支出日记账,故不需过入总分类账,以免重复。"银行存款日记账"应定期与银行送来的"银行对账单"核对相符,至少每月核对一次;发现差错,应及时查明更正。月份终了,应编制"银行存款余额调节表",将银行存款的账面余额与银行对账单余额调节相符。如有不符,属于银行对账单差错的,应立即通知银行查明更正;属于企业、单位记账差错的,应由企业、单位作出更正的会计分录或补记入账。

企业单位应指定专人签发银行支票。有外币存款业务的企业,可在"银行存款"账户下设置"人民币存款"和"外币存款"两个二级账户进行核算。企业发生的外币业务,应将有关外币金额折合为人民币记账,并登记外国货币金额和折合率。所有外币账户的增加或减少,一律按国家外汇牌价折合为人民币记账。外币金额折合为人民币记账时,可按业务发生时的国家外汇牌价作为折合率,也可按业务发生当月(或当季、当年)初的国家外汇牌价作为折合率。月份(或季度、年度)终了,各种外币账户(包括外币现金以及以外币结算的债权和债务)的外币期末余额,应当按照月末汇率折合为人民币。按照月末汇率折合的人民币金额与原账面人民币金额之间的差额,作为汇兑损益,按照《企业会计准则第17号——借款费用》中的有关规定进行处理。具体介绍请参见第八章。

因银行结售、购入外汇或不同外币兑换而产生的银行买入、卖出价与折合汇率之间的差额,也要按照《企业会计准则第17号——借款费用》中的有关规定进行处理,分别计入开办费、在建固定资产成本或财务费用。

"银行存款"账户期末借方余额,反映公司实际存在银行或其他金融机构的款项。

四、银行存款余额的调节

企业银行存款收支业务发生后,记账凭证的填制和传递需要一定的时间。对于同一笔业务,企业会计入账的时间和程序与银行会计入账的时间和程序不一定相同。企业或银行两方中某一方在记账时也可能有错漏。所有这些因素都会造成企业银行存款账户余额与同一日的开户银行中企业存款账户余额的不一致。为此,必须定期将企业登记的银行存款余额与银行对账单上的余额进行核对、调整,以使两者余额一致。一般来说,需要调整的业务分为两大类:一类为记账有错漏,另一类为未达账项。所谓未达账项,是指对于同一笔业务,由于记账时间和凭证传递不同，造成企业或银行一方已经登记入账，而另一方尚未登记入账的款项。对银行或企业错记或漏记的业务，查找原因后，应编制分录进行更正。因未达账项使双方余额不一致时，可通过编制银行存款余额调节表，使之调节相符，调节时不需要进行账务处理。未达账项主要有以下四种形式：

（1）企业已入账，银行尚未入账的收款业务。即企业已借记"银行存款"账户，而银行尚未将企业存款增加，而未记入企业的存款账。

（2）企业已支付，银行尚未支付的付款业务。即企业已贷记"银行存款"账户，而银行尚未作出减少企业存款的记录。如企业支付费用开出支票后，已根据支票存根作银行存款减少的记录，但持票人还未到银行兑取，以致银行在编制对账单时还未作企业存款减少的账务处理。

（3）银行已入账，企业尚未入账的收款业务。即银行在根据有关凭证作了增加企业存款的账务处理，但企业因尚未收到通知而无法入账。如在托收承付结算过程中，银行已根据托收凭证的"划款通知"，将收到的款项记入了企业的存款账，但托收凭证的"收款通知"还未到达企业，故企业尚未作收款的账务处理。

（4）银行已付款，企业尚未付款的业务。即银行已根据有关规定和有关付款凭证，作了减少企业银行存款的账务处理，但企业因没有收到有关通知或凭证，而尚未作出支付款项的账务处理。如在结息日银行向企业结取借款利息，作了企业银行存款减少的账务处理，但企业尚未收到有关凭证，不能作出银行存款减少的账务处理。

现举例说明"银行存款余额调节表"的编制。

【例 2-4】 金欣股份有限公司 2007 年 10 月 31 日银行存款日记账的余额为 27 000 元，而银行对账单上的存款余额是 28 180 元，经逐笔核对后，发现以下未达账项：

（1）金欣股份有限公司 10 月 30 日存入转账支票 4 000 元，但银行因内部手续尚未办妥，还未入账。

（2）金欣股份有限公司 10 月 30 日开出的一张转账支票 4 000 元和一张现金支票 280 元，由于持票人尚未到银行办理转账及取款手续，故银行尚未记账。

（3）委托银行代收的货款 2 000 元，10 月 30 日银行已经收到并登记入账，由于收账通知尚未送达企业，故企业尚未入账。

（4）电信局委托银行代收金欣股份有限公司应付的电话费 1 100 元，银行已从企业存款中代付，由于转账通知单尚未送达企业，故企业尚未记账。

根据上述资料，金欣股份有限公司 2007 年 10 月 31 日编制银行存款余额调节表，如表 2-1 所示。

表 2-1　　　　　金欣股份有限公司银行存款余额调节表

项　　目	金额（元）	项　　目	金额（元）
企业银行存款余额	27 000	银行对账单上的存款余额	28 180
加：银行已收企业未收的款项	2 000	加：企业已收银行未收的款项	4 000
减：银行已付企业未付的款项	1 100	减：企业已付银行未付的款项	4 280
调节后余额	27 900	调节后余额	27 900

五、银行存款未达账项的处理

对于未达账项，按照我国现行会计制度规定，不能以银行存款余额调节表作为原始凭证或记账凭证，据以调整银行存款账面记录。只有等到有关银行结算凭证到达企业，未达账项变成"已达账项"，才能进行相应的账务处理。这一处理方法主要是为了简化会计核算工作。因为，在企业正常经营过程中，期末未达账项的数额一般不会很大，转变成已达账项的时间也不会很长。而且，在权责发生制下，收入与费用的确认与收款和付款的记录不在同一时间进行是正常的，因而未达账项一般不会影响企业各期间经营成果的确定。但是，产生未达账项势必影响企业财务状况的正确反映。例如，某一顾客一笔很大的欠款其实已经汇达企业的银行账户，只是因为银行的收款通知未到企业而形成未达账项。如果对这一重大事项不作反映，期末资产负债表上的应收账款和银行存款数字将会不一致。按照国际流行的做法，即对于未达的账项需要在编制时要调节入账，正是基于公允反映财务状况的考虑。若结合我国的经验，我们认为，未达账项可从下列两种处理方法中择一选用：

（1）在月末可根据银行存款余额调节表先将企业未记录的未达账项登记入账，下月初再将它转回，等到变成已达账项后再按正常程序处理。

（2）对未达账项不作账务处理，但对其中重大项目在报表附注中加以揭示。

【问题与思考 2-2】

出纳小王和小张在办理交接时，意外发现一笔长达 2 年的未达账项，金额 20 000 元，此时小张神情紧张。请问：小张可能做了哪些事情？

第三节　其他货币资金

在企业的经营资金中，有些货币资金的存放地点和用途与库存现金和银行存款不同，如外埠存款、银行汇票存款、银行本票存款、信用证保证金存款、信用卡存款、存出投资款等。需要设置"其他货币资金"账户以集中反映这些资金，并表明它与现金和银行存款有区别。在"其他货币资金"账户下,可分设"外埠存款"、"银行汇票存款"、"银行本票存款"、"信用卡存款"、"信用证保证金存款"、"存出投资款"等各种其他货币资金明细账户进行明细核算,并按外埠存款的开户银行,银行汇票或本票、信用证的收款单位等设置明细账户。有信用卡业务的公司应在"信用卡"明细账户中按开出信用卡的银行和信用卡种类设置明细账。

一、外埠存款

外埠存款是指企业到外地进行临时或零星采购时,汇往采购地银行开立采购专户的款项。企业将款项委托当地银行汇往采购地开立专户时,应借记"其他货币资金"账户,贷记"银行存款"账户。收到采购员交来供应单位发票账单等报销凭证时,借记"材料采购"或"原材料"、"库存商品"、"应交税费——应交增值税"(进项税额)等账户,贷记"其他货币资金"账户。将多余的外埠存款转回当地银行时,根据银行的收账通知,借记"银行存款"账户,贷记"其他货币资金"账户。

【例 2-5】 金欣股份有限公司委托当地开户银行汇款 5 000 元给采购地银行开立专户时,编制会计分录如下:

借:其他货币资金——外埠存款　　　　　　　　　　　　　5 000
　　贷:银行存款　　　　　　　　　　　　　　　　　　　　　　5 000

收到采购员交来的供应单位发票等报销凭证 4 650 元时,编制会计分录如下:

借:材料采购　　　　　　　　　　　　　　　　　　　　　3 974.36
　　应交税费——应交增值税(进项税额)　　　　　　　　　　675.64
　　贷:其他货币资金——外埠存款　　　　　　　　　　　　　4 650.00

采购员完成了采购任务,将多余的外埠存款转回当地银行时,根据银行的收账通知,转销"其他货币资金——外埠存款"账户,编制会计分录如下:

借:银行存款　　　　　　　　　　　　　　　　　　　　　　350
　　贷:其他货币资金——外埠存款　　　　　　　　　　　　　　350

二、银行汇票存款

银行汇票存款是指企业为取得银行汇票按规定存入银行的款项。企业在填送"银行汇票委托书"并将款项交存银行,取得银行汇票后,根据银行盖章退回的申请书存根联,借记"其他货币资金——银行汇票存款"账户,贷记"银行存款"账户。企业使用银行汇票后,根据发票账单等有关凭证,借记"在途物资"或"原材料"、"库存商品"、"应交税费——应交增值税(进项税额)"等账户,贷记"其他货币资金——银行汇票存款"账户;如有多余款或因汇票超过付款期等原因而退回款项,根据开户行转来的银行汇票第四联（多余款收账通知），借记"银行存款"账户，贷记"其他货币资金——银行汇票存款"账户。

【例 2-6】 金欣股份有限公司向银行提交"银行汇票委托书"，并交存款项 25 000元，银行受理后签发银行汇票和解讫通知，根据"银行汇票委托书"存根联记账。

借：其他货币资金——银行汇票　　　　　　　　　　　　25 000
　　贷：银行存款　　　　　　　　　　　　　　　　　　　25 000

【例 2-7】 金欣股份有限公司用银行签发的银行汇票支付采购材料货款23 400元，其中增值税 3 400 元，企业记账的原始凭证是银行转来的银行汇票第四联及所附发货票账单等凭证。

借：材料采购　　　　　　　　　　　　　　　　　　　20 000
　　应交税费——应交增值税（进项税额）　　　　　　　 3 400
　　贷：其他货币资金——银行汇票　　　　　　　　　　　23 400

【例 2-8】 金欣股份有限公司收到银行退回的多余款项收账通知。

借：银行存款　　　　　　　　　　　　　　　　　　　 1 600
　　贷：其他货币资金——银行汇票　　　　　　　　　　　 1 600

三、银行本票存款

银行本票存款是指企业为取得银行本票按规定存入银行的款项。企业向银行提交"银行本票申请书"并将款项交存银行，取得银行本票后，根据银行盖章退回的申请书存根联，借记"其他货币资金——银行本票存款"账户，贷记"银行存款"账户。企业使用银行本票后，根据发票账单等有关凭证，借记"在途物资"或"原材料"、"库存商品"、"应交税费——应交增值税（进项税额）"等账户，贷记"其他货币资金——银行本票存款"账户。因本票超过付款期等原因而要求退款时，应当填制进账单一式两联，连同本票一并送交银行，根据银行盖章退回的进账单第一联，借记"银行存款"账户，贷记"其他货币资金——银行本票存款"账户。

四、信用卡存款

信用卡存款是指企业为取得信用卡按照规定存入银行的款项。企业应按规定填制申请表，连同支票和有关资料一并送交发卡银行，根据银行盖章退回的进账单第一联，借记"其他货币资金——信用卡存款"账户，贷记"银行存款"账户。企业用信用卡购物或支付有关费用时，借记有关账户，贷记"其他货币资金——信用卡存款"账户。企业信用卡在使用过程中，需要向其账户续存资金时，借记"其他货币资金——信用卡存款"账户,贷记"银行存款"账户。

五、信用证保证金存款

信用证保证金存款是指企业为取得信用证按规定存入银行的保证金。企业向银行申请开立信用证,应按规定向银行提交开证申请书、信用证申请人承诺书和购销合同。企业向银行交纳保证金,根据银行退回的进账单第一联,借记"其他货币资金——信用证保证金存款"账户,贷记"银行存款"账户。根据开证行交来的信用证来单通知书及有关单据列明的金额,借记"在途物资"或"原材料"、"库存商品"、"应交税费——应交增值税(进项税额)"等账户,贷记"其他货币资金——信用证保证金存款"和"银行存款"账户。

六、存出投资款

存出投资款是指企业已存入证券公司但尚未进行短期投资的现金。企业向证券公司划出资金时,应按实际划出的金额,借记"其他货币资金——存出投资款"账户,贷记"银行存款"账户;购买股票、债券等时,按实际发生的金额,借记"短期投资"账户,贷记"其他货币资金——存出投资款"账户。

"其他货币资金"账户的期末借方余额,反映公司实际持有的其他货币资金。

【案例分析】 金欣股份有限公司最佳现金持有量是多少?

确定最佳现金持有量的主要方法之一为现金周转模式。其计算公式如下:

目标现金余额=企业年现金需求总额÷(360÷现金周转期)=

企业年现金需求总额÷现金周转率

金欣股份有限公司平均应付账款天数为25天,应收账款天数为20天,存货天数为70天,预计未来1年的现金总需求为35 000万元。问:现金最佳持有量是多少?

分析:现金周转率=360÷(70+20-25)=5.54(次)

最佳现金持有量=35 000÷5.54=6 317.69(万元)

本 章 小 结

现金在各国会计实务中的内涵与外延不尽相同。现金控制是企业内部控制制度的重要内容,包括收入控制、支出控制、内部流动控制和结余控制等。企业需要通过设置"库存现金"、"银行存款"、"其他货币资金"账户进行货币资金的核算。在我国,企业可以使用支票、银行本票、银行汇票、商业汇票等票据,采用信用证、信用卡和汇兑、托收承付、委托收款等结算方式进行货币给付及其资金清算,会计人员必须正确地使用这些不同的结算方式。编制银行存款余额调节表是核对、调整银行存款账户的有效手段。企业的其他货币资金也是会计核算的重要内容。其他货币资金主要包括外埠存款、银行本票存款、银行汇票存款、信用保证金存款、信用卡存款、存出投资款等。

复习思考题

1. 现金的使用范围有哪些?为什么要建立现金内部控制制度?
2. 企业现金收、支、存的内部控制制度包括哪些内容?
3. 什么是支票?支票有哪几种?
4. 银行存款结算方式有哪几种?各有何特点?
5. 什么是未达账项?具体包括哪些内容?如何对未达账项进行调整?
6. 其他货币资金包括哪些内容?如何进行账务处理?

案例讨论题

2002年9月11日,香港东区裁判法院审理了一宗自开埠以来最大的洗钱案,涉案金额达500亿港元与1300个账户。根据法院的起诉,可以清晰地发现一个跨境洗钱集团的轮廓:

从1996年4月1日到2001年9月11日,在尖沙咀拥有一间兑换店的业主每日接收从内地偷运过来的3000万港元以上的大量现金,然后以该兑换店下的杰协有限公司(该公司掌握大量个人户头)的名义转存宝生银行尖沙咀分行,而该行的高级经理被怀疑协助其洗钱。

在双方的密切配合下,这些"黑钱"被分别转账到不同的银行账户,再分别汇给香港和海外的有关银行,目前已发现的账户有1300个之多。

在将资金安全打入宝生银行账户后,洗钱工作就由该行的高级经理林某等执行了。从该法院起诉书披露的信息可知,自1997年9月1日至2000年9月11日间,林某与下属共同串谋为杰协有限公司伪造材料,修改账户记录。由于杰协有限公司打入银行的转换资金受香港法律监管,为逃避监察,林某就将所有黑钱以一般转账而非汇兑的形式处理。至此,洗钱集团演绎了资金偷渡、洗去资金来源、最终汇合到指定账户的全部犯罪过程。

案例思考:洗钱并不仅仅是非法资金交易的全部内容,它作为逃税和逃避监管的非法资金交易的手段则更为普遍,而后者与洗钱活动相伴而生,同样存在着监管不力的现象。请对此洗钱现象作出评价,并讨论具体的反洗钱措施。

同步测试题

一、单项选择题

1. 具有清算及时、使用方便、收付双方都有法律保障和结算灵活特点的票据是( )。
   A. 支票　　　B. 银行本票　　　C. 银行汇票　　　D. 商业汇票

2. 具有信誉度高、支付能力强并有替代现金使用功能特点的票据是( )。
   A. 支票　　　B. 银行本票　　　C. 银行汇票　　　D. 商业汇票

3. 仅适用与商品交易以及因商品交易而发生的劳务供应的结算方式是( )。
   A. 银行本票　B. 商业汇票　　　C. 委托收款　　　D. 托收承付

4. 同城和异地均能采用的票据是( )。
   A. 支票　　　B. 银行本票　　　C. 银行汇票　　　D. 商业汇票

5. 具有结算金额起点限制的结算方式是( )。
   A. 银行本票　B. 银行汇票　　　C. 托收承付　　　D. 委托收款

二、多项选择题

1. 企业应坚持"钱账分管"的内部控制制度,出纳除了负责现金的收付、保管及登记现金日记账外,不得兼办( )。
   A. 费用、收入账簿的登记工作　　B. 债务、债权账簿的登记工作
   C. 稽核工作　　　　　　　　　　D. 会计档案的保管工作

2. 转账结算具有方便、( )的特点。
   A. 通用　　　B. 灵活　　　　　C. 迅速　　　　　D. 安全

3. 同城可使用的票据和结算凭证是( )。
   A. 支票　　　B. 银行本票　　　C. 银行汇票　　　D. 商业汇票
   E. 托收承付　F. 委托收款

4. 异地可使用的票据和结算凭证是( )。
   A. 汇兑　　　B. 银行本票　　　C. 银行汇票　　　D. 商业汇票
   E. 托收承付　F. 委托收款

5. 通过"其他货币资金"账户核算的结算方式是( )。
   A. 银行本票　B. 银行汇票　　　C. 商业汇票　　　D. 信用卡

三、判断题

1. 货币资金是企业生产经营资金在循环周转过程中,停留在货币形态的资金,它由现金和银行存款组成。　　　　　　　　　　　　　　　　( )

2. 库存现金是指企业为了备付日常零星开支而保留的现金。（   ）
3. 票据和结算凭证是办理转账结算的工具。（   ）
4. 支票的提示付款期限为10天，自出票的次日起算。（   ）
5. 记载内容完整的支票丢失时可申请办理挂失。（   ）

四、核算题

1. 金欣股份有限公司从开户银行取得银行对账单，余额为180 245元，银行存款日记账余额为165 794元。经逐项核对，发现如下未达账项：
(1) 企业送存银行的支票8 000元，银行尚未入账。
(2) 企业开出支票13 200元，收款人尚未将支票兑现。
(3) 银行代扣的手续费115元，企业尚未收到付款通知。
(4) 银行代收应收票据款10 900元，企业尚未收到收款通知。
(5) 银行上月对某存款多计利息1 714元，本月予以扣减，企业尚未收到通知。
要求：编制银行存款余额调节表。

2. 金欣股份有限公司2007年6月发生如下经济业务：
(1) 2日，向银行汇款400 000元，开立采购专户，委托银行汇出该款项。
(2) 8日，采购员小王到北京采购，采用银行汇票结算，将银行存款15 000元转为银行存款。
(3) 19日，采购员小李到西安以外埠存款购买材料，材料价款300 000元，进项税额51 000元，材料已入库。
(4) 20日，收到采购员小王转来进货发票等单据，采购原材料一批，进价10 000元，进项税额1 700元，材料已入库。
(5) 21日，外埠存款清户，收到银行转来收账通知，余款收妥入账。
(6) 22日，收到银行汇票存款余款退回通知，已收妥入账。
要求：根据以上经济业务编制会计分录。

【延伸阅读】

企业货币资金内部控制设计

（一）安全性控制

货币资金的安全性控制主要是指企业的货币资金不被挤占、侵占、挪用、贪污。货币资金安全性控制的方法一般有以下几种：一是账实核对，实地盘点控制。将账存数和实存数相核对，查明账实是否相符。现金清查可采取实地盘点方法；银行存款清查可通过与单位开户银行转来的银行款对账单核对，并编制"银行存款余额调节表"，确定是否账实相符。二是定期清查和不定期清查控制。对货币资金的控制要进行定期清查和不定期清查,这是对货币资产的常规管理,是必不可少的一项管理活动。定期清查能督促企业在日常工作中做好货币资金的安全完整性管理;不定期清查的特点是突击性强,会给相关岗位的管理人员产生一种无形的、无时无刻都存在的压力。三是库存现金限额控制。库存现金限额控制是核定企业每日货币资金库存最高限额,超过库存现金限额的货币资金必须及时送存银行基本存款账户,从而降低货币资金风险性。四是钱账分管控制。通过钱账分管,可以使出纳员和会计人员相互牵制、相互监督,从而有效地加强现金收、付、存管理。五是隔离控制。隔离控制是采取特定隔离措施,确保除保管人员之外的人员不得接触该资产的一种特定控制方法。

(二) 完整性控制

货币资金完整性控制包括各种收入及欠款收回是否完整入账、有无损失或部分损失。具体包括:企业货币资金的收支业务是否均已按规定记入有关账户,收回的应收账款是否足额上交财务部门,检查销售、采购业务或应收账款的收回情况,查找未入账的货币资金。货币资金完整性控制一般有以下几种方法:一是发票、收据控制。发票、收据控制是利用发票、收据编号的连续性,核对收到的货币资金与发票、收据金额是否一致,检查是否存在撕页、缺页现象,编号是否连续,复印套写是否一致。企业对发票、收据要建账核算。利用发票的连续编号,对存根联与入账的记账联定期核对,从而发现其中是否存在问题。二是业务量控制。业务量控制是根据某项业务量的大小,复核其货币资金完整性的一种控制方法。如旅馆可以按客房记录的业务量、汽车运输可以按合理记录的业务量,复核其货币资金的收入。三是核对控制。这是指通过发函与对方单位核对的一种方法。如往来账款通过定期与对方单位发函、电报联系核查余额,已作坏账处理的应收账款是否又收回。

(三) 合法性控制

货币资金的合法性控制是指企业的货币资金收付要符合国家的法律、法规、规章制度、财务制度。这种控制主要通过国家专门监督检查机关、审计机关等加以控制。企业的内部审计监督也可以发现一些不合法的货币资金收付业务。另外,通过公布举报电话、网站,获得不合法收付业务线索、对货币资金支付实行严格的授权审批制度,控制大笔货币资金支付也是控制货币资金合法性的有效方法。

(四) 效益性控制

货币资金效益性控制就是货币资金控制要服从企业价值最大化的财务管理目标,通过运用各种筹资、投资手段,合理、高效地持有和使用货币资金。企业可制定货币资金收支中长期计划,在合理预测一定时期货币资金存量的情况下,实施一些推迟货币资金支付的采购政策和加速货币回笼的销售政策,通过收回投资等方法,解决货币资金支出缺口。同样，可以加快货币资金支付的采购政策（可降低采购成本）、一定的赊销政策（可提高售价或扩大销售量）或参与各种投资，降低货币资金储量，从而最大限度地发挥其效益。

建立健全的货币资金内部控制制度，有利于企业货币资金的管理和控制，促使会计人员自觉遵守内部控制制度，从而杜绝贪污、诈骗、挪用货币资金等违法违纪行为的发生。

资料来源：肖调贵：《浅谈企业货币资金管理与控制》，《财会通讯·理财》2008年第6期。

第三章 应收款项

 学习目标

- 掌握应收票据的取得、转让、贴现与到期的会计处理
- 了解应收账款的确认、计量、记录及出售和融资
- 了解其他应收和预付项目的计量、记录
- 掌握应收款项减值的处理

引 言

魏丽和张燕是 A 公司的会计,一天她俩为一件业务的处理发生了争执。原来她们曾经把公司收到的、B 公司开出的一张商业承兑汇票背书给了 C 公司,现在票据到期,而 B 公司无力偿还,C 公司要求 A 公司偿还。魏丽认为 C 公司的要求合理,而张燕却认为此事应当由 B 公司、C 公司自行解决,与 A 公司无关。魏丽会怎样向张燕解释呢?而且魏丽还认为应当把这笔款项直接转到应收账款账户,这又是什么原因呢?该公司涉及的应收票据、应收账款、其他应收款等项目在企业的业务里是常常遇到的,那么它们各自的含义是什么?魏丽的处理是否恰当?正确的处理方法是什么?学习本章之后,你将得到这些问题的正确答案。

第一节 应收票据

一、应收票据概述

企业间发生商品和劳务的交易时,可以采用多种方式,除传统的钱货两讫的交易方式外,还可能采取赊销赊购方式。赊购又可以分为以信用方式赊购和以商业

汇票结算方式赊购两种。如果采用商业汇票结算方式,则对收款人而言,由此形成的债权就是应收票据。

应收票据是企业持有的尚未到期、尚未兑现的商业票据。商业汇票是由出票人签发的、委托付款人在指定日期无条件支付确定金额给收款人或持票人的票据。商业汇票按照不同的标准可以分为不同的种类,如按承兑人是付款人承兑或是银行承兑可分为商业承兑汇票和银行承兑汇票、按票据是否计息分为带息商业汇票和不带息商业汇票。带息商业汇票指票据到期时承兑人必须按照票面金额加上应计利息向承兑人支付票款的票据;不带息商业汇票则指到期时承兑人只需按照票据面值支付款项的票据。

我国对应收票据计价时一般按照面值计价,但对带息票据一般在期末时按照应收票据的面值和确定的利率计提利息,计提的利息应增加应收票据的账面价值。

二、应收票据的确认和计量

为了反映企业应收票据的取得和收回,企业需要设置"应收票据"账户,用来核算企业因销售商品、提供劳务等而收到的商业汇票,包括银行承兑汇票和商业承兑汇票。借方反映取得票据的面值与计提的利息,贷方登记到期票据到期收回的情况,期末余额在借方,反映企业持有的商业汇票的票面金额(尚未收回的票据面值和应计利息)。本账户可按开出、承兑商业汇票的单位进行明细核算。企业应当设置"应收票据备查簿",逐笔登记商业汇票的种类、号数和出票日、票面金额、交易合同号和付款人、承兑人、背书人的姓名或单位名称、到期日、背书转让日、贴现日、贴现率和贴现净额以及收款日和收回金额、退票情况等资料。商业汇票到期结清票款或退票后,在备查簿中应予注销。

(一)不带息应收票据

不带息票据的到期价值等于应收票据的面值。企业因销售商品、提供劳务等而收到对方开出、承兑的商业汇票,按商业汇票的票面金额,借记"应收票据"账户,按确认的营业收入,贷记"主营业务收入"等账户。按照增值税专用发票上注明的增值税额,贷记"应交税费——应交增值税(销项税额)"账户。商业汇票到期时,应按实际收到的金额,借记"银行存款"账户;按商业汇票的票面金额,贷记"应收票据"账户。如果到期票据未能得到承兑人支付的款项,则企业需在收到相应证明文件时,借记"应收账款"账户,贷记"应收票据"账户。

【例3-1】 金欣股份有限公司销售一批产品给中山公司,价值50 000元,增值税额8 500元,商品已经发出。合同约定6个月后付款,中山公司交给金欣股份有限公司一张不带息 6 个月到期的商业承兑汇票，面额为 58 500 元。金欣股份有限公司应作账务处理如下：

  借：应收票据   58 500
   贷：主营业务收入   50 000
    应交税费——应交增值税（销项税额）   8 500

6 个月后，应收票据到期，金欣股份有限公司收回款项 58 500 元，存入银行。

  借：银行存款   58 500
   贷：应收票据   58 500

如果该票据到期，中山公司未能偿还票款，金欣股份有限公司应将到期票据的票面金额转入"应收账款"账户。

  借：应收账款   58 500
   贷：应收票据   58 500

（二）带息应收票据

带息应收票据的处理与不带息应收票据的处理相似，只是在期末时需按规定计提票据利息，并增加应收票据的账面余额，同时冲减"财务费用"账户。票据利息的计算公式如下：

$$应收票据利息 = 应收票据票面金额 \times 票面利率 \times 期限$$

该公式中的票面利率通常指年利率；期限则指从签发日到到期日的时间间隔（即有效期）。票据的期限可以用月或日来表示，如果按月表示，以到期月份中与出票日相同的那一天作为到期日，并需把年利率换算成月利率来计算；如果按日表示，则要从出票日起按实际经过天数计算，一般出票日和到期日只能计算其中的一天，即通常所说的"算头不算尾"或"算尾不算头"，计算利息时习惯上按照 1 年 360 天把年利率换算成日利率来计算。

【例 3-2】 金欣股份有限公司收到一张 3 月 1 日签发的面值为 100 000 元、利率为 9%、60 天到期的商业汇票。计算其到期日和到期值。

其到期日为 4 月 30 日，即 3 月份 31 天（包含 3 月 1 日），4 月份 29 天（4 月 30 日不包含在内），计 60 天；或 3 月份 30 天（不包含 3 月 1 日），4 月份 30 天（包含 4 月 30 日），计 60 天。

到期值为：$100\ 000 \times (1 + 9\% \times 60 \div 360) = 101\ 500$（元）

票据期限按月表示时，应以到期月份中与出票日相同的那一天为到期日，不需考虑当月实际日历天数；如果票据签发日为某月份的最后一天，则票据到期日应为若干月后该月的最后一天。如 11 月 30 日签发的 3 个月期限的商业汇票,到期日为次年的 2 月 28 日或 29 日。而 2 月 28 日或 29 日(当月最后一天)签发的 3 个月期限的商业汇票,则到期日为 5 月 31 日。

带息应收票据在到期收回款项时,应按实际收到金额借记"银行存款"账户,按账面余额贷记"应收票据"账户,差额部分作为收到的利息,记入"财务费用"账户。

【例 3-3】 金欣股份有限公司 20×8 年 12 月 1 日销售一批产品给紫金公司,货物已发出,增值税专用发票上注明的销售收入为 200 000 元,增值税额为 34 000 元,收到紫金公司交来的商业承兑汇票一张,期限为 4 个月,票面利率为 6%。金欣股份有限公司应作账务处理如下:

收到票据时:

借:应收票据　　　　　　　　　　　　　　　　　　　　　234 000
　贷:主营业务收入　　　　　　　　　　　　　　　　　　 200 000
　　　应交税费——应交增值税(销项税额)　　　　　　　　 34 000

年度结束时(20×9 年 12 月 31 日),计提票据利息:

票据利息 = 234 000 × 6% × 1 ÷ 12 = 1 170(元)

借:应收票据　　　　　　　　　　　　　　　　　　　　　　1 170
　贷:财务费用　　　　　　　　　　　　　　　　　　　　　 1 170

票据到期收回款项:

收款金额 = 234 000 × (1 + 6% × 4 ÷ 12) = 238 680(元)
20×9 年年末未计提的票据利息 = 234 000 × 6% × 3 ÷ 12 = 3 510(元)

借:银行存款　　　　　　　　　　　　　　　　　　　　　　238 680
　贷:应收票据　　　　　　　　　　　　　　　　　　　　　 235 170
　　　财务费用　　　　　　　　　　　　　　　　　　　　　　3 510

三、应收票据的转让

票据作为一种债权的承载物,具有金融资产的特征,可以通过背书的方式进行转让。背书是指票据的持票人在票据的背面或粘单上记载有关事项并签字盖章的票据行为。票据背书转让之后,如果票据到期承兑人未能支付,背书人仍然负有付款的连带责任。票据如果已经被拒绝承兑或是超过付款提示期限的,不能再背书转让。

票据被背书转让时应当按照应收票据的账面余额,贷记"应收票据"账户,使该票据的账面余额为零。其他则根据业务的具体情况进行处理，如果是为购入物资或商品，则按应计入物资成本的价值，借记"材料采购"或"原材料"、"库存商品"等账户；按增值税专用发票上注明的增值税额，借记"应交税费——应交增值税（进项税额）"账户。如果是带息的票据还要按尚未计提的利息，贷记"财务费用"账户。按借贷方的差额，决定付出或收取银行存款，从而贷记或借记"银行存款"账户。

【例 3-4】 金欣股份有限公司从中山公司取得一张不带息票据，面值为 100 000 元，票据尚未到期时，金欣股份有限公司为了偿还前欠新华公司的货款，将该票据转让给了新华公司。金欣股份有限公司在办理完背书转让手续后应作账务处理如下：

借：应付账款　　　　　　　　　　　　　　　　　　100 000
　　贷：应收票据　　　　　　　　　　　　　　　　　　100 000

四、应收票据的贴现

贴现是指持票人在急需资金的时候将尚未到期的商业汇票背书转让给银行，银行受理后，扣除按规定的贴现率计算出来的贴现息后，将余额支付给贴现企业的一种业务活动。它实质上也是一种资金融通的行为。贴现后企业真正得到的款项是用票据到期值扣除贴现息之后的数额。其差额则是企业为了提前使用这笔款项而付出的代价。其计算公式如下：

贴现息＝票据到期值×贴现利率×贴现期
贴现额＝票据到期值－贴现息

注意不带息票据的票据到期值即为其面值，而带息票据的票据到期值则是其面值与按票面利率计算出来的票据全部期间的利息。

企业贴现时应当按照实际收到的金额，借记"银行存款"账户；按贴现息部分，借记"财务费用"账户；按商业汇票的票面金额，贷记"应收票据"账户（在满足金融资产转移准则规定的金融资产终止确认条件的情形下）或"短期借款"账户（在不满足金融资产转移准则规定的金融资产终止确认条件的情形下）。

贴现票据到期时如果承兑人不能足额还款，且贴现企业没有终止确认原票据的情形下，申请贴现的企业收到银行退回的商业承兑汇票时，要按照商业汇票的票面金额，借记"短期借款"账户，贷记"银行存款"账户。同时应按商业汇票的票面金额，借记"应收账款"账户，贷记"应收票据"账户，即由贴现企业代为偿付该笔款项。如果申请贴现企业的银行存款不足偿还，则银行将作为逾期贷款处理，企业要按商业汇票的票面金额借记"应收账款"账户，贷记"应收票据"账户。

【例 3-5】 金欣股份有限公司 20×8 年 6 月 1 日销售一批产品给长江公司,货物已发出,增值税专用发票上注明的销售收入为 200 000 元,增值税额为 34 000 元,收到长江公司交来的商业承兑汇票 1 张,期限为 4 个月,票面利率为 6%。假定金欣股份有限公司出于筹措资金的考虑,于 20×8 年 7 月 1 日将该应收票据向开户银行申请贴现,并随即得到银行的受理(假定该票据不带追索权),银行贴现率为 8%,则该贴现票据的贴现息和贴现所得金额计算如下:

$$贴现息 = 234\,000 \times (1 + 6\% \times 4 \div 12) \times 8\% \times 3 \div 12 =$$
$$238\,680 \times 8\% \times 3 \div 12 = 4\,773.6(元)$$
$$贴现所得 = 238\,680 - 4\,773.6 = 233\,906.4(元)$$

贴现所得与应收票据账面价值之差,即需记入"财务费用"账户的金额为 94.6 元(234 000.0 − 233 906.4)。

根据计算结果作票据贴现的账务处理如下:

借:银行存款	233 906.4
财务费用	94.6
贷:应收票据	234 000.0

【问题与思考 3-1】

张金和王晓对一道题目展开了争论,题目是说当人们把一张应收票据送到银行进行贴现时,所取得的贴现款必然低于票据面值。张金认为这句话毫无疑问是正确的,而王晓却认为这句话表述得这么绝对,似乎是在暗示读题的人这话不对,但又说不出所以然来。你认为呢?请举例证明你的观点。

第二节 应 收 账 款

一、应收账款概述

应收账款是指企业在赊销商品、提供劳务时应当向购货方或接受劳务方收取的款项。这种款项的还款期一般应当在 1 年以内。如果企业采用递延方式分期收款、实质上具有融资性质的销售商品或提供劳务等经营活动而产生的应收款项不应记入该项目,而应在长期应收款项目中进行核算。

应收账款的确认包括两个方面:一是入账的时间,二是入账的金额。应收账款的入账时间与确认销售收入的时间一致,可以根据销售收入实现的时间来确定。

而其入账金额一般应当是其实际发生额,包括销售货物或提供劳务的价款、增值税以及代购货方垫付的包装费、运杂费等。但是如果销售合同中附有折扣条款时,还应考虑折扣的具体情况。

(一)商业折扣

商业折扣是企业为了促使销售更多商品而在商品标价上提供给客户的扣除额。一般购买数量越多,给予的折扣就越多。这种折扣往往在销售发生时即已经确定。所以在存在商业折扣的情况下,企业应收账款入账金额应当按照商业折扣以后的实际售价确定。

(二)现金折扣

现金折扣是企业为了鼓励购货方及时偿还货款,较早偿还货款的顾客能够得到货款的一定比例的折扣,通常还款越早得到的折扣越大。一般用符号"折扣/付款期限"表示。例如有时给予顾客"2/10,1/20,n/30"的折扣条件,就意味着买方在10天之内付款,会得到2%的折扣;20天之内付款,会得到1%的折扣;30天之内付款,没有折扣,需全额付款。

有现金折扣时,可以有两种方法确定应收账款的入账价值:一种是总价法,另一种是净价法。总价法是在最初确认时,直接按商品价目表确定的价格乘以销售数量作为应收账款的价值入账,不考虑现金折扣。只有在现金折扣确实发生时,才作为企业的财务费用予以确认。其理论依据是把给予顾客的现金折扣视为一种融资费用。该方法可以较好地反映企业销售的总过程,但可能会高估应收账款和销售收入。比如在期末结账时,有些应收账款可能还未超过折扣期限,顾客有可能享受到现金折扣,但是企业的应收账款和销售收入账户却按照顾客不享受现金折扣计算期末余额,从而可能被高估。

为了避免总价法的这些缺点,人们提出了另外一种计价方法,即净价法。该方法的特点是在最初确认时即把现金折扣考虑进去,认为顾客应当会尽早还款以享受到这部分折扣。如果有时顾客并未在折扣期内偿还货款从而无法得到现金折扣时,销售方就将这笔未实现的折扣视作提供信贷而获得的收入,在收到账款时入账,冲减财务费用。净价法可以避免总价法的缺点,但在顾客未能提前还款时需要查对原销售总额,操作比较麻烦。期末结账时还要对已超过期限尚未收到的应收账款进行调整,工作量较大。

我国现行的制度和准则要求按照总价法来确定企业应收账款的入账价值。

二、应收账款的核算

企业应当设置"应收账款"账户,用来核算企业因销售商品、提供劳务等经营活动应收取的款项。企业发生赊销如销售商品或材料时,应当借记"应收账款"账户,贷记"主营业务收入"或"其他业务收入"和"应交税费——应交增值税(销项税额)"等账户；款项收回时，则借记"银行存款"账户，贷记"应收账款"账户。企业代购货单位垫付的包装物、运杂费等，也通过该账户加以核算。

1. 没有商业折扣的情况下，应收账款应当按照应收取的货款总额入账

【例3-6】 金欣股份有限公司赊销给明光公司一批商品，货款总计30 000元，适用的增值税税率为17%，代垫运杂费1 000元(假设运杂费不作为计税基数)。金欣股份有限公司应作会计分录如下：

借：应收账款　　　　　　　　　　　　　　　　　　　　36 100
　　贷：主营业务收入　　　　　　　　　　　　　　　　　30 000
　　　　应交税费——应交增值税(销项税额)　　　　　　 5 100
　　　　银行存款　　　　　　　　　　　　　　　　　　　 1 000

收到货款时：

借：银行存款　　　　　　　　　　　　　　　　　　　　36 100
　　贷：应收账款　　　　　　　　　　　　　　　　　　　36 100

2. 在有商业折扣情况下，应收账款和销售收入按扣除商业折扣后的金额入账

【例3-7】 仍用上例，如果金欣股份有限公司给予明光公司10%的商业折扣，则金欣股份有限公司应作会计分录如下：

借：应收账款　　　　　　　　　　　　　　　　　　　　32 590
　　贷：主营业务收入　　　　　　　　　　　　　　　　　27 000
　　　　应交税费——应交增值税(销项税额)　　　　　　 4 590
　　　　银行存款　　　　　　　　　　　　　　　　　　　 1 000

收到货款时：

借：银行存款　　　　　　　　　　　　　　　　　　　　32 590
　　贷：应收账款　　　　　　　　　　　　　　　　　　　32 590

3. 在有现金折扣的情况下，准则要求采用总价法核算

【例3-8】 金欣股份有限公司赊销一批商品给明光公司，货款为100 000元，付款条件为"2/10，1/20，n/30"，适用的增值税税率为17%。折扣并不考虑增值税部分。在总价法和净价法下，金欣股份有限公司应作的会计分录有所差异。

(1) 总价法。

销售业务发生时，根据有关销售发票编制分录：

借：应收账款　　　　　　　　　　　　　　　　　　　　117 000
　　贷：主营业务收入　　　　　　　　　　　　　　　　　100 000
　　　　应交税费——应交增值税（销项税额）　　　　　　17 000

如果顾客在 10 天内付款：

借：银行存款　　　　　　　　　　　　　　　　　　　　115 000
　　财务费用　　　　　　　　　　　　　　　　　　　　　2 000
　　贷：应收账款　　　　　　　　　　　　　　　　　　　117 000

如果顾客在 20 天内付款：

借：银行存款　　　　　　　　　　　　　　　　　　　　116 000
　　财务费用　　　　　　　　　　　　　　　　　　　　　1 000
　　贷：应收账款　　　　　　　　　　　　　　　　　　　117 000

如果顾客在 30 天内付款,则没有现金折扣：

借：银行存款　　　　　　　　　　　　　　　　　　　　117 000
　　贷：应收账款　　　　　　　　　　　　　　　　　　　117 000

(2) 净价法。

销售业务发生时,根据有关发票编制分录：

借：应收账款　　　　　　　　　　　　　　　　　　　　115 000
　　贷：主营业务收入　　　　　　　　　　　　　　　　　98 000
　　　　应交税费——应交增值税（销项税额）　　　　　　17 000

10 天内收到货款时：

借：银行存款　　　　　　　　　　　　　　　　　　　　115 000
　　贷：应收账款　　　　　　　　　　　　　　　　　　　115 000

20 天内收到货款时：

借：银行存款　　　　　　　　　　　　　　　　　　　　116 000
　　贷：应收账款　　　　　　　　　　　　　　　　　　　115 000
　　　　财务费用　　　　　　　　　　　　　　　　　　　 1 000

30 天内收到货款时：

借：银行存款　　　　　　　　　　　　　　　　　　　　117 000
　　贷：应收账款　　　　　　　　　　　　　　　　　　　115 000
　　　　财务费用　　　　　　　　　　　　　　　　　　　 2 000

有时企业应收账款可能会改用应收票据结算,在收到票据时,应当借记"应收票据"账户,贷记"应收账款"账户。其业务处理与原来用应收票据而后来改为应收账款的处理恰恰相反。

应收账款有时还会发生收不回来的情形,此时我们称之为发生了坏账。坏账不仅在应收账款中会发生,在其他应收款中也会发生,因此,我们将在下一节来阐述这部分内容。

【问题与思考 3-2】

某公司有A、B两种产品,为了促进销售,分别采用了商业折扣和现金折扣的方法,其中A商品是销售金额10 000元时可以给予10%的折扣,B商品则是给予"2/10,1/20,n/30"现金折扣条件。请问:你认为对这两种商品的账务处理是否相同?

第三节 其他应收款及预付款

一、其他应收款

（一）其他应收款的内容

其他应收款是指企业除应收票据、应收账款、预付账款、应收股利、应收利息、长期应收款等以外的其他各种应收及暂付款项。其内容主要包括：

(1) 应收的各种赔款、罚款,如因企业财产等遭受损失而应向有关保险公司收取的赔款等。

(2) 应收的出租包装物租金。

(3) 应向职工个人收取的各种垫付款项,如为职工垫付的水电费,应由职工负担的医药费、房租费等。

(4) 存出保证金,如租入包装物支付的押金。

(5) 应收、暂付上级单位、所属单位的款项等。

(6) 其他各种应收、暂付款项。

其他应收款是企业的一项流动资产。为了加强对它的管理,企业应当建立健全管理制度。如对应当向保险公司收取的赔款和应当向责任人收取的罚款,必须区分情况分别加以处理,不可混为一谈。

（二）其他应收款的核算

企业需要设置"其他应收款"账户,用来核算企业除应收票据、应收账款、预付账款、应收股利、应收利息、应收代位追偿款、长期应收款等以外的其他各种应收及暂付款项。该账户可按对方单位（或个人）进行明细核算。其借方发生额反映企业的各种其他应收款,贷方发生额反映企业收到和结转的其他应收款。本账户期末余额应当在借方,反映企业尚未收回的其他应收款项。

企业发生各种其他应收款时,应借记"其他应收款"账户,贷记"库存现金"、"银行存款"、"固定资产清理"等相关账户;收回其他应收款时,则应借记"库存现金"、"银行存款"、"应付职工薪酬"等账户,贷记"其他应收款"账户。

企业应当加强对其他应收款的管理,定期对其他应收款进行检查,预计其可能发生的坏账损失,并计提坏账准备。对不能收回的要查明原因,必要时还需追究相关人员的责任。对确实无法收回的,按照企业相关授权的规定,经过有相关权限的人员或机构批准,将其作为坏账损失处理,冲减坏账准备。

【例 3-9】 金欣股份有限公司管理人员张三出差预借差旅费 3 000 元,出纳以现金付讫,应作会计分录如下:

  借:其他应收款   3 000
    贷:库存现金   3 000

张三出差回来,报销 2 800 元,退回现金 200 元,应作会计分录如下:

  借:管理费用   2 800
    库存现金   200
    贷:其他应收款   3 000

二、预付账款

(一)预付账款的内容

预付账款是指企业按照供货合同规定预付给供应单位的款项。往往在企业急于取得供货方的货物时会愿意先付款给对方,对方在一段时间后发货。这是企业资金被供货方占用的情形。它与企业先取得商品、后支付给供货方货款的情形恰恰相反,此时是供货方的资金被购货方占用。这两种情形在实务中究竟采用哪种方式,要依据双方的需求和市场的供应而定。预付账款必须以购销双方签订的订货合同为条件,按照规定的方法和程序进行核算。

(二)预付账款的核算

企业可以设置"预付账款"账户,核算企业按照合同规定预付的款项。企业进行在建工程预付的工程价款,也在这个账户核算。该账户期末余额一般在借方,反映企业预付的款项;期末如为贷方余额,则反映企业尚未补付的款项。该账户可按供货单位进行明细核算。

企业因购货而预付的款项,借记"预付账款"账户,贷记"银行存款"等账户。收到所购物资,按应计入购入物资成本的金额,借记"材料采购"账户或"原材料"、"库存商品"等账户;按应支付的金额,贷记"预付账款"账户。补付的款项,借记"预付账款"账户,贷记"银行存款"等账户,退回多付的款项作相反的会计分录,涉及增值税进项税额的,还应进行相应的处理。

企业进行在建工程预付的工程价款,借记"预付账款"账户,贷记"银行存款"等账户。按工程进度结算工程价款,借记"在建工程"账户,贷记"预付账款"、"银行存款"等账户。

预付款项情况不多的,也可以不设置"预付账款"账户,将预付的款项直接记入"应付账款"账户。期末在报表上列示时要对其加以分析,是预付账款的,要列示在预付账款项目内。

【例 3-10】 金欣股份有限公司向阳光公司采购甲材料 1 000 千克,单价 50 元,所需支付的款项总额为 50 000 元,按照合同规定向阳光公司预付货款 40%,验收货物后补付其余款项。

预付 40% 的货款:

借:预付账款　　　　　　　　　　　　　　　　　　　20 000
　　贷:银行存款　　　　　　　　　　　　　　　　　　　　20 000

收到阳光公司发来的 1 000 千克,经验收无误,有关发票记载的货款为 50 000 元,增值税额为 8 500 元,据此以银行存款补付不足款项 38 500 元。

借:原材料　　　　　　　　　　　　　　　　　　　　50 000
　　应交税费——应交增值税(进项税额)　　　　　　　　8 500
　　贷:预付账款　　　　　　　　　　　　　　　　　　　　58 500
借:预付账款　　　　　　　　　　　　　　　　　　　　38 500
　　贷:银行存款　　　　　　　　　　　　　　　　　　　　38 500

三、应收款项减值

(一)应收账款减值损失的确认

企业的各项应收款项,可能会因购货人拒付、破产、死亡等原因而无法收回。这类无法收回的应收款项就是坏账。因坏账而遭受的损失为坏账损失。企业应当在资产负债表日对应收款项的账面价值进行检查,有客观证据表明该应收款项发生减值的,应当将该应收款项的账面价值减计至预计未来现金流量现值,减计的金额确认减值损失,计提坏账准备。确定应收款项减值有两种方法,即直接转销法和备抵法,我国《企业会计准则》规定采用备抵法确定应收款项的减值。

1. 直接转销法

直接转销法的特点是平时对应收项目可能发生的坏账损失并不考虑,只有真正发生损失时才将其作为损失直接计入当期损益,同时冲销应收款项。该方法平时的核算比较简单,但其缺点是不符合权责发生制和收入费用相互配比的原则。在这种方法下,只有坏账已经发生时,才将其确认为当期费用,导致各期收益不实;另外,在资产负债表上,应收账款是按其账面余额而不是按净额反映,这在一定程度上歪曲了期末的财务状况。所以,一般不采用直接转销法。

【例 3-11】 海通公司欠金欣股份有限公司的账款 9 000 元时间较长,已经快 4 年了,采取催讨措施无效,断定无法收回,决定将该客户的应收账款作坏账损失处理,编制会计分录如下:

  借:资产减值损失——坏账损失   9 000
    贷:应收账款   9 000

若已冲销的应收账款以后又收回,则应作账务处理如下:

  借:应收账款   9 000
    贷:资产减值损失——坏账损失   9 000
  借:银行存款   9 000
    贷:应收账款   9 000

2. 备抵法

备抵法是指采用一定的方法按期估计坏账损失,计入当期费用,同时建立坏账准备,当坏账真正发生时,根据其金额冲减坏账准备,同时结转相应的应收款项金额的一种方法。采用这种方法,坏账损失计入同一期间的损益,体现了配比原则的要求,避免了企业明盈实亏;在报表上列示应收账款净额,使报表使用者能了解企业应收款项的可实现金额。

在备抵法下,企业应当根据实际情况,合理估计当期坏账损失金额。由于企业发生坏账损失带有很大的不确定性,所以只能以过去的经验为基础,参照当前的信用政策、市场环境和行业惯例,准确地估计每期应收款项未来现金流量现值,从而确定当期减值损失金额,计入当期损益。企业在预计未来现金流量现值时,应当在合理预计未来现金流量的同时,合理选用折现利率。短期应收款项的预计未来现金流量与其现值相差很小,可不对其预计未来现金流量折现。

(二)坏账准备的账务处理

在采用备抵法时,企业需要设置"坏账准备"账户来核算企业应收款项的坏账准备。资产负债表日,企业确定应收款项发生减值的,按应减记的金额,借记"资产减值损失"账户,贷记本账户。本期应计提的坏账准备大于其账面余额的,应按其差额计提,应计提的坏账准备小于其账面余额的差额作相反的会计分录。本账户可按应收款项的类别进行明细核算。

坏账准备可按以下公式计算:

$$\text{当期应计提的坏账准备} = \text{当期按应收款项计算应提坏账准备金额} - \text{"坏账准备"账户的贷方(或借方)金额}$$

对于确实无法收回的应收款项,按管理权限报经批准后作为坏账,转销应收款项,借记本账户,贷"应收票据"、"应收账款"、"预付账款"、"其他应收款"、"长期应收款"等账户。

已确认并转销的应收款项以后又收回的,应按实际收回的金额,借记"应收票据"、"应收账款"、"预付账款"、"其他应收款"、"长期应收款"等账户,贷记本账户;同时,借记"银行存款"账户,贷记"应收票据"、"应收账款"、"预付账款"、"其他应收款"、"长期应收款"等账户。

坏账准备账户期末余额在贷方,反映企业已计提但尚未转销的坏账准备。

企业采用备抵法进行坏账核算时,一个重要问题是要按期对坏账损失进行估计。估计坏账损失的方法主要有应收款项余额百分比法、账龄分析法、销售百分比法和个别认定法等。

(1) 应收款项余额百分比法。它是根据期末应收款项的余额和估计的坏账率,估计坏账损失,据此计提坏账准备的一种方法。

【例 3-12】 金欣股份有限公司从 20×7 年开始计提坏账准备。20×7 年年末应收账款余额为 1 800 000 元,该公司坏账准备的提取比例为 5‰,则计提的坏账准备如下:

借:资产减值损失——计提的坏账准备　　　　　　　　　　9 000
　　贷:坏账准备　　　　　　　　　　　　　　　　　　　　9 000

20×8 年 3 月,公司发现有 2 000 元的应收账款无法收回,按有关规定确认为坏账损失。

借:坏账准备　　　　　　　　　　　　　　　　　　　　2 000
　　贷:应收账款　　　　　　　　　　　　　　　　　　　2 000

20×8 年 12 月 31 日,公司应收账款余额为 2 800 000 元。按本年末应收账款余额应保持的坏账准备金额(即坏账准备的余额)如下:

$$2\,800\,000 \times 5‰ = 14\,000(元)$$

年末计提坏账准备前,"坏账准备"账户的贷方余额如下:

$$9\,000 - 2\,000 = 7\,000(元)$$

本年度应补提的坏账准备余额如下:

$$14\,000 - 7\,000 = 7\,000(元)$$

有关账务处理如下：

借：资产减值损失——计提的坏账准备　　　　　　　　　　　　　7 000
　　贷：坏账准备　　　　　　　　　　　　　　　　　　　　　　　　7 000

20×9年4月10日，接到银行通知，公司上年度已经注销的2 000元坏账又收回，款项已经存入银行。有关账务处理如下：

借：应收账款　　　　　　　　　　　　　　　　　　　　　　　　2 000
　　贷：坏账准备　　　　　　　　　　　　　　　　　　　　　　　　2 000
借：银行存款　　　　　　　　　　　　　　　　　　　　　　　　2 000
　　贷：应收账款　　　　　　　　　　　　　　　　　　　　　　　　2 000

20×9年12月31日，公司应收账款余额为1 400 000元，本年末坏账准备余额如下：

$$1\,400\,000 \times 5‰ = 7\,000(元)$$

至年末，计提坏账准备前的"坏账准备"账户的贷方余额如下：

$$14\,000 + 2\,000 = 16\,000(元)$$

本年度应冲销多计提的坏账准备金额如下：

$$16\,000 - 7\,000 = 9\,000(元)$$

有关账务处理如下：

借：坏账准备　　　　　　　　　　　　　　　　　　　　　　　　9 000
　　贷：资产减值损失——计提的坏账准备　　　　　　　　　　　　　9 000

（2）账龄分析法。它是根据应收账款的账龄长短来估计坏账的一种方法。账龄即指该笔应收款项所形成的时间。一般大家认为欠款时间越长，形成坏账的可能性就越大。因此企业采用该方法时要按不同账龄分别估计其可能成为坏账的部分。

【例3-13】　金欣股份有限公司20×7年12月31日应收账账龄分析表如表3-1所示。

表3-1　　　　　　　　　　　应收账款账龄分析表

客户名称	余额（元）	未到期（元）	已　过　期（元）			
			1个月	2个月	3个月	3个月以上
A	110 000	40 000	30 000		20 000	20 000
B	90 000	60 000		20 000	10 000	
C	120 000	20 000	50 000	40 000	10 000	
合计	320 000	120 000	80 000	60 000	40 000	20 000

该公司编制的坏账损失估计表如表 3-2 所示。

表 3-2　　　　　　　　　　坏账损失估计表

应收账款账龄	应收账款余额（元）	估计损失（%）	估计损失金额（元）
未到期	120 000	0.5	600
过期 1 个月	80 000	1.0	800
过期 2 个月	60 000	2.0	1 200
过期 3 个月	40 000	3.0	1 200
过期 3 个月以上	20 000	5.0	1 000
合　计	320 000		4 800

可以看出，该公司 20×7 年 12 月 31 日估计的坏账损失为 4 800 元，所以"坏账准备"账户的账面余额应为 4 800 元。

如果在年底之前，该公司的"坏账准备"账户没有余额，则应计提坏账准备 4 800 元。有关账务处理如下：

　　借：资产减值损失——计提的坏账准备　　　　　　　　　　　　　4 800
　　　　贷：坏账准备　　　　　　　　　　　　　　　　　　　　　　　　4 800

如果在年底之前，该公司的"坏账准备"账户有贷方余额 5 000 元，则该企业应冲减 200 元（5 000－4 800）。有关账务处理如下：

　　借：坏账准备　　　　　　　　　　　　　　　　　　　　　　　　　200
　　　　贷：资产减值损失——计提的坏账准备　　　　　　　　　　　　200

（3）销售百分比法。它是以赊销金额的一定百分比作为估计坏账的一种方法。企业可以根据经验来估计坏账损失与赊销金额之间的比率。

【例 3-14】　金欣股份有限公司 20×7 年全年赊销金额为 500 000 元，根据以往经验，估计坏账损失率为 1.5%。

年末估计坏账损失如下：

$$500\,000 \times 1.5\% = 7\,500（元）$$

应作账务处理如下：

　　借：资产减值损失——计提的坏账准备　　　　　　　　　　　　　7 500
　　　　贷：坏账准备　　　　　　　　　　　　　　　　　　　　　　　　7 500

（4）个别认定法，它是根据每一项应收账款的情况来估计坏账损失的一种方法。使用该方法的工作量较大,因此往往并不单独使用,而是结合其他方法运用。如企业某项应收款项的可收回性与其他款项明显不同时,可以单独对该项应收款项计提坏账准备。

【问题与思考 3-3】

注册会计师李文审计 A 公司坏账准备项目,在审查坏账损失时发现:

(1) 原 W 公司欠款 1 000 万元,W 公司因财务状况不佳,多年不能偿还,上年度已经董事会决定作坏账处理,并报经有关部门审核批准。W 公司经营状况好转后,偿还原欠款中的 500 万元。A 公司账务处理为:借记"银行存款"账户,贷记"坏账准备"账户。

(2) 该公司采用"账龄分析法"计提坏账准备,当年全额提取坏账准备的账户有 8 笔,共计 5 000 万元。其中:未到期的应收账款 2 笔,计 2 000 万元;计划进行债务重组的应收账款 1 笔,计 1 500 万元;与母公司发生的交易产生应收账款 1 笔,计 1 000 万元;其他虽已逾期但无充分证据证明不能收回的应收账款 4 笔,计 500 万元。

(3) 已逾期 7 年,对方无偿债行为,且近期无法改善财务状况,或对方单位已停产,近期无法偿还所欠债务 2 000 万元。A 公司在确定计提坏账比例时,仅按 30% 计提坏账准备。

上述处理恰当否?请你代李文向 A 公司提出正确处理相关业务的建议。

第四节 应收债权融资

一、应收债权融资概述

企业在日常经营中常常会遇到货币资金不足的情况,一般企业会向银行申请借款,有时企业也可以利用自己的应收债权来融资。此时,企业要根据实质重于形式原则,来判断该项交易是应收债权的出售还是质押。如有明确的证据,表明有关交易事项满足销售确认条件,或与应收债权有关的风险和报酬实质上已经发生转移等,应按照出售应收债权处理;如不满足该条件,则应作为以应收债权质押取得借款进行账务处理。

二、应收债权融资的账务处理

(一) 应收债权出售的账务处理

根据应收债权的出售是否带追索权,可以把应收债权出售分为带追索权的应收债权出售和不带追索权的应收债权出售。

1. 带追索权的应收债权出售

企业在出售应收债权时若附带追索权,即若债权到期时债务人不能偿还则银行等接受应收债权方仍然可以向出售应收债权的企业追索,或根据协议约定企业有义务按照约定金额向银行等金融机构回购部分应收债权。应收债权的坏账风险由出售应收债权的企业承担。此时,企业应按照以应收债权为质押取得银行借款的核算原则进行账务处理。

2. 不带追索权的应收债权出售

企业将其按照销售商品、提供劳务的销售合同所产生的应收债权出售给银行等金融机构,根据企业、债务人及银行等金融机构之间的协议,在所售应收债权到期无法收回时,银行等金融机构是不能够向出售应收债权的企业进行追偿的,企业应将所售应收债权予以转销,结转计提的相关坏账准备,确认按协议约定预计将发生的销售退回、销售折让、现金折扣等,并确认出售损益。

【例 3-15】 金欣股份有限公司于 20×9 年 5 月向长江公司销售一批商品,商品售价 1 000 000 元,增值税额 170 000 元。双方约定,长江公司应于 20×9 年 10 月底之前付款。20×9 年 8 月 1 日,金欣股份有限公司经与某商业银行协商,将应收长江公司的货款出售给该银行,售价为 819 000 元。双方约定,在应收长江公司货款到期无法收回时,该银行不能向金欣股份有限公司追偿。金欣股份有限公司根据以往经验,预计该批商品将发生的销售退回金额为 11 700 元(其中包括增值税 1 700 元),实际发生的销售退回由金欣股份有限公司承担。20×9 年 9 月 5 日,金欣股份有限公司收到长江公司退回的商品,价款为 17 550 元(其中包括增值税 2 550 元),其成本为 7 000 元。假定不考虑其他因素,金欣股份有限公司的相关账务处理如下:

20×7 年 8 月 1 日,出售应收债权时:

  借:银行存款   819 000
    营业外支出——应收债权融资损失   339 300
    其他应收款   11 700
    贷:应收账款——长江公司   1 170 000

20×7 年 9 月 5 日,收到退回的商品时:

  借:主营业务收入   15 000
    应交税费——应交增值税(销项税额) 2 550
    贷:其他应收款   11 700
      银行存款   5 850

同时:

借：库存商品　　　　　　　　　　　　　　　　　　7 000
　　贷：主营业务成本　　　　　　　　　　　　　　　　　7 000

（二）以应收债权质押取得银行借款的核算

企业将其按照销售商品、提供劳务的销售合同所产生的应收债权提供给银行等金融机构作为其向银行借款的质押的，应当把所取得的借款作为对银行的一项负债，在"短期借款"等账户中核算。因为此时该笔应收债权上的风险和报酬并未发生转移，相应的坏账等仍然由企业来承担，银行并没有得到该债权的所有权，所以也无需告知赊购方。会计期末，对质押的应收债权仍然要计提坏账准备；与用于质押的应收债权相关的销售退回、销售折让等，应按照企业会计制度与相关准则的规定来处理。只是企业需要设置备查簿，用来记录质押的应收债权的金额、质押期限、回款情况等。

质押应收债权得到借款时，一方面要按照实际收到的款项，借记"银行存款"账户；另一方面要按照银行贷款本金和贷款期限，贷记"短期借款"等账户。发生借款利息和向金融机构偿付借入款项等业务的时候，按照有关借款核算的规定进行处理。收到客户偿还的款项时，借记"银行存款"等账户，贷记"应收账款"等账户。

拓展提高

保理业务简介

保理是一项综合性金融服务。在保理业务中，卖方将其现在或将来的基于其与买方订立的货物销售/服务合同所产生的应收账款转让给保理商（提供保理服务的金融机构），由保理商为其提供下列服务中的至少两项。

1. 贸易融资

保理商可以根据卖方的资金需求，收到转让的应收账款后，立刻对卖方提供融资，协助卖方解决流动资金短缺问题。

2. 销售分户账管理

保理商可以根据卖方的要求，定期向卖方提供应收账款的回收情况、逾期账款情况、账龄分析等，发送各类对账单，协助卖方进行销售管理。

3. 应收账款的催收

保理商由专业人士担任，负责追收账款。他们会根据应收账款逾期的时间采取有理、有力、有节的手段，协助卖方安全回收账款。

4. 信用风险控制与坏账担保

保理商可以根据卖方的需求为买方核定信用额度，对于卖方在信用额度内发货所产生的应收账款,保理商提供100%的坏账担保。

资料来源:中国银行网站:www.boc.cn。

本 章 小 结

本章主要阐述了应收款项相关业务的含义与账务处理等,包括应收票据的确认与计量、转让与贴现等的会计处理,应收账款的确认、计量与核算,其他应收款和预付账款的相关业务处理,坏账的账务处理,利用应收债权融资的方式方法与账务处理等。

复 习 思 考 题

1. 应收票据和应收账款的业务发生过程有着哪些相似和不同之处?
2. 应收票据的贴现所得怎样计算?
3. 企业常用备抵法进行坏账核算时,估计坏账损失的方法有几种?各有什么特点?
4. 其他应收款的主要内容有哪些?
5. 应收债权融资的方式有几种?其本质差别是什么?账务处理上存在什么区别?

案 例 讨 论 题

2008年12月31日,南都电子公司应收票据备查簿上有如下业务:

(1) 存有A公司开具的于11月20日已到期的带息商业承兑汇票300万元,电子公司未将已到期的应收票据转入应收账款,并且于年度终了时按票面利率计提应收利息。

(2) 存有B公司开具的带息银行承兑汇票500万元,票面利率为月息3‰,出票日期为7月20日,到期日为次年的2月20日。电子公司年终未计提应收利息。

此外,该公司还有应收账款4 007万元,其中账龄有长有短,最长者已有5年,其他应收款2 295万元,账龄最长达4年。该公司按总额的5%计提坏账准备,共计315.1万元。预付账款791万元,最早者于4年前支付。

请问:你认为该公司的账务处理恰当否?如不恰当,该怎样调整?

同步测试题

一、单项选择题

1. 采用总价法核算应收账款的企业,其发生的现金折扣应当记入( )账户。
   A. "销售费用" B. "财务费用" C. "管理费用" D. "营业外支出"

2. 预付账款不多的企业,可以不设"预付账款"账户,而将预付的款项记入( )。
   A. "应付账款"账户的借方
   B. "应付账款"账户的贷方
   C. "应收账款"账户的借方
   D. "应收账款"账户的贷方

3. 某企业3月16日签发一张期限为3个月的商业承兑汇票,其到期日是( )。
   A. 6月15日   B. 6月16日   C. 6月17日   D. 6月14日

4. 企业销售产品收到的商业承兑汇票,若到期时承兑人无力偿还票款,则应将其转入( )账户。
   A. "预收账款"   B. "应收账款"
   C. "预付账款"   D. "应付账款"

5. 按照企业会计制度规定,下列票据中应当通过"应收票据"账户核算的是( )。
   A. 银行汇票   B. 银行本票   C. 商业汇票   D. 银行支票

二、多项选择题

1. 按照现行会计制度的规定,下列各项中,可以记入"应收账款"账户的是( )。
   A. 增值税销项税额   B. 销售的货款
   C. 商业折扣   D. 现金折扣
   E. 代购货单位垫付的运杂费

2. 应收款项包括( )。
   A. 应收票据   B. 其他应收款   C. 预付账款   D. 应收账款

3. 不能全额提取坏账准备的应收款项是( )。
   A. 当年发生的应收款项   B. 计划对应收款项进行债务重组
   C. 与关联方发生的应收款项   D. 债务单位已撤销的应收款项
   E. 债务单位现金流量严重不足的应收款项

4. 企业发生的下列业务中,应当记入"坏账准备"账户贷方的是( )。
   A. 确认坏账损失　　　　　　　　B. 提取坏账准备
   C. 重新收回已转销的坏账　　　　D. 冲销坏账

5. 企业采用备抵法核算坏账损失,下列各项中,计提坏账准备的项目是( )。
   A. 应收账款　　B. 预付账款　　C. 应收票据　　D. 其他应收款

三、判断题

1. 在存在商业折扣的情况下,企业应收账款入账金额应当按照未扣除商业折扣的实际售价确定。( )

2. 企业的应收票据无论是否带息,在年末资产负债表上都以原账面价值反映。( )

3. 商业汇票可以背书转让,若票据到期,出票人未能付款,则被背书人需负担连带责任。( )

4. 企业当年根据年末应收账款余额的一定比例所计算出来的坏账准备金额,就是企业当年度应当计提的坏账准备数额。( )

5. 应收票据一定不会发生坏账。( )

四、核算题

1. 资料:A企业采用商业承兑汇票结算方式销售给乙企业产品一批,价款10 000元,增值税额1 700元,产品已经发出,2月8日收到乙企业签发并承兑的为期3个月不带息的商业承兑汇票。

要求:
(1) 作出A企业2月8日收到商业汇票的会计分录。
(2) 5月8日,乙企业如期付款,作出A企业的会计分录。
(3) 5月8日,乙企业无力付款,作出A企业的会计分录。

2. 资料:假定核算题1中的票据为带息票据,年利率为5%。

要求:分别就核算题1的要求作出账务处理。

3. 资料:华粼公司2008年发生业务如下:
(1) 1月5日,出售商品给光安公司,收到现款4 500元及一张面值7 000元、期限60天、利率为3%的当天出票的商业汇票。
(2) 3月7日,收到光安公司票据的本息。
(3) 3月20日,从客户星花公司处收到一张面值8 000元,利率4%、期限为90天的银行承兑汇票。
(4) 3月30日,将星花公司的票据向银行贴现,贴现率为5%。
(5) 4月6日,收到客户章玉公司交来的面值为16 000元、期限60天、利率为3%、出票日为4月4日的商业承兑汇票一张,用以延长已过期的账款。

(6) 4月10日,将章玉公司票据按5%的利率向银行贴现。

(7) 7月6日,收到章玉公司票据拒付的通知,付给银行该票据的到期值。

(8) 8月5日,收到章玉公司偿付其拒付票据的到期值及逾期30天、按8%的利率计算的利息。

(9) 10月14日,收到黄河公司交来面值10 000元、60天期、利率为3%、出票日为10月12日的商业承兑汇票一张,用以延长已过期的账款。

(10) 11月6日,将黄河公司票据按3%的利率向银行贴现。

(11) 12月11日,收到黄河公司票据拒付的通知,付给银行这张票据的到期值。

(12) 12月31日,经确认黄河公司的账款收回无望,转作坏账损失。

要求:根据上述资料,作出华邻公司的相关账务处理。

4. 资料:临夏公司坏账损失的核算采用备抵法,2008年年初应收账款余额为800 000元,"坏账准备"账户的贷方余额为4 000元,年度内曾确认坏账1 000元。年末应收账款余额的详细资料如表3-3所示。

表 3-3　　　　　　　　　临夏公司应收账款余额表
2008年12月31日

应收账款账龄	应收账款金额(元)	估计损失百分比(%)
未过期	330 000	0.5
过期1个月	90 000	1.0
过期3个月	50 000	5.0
过期6个月	30 000	10.0
合　计	500 000	—

要求:

(1) 编制年度内确认坏账的会计分录。

(2) 若该企业采用应收账款余额百分比法提取坏账准备,提取比例为5‰,计算年末应提取的坏账准备并编制会计分录。

(3) 若该企业采用账龄分析法提取坏账准备,计算年末应提取的坏账准备并编制会计分录。

5. 资料:Y企业按5‰的比例计提坏账准备。第一年年末应收账款余额为2 000 000元。第二年3季度发生12 000元应收账款无法收回。第二年年末应收账款余额为1 800 000元。第三年以前年度已确认的某企业坏账3 000元,因该企业的财务状况改变而重新收回,第三年年末的应收账款余额为1 500 000元。

要求:

(1) 计算 Y 企业各年年末的坏账准备计提数额。

(2) 根据以上资料作出 Y 企业各年相关的账务处理。

6. 资料：CH 公司截至 2008 年 12 月 31 日，应收账款余额 365 325 283 元，其中，账龄 6 个月以内的为 365 045 140 元，账龄在 6 个月至 1 年的为 280 143 元。其他应收款余额 862 324 元。其中，账龄 6 个月以内的为 582 324 元，账龄在 6 个月至 1 年的为 280 000 元。根据 CH 公司会计政策，账龄在 6 个月以内的应收款项不计提坏账准备，账龄超过 6 个月的，应计提坏账准备，计提比例为 1‰。CH 公司年末计提坏账准备前，"坏账准备"账户无余额。

要求：根据上述资料，计算 CH 公司 2004 年应计提坏账准备的数额，并作出相应的账务处理。

【延伸阅读】

长虹折戟应收账款

长虹曾被媒体描绘成一位扛着民族产业大旗、抵御外敌的英雄，但是 2004 年长虹却创下了 36.81 亿元巨大亏损的股市纪录，并因此深受重创。其主要原因在于对应收账款管理不善。

2004 年年底，四川长虹（600839）对美国一家美国经销商 Apex Digital Inc（以下简称 APEX）公司的应收账款计提人民币 25.97 亿元坏账，此举在资本市场引起强烈震动。当年度四川长虹宣告出现上市 10 年来的首次亏损，同时，人民币 36.81 亿元巨亏也创下沪、深两市历史之最。

双方的交易历史如下：2001 年，四川长虹开始与 APEX 发生业务往来，当年只有赊账没有回款，年末形成应收账款 4 184 万美元，折合人民币 3.47 亿元。

2002 年，四川长虹销售给 APEX 公司 6.1 亿美元，但回款仅 1.9 亿美元，形成了 4.62 亿美元的应收账款，折合人民币 38.29 亿元。这年，四川长虹跟 APEX 公司的交易占全年彩电销售的 54%，占当年海外销售的 91.41%。

2003 年，销售略降，回款增加。当年，四川长虹又销售给 APEX4.24 亿美元的货物，回款 3.49 亿美元，但应收账款余额已增至 5.37 亿美元，折合人民币 44.51 亿元。与 APEX 公司的交易占全年彩电销售的 33%，占当年海外销售的 70%。

至 2004 年，四川长虹基本上结束与 APEX 的生意，仅向其销售 3559 万美元，同时加大回款力度，回款 1.09 亿美元。然而，4 年生意下来，4.63 亿美元（折合人民币 38.37 亿元）的应收账款已经形成。

4 年间，四川长虹共销售给 APEX 公司 11.13 亿美元（折合人民币 92.26 亿元），回款 6.49 亿美元（折合人民币 53.80 亿元）。

1998—2003年,四川长虹6年间的净利润合计为人民币28.35亿元,几乎全部损失在APEX一桩生意里(见表3-4)。

表3-4　　　　　　　　　四川长虹上市11年净利润情况

年　份	净利润(亿元)
1994	7.07
1995	11.51
1996	16.74
1997	25.95
1998	17.44
1999	5.11
2000	1.14
2001	0.84
2002	1.76
2003	2.06
2004	−36.81

注:四川长虹1994年3月11日上市,表3-4根据公司各年年报整理。

据介绍,长虹与APEX公司的国际贸易过程,原本有极其严密的制度安排。尽管货物发到了美国,但在转移给APEX公司前,所有权属于四川长虹。货物经APEX公司销售后,账款进入中间人保理公司账户,由保理公司划分金额,其中10%归APEX公司,90%归四川长虹。但在实际交易过程中却有货款没有进入保理账户。据介绍,保理公司是金融公司,金融企业对风险控制都有着极其严密的程序,国际贸易通过保理公司进行,虽然安全,但由于有着复杂的运转流程,就会发生效率问题。比如,APEX要销售给沃尔玛,需要先向保理公司提出型号、数量的申请,然后等保理公司对承保货物进行风险审核后才能作出承保。遇到多批次、多型号、大数量的发货,保理公司审核过程就会制约交易的速度。另外,保理费也是一个问题。保理费分两种,有承保的保理收费和没有承保的保理收费,后一种仅代替企业回收货款,由于没有保证回款约定,因此收费较低,大约3.5‰。家电产品毛利率低,基于成本考虑,四川长虹采用后一种居多。当货物大量销售时,有些账款就没进入保理账户。正是由于这样一个漏洞的存在,使长虹遭受了巨大损失。

事实上,四川长虹海外事业部分两部分,一部分专门负责APEX项目,另一部分则盯着其他海外市场。而除APEX项目外,其他海外销售要么严格执行先款后货政策，要么走标准的保理程序，从未发生类似APEX这样的应收账款问题。

此后长虹提起诉讼。

2006年长虹曾发表公告，称相关方签署协议，对方承担1.7亿美元的债务并约定了债务的具体清偿方式，长虹撤销诉讼。

资料来源：综合《东方早报》、《首席财务官》等相关杂志文章与新闻报道。

第四章 存 货

学习目标

- 了解存货的内容和确认条件
- 掌握存货的初始计量和记录
- 掌握存货持有期间的日常计量和记录
- 掌握处置存货的业务处理
- 理解存货的界定与确认条件等

引 言

张超到父亲的工厂熟悉业务,发现这家工厂在结账时有原材料500 000元,已经加工完成的商品有1 000 000元,账面上显示还有尚未加工完成的在产品800 000元。张超感到很诧异,因为该公司的账面上显示的流动资产总额仅有4 800 000元,可是这些不能立刻变为现金的资产竟然占到了将近一半,这种现象正常吗?这些数据又是怎么计算出来的呢?带着这些疑问,张超询问了在该公司从事会计工作的父亲。他的父亲会怎么回答呢?本章主要讨论这一问题。

第一节 存货概述

一、存货的概念与特征

存货是指企业在日常活动中持有以备出售的产成品或商品、处在生产过程中的在产品、在生产过程或提供劳务过程中耗用的材料和物料等。

从定义中可以看出存货主要有如下特征:

(1) 存货是流动性较强的有形资产。如属于存货的产成品、商品、材料、物料等都是有形资产，且能够在1年或一个经营周期内被销售或耗用。

(2) 企业持有存货的最终目的是为了销售。无论是直接用于出售，或是继续加工后用于销售，其最终目的都很明确，不是为了自用的目的而持有。

(3) 由于存货是一种非货币性资产，因而存在价值减损的可能性。存货的价值容易受到市场价格和其他因素的影响，其能够转化的货币资金数额具有不确定性。当存货价值减损幅度较大且不能恢复时，会给企业带来一定的损失。

二、存货的确认条件

企业会计准则中明确规定，对存货进行确认时需要满足以下两个条件：① 与该存货有关的经济利益很可能流入企业。② 该存货的成本能够可靠地计量。这一确认条件与其他资产的确认条件相似。

（一）与该存货有关的经济利益很可能流入企业

由于资产最重要的特征是预期会给企业带来经济利益，而存货是一项重要的资产，故其必然需要具备这一特征。而判断一项存货所包含的经济利益是否能够流入企业的重要标志是存货的所有权。取得或失去一项存货的所有权的主要标志是该存货的风险和报酬是否已经转移。如果企业已经拥有某项货物的所有权，则无论其存放在何处，都应包括在本企业的存货之中；如果未得到某货物的所有权或是其所有权已转移给他人，则即使该货物留存在企业而仍不能作为企业自己的存货。

但是在某些特殊情况下，为了促使企业加强对持有存货的管理，即使其没有得到一项货物的所有权，也可能需要将其作为存货加以记录。如接受委托销售的商品，对于受托代销方而言，并不是自己的存货，但其有义务对这部分存货加强管理，故也作为受托代销方的存货，在"受托代销商品"账户下进行核算。不过这部分存货并不在代销方的资产负债表上列示，而是在记入资产负债表上的"存货"项目之前，先把这部分数字与相应的"代销商品款"账户（该账户为负债类账户）加以冲销，使得其最终在"存货"项目中并不加以反映。具体可参考本教材以后章节关于资产负债表部分的内容。

（二）该存货的成本能够可靠地计量

存货成本能够可靠计量必须以取得的确凿、可靠的证据为依据，并且该依据具有可验证性。如果存货成本不能可靠计量，就不能确认为一项存货。例如，企业的订货合同在尚未实现前并不能确定其成本，因而也不能计入存货成本。

【问题与思考 4-1】

魏芳和肖笑是 A 公司的财务人员，她们在对一项业务进行处理时产生了争议。A 公司接受 B 公司的委托，代为销售一批价值为 100 000 元的商品。魏芳认为该批商品不归 A 公司所有，故不应视为 A 公司的存货进行账务处理。而肖笑则认为该批商品已在 A 公司，故 A 公司有义务对其加强管理，因而应当视为本公司的存货进行记录。你认为该批商品应该怎样处理？

第二节 存货取得、发出的计量

一、存货取得的计量

企业在取得存货时需要按照一定的标准对存货的入账价值加以确定。不同方式取得的存货的初始入账价值的确定有着不同的依据，不过一般都是以取得存货的实际成本为基础，包括采购成本、加工成本和其他成本。

（一）外购取得的存货

以外购方式取得存货是一种比较常见的方式，此时的存货成本包括购买价款、相关税费、运输费、装卸费、保险费以及其他可归属于存货采购成本的费用。

其中的购买价款主要是指所购货物发票账单上列明的金额，但不包括按规定可予抵扣的增值税额。相关税费包括进口关税以及购买、自制或委托加工存货等发生的消费税、资源税和不能从增值税销项税额中抵扣的进项税额。其他可以归属于存货采购成本的费用是指存货采购过程中发生的除上述各项费用以外的仓储费、包装费、运输途中的合理损耗、大宗货物的市内运杂费、入库前的挑选整理费等。

对于商品流通企业在采购商品过程中发生的运输费、装卸费、保险费以及其他可归属于存货采购成本的费用等进货费用，也应当计入存货的采购成本中，但一般可以先行归集，期末根据所购商品的存销情况进行分摊：已售商品承担的部分，计入当期损益；未售商品的进货费用，计入期末存货成本。如果进货费用数额较小的，也可以在发生时直接计入当期损益。

有些开支不能被列入存货成本。例如，存货运输途中发生短缺时，就不能将短缺部分计入存货采购成本；如果是人为过失造成，需由过失人赔偿；如果是自然灾害造成，则要将扣除保险赔款和可收回残值后的净损失，计入营业外支出；如果是无法查明原因的途中损耗，应先计入待处理财产损溢核算，查明原因后再作处理。通常采购人员的差旅费、采购部门的经费等也不应作为存货成本的组成部分。

在外购情况下，存货验收入库和货款结算并不一定总是同步完成，货款支付也有预付货款方式或赊购方式等。不同情况下的账务处理存在一定的差异。

1. 存货验收入库与货款结算同时完成

这种方式在外购存货中是比较常见的,其会计处理相对简单。企业可以在支付货款或开出、承兑商业汇票,并且存货验收入库后,按发票账单等结算凭证确定的存货成本,借记相关存货账户,按增值税专用发票上注明的增值税额,借记"应交税费——应交增值税(进项税额)"账户,按实际支付的款项或应付票据的面值,贷记"银行存款"、"应付票据"等账户。

【例 4-1】 金欣股份有限公司 5 月 25 日购进一批甲材料,价款 5 000 元,增值税额 850 元。材料已经验收入库,货款用银行存款付讫。

借:原材料　　　　　　　　　　　　　　　　　　　　　　 5 000
　　应交税费——应交增值税(进项税额)　　　　　　　　　　 850
　　贷:银行存款　　　　　　　　　　　　　　　　　　　　 5 850

2. 货款先结算、存货尚未收到

有时企业会在收到货物之前(包括存货尚在运输途中和已运达但尚未验收入库的情况)就已经支付货款或是开出、承兑商业汇票,此时,企业应当在支付货款或开出、承兑商业汇票时,按发票账单等结算凭证确定的存货成本,借记"在途物资"账户,按增值税专用发票上注明的增值税额,借记"应交税费——应交增值税(进项税额)"账户,按实际支付的款项或应付票据的面值,贷记"银行存款"、"应付票据"等账户;收到存货并办理完验收入库手续后,再根据有关凭证,借记"原材料"、"周转材料"、"库存商品"等相关存货账户,贷记"在途物资"账户。

【例 4-2】 金欣股份有限公司购入一批原材料,价款 40 000 元,增值税额 6 800 元,对方代垫运杂费 300 元(其中运费 200 元),银行传来托收承付结算凭证付款通知,承付托收款项 47 100 元,货款付讫,货物尚未送到(按照税法规定,企业负担的运输费可以抵扣 7% 的进项税额)。

借:在途物资　　　　　　　　　　　　　　　　　　　　　 40 286
　　应交税费——应交增值税(进项税额)　　　　　　　　　 6 814
　　贷:银行存款　　　　　　　　　　　　　　　　　　　 47 100

进项税额的计算:6 800+200×7%=6 814(元)

材料成本:47 100-6 814=40 286(元)

3. 存货先入库、货款未结算

某些情况下也会出现与前述相反的情况,即存货已经运达企业并验收入库但发票账单等结算凭证未到达、货款未结算等。一般情况下,企业在收到存货时可以先不进行账务处理,而等到结算凭证到达时才进行。但如果结算凭证在月末仍未到达,则月末时需要进行暂估入账,即对这批存货按暂估价值,借记"原材料"、"周转材料"、"库存商品"等存货账户,贷记"应付账款——暂估应付账款"账户。下月初,编制相同的红字记账凭证予以冲回。等到结算凭证到达、企业付款或开出、承兑商业汇票时,按照发票账单等结算凭证所确定的存货成本,借记"原材料"、"周转材料"、"库存商品"等存货账户;按增值税专用发票上注明的增值税税额,借记"应交税费——应交增值税(进项税额)"账户;按实际支付的款项或应付票据的面值,贷记"银行存款"、"应付票据"等账户。

【例 4-3】 金欣股份有限公司 2 月 25 日购进一批原材料已经验收入库,但到月底时仍然未收到结算凭证。为了反映材料入库和款项未付的情况,企业决定按照合同价入账。这批材料的合同价为 8 800 元。2 月 28 日作会计分录如下:

借:原材料　　　　　　　　　　　　　　　　　　　　　　8 800
　　贷:应付账款　　　　　　　　　　　　　　　　　　　　　　8 800

3 月 1 日,用红字编制相同分录予以冲销:

借:原材料　　　　　　　　　　　　　　　　　　　　　　8 800
　　贷:应付账款　　　　　　　　　　　　　　　　　　　　　　8 800

冲销的目的是为了在下月付款时按照正常的钱货两清业务处理。

如果本例中企业购进的原材料没有合同价,则可以用暂估价入账。

如果材料入库时间是在本月初,而到期末时收到了结算凭证,那么不必作暂估入账的记录,只需要在收到结算凭证时按照正常情况记录即可。如本例中若是 2 月 1 日收到存货,即使到 2 月 28 日才收到结算凭证,都不必编制此类分录。从这一点可以看出,是否需要作这一会计处理的关键是材料入库与收到结算凭证的时间是否在同一个会计期间。

4. 预先支付货款购进存货

在供应商较少而购货方急于得到货物的情况下,购货方会愿意选择预先支付货款的方式购买货物。在此方式下,应当使用"预付账款"账户进行核算。在企业预付货款时,按照实际预付的金额,借记"预付账款"账户,贷记"银行存款"账户。购入的存货验收入库时,按发票账单等结算凭证确定的存货成本,借记"原材料"、"周转材料"、"库存商品"等存货账户;按增值税专用发票上注明的增值税税额,借记"应交税费——应交增值税(进项税额)"账户;按存货成本与增值税进项税额之和,贷记"预付账款"账户。预付的货款不足,需要补付货款时,按照补付的金额,借记"预付账款"账户,贷记"银行存款"账户。若预付款项超出货款总额时,按照供货方退回货款的金额,借记"银行存款"账户,贷记"预付账款"账户。

【例 4-4】 金欣股份有限公司为了购进一批材料,按照合同规定预付购货款 2 000元。该企业按照信汇结算凭单作会计分录如下:

借:预付账款   2 000
　　贷:银行存款   2 000

对方发来材料并已验收入库,同时收到增值税专用发票等凭证,价款 3 000 元、增值税额 510 元,补付货款 1 510 元。企业作会计分录如下:

借:原材料   3 000
　　应交税费——应交增值税(进项税额)   510
　　贷:预付账款   3 510
借:预付账款   1 510
　　贷:银行存款   1 510

5. 采用赊购方式购入存货

如果企业凭借自己的信誉,从供应商那里取得货物后,供应商允许买方在一段时间后才支付货款,就称为赊购。发生赊购时,企业应当在存货验收入库后,按发票账单等凭证确定的存货成本,借记"原材料"、"周转材料"、"库存商品"等存货账户;按增值税专用发票上注明的增值税额,借记"应交税费——应交增值税(进项税额)"账户;按应付未付的金额,贷记"应付账款"账户。等到支付款项或开出、承兑商业汇票时,再根据实际支付的货款金额或应付票据面值,借记"应付账款"账户,贷记"银行存款"、"应付票据"等账户。

在赊购方式下,供应商可能会提供折扣,包括商业折扣和现金折扣。商业折扣体现在购货发票上,因此对其进行账务处理不存在争议,按照票面额记录即可;但对现金折扣则有总价法和净价法两种方式,其基本思想和应收账款相关内容完全相同。我国的企业会计准则要求使用总价法进行账务处理。

【例 4-5】 金欣股份有限公司 3 月 2 日赊购材料一批,已取得专用发票,价款 30 000 元,增值税 5 100 元,付款条件是"2/10,1/20,n/30",材料已经入库。3 月 11 日,该厂支付货款,享受折扣 600 元,支付 34 500 元。该厂 3 月 2 日编制会计分录如下:

借:原材料   30 000
　　应交税费——应交增值税(进项税额)   5 100
　　贷:应付账款   35 100

3 月 11 日,付款时作会计分录如下:

借：应付账款　　　　　　　　　　　　　　　　　　　　　　35 100
　　贷：银行存款　　　　　　　　　　　　　　　　　　　　　34 500
　　　　财务费用　　　　　　　　　　　　　　　　　　　　　　 600

如果上述款项是3月21日支付,则该厂享受的现金折扣就是1‰,即300元,作会计分录如下：

借：应付账款　　　　　　　　　　　　　　　　　　　　　　35 100
　　贷：银行存款　　　　　　　　　　　　　　　　　　　　　34 800
　　　　财务费用　　　　　　　　　　　　　　　　　　　　　　 300

如果上述款项在3月25日支付,则该厂不能享受现金折扣,作会计分录如下：

借：应付账款　　　　　　　　　　　　　　　　　　　　　　35 100
　　贷：银行存款　　　　　　　　　　　　　　　　　　　　　35 100

【例4-6】 假定上例中,金欣股份有限公司采用净价法对现金折扣进行核算,则该厂3月2日编制会计分录如下：

借：原材料　　　　　　　　　　　　　　　　　　　　　　　29 400
　　应交税费——应交增值税(进项税额)　　　　　　　　　　 5 100
　　贷：应付账款　　　　　　　　　　　　　　　　　　　　　34 500

3月11日付款时作会计分录如下：

借：应付账款　　　　　　　　　　　　　　　　　　　　　　34 500
　　贷：银行存款　　　　　　　　　　　　　　　　　　　　　34 500

3月21日支付时作会计分录如下：

借：应付账款　　　　　　　　　　　　　　　　　　　　　　34 500
　　财务费用　　　　　　　　　　　　　　　　　　　　　　　 300
　　贷：银行存款　　　　　　　　　　　　　　　　　　　　　34 800

3月25日支付时作会计分录如下：

借：应付账款　　　　　　　　　　　　　　　　　　　　　　34 500
　　财务费用　　　　　　　　　　　　　　　　　　　　　　　 600
　　贷：银行存款　　　　　　　　　　　　　　　　　　　　　35 100

【问题与思考4-2】

某企业外购A材料时预先支付货款10 000元,当期销售商品时采用赊销方式产生的应收账款是20 000元。请问：当期该企业因结算而产生的债权或债务数额是多少？

(二) 自制取得的存货

企业自制是取得存货的主要方式。自制存货的成本由采购成本、加工成本、其他成本构成。

采购成本是指企业为了自制存货而购进材料等的成本。

加工成本是指存货制造过程中发生的直接人工和按照一定方法分配的制造费用。制造费用是指企业为生产产品和提供劳务而发生的各项间接费用。企业应当根据制造费用的特点，合理选择制造费用的分配方法。

其他成本是指除了采购成本和加工成本以外、使存货达到目前场所和状态所发生的其他支出。例如，为特定客户设计产品等直接发生的设计费用、可直接归属于符合资本化条件的存货、应当予以资本化的借款费用等。符合资本化条件的存货是指需要经过相当长时间的生产活动才能达到预定可销售状态的存货。

企业一般的借款费用和一般产品设计费，不能计入存货成本，而应计入当期损益。此外，企业在生产过程中发生的下列支出，也不应计入存货成本，而应当在发生时直接计入当期损益：

(1) 非正常消耗的直接材料、直接人工和制造费用。例如，企业因自然灾害而发生的直接材料、直接人工、制造费用等损失，与正常的生产经营无关，所以不能计入继续加工的存货成本，应将扣除残料和保险赔款后的净损失，计入营业外支出。

(2) 加工和销售环节发生的仓储费用。但是存货采购过程中发生的仓储费用和在生产过程中为了使存货达到下一个生产阶段所必需的仓储费用，应当计入存货成本。例如，酿酒行业在生产产品过程中，通常会经过必要的储存过程，该过程是使产品达到规定的质量标准不可缺少的一个生产环节，故其仓储费用应计入存货成本，而不能计入当期损益。

(3) 其他不能归属于使存货达到目前场所和状态的支出。

企业自制并验收入库的存货，按确定的成本，借记"周转材料"、"库存商品"等账户，贷记"生产成本"账户。

【例 4-7】 金欣股份有限公司的基本生产车间制造完成一批产成品，已验收入库。经计算，该批产成品的实际成本为 90 000 元。

借：库存商品　　　　　　　　　　　　　　　　　　　　　90 000
　　贷：生产成本——基本生产成本　　　　　　　　　　　　　90 000

(三) 委托加工存货

有些情况下企业会将材料物资交付给其他单位代为加工，此时委托加工存货的成本包括加工过程中实际耗用的原材料或半成品成本、加工费、运输费、装卸费以及按规定应计入加工成本的税金等。

核算一般分三步进行：① 企业拨付待加工的材料物资、委托其他单位加工时，按发出材料物资的实际成本，借记"委托加工物资"账户，贷记"原材料"、"库存商品"等账户。② 支付加工费和往返运杂费时，借记"委托加工物资"账户，贷记"银行存款"账户。③ 委托加工的存货加工完成验收入库并收回剩余物资时，按计算的委托加工存货实际成本和剩余物资实际成本，借记"原材料"、"周转材料"、"库存商品"等账户，贷记"委托加工物资"账户。

在支付加工费的同时，会涉及交税的问题。当企业支付应由受托加工方代收代交的增值税时，借记"应交税费——应交增值税（进项税额）"账户，贷记"银行存款"账户。支付由受托方代收代缴的消费税时，则需分别不同情况进行处理：① 委托加工存货收回后直接用于销售的，由受托加工方代收代缴的消费税应计入委托加工存货成本，借记"委托加工物资"账户，贷记"银行存款"等账户。② 委托加工存货收回后用于连续生产应税消费品，由受托加工方代收代缴的消费税按规定准予抵扣的，借记"应交税费——应交消费税"账户，贷记"银行存款"等账户。

【例 4-8】 金欣股份有限公司委托甲公司加工一批 A 材料（属于应税消费品），发出 B 材料（原材料）的实际成本为 20 000 元，支付的加工费为 7 000 元（不含增值税），消费税税率为 10%，材料加工完成并已验收入库，加工费用等已经支付。双方适用的增值税税率为 17%。金欣股份有限公司按实际成本核算原材料。有关账务处理如下：

发出委托加工材料：

借：委托加工物资　　　　　　　　　　　　　　　　20 000
　　贷：原材料　　　　　　　　　　　　　　　　　　　　20 000

支付加工费用和税金：

消费税组成计税价格＝(20 000＋7 000)÷(1－10%)＝30 000(元)
受托方代收代交的消费税额＝30 000×10%＝3 000(元)
应交增值税额＝7 000×17%＝1 190(元)

金欣股份有限公司收回加工后的材料用于连续生产应税消费品时：

借：委托加工物资　　　　　　　　　　　　　　　　 7 000
　　应交税费——应交增值税（进项税额）　　　　　　 1 190
　　　　　　——应交消费税　　　　　　　　　　　　 3 000
　　贷：银行存款　　　　　　　　　　　　　　　　　　　11 190

金欣股份有限公司收回加工后的材料直接用于销售时：

借：委托加工物资(7 000＋3 000)　　　　　　　　　10 000
　　应交税费——应交增值税（进项税额）　　　　　　 1 190
　　贷：银行存款　　　　　　　　　　　　　　　　　　　11 190

加工完成,收回委托加工材料:

金欣公司收回加工后的材料用于连续生产应税消费品时:

借:原材料(20 000+7 000) 27 000
　　贷:委托加工物资 27 000

金欣股份有限公司收回加工后的材料直接用于销售时:

借:原材料(或库存商品)(20 000+10 000) 30 000
　　贷:委托加工物资 30 000

(四) 投资者投入的存货

某些情况下,投资者可能会以投入存货的方式进行投资,该部分存货的成本应当按照投资合同或协议约定的价值确定,除非投资合同或协议约定的价值不公允。企业收到这种存货时,按照合同或协议约定的存货价值,借记"原材料"、"周转材料"、"库存商品"等账户;按增值税专用发票上注明的增值税额,借记"应交税费——应交增值税(进项税额)"账户;按投资者应当在注册资本中占有的份额,贷记"实收资本"或"股本"等账户;按其差额,贷记"资本公积"账户。

【例 4-9】 金欣股份有限公司收到 S 股东作为资本投入的原材料。原材料计税价格 650 000 元,增值税专用发票上注明的税额为 110 500 元,投资各方确认按该金额作为 S 股东的投入资本,可折换金欣股份有限公司每股面值 1 元的普通股股票 500 000 股。

借:原材料 650 000
　　应交税费——应交增值税(进项税额) 110 500
　　贷:股本——S 股东 500 000
　　　　资本公积——股本溢价 260 500

(五) 接受捐赠取得的存货

企业接受捐赠得到的存货成本,可以按照以下顺序来确定:

(1) 捐赠方提供了有关凭据(如发票、报关单、有关协议)的,按凭据上注明的金额加上应支付的相关税费作为入账成本。

(2) 捐赠方没有提供有关凭据的,按照同类或类似存货的活跃市场价格估计的金额,加上应支付的相关税费,作为入账成本。

(3) 假如同类或类似存货没有活跃市场的,按该接受捐赠存货预计未来现金流量的现值,作为入账成本。

企业在收到捐赠的存货时,应按照确定的存货入账成本,借记"原材料"、"周转材料"、"库存商品"等账户;按实际支付或应付的相关税费,贷记"银行存款"、"应交税费"等账户;按其差额,贷记"营业外收入——捐赠利得"账户。

【例4-10】 金欣股份有限公司接受阳光公司捐赠材料一批,未取得发票等凭据,材料直接送到金欣股份有限公司。经确认,该材料的实际价值为60 000元。金欣股份有限公司有关账务处理如下:

借:原材料　　　　　　　　　　　　　　　　　　　60 000
　　贷:营业外收入——捐赠利得　　　　　　　　　　　　60 000

(六) 其他方式取得的存货

除了上述方式以外,企业还可能通过其他方式得到存货,如通过企业间的非货币性资产交换、债务重组等方式取得,这部分内容比较复杂,涉及的项目比较多,可参见本教材后面"非货币性资产交换"、"债务重组会计"两章,本节不再赘述。

二、存货发出的计量

从存货的定义可知,企业持有存货的直接目的是为了耗用或销售,最终目的是通过销售离开企业,因而存货在企业内部是不断流转的。存货的流转包括实物流转和成本流转两个方面。从理论上说,存货成本的流转应当与实物的流转相一致,即发出每项存货时就按照该存货购进时的成本来结转,此时计算出来的成本最准确,但是实务中却很难做到。因为企业的存货品种较多,流量又大,且同一种存货在不同批次取得时也可能会有不同的单位成本,所以很难保证企业存货的成本流转与实物流转完全一致。为了便于计算存货成本,实务中常用的方法是按照一个假定的成本流转方式来确定发出存货的成本,而并不强求存货的实物流转真的与成本流转相一致,这就是存货成本计算中常用的存货成本流转假设。

在期末结存存货与本期发出存货之间分配存货成本时采用不同的成本流转假设,就会产生不同的发出存货计价方法。理论上提出的方法有先进先出法、后进先出法、加权平均法、移动加权平均法、个别计价法等。不同的计价方法计算出来的期末结存存货成本和本期发出存货成本都不相同,特别在物价变动比较大的时期,各种方法计算出来的结果可能会有很大的差异。所以,存货计价方法的选择,就会对企业的财务状况和经营成果产生影响,具体表现在以下三个方面:

(1)对当期利润即经营成果有影响。例如采用某种方法计算出的期末存货计价偏低时,必然会使得本期发出存货成本偏高,从而导致计算出来的利润偏低。

(2)对当期应交所得税的计算有影响。某种方法算出来的利润越低,当期应交纳的所得税额就越少。

(3)对资产负债表上的数额也有影响。因为各种方法计算出来的期末存货数量存在差异,体现在报表上存货项目和资产总额就也会有差异。

因此,企业在选择发出存货的计价方法时应当考虑到各种方法可能造成的影响,综合考虑企业存货收到和发出的特点及管理的要求、财务报告目标等因素,确定一个适当的发出存货的计价方法,以此计算企业发出存货的实际成本。但是存货计价方法一经确定,就不可以随意变更,并且在财务报表附注中也要予以披露。

我国会计准则中允许企业选用的方法有个别计价法、先进先出法、加权平均法等方法。

（一）各种计价方法

1. 个别计价法

个别计价法是指在企业计算本期发出存货和期末结存存货的成本时,完全按照该存货购买时的入账成本加以确认的一种方法。该方法要求存货的成本流转与实物流转完全一致,因此需要对每一存货的品种规格、入账时间、单位成本、存放地点等作详细记录。尽管其记录、核算的工作量较大,但得出的成本信息是最准确的。该方法主要适用于单位价值较高且品种数量不多的存货,以及体积较大、容易辨认的存货,也适用于不能替代使用的存货或为特定项目专门购进或制造的存货的计价,如房产、船舶、珠宝、名画等。

2. 先进先出法

先进先出法的内含假设是先进来的存货先发出,对先发出的存货按先入库的存货单位成本计价,后发出的存货按后入库的存货单位成本计价,据以确定本期发出存货和期末结存存货成本的一种方法。

采用该方法可以随时确定发出存货的成本,能够保证产品成本和销售成本计算的及时性,并且期末存货成本是按最近购货成本确定的,比较接近现行的市场价值。其不足之处在于对同一批发出商品,可能会涉及两个或两个以上的单价,计算比较繁琐。而且在物价变动比较剧烈的时期,先进先出法对财务报告的影响较大。例如,在物价上涨时期,用该方法会高估期末存货价值和当期利润;而在物价下降时期,则会低估期末存货价值和当期利润。

【例 4-11】 金欣股份有限公司采用先进先出法计算发出存货和期末存货的成本。20×7 年 5 月,甲材料明细账如表 4-1 所示。

采用先进先出法计算的甲材料本月发出和期末结存成本如下:

   5 月 18 日发出甲材料成本 $=3\,000\times4.0+1\,000\times4.4=16\,400$(元)

   5 月 29 日发出甲材料成本 $=1\,000\times4.4+1\,000\times4.6=9\,000$(元)

   5 月 31 日发出甲材料成本 $=500\times4.6=2\,300$(元)

   期末结存甲材料成本 $=1\,500\times4.6=6\,900$(元)

表 4-1　　　　　　　　　　　存 货 明 细 账

存货类别
存货编号　　　　　　　　　　　　　　　　　　　计量单位：元/千克
最高存量　　　　　　　　　　　　　　　　　　　存货名称及规格
最低存量　　　　　　　　　　　　　　　　　　　金额单位：元

20×7年		凭证编号	摘要	收入			发出			结存		
月	日			数量	单价	金额	数量	单价	金额	数量	单价	金额
5	1	(略)	期初余额							3 000	4.0	12 000
5	8		购入	2 000	4.4	8 800				5 000		20 800
5	18		领用				4 000		16 400	1 000	4.4	4 400
5	25		购入	3 000	4.6	13 800				4 000		18 200
5	29		领用				2 000		9 000	2 000	4.6	9 200
5	31		领用				500		2 300	1 500	4.6	6 900
5	31		期末结存	5 000	—	22 600	6 500	—	27 700	1 500	4.6	6 900

3. 加权平均法

加权平均法是指以月初结存存货数量和本月各批收入存货数量作为权数，计算本月存货的加权平均单位成本，据以确定本期发出存货成本和期末结存存货成本的一种方法。其计算公式如下：

$$\text{加权平均单位成本} = \left(\text{月初结存存货成本} + \text{本月购进存货成本}\right) \div \left(\text{月初结存存货数量} + \text{本月购进存货数量}\right)$$

一般情况下，计算出来的加权平均单位成本往往是一个近似数字，用这个近似数来分别乘以发出和结存存货的数量，算出来的总数可能会与实际数不一致。为了避免这一现象，通常做法是用这个加权平均单价乘以期末结存存货数量，得出期末结存存货成本，然后倒轧出本期发出商品成本，将计算尾差挤入发出商品成本。

该方法的优点是日常核算工作量较小，只在月末计算一次加权平均单位成本，平时对发出存货只计数量，不计金额，比较简便，适用于存货收发频繁的企业。该方法的缺点是平时不能及时提供发出和结存存货的资料，不利于存货的管理。

【例 4-12】　承上例，假定金欣股份有限公司采用加权平均法计算发出存货和期末存货的成本，则具体计算如下：

甲材料单位成本 = (12 000 + 8 800 + 13 800) ÷ (3 000 + 2 000 + 3 000) = 4.325(元)

本月发出甲材料的成本 = 6 500 × 4.325 = 28 112.5(元)

本月月末库存存货成本 = 1 500 × 4.325 = 6 487.5(元)

4. 移动加权平均法

移动加权平均法是在加权平均法基础上加以改进的一种方法。它是平时每一次购进一批存货,就以原有存货数量和本批入库存货数量为权数,计算一个加权平均单位成本,以该单位成本为依据对其后发出的存货进行计价的一种方法。该方法下单位成本的计算与加权平均法相似:

$$\text{移动加权平均单位成本} = (\text{原有存货成本} + \text{本次购进存货成本}) \div (\text{原有存货数量} + \text{本次购进存货数量})$$

移动加权平均法将存货的计价工作放在平时处理,因此避免了加权平均法的缺点,能够随时提供存货成本资料,有利于加强存货管理。但其工作量较大,因此不适合存货收发频繁的企业。

【例 4-13】 仍用上例,如果金欣股份有限公司采用移动加权平均法计算发出甲材料的成本,则计算过程如下:

第一批收货后的甲材料平均单位成本=(12 000+8 800)÷(3 000+2 000)=4.16(元)

第一批发出甲材料的成本=4 000×4.16=16 640(元)

当时结存的甲材料成本=1 000×4.16=4 160(元)

第二批收货后的甲材料平均单位成本=(4 160+13 800)÷(1 000+3 000)=4.49(元)

第二批发出甲材料的成本=2 000×4.49=8 980(元)

第三批发出甲材料的成本=500×4.49=2 245(元)

本月月末库存甲材料成本=1 500×4.49=6 735(元)

本月发出甲材料成本合计=16 640+8 980+2 245=27 865(元)

(二)发出存货的账务处理

不同类型存货的用途和消耗方式不同,因此企业应当根据各类存货的特点和用途,选择适当的方法进行账务处理。

1. 原材料

原材料的用途较多,一般情况下其原有实物形态会发生改变甚至消失,其成本就随其用途而发生了转移。企业应当根据原材料的消耗特点,按照发出材料的用途,将其成本直接计入成本或当期费用,或作为有关项目支出。

(1)对于生产经营领用的原材料,要根据领用部门和用途,分别记入有关成本费用项目。领用时按计算确定的实际成本,借记"生产成本"、"制造费用"、"销售费用"、"管理费用"等账户,贷记"原材料"账户。

【例 4-14】 金欣股份有限公司本月领用原材料的实际成本为 200 000 元,其中,基本生产领用 130 000 元,辅助生产领用 50 000 元,生产车间一般耗用 10 000

元,管理部门领用 10 000 元。

```
借：生产成本——基本生产成本                    130 000
        ——辅助生产成本                         50 000
    制造费用                                    10 000
    管理费用                                    10 000
  贷：原材料                                               200 000
```

（2）如果原材料被出售，则取得的销售收入不能作为主营业务收入，而只能计入其他业务收入，相应的原材料成本计入其他业务成本。出售时按照已收或应收的价款，借记"银行存款"、"应收账款"等账户；按实现的营业收入，贷记"其他业务收入"账户；按增值税销项税额，贷记"应交税费——应交增值税（销项税额）"账户。同时结转出售原材料的实际成本，借记"其他业务成本"账户，贷记"原材料"账户。

【例 4-15】 金欣股份有限公司销售一批原材料，售价 4 000 元，增值税额 680 元，原材料实际成本 3 000 元。

```
借：银行存款                                    4 680
  贷：其他业务收入                                         4 000
      应交税费——应交增值税（销项税额）                      680
借：其他业务成本                                3 000
  贷：原材料                                               3 000
```

（3）原材料被用于在建工程时，还要同时将该原材料上的增值税进项税额一并作为在建工程成本的一部分予以转出。当原材料用于在建工程时，已经不能再用于生产有销项税额的项目，因而购进其所产生的增值税也就不能用于抵扣销项税额，故应随同结转。领用时，按实际成本加上不予抵扣的增值税进项税额，借记"在建工程"账户；按实际成本，贷记"原材料"账户；按不予抵扣的增值税进项税额，贷记"应交税费——应交增值税（进项税额转出）"账户。

【例 4-16】 金欣股份有限公司的一项基建工程领用库存材料 5 000 元，不予抵扣的增值税进项税额为 850 元。

```
借：在建工程                                    5 850
  贷：原材料                                               5 000
      应交税费——应交增值税（进项税额转出）                   850
```

（4）原材料被用作其他用途，如用于非货币性资产交换、债务重组、企业合并支付的对价等，不同的情况下有不同的处理方式，具体内容参见相应章节，此处不再赘述。

2. 周转材料

周转材料的种类较多,分布在生产经营的各个环节,包括包装物、低值易耗品以及企业(建造承包商)的钢模板、木模板、脚手架等。一般可以通过设置"周转材料"账户进行核算处理,但有些情况下企业也可以单独设置"包装物"、"低值易耗品"账户来核算其包装物、低值易耗品。

周转材料的会计处理根据其使用部门的不同而不同。生产部门领用并构成产品实体一部分的,其价值直接计入产品生产成本;若是车间一般耗用的,计入制造费用。管理部门领用的,计入管理费用。销售部门领用的,若随同商品出售并单独计价的,视同材料销售,将取得的销售收入计入其他业务收入,同时结转其账面价值到其他业务成本中;若随同商品出售但并不单独计价的,其账面价值计入销售费用。有时周转材料还会用于出租或出借;用于出借的,其价值直接计入销售费用;用于出租的,将其收取的租金作为其他业务收入处理,相应的周转材料账面价值计入其他业务成本;如果出租的周转材料逾期未能收回应没收其押金,并计算相应的增值税销项税额,其余全部作为销售周转材料取得的收入处理。

周转材料与原材料等的消耗方式不同,其价值转移和会计处理也有所不同。企业可以根据不同情况,选择适当的摊销方法,将其账面价值分次或一次计入有关成本费用。可以选择的方法主要有一次转销法、五五摊销法和分次摊销法等。一般的包装品和低值易耗品,大多采用一次转销法和五五摊销法;而建造企业的钢模板、脚手架和其他周转材料等,可以采用一次转销法、五五摊销法或分次摊销法等进行摊销。

(1)一次转销法。该方法是指对于周转材料的账面价值在其领用时就一次计入有关成本费用的一种方法。领用时,按照周转材料的账面价值,借记"管理费用"、"生产成本"、"销售费用"、"工程施工"等有关账户,贷记"周转材料"等账户;在其报废处理时,根据具体情况,借记"原材料"等账户,贷记"管理费用"、"生产成本"、"销售费用"、"工程施工"等账户。该方法一般适用于一次领用金额不大的周转材料摊销。

【例4-17】 金欣股份有限公司的管理部门领用一批低值易耗品,账面价值为4 000元,采用一次转销法。同时报废一批低值易耗品,残料作价300元,作为原材料入库。

借:管理费用   4 000
    贷:周转材料   4 000
借:原材料   300
    贷:管理费用   300

（2）五五摊销法。该方法的特点是指在领用周转材料时先摊销其账面价值的一半，等到报废时再摊销另外一半。采用该方法时，周转材料要分别设置三个明细账户——"在用"、"在库"和"摊销"。领用时，借记"周转材料——在用"账户，贷记"周转材料——在库"账户；摊销其账面价值的一半时，借记"管理费用"、"生产成本"、"销售费用"、"工程施工"等账户，贷记"周转材料——摊销"账户。周转材料报废，摊销其余的一半时，借记"管理费用"、"生产成本"、"销售费用"、"工程施工"等账户，贷记"周转材料——摊销"账户。同时，转销周转材料全部已提摊销额，借记"周转材料——摊销"账户，贷记"周转材料——在用"账户。报废周转材料的残料价值，借记"原材料"等账户，贷记"管理费用"、"生产成本"、"销售费用"、"工程施工"等账户。

采用该方法的最大优点是在报废前始终有一半的价值保留在账面上，有利于加强对周转材料的核算与管理，适用于领用数量多、金额大的周转材料的摊销。

【例 4-18】 金欣股份有限公司领用了一批周转用的包装箱，免费提供给客户周转使用。该批包装箱账面价值 40 000 元，采用五五摊销法摊销。报废时残料估价 2 000 元作为原材料入库。

领用时需摊销 50% 的账面价值：

借：周转材料——在用　　　　　　　　　　　　　　　　40 000
　　贷：周转材料——在库　　　　　　　　　　　　　　　40 000

借：销售费用　　　　　　　　　　　　　　　　　　　　20 000
　　贷：周转材料——摊销　　　　　　　　　　　　　　　20 000

包装物报废，摊销其余 50% 的账面价值，同时转销全部已提摊销额：

借：销售费用　　　　　　　　　　　　　　　　　　　　20 000
　　贷：周转材料——摊销　　　　　　　　　　　　　　　20 000

借：周转材料——摊销　　　　　　　　　　　　　　　　40 000
　　贷：周转材料——在用　　　　　　　　　　　　　　　40 000

报废包装物的残料作价入库：

借：原材料　　　　　　　　　　　　　　　　　　　　　20 000
　　贷：销售费用　　　　　　　　　　　　　　　　　　　20 000

企业有时会在向客户提供周转材料时收取一定的押金和租金。一般租金作为其他业务收入处理，押金则在到期时退回；如果客户逾期未退回周转材料，则没收的押金应视为销售周转材料取得的收入，计入其他业务收入，并计算相应的增值税销项税额，同时应摊销其余 50% 的账面价值，并转销周转材料全部已提摊销额。

【例 4-19】 金欣股份有限公司领用了一批账面价值为 50 000 元的包装物,出租给客户使用,收取押金 70 000 元,租金在客户退还包装物时按实际使用时间计算并从押金中扣除。

领用包装物并摊销其账面价值的 50%:

借:周转材料——在用	50 000
贷:周转材料——在库	50 000
借:其他业务成本	25 000
贷:周转材料——摊销	25 000

收取包装物押金:

借:银行存款	70 000
贷:其他应付款	70 000

客户退还包装物,计算收取租金 46 800 元,并退还其余押金:

增值税销项税额 = 46 800 ÷ (1 + 17%) × 17% = 6 800(元)

借:其他应付款	70 000
贷:其他业务收入	40 000
应交税费——应交增值税(销项税额)	6 800
银行存款	23 200

假如客户逾期未退回该批包装物,则应没收押金,相应账务处理如下:
确认没收押金取得的收入:

增值税销项税额 = 70 000 ÷ (1 + 17%) × 17% = 10 171(元)
其他业务收入 = 70 000 − 10 171 = 59 829(元)

借:其他应付款	70 000
贷:其他业务收入	59 829
应交税费——应交增值税(销项税额)	10 171

摊销其余 50% 的账面价值并转销全部已提摊销额:

借:其他业务成本	25 000
贷:周转材料——摊销	25 000
借:周转材料——摊销	50 000
贷:周转材料——在用	50 000

(3) 分次摊销法。该方法是指根据周转材料估计可供周转次数,将其成本分期计入有关成本费用的一种摊销方法。分摊时的成本计算公式如下:

$$\text{某期摊销周转材料的金额} = \text{周转材料账面价值} \div \text{预计可使用次数} \times \text{该期实际使用次数}$$

该方法的会计处理与五五摊销法相似,只是其价值是分若干次计入成本费用的。领用时,要按照其账面价值,借记"周转材料——在用"账户,贷"周转材料——在库"账户;分次摊销时,要按照计算的本期摊销额,借记"管理费用"、"生产成本"、"销售费用"、"工程施工"等账户,贷记"周转材料——摊销"账户;等到报废时,要将其账面价值一次摊销,借记"管理费用"、"生产成本"、"销售费用"、"工程施工"等账户,贷记"周转材料——摊销"账户。同时,结转周转材料全部已提摊销额,借记"周转材料——摊销"账户,贷记"周转材料——在用"账户。报废时收回的残料等价值,借记"原材料"等账户,贷记"管理费用"、"生产成本"、"销售费用"、"工程施工"等账户。

【例 4-20】 某建筑承包商领用一批钢模板,账面价值100 000元,预计可使用10次,采用分次摊销法摊销。领用当月,实际使用4次;领用第二个月,实际使用4次;领用第三个月时,钢模板报废,残料出售收取价款1 000元存入银行。

领用钢模板时:

  借:周转材料——在用   100 000
    贷:周转材料——在库   100 000

领用当月进行钢模板账面价值的摊销:

    本月钢模板摊销额 = 100 000 ÷ 10 × 4 = 40 000(元)

  借:工程施工   40 000
    贷:周转材料——摊销   40 000

领用第二个月进行钢模板账面价值的摊销:

  借:工程施工   40 000
    贷:周转材料——摊销   40 000

领用第三个月,钢模板报废,将账面价值全部摊销并转销全部已提摊销额:

  借:工程施工   20 000
    贷:周转材料——摊销   20 000
  借:周转材料——摊销   100 000
    贷:周转材料——在用   100 000

出售报废钢模板,收取价款:

  借:银行存款   1 000
    贷:工程施工   1 000

【问题与思考 4-3】

某公司在进行财产清查时,发现有一批八成新的低值易耗品在账面上未作记录,价值约 2 000 元,经追查发现,这批低值易耗品在领用时已经全额计入当期费用。请问:这种处理恰当否?

3. 库存商品

库存商品一般的用途是对外销售,但有时也可能用于其他用途,如在建工程、对外投资、债务重组等,各种用途的账务处理有所不同。

(1)若库存商品用于对外销售,要按照从购货方已经收到的款项或者按照合同等确定的价款的公允价值来确定销售收入,借记"银行存款"或"应收账款"账户,贷记"主营业务收入"、"应交税费——应交增值税(销项税额)"账户;同时,按照库存商品的账面价值结转销售成本,借记"主营业务成本"账户,贷记"库存商品"账户。

【例 4-21】 金欣股份有限公司赊销 B 产品 100 件,每件售价 200 元,其单位生产成本为 150 元。作会计分录如下:

借:应收账款　　　　　　　　　　　　　　　　　　　　　23 400
　　贷:主营业务收入　　　　　　　　　　　　　　　　　20 000
　　　　应交税费——应交增值税(销项税额)　　　　　　 3 400
借:主营业务成本　　　　　　　　　　　　　　　　　　　15 000
　　贷:库存商品　　　　　　　　　　　　　　　　　　　15 000

(2)若库存商品用于其他用途如债务重组、非货币性资产交换等时,其账务处理与对外销售不同,有时可以视同对外销售。具体内容参见本教材相关章节,此处暂不赘述。

【案例分析】 存货成本计价方法改变的后果

某市地税稽查局在 2003 年税收财务大检查中,发现某五金厂 2002 年上半年和下半年对存货成本采用了不同的计价方法。上半年产成品的存货成本采用移动加权平均法,销售实现后,按账面存货成本结转产品销售成本。但是从 2002 年 7 月开始,在未经税务机关批准的情况下,擅自改变存货计价方法而采用了后进先出法,致使 2002 年产品销售成本上升了将近 400 万元。企业该年度的应纳税所得额也相应减少了 400 万元,少交企业所得税 132 万元。

分析:根据《中华人民共和国会计法》第 18 条规定:"各单位采用的会计处理方法,前后各期应当一致,不得随意变更;确有必要变更的,应当按照国家统一的会计制度的规定变更,并将变更的原因、情况及影响在财务会计报告中说明。"该法第 26 条规定:"公司、企业进行会计核算不得有下列行为……(三)随意改变费用、成本的确认标准或者计量方法,虚列、多列、不列或者少列费用、成本……"企业关于存货的计价方法一经确定后,即应当按照该方法对存货的收、发、余等事项进行核算,而且不得随意变更。若确实需要变更的,应当依照法定程序处理。

而根据《中华人民共和国税收征收管理法实施细则》第24条"从事生产、经营的纳税人应当自领取税务登记证件之日起15日内,将其财务、会计制度或者财务、会计处理办法报送主管税务机关备案",以及《企业所得税税前扣除办法》(国税发[2000]84号)第12条"纳税人的成本计算方法、间接成本分配方法,存货计价方法一经确定,不得随意改变,如确需改变的,应在下一纳税年度开始前报主管税务机关批准。否则,对应纳税所得额造成影响的,税务机关有权调整"之规定,纳税人的存货计价办法需要在税务机关备案,并且纳税人报送备案的存货计价方法不得任意改变,即使纳税人确实因客观情况的变化,需要改变存货计价办法的,也应当在下一纳税年度开始之前报税务机关批准,然后在下一纳税年度再按税务机关的决定加以改变,在本纳税年度内则不得改变。

对于纳税人未经税务机关批准擅自改变存货计价方法,致使当年度的销售成本升高,从而减少应纳税所得额的,税务机关有权按原适用的存货计价方法调整已结转存货的成本,并相应减少该部分存货的成本,从而将应纳税所得额恢复到当初应有的水平。但是,根据相关法律规定及其精神看,擅自改变存货计价方法从而减少当年度应纳税所得额的,虽然违反规定而应予纠正,但税务机关仅有权调整应纳税所得额,并据以要求企业补交税款。税务机关对此种行为,不能对企业加收滞纳金及予以处罚,更不得据此认定构成偷税。

资料来源:财务顾问网。

第三节 存货的日常核算

存货在进行日常核算时可以采用不同的核算方法,较常见的主要有实际成本法和计划成本法两种。商品流通企业较多使用售价金额核算法和毛利率法。

一、实际成本法核算

实际成本核算法是对存货的收入和发出、期末结存,从存货收发凭证到明细分类账、总账,始终按照其实际成本进行核算的方法。该方法主要适用于规模较小、存货品种简单的企业。

在实际成本法核算下,企业需要设置的账户主要有"原材料"、"在途物资"等账户,用来核算材料的收入、在途、发出和结存情况。

"原材料"账户核算企业库存的各种材料,包括原料及主要材料、辅助材料、外购半成品(外购件)、修理用备件(备品备件)、包装材料、燃料等的实际成本。可按材料的保管地点(仓库)、材料的类别、品种和规格等进行明细核算。

其主要账务处理如下:

(1) 企业购入并已验收入库的材料,按实际成本,借记"原材料"账户,贷记"在途物资"账户。

(2) 自制并已验收入库的材料,按实际成本,借记"原材料"账户;按实际成本,贷记"生产成本"账户。委托外单位加工完成并已验收入库的材料,按实际成本,借记"原材料"账户,贷记"委托加工物资"账户。

(3) 生产经营领用材料,借记"生产成本"、"制造费用"、"销售费用"、"管理费用"等账户,贷记"原材料"账户。出售材料结转成本,借记"其他业务成本"账户,贷记"原材料"账户。发出委托外单位加工的材料,借记"委托加工物资"账户,贷记"原材料"账户。采用实际成本进行材料日常核算的,发出材料的实际成本,可以采用先进先出法、加权平均法或个别认定法计算确定。

"原材料"账户期末借方余额,反映企业库存材料的计划成本或实际成本。

"在途物资"账户是企业采用实际成本(或进价)进行材料、商品等物资的核算,反映货款已付尚未验收入库的在途物资的采购成本。本账户可按供应单位和物资品种进行明细核算。其主要账务处理如下:

(1) 企业购入材料、商品时,按应计入材料、商品采购成本的金额,借记"在途物资"账户;按实际支付或应支付的金额,贷记"银行存款"、"应付账款"、"应付票据"等账户。涉及增值税进项税额的,还应进行相应的处理。

(2) 所购材料、商品到达验收入库时,借记"原材料"、"库存商品"等账户,贷记"在途物资"账户。

"在途物资"账户期末借方余额,反映企业在途材料、商品等物资的采购成本。

二、计划成本法核算

计划成本法相对于实际成本法有更广泛的用途,因为实际成本法要求存货全部按照实际成本来核算,但这对于存货品种、规格、数量较多、收发频繁的企业来说,日常核算的工作量很大,成本较高,且不能够及时提供会计信息,因而很多单位在实务中更倾向于用计划成本核算法。该方法的特点是在存货日常收发、结存时均按照预先制定的计划成本计价,并设置"材料成本差异"账户来登记计划成本与实际成本之间的差异;月末时,再通过对材料成本差异的分摊,将发出存货的计划成本和结存存货的计划成本调整为实际成本进行反映。

(一)计划成本法的基本核算程序

采用计划成本法核算的基本程序如下：

(1)制定合理的计划单位成本,这是采用计划成本核算法的前提。采用计划成本法的企业需要先制定各种存货的计划成本目录,规定存货的分类,各种存货的名称、规格、编号、计量单位、计划单位成本等。而计划成本一般指按照在正常的市场条件下,企业取得存货应当支付的合理成本。它包括采购成本,加工成本和其他成本。其要由会计部门会同采购等部门共同制定。除特殊情况外,计划成本在年度内不作调整。

(2)设置"材料成本差异"账户,核算材料的计划成本与实际成本的差额。该账户可以分别"原材料"、"周转材料"等账户,按照类别或品种进行明细核算。入库材料发生的材料成本差异,实际成本大于计划成本的差异,借记"材料成本差异"账户,贷记"材料采购"账户;实际成本小于计划成本的差异作相反的会计分录。结转发出材料应负担的材料成本差异时,按实际成本大于计划成本的差异,借记"生产成本"、"管理费用"、"销售费用"、"委托加工物资"、"其他业务成本"等账户,贷记"材料成本差异"账户;实际成本小于计划成本的差异,作相同的会计分录,但要用红字列示。企业也可以在"原材料"、"周转材料"等账户中设置"成本差异"明细账户进行核算。

(3)设置"材料采购"账户,用来核算企业采用计划成本进行材料日常核算而购入材料的采购成本。本账户可按供应单位和材料品种进行明细核算。其主要账务处理为:① 企业支付材料价款和运杂费等,按应计入材料采购成本的金额,借记"材料采购"账户,按实际支付或应支付的金额,贷记"银行存款"、"库存现金"、"其他货币资金"、"应付账款"、"应付票据"、"预付账款"等账户。② 期末,企业应将仓库转来的外购收料凭证,分别下列不同情况进行处理:对于已经付款或已开出、承兑商业汇票的收料凭证,应按实际成本和计划成本分别汇总,按计划成本,借记"原材料"、"周转材料"等账户,贷记"材料采购"账户;将实际成本大于计划成本的差异,借记"材料成本差异"账户,贷记"材料采购"账户;实际成本小于计划成本的差异作相反的会计分录。对于尚未收到发票账单的收料凭证,应按计划成本暂估入账,借记"原材料"、"周转材料"等账户,贷记"应付账款——暂估应付账款"账户,下期初作相反分录予以冲回。下期收到发票账单的收料凭证,借记"材料采购"账户,贷记"银行存款"、"应付账款"、"应付票据"等账户。同时处理相应的增值税进项税额。"材料采购"账户期末余额在借方,反映企业在途材料的采购成本。

(4)材料的日常领用和发出,都按照计划成本计算,月末时将本月发出存货应负担的差异进行分摊,随同本月发出存货的计划成本记入有关账户,将其成本调整为实际成本。

（二）存货取得时的核算

在计划成本核算法下，企业应在取得存货时，将存货的实际成本与计划成本进行比较，确定两者间的差异，通过"材料成本差异"账户来反映。

【例 4-22】 金欣股份有限公司购入一批甲材料，买价 400 000 元，增值税税率为 17%，材料验收入库，款项已用转账支票支付。该批材料的计划成本为 410 100 元。金欣股份有限公司的相关账务处理如下：

支付货款时：

借：材料采购　　　　　　　　　　　　　　　　　400 000
　　应交税费——应交增值税（进项税额）　　　　　 68 000
　　贷：银行存款　　　　　　　　　　　　　　　　　　　468 000

材料验收入库时：

借：原材料　　　　　　　　　　　　　　　　　　410 100
　　贷：材料采购　　　　　　　　　　　　　　　　　　　410 100

结转实际成本与计划成本的差异额时：

借：材料采购　　　　　　　　　　　　　　　　　 10 100
　　贷：材料成本差异　　　　　　　　　　　　　　　　　 10 100

在会计实务中，为了简化会计核算手续，平时在材料收入时，可以不逐笔结转其成本差异，而是待期末时，将入库材料的成本差异加以汇总，并一次结转。

（三）存货发出时的核算

在计划成本核算法下，平时发出材料应按照计划成本计价，月末时再将期初结存存货的成本差异和本期购进存货的成本差异一起在发出存货和期末结存存货之间进行分配，把本月发出存货和期末结存存货都调整为实际成本。发出材料应负担的成本差异必须按月分摊，不得在季末或年末一次计算。

为了便于在期末进行材料成本差异的分摊，可以计算材料成本差异率。其计算公式如下：

$$\text{本期材料成本差异率} = \frac{\text{期初结存材料的成本差异} + \text{本期验收入库材料成本差异}}{\text{期初结存材料的计划成本} + \text{本期验收入库材料计划成本}} \times 100\%$$

$$\text{期初材料成本差异率} = \frac{\text{期初结存材料的成本差异}}{\text{期初结存材料的计划成本}} \times 100\%$$

从理论上说，计算材料成本差异率时，材料成本差异的计算口径与原材料计划成本的计算口径应当一致,也即应当把当月已验收入库但尚未办理结算手续的原材料计划成本从中剔除。但这样做不仅会加大核算的工作量,而且一般情况下,如果在计算材料成本差异率时,不剔除这部分原材料计划成本,而将已验收入库但尚未办理结算手续的原材料计划成本作为计算基数,虽然在某月看来会或多或少地影响发出材料负担的成本差异的准确性,但从更长时期的角度来看,不同月份计算的发出材料应负担的成本差异偏差可以相互抵销。因此,一般情况下,企业在计算材料成本差异率时,也将未产生成本差异的已验收入库但尚未办理结算手续的原材料计划成本作为计算基数。只有在这类入库的材料的数额十分巨大,对成本差异的分摊产生重大影响的特殊情况下,才不把它考虑在计算基数之内。

发出存货应负担的成本差异,除委托外部加工发出材料可按期初成本差异率计算外,还应使用当期的实际差异率;期初成本差异率与本期成本差异率相差不大的,也可按期初成本差异率计算。计算方法一经确定,不得随意变更。

"材料成本差异"账户期末借方余额,反映企业库存材料等的实际成本大于计划成本的差异,贷方余额反映企业库存材料等的实际成本小于计划成本的差异。

计算材料成本差异率时还应当注意要分别按照原材料和周转材料的类别或品种对存货成本差异进行计算,不能使用一个综合的成本差异率。

本月发出存货应当承担的材料成本差异计算公式如下:

$$发出存货应负担的成本差异 = 发出存货的计划成本 \times 材料成本差异率$$

$$发出存货的实际成本 = 发出存货的计划成本 \pm 发出存货应负担的成本差异$$

$$月末结存存货应负担的材料成本差异 = 结存存货的计划成本 \times 材料成本差异率$$

$$月末结存存货的实际成本 = 月末结存存货的计划成本 \pm 月末结存存货应负担的成本差异$$

【例 4-23】 金欣股份有限公司对甲材料采用计划成本进行核算,甲材料计划单位成本为 25 元/千克。1 月 31 日,相关账户余额分别为:"材料采购"账户的借方余额为 3 270 元,"原材料"账户的借方余额 14 700 元,"材料成本差异"账户的贷方余额为 345 元。2 月份发生业务如下:

(1) 采购甲材料 480 千克,材料验收入库,货款 14 040 元(其中,价款 12 000 元,增值税额 2 040 元),以支票付讫,并以现金支付装卸费 75 元。

材料的实际成本 = 12 000 + 75 = 12 075(元)
材料的计划成本 = 480 × 25 = 12 000(元)

借：材料采购	12 075
应交税费——应交增值税（进项税额）	2 040
贷：银行存款	14 040
库存现金	75
借：原材料	12 000
贷：材料采购	12 000

(2) 上月已经办理结算但材料未到的在途材料 132 千克，本月全部到达并入库。材料实际成本 3 270 元，计划成本 3 300 元(132×25)。

借：原材料	3 300
贷：材料采购	3 300

(3) 从外埠采购甲材料 180 千克，结算凭证到达并办理付款手续。付款总额为 5 166 元，其中货款额 5 031 元(其中价款 4 300 元，增值税额 731 元)；进货运费 96.8 元(其中准予扣除的进项税额 6.8 元)，装卸费 35 元。材料未到。

材料实际成本＝4 300＋(96.8－6.8)＋35＝4 425(元)
材料进项税额＝731＋6.8＝737.8(元)

借：材料采购	4 425.0
应交税费——应交增值税（进项税额）	737.8
贷：银行存款	5 162.8

(4) 本月购进的甲材料 300 千克已经验收入库，月末时结算凭证仍未到。先按计划成本入账，下月初用红字冲回。

材料计划成本＝300×25＝7 500(元)

本月末的会计分录：

借：原材料	7 500
贷：应付账款	7 500

下月初冲回的会计分录：

借：原材料	7 500
贷：应付账款	7 500

(5) 根据本月发料凭证汇总表，共计发出材料 960 千克，计划成本 24 000 元，其中：直接用于产品生产 600 千克，计划成本 15 000 元；用于车间一般耗用 300 千克，计划成本 7 500 元；用于管理部门耗用 40 千克，计划成本 1 000 元；用于产品销售方面的消耗 20 千克，计划成本 500 元。

借：生产成本	15 000
制造费用	7 500
管理费用	1 000
销售费用	500
贷：原材料	24 000

（6）计算当期的材料成本差异：

$$(3\,270+12\,075)-(3\,300+12\,000)=15\,345-15\,300=45(元)$$

借：材料成本差异	45
贷：材料采购	45

月末在途材料的成本 4 425 元与计划成本的差异不反映在材料成本差异中，其实际成本转入下期材料采购明细账。

（7）按本月材料成本差异率，计算分摊本月发出材料负担的成本差异，将发出材料的计划成本调整为实际成本。计算过程如下：

本月材料成本差异率 $=(-345+45)\div(14\,700+12\,000+3\,300+7\,500)\times100\%=-0.08\%$

生产成本负担的差异 $=15\,000\times(-0.08\%)=-120(元)$

制造费用负担的差异 $=7\,500\times(-0.08\%)=-60(元)$

管理费用负担的差异 $=1\,000\times(-0.08\%)=-8(元)$

销售费用负担的差异 $=500\times(-0.08\%)=-4(元)$

借：生产成本	120
制造费用	60
管理费用	8
销售费用	4
贷：材料成本差异	192

此时，有关甲材料的账户余额分别为："材料采购"账户的借方余额为 4 425 元，"原材料"账户的借方余额为 13 500 元，"材料成本差异"账户的贷方余额为 108 元。

库存原材料的实际成本 $=13\,500-108=13\,392(元)$

当期资产负债表上列示的存货项目中甲材料的金额如下：

$$4\,425+13\,392=17\,817(元)$$

材料成本差异率的计算一般应当按照类别分别计算各自的材料成本差异率，不能为了简化工作而使用一个综合的材料成本差异率。

【例4-24】 金欣股份有限公司采用计划成本法对原材料进行核算。某月末，根据"发料凭证汇总表"，各部门领用原材料的计划成本分别为：基本生产车间领用200 000元，辅助车间领用100 000元，车间管理部门领用6 000元，厂部管理部门领用3 000元，独立的销售部门领用1 000元。经过计算，该月材料的成本差异率为1%。金欣股份有限公司的相关账务处理如下：

发出原材料时：

借：生产成本——基本生产成本	200 000
——辅助生产成本	100 000
制造费用	6 000
管理费用	3 000
销售费用	1 000
贷：原材料	310 000

月末，结转发出材料应负担的成本差异时：

借：生产成本——基本生产成本	2 000
——辅助生产成本	1 000
制造费用	60
管理费用	30
销售费用	10
贷：材料成本差异	3 100

【案例分析】 材料成本差异处理不当的严重后果

山东省某市地税局稽查局在对该市某有限公司2006年度实施检查时，发现了一例少结转贷方材料成本差异的偷税案例。该局通过查账得知，该公司2006年"原材料——焦粉"账户年末余额为25 449.90元，而焦粉的材料成本差异年末贷方余额为48 735.69元，年末结存材料差异率为－191.5%。

如果按照常理分析，出现材料成本节约差过大、差异率过高的情况一般是计划价格定得过高。经抽查该单位当年入库焦粉凭证发现，其计划成本与实际成本相差幅度只在10%左右。

原来，2005年该公司购入焦粉时，当时约定价格高于计划价格45 903.79元，因对方未开具发票，暂按计划价估价入账，材料成本差异账面少计借方数45 903.79元。该公司在2006年1月份结转材料成本差异时，按年初材料成本差异贷方78 282.20元减去45 903.79元后的余额进行成本结转。

分析：根据现行财务制度规定，按照年初账面材料成本差异的实际金额，按月逐笔结转计算，对于尚未收到发票账单的收料凭证，应分别材料账户，抄列清单，并按计划成本暂估入账，下月初用红字作同样的记录，予以冲回，而不能无凭据地调整材料成本差异。该单位原材料——焦粉由此少结转贷方材料成本差异 45 903.79 元,且焦粉经生产加工后形成的半成品、产成品年末均无余额,也即这部分材料成本差异完全由本期承担了。

根据《企业所得税税前扣除办法》第 11 条规定:纳税人采用计划成本法或零售价法确定存货成本或销售成本,必须在年终申报纳税时及时结转成本差异或商品进销差价。因此,税务机关决定,对该公司少结转贷方材料成本差异 45 903.79 元应调增应纳税所得额,同时根据《税收征管法》第 31 条规定,追缴该公司少申报交纳的企业所得税 15 152.82 元,并按日加收 5‰ 的滞纳金。根据《税收征管法》第 63 条第 1 款规定,该公司采用虚假的纳税申报,不交或者少交企业所得税 15 152.82 元属于偷税行为,处以少交税款 1 倍的罚款 15 152.82 元。同时督促该公司财务人员进行了账务调整,即:

借:材料成本差异　　　　　　　　　　　　　　45 903.79
　　贷:以前年度损益调整　　　　　　　　　　　45 903.79

资料来源:财务顾问网。

三、商业企业中常用的方法

(一) 基本模式

商品流通企业的商品核算方法分为数量金额核算法和金额核算法两类。在数量金额核算法下,商品的增减变动及结存在会计账簿上同时以实物量和价值量进行核算。在金额核算法下,商品的增减变动及结存在会计账簿上主要以价值量进行核算,一般不进行数量核算。前者既可以提供商品价值量的信息,也可以提供商品数量的信息;后者一般只提供商品价值量的信息。在商品流通企业,由于商品的价格有进价和售价两种表示,相应的商品核算方法主要有数量成本金额核算法、数量售价金额核算法、成本金额核算法、售价金额核算法。

1. 数量成本金额核算法

数量成本金额核算法是指同时以数量和成本金额反映商品增减变动及结存情况的核算方法。其基本内容包括:

(1)"库存商品"总账账户以商品进价反映商品的增减变动及结存状况。

(2)一般按照商品种类、品名、规格及存放地点等设置"库存商品"明细账户,并以数量和进价金额反映商品的增减变动及结存情况;企业经营进出口商品的,可以设置"库存进口商品"、"库存出口商品"、"其他库存商品"等明细账户或相应的总分类账户进行核算。

(3)商品品种较多时,在"库存商品"总账及"库存商品"明细账之间按商品类别设置"库存商品"二级账,只按成本金额反映商品的增减变动及结存情况。

(4)按商品品名、规格等由仓库设置商品保管账,反映商品的增减变动及结存数量,并定期与"库存商品"明细账进行核对。

该方法一般适用于企业的批发商品及采购的农副产品等。

2. 数量售价金额核算法

数量售价金额核算法是指同时以数量和售价金额反映商品增减变动及结存情况的核算方法。与数量成本金额核算法相比,主要差异有:

(1)"库存商品"总账、二级账及明细账所记录的商品增减变动及结存金额均以售价反映。

(2)为了将商品售价调整为商品进价,并反映商品售价与进价的差额,需要设置"商品进销差价"调整账户。"商品进销差价"的明细账户一般按商品类别设置。

数量售价金额核算法一般适用于商品进销价格相对稳定的小型批发企业的批发商品及零售企业的贵重商品等。

3. 成本金额核算法

成本金额核算法是指以成本金额反映商品增减变动及结存情况的核算方法。这种方法又称为"成本记账,盘存计销"核算法。其主要内容包括:

(1)"库存商品"明细账按实物负责人(或柜组)设置,"库存商品"总账及其明细账一律以商品进价记账。

(2)商品销售时,不记录"库存商品"总账的减少。

(3)在经营过程中除发生重大损失需要按规定进行相应的账务处理外,平时发生损益、商品等级变化及售价变动等情况,一般不进行账务处理。

(4)月末通过实地盘点,按当月最后进货的商品单价,计算月末结存商品的成本金额,再采用倒挤方法计算销售商品的进价成本,并进行结转。已销商品成本的计算公式如下:

$$\begin{matrix}本月已销\\商品成本\end{matrix} = \begin{matrix}月初结存商品\\的成本金额\end{matrix} + \begin{matrix}本月购进商品\\的成本金额\end{matrix} - \begin{matrix}月末结存商品\\的成本金额\end{matrix}$$

成本金额核算法一般适用于零售企业经营的质量易变、价格需要随时调整的鲜(蔬菜、水果等)、活(活鱼、活虾等)商品等。

4. 售价金额核算法

售价金额核算法是指以售价金额反映商品增减变动及结存情况的核算方法。这种方法又称为"售价记账,实物负责制"或"拨货计价,实物负责制"。它是将商品核算方法与商品管理制度相结合的核算制度。其基本内容包括:

(1)"库存商品"明细账按实物负责人(或柜组)设置,"库存商品"总账及其明细账一律以商品售价记账。

（2）设置"商品进销差价"调整账户，反映商品售价与成本的差额。"商品进销差价"明细账同"库存商品"明细账一样，按实物负责人（或柜组）设置。

（3）建立健全商品的购进、销售、定价、盘点、损耗及差错等管理制度和方法。

（4）商品销售后，按一定方法计算已销商品的进销差价，并根据已销商品的售价及已销商品进销差价计算已销商品成本。

售价金额核算法一般适用于零售企业零售的日用工业品等商品。商品流通企业应根据商品经营特点和管理的要求，采用适当的商品核算方法。

上述方法事实上只是商业企业在进行成本核算时用到的四种基本模式。这四种模式在具体运用时又可以用到两种不同的方法：毛利率法和零售价格法。

（二）基本方法

1. 毛利率法

毛利率法是指以各个会计期间的毛利率大致相同为假设前提，根据毛利率和已销商品售价估计本期主营业务成本，进而估计期末存货价值，或根据毛利率和期末存货售价估计期末存货成本，进而估计销售商品成本的一种计价方法。一般先按上期毛利率估计本期销售成本，然后再估计期末存货价值。其计算公式如下：

本期销售成本＝期初存货成本＋本期购货成本－期末存货成本

本期销售毛利＝本期销货净额－本期销货成本

毛利率＝销货毛利÷销货净额×100%

销货成本＝销货净额×(1－毛利率)

销货净额＝销售收入－销售退回与折让

期末存货成本＝期初存货成本＋本期购货成本－[本期销货收入×(1－毛利率)]

只要知道了销货毛利率，就可以根据有关资料计算出期末存货的价值。在确定毛利率时，一般按商品类别确定。

【例 4-25】 某商场对库存商品采用毛利率法计价核算。月初针织品存货余额为 158 000 元，本月购货 802 000 元，本月销货 880 000 元，销售退回与折让合计 8 000元，上季度该类商品实际毛利率为 25%。该商场计算本月份已销商品和期末库存商品成本的过程如下：

本月销售净额＝880 000－8 000＝872 000(元)

销售毛利＝872 000×25%＝218 000(元)

销售成本＝872 000－218 000＝654 000(元)

月末库存商品成本＝158 000＋802 000－654 000＝306 000(元)

2. 零售价格法

零售价格法的特点是根据零售价格计算的可供销售的商品总额减去已经销售的商品销售额,即为按零售价格计算的期末存货额,然后按商品成本同零售价的比率,计算存货价值。采用零售价法估算存货成本的基本程序如下:

(1) 计算本期可供销售的存货成本占零售价的比率。本期可供销售的存货成本占零售价的比率,是根据期初结存存货的成本及零售价和本期购入存货的成本及零售价计算确定的。其计算公式如下:

$$\text{成本占零售价的比率} = \left(\text{期初存货成本} + \text{本期购货成本}\right) \div \left(\text{期初存货售价} + \text{本期购货售价}\right) \times 100\%$$

(2) 计算期末存货的售价金额。其计算公式如下:

期末存货售价金额 = 本期可供销售存货的售价总额 — 本期已销存货的售价总额

(3) 计算期末存货成本。其计算公式如下:

期末存货成本 = 期末存货售价总额 × 成本占零售价的比率

(4) 计算本期销售成本。其计算公式如下:

本期销售成本 = 期初存货成本 + 本期购货成本 — 期末存货成本

【例4-26】 某零售商店某月初的存货成本为60 000元,售价金额为70 000元,本月购货成本为174 000元,售价金额为222 500元,本期销售收入为191 500元。要求根据零售价格法,计算有关数据。

成本占零售价的比率 = (60 000 + 174 000) ÷ (70 000 + 222 500) × 100% = 80%

期末存货售价金额 = 70 000 + 222 500 — 191 500 = 101 000(元)

期末存货成本 = 101 000 × 80% = 80 800(元)

本期销售成本 = (60 000 + 174 000) — 80 800 = 234 000 — 80 800 = 153 200(元)

后进先出法是存货发出计价理论中一种重要的方法,其基本思路与先进先出法相反,其假定后购进的存货先发出,故存货的价值流转与实物流转方向不同。在通货膨胀时期,采用后进先出法能够更好地反映已消耗的存货的弥补情况,并使企业取得推迟交纳所得税的优惠。如果企业不适当地运用此方法,则会导致盈余被操纵,使投资者不能得到准确的信息,并给国家带来损失。在新公布的国际会计准则中该方法被取消,我国2006年的新会计准则体系中也不再允许企业选择此方法。

第四节　存货的期末计量

企业在会计期间结束的时候,应当根据存货的市场状况来对存货的价值重新进行判断,以便在资产负债表上更加合理地反映存货的价值。我国准则规定期末要按照成本与可变现净值孰低法计量。

一、成本与可变现净值孰低法

成本与可变现净值孰低法就是指按照存货的成本和可变现净值两者间较低的那个来进行期末存货计量的方法。其基本思想是:当存货的可变现净值低于存货的成本时,按照存货的可变现净值来对存货进行计价;而当存货的成本低于其可变现净值时,则仍然按照存货的成本对存货进行计价。

存货的成本指存货的实际成本,比较容易确定。在采用实际成本法进行核算时,其成本是根据企业确定的先进先出、个别计价等方法而计算出来的期末存货成本;计划成本法下的成本则是指进行差异调整后的实际成本。

存货的可变现净值是指在日常活动中,存货的估计售价减去估计将要发生的成本、估计的销售费用以及相关税费后的金额。由于存货在通过销售获取收入的过程中还会发生一些销售费用和相关税费,甚至为了达到预定可销售状态,还会发生进一步的加工成本,这些项目都构成了销售收入的抵减项目。这些项目抵减之后,才能确定存货的可变现净值。因此可变现净值的特征表现为存货的预计未来净现金流量,而不是存货的售价或合同价。

采用成本与可变现净值孰低法对期末存货进行计量,反映了会计原则中谨慎性原则的要求,在存货的可变现净值低于成本时,用可变现净值在资产负债表上反映,能够稳健地表达出企业真正拥有的存货价值,不至于因为采用账面价值而高估存货这项资产的金额;但当存货的可变现净值高于成本时,仍然用成本反映,而并不反映出这笔尚未实现的增值。

二、成本与可变现净值孰低法的账务处理

采用差别与可变现净值孰低法的关键是确定可变现净值,因为成本的确定比较简单,直接根据账面资料即可得到。但可变现净值需要根据市场信息才能确定,一旦确定了可变现净值,两者进行比较就能够确定期末存货的计价。

（一）确定存货可变现净值应当考虑的因素

1. 首先要考虑存货的持有目的

持有存货的目的不同,确定其可变现净值时的方法也不同。一般来说,持有存

货的目的主要有两个：一是用于出售，二是用于继续加工或耗用。用于出售的产成品、商品和原材料等，在正常生产经营过程中，应当以该存货的估计售价减去估计的销售费用和相关税费后的金额，作为其可变现净值加以确认；需要继续加工的材料存货，在正常生产经营过程中，应当以所生产产品的最终估计售价减去至完工估计将要发生的成本、估计的销售费用和相关税费后的金额，确定其可变现净值。

2. 必须要有确凿的证据才能用来确定存货的可变现净值

由于存货的可变现净值的确定会影响到报表上资产项目的反映，但其受到市场的影响，而市场价格又是处在变动之中的，如果缺乏充分的证据就会降低该项目金额的可信度，因此只有在证据确凿的时候才能使用。如产品或商品的市场销售价格、与企业产品或商品相同或类似商品的市场销售价格、销售方提供的有关资料和市场成本资料等。

3. 还应当考虑资产负债表日后事项的影响

存货的可变现净值，不仅要受到报表日已经存在的事项的影响，而且也要受到未来相关事项的影响，这些未来事项应该能够确定报表日存货的存在状况。例如，某种商品的市场价格是 30 000 元，但由于可靠资料显示，次年的关税将大幅度下调，受此影响，该商品的市场价格将会下跌，预计到下年度的第一季度结束时，其市场价格可能会跌至 20 000 元以下。企业在编制本年度的资产负债表时，就要考虑这一因素对该商品可变现净值的影响。

（二）存货估计售价的确定

无论是何种目的持有的存货，在确定其可变现净值时都需要先确定其最终售价以及至完工将要发生的成本、估计销售费用和相关税费等，而存货售价的估计，一般要以资产负债日为基准；如果当月存货价格变动较大，就应当以当月该存货的平均销售价格或最近几次销售价格的平均数，作为估计售价的基础。如果该存货同时还拥有约定销售的合同，其售价还会受到以下原则的影响：① 为执行销售合同或劳务合同而持有的存货，一般以最终产品的合同价格作为确定其可变现净值的计量基础。② 如果企业持有存货数超出合同订购数，则超出部分存货的可变现净值应当以最终产品的一般销售价格作为计量基础。③ 没有销售合同或劳务合同约定的存货，可变现净值应当以商品的一般销售价格或原材料的市场价格作为计量基础。

当同一项存货中一部分有合同约定、其余部分不存在合同价格的，应当分别确定其可变现净值，并分别与其对应的成本进行比较，分别确定存货跌价准备的计提或转回的金额。

【例 4-27】 金欣股份有限公司拥有的 A 型号的机器（用于出售的产品）账面价值（成本）为 2 160 000 元，数量为 12 台，单位成本为 180 000 元/台。到年底时，

A型号机器的市场销售价格为200 000元/台。金欣股份有限公司没有签订有关A型号机器的销售合同。

在此情况下,由于金欣股份有限公司没有就A型号机器签订销售合同,因此计算确定A型号机器的可变现净值应以其一般销售价格总额2 400 000元(200 000×12)作为计量基础。

【例4-28】 20×9年,金欣股份有限公司根据市场需求的变化,决定停止生产B型号机器。为减少不必要的损失,该公司决定将原材料中专门用于生产B型号机器的外购原材料——钢材全部出售。20×9年12月31日,其账面价值(成本)为900 000元,数量为10吨。根据市场调查,此种钢材的市场销售价格为60 000元/吨,同时销售这10吨钢材可能发生销售费用及税金5 000元。

此时,由于企业已经决定不再生产B型号机器,因此该批钢材的可变现净值不能再以B型号机器的销售价格作为计量基础,而应按钢材的市场销售价格作为计量基础。因此该批钢材的可变现净值应为595 000元(60 000×10−5 000)。

【例4-29】 20×9年12月31日,金欣股份有限公司库存原材料——甲材料的账面价值为1 500 000元,市场购买价格总额为1 400 000元,假设不发生其他购买费用,用甲材料生产的产成品——B型号机器的可变现净值高于成本。要求确定20×9年12月31日甲材料的价值。

在本例中,虽然甲材料的账面价值(成本)高于其市场价格,但是由于其生产的产成品——B型号机器的可变现净值高于其成本,即用该原材料生产的最终产品此时并没有发生价值减损。因而,在此情况下,甲材料即使其账面价值(成本)已高于市场价格,也不应计提存货跌价准备,而是应按照其账面价值(成本)1 500 000元列示在该公司20×9年12月31日资产负债表的存货项目之中。

【例4-30】 20×9年12月31日,金欣股份有限公司库存原材料——丙材料账面价值(成本)为600 000元,市场的购买价格总额为550 000元,假设不发生其他购买费用。由于丙材料的市场销售价格下降,用丙材料生产的D型号机器的市场销售价格总额由1 500 000元下降为1 350 000元,但其生产成本仍为1 400 000元,将丙材料加工成D型号机器尚需投入800 000元,估计销售费用及税金为50 000元。要求确定20×9年12月31日丙材料的价值。

本例中,使用原材料所生产出来的最终产品价格也下降了,所以其与前面例子的处理不同,可使用以下步骤确定:

第一步:计算用该原材料所生产的产成品的可变现净值。

$$\text{D型号机器的可变现净值} = \text{D型号机器估计售价} - \text{估计销售费用及税金} = 1\,350\,000 - 50\,000 = 1\,300\,000(元)$$

第二步:将用该原材料所生产的产成品的可变现净值与其成本进行比较。

D型号机器的可变现价值1 300 000元小于其成本1 400 000元,即丙材料的价格的下降和D型号机器销售价格的下降表明D型号机器的可变现净值低于其成本,因此,丙材料应当按照可变现净值计量。

第三步:计算该原材料的可变现净值,并确定其期末价值。

$$\begin{matrix}丙\ 材\ 料\ 的\\可变现净值\end{matrix} = \begin{matrix}D型号机器\\的估计售价\end{matrix} - \begin{matrix}将丙材料加工成D型号\\机器尚需投入的成本\end{matrix} - \begin{matrix}估\ 计\ 销\ 售\\费用及税金\end{matrix}$$

$$1\ 350\ 000 - 800\ 000 - 50\ 000 = 500\ 000(元)$$

丙材料的可变现净值500 000元小于其成本600 000元,因此,丙材料的期末价值应为其可变现净值500 000元,即丙材料应按500 000元列示在20×9年12月31日资产负债表的存货项目之中。

【例4-31】 20×9年2月10日,金欣股份有限公司与紫金公司签订了一份不可撤销的销售合同。双方约定,20×9年8月10日,金欣股份有限公司向紫金公司提供A型号机器10台,价格为200 000元/台。20×9年6月30日,金欣股份有限公司A型号机器的账面价值(成本)为1 360 000元,数量为8台,单位成本为170 000元/台。20×9年6月30日,A型号机器的的市场售价为190 000元/台。

此时,双方签有销售合同,该批A型号机器的销售价格已经由销售合同约定,并且其库存数量小于合同定购的数量,故此时计算期末存货可以以销售合同约定的价格1 600 000元(200 000×8)作为计量基础。

【例4-32】 20×9年5月10日,金欣股份有限公司与中山公司签订了一份不可撤销的销售合同。双方约定,20×9年9月10日,金欣股份有限公司向紫金公司提供B型号机器10台,价格为180 000元/台。20×9年6月30日,金欣股份有限公司B型号机器的账面价值(成本)为1 920 000元,数量为12台,单位成本为160 000元/台。20×9年6月30日,B型号机器的市场销售价格为200 000元/台。

此例与上例相似,差别在于金欣股份有限公司拥有的产品数量高于销售合同约定的数量。此时,对于销售合同约定数量内的B型号机器的可变现净值应以销售合同约定的价格总额1 800 000元作为计量基础;而对于多出来的2台B型号机器,其可变现净值应以一般销售价格总额400 000元作为计量基础。

(三)存货跌价准备的计提方法

在采用成本与可变现净值孰低法的情况下,可变现净值会低于成本,存货需要用可变现净值计价,其低于成本的部分要通过计提存货跌价准备来反映。计提跌价准备之前要做的一项重要工作是判断存货是否减值,出现如下情况时,表明存货的可变现净值低于成本:① 该存货的市场价格持续下跌,并且在可预见的将来无回升的希望。② 企业使用该项原材料生产的产品成本高于产品的销售价格。③ 企业因产品更新换代,原有库存材料已经不能适应新产品的需要,而该原材料的市场价格又低于其账面成本。④ 因企业所提供的商品或劳务过时或消费者偏好改变而使市场的需求发生变化,导致市场价格逐渐下跌。⑤ 其他足以证明该项实质上已经发生减值的情形。

企业通常需要通过设置"存货跌价准备"账户来记录和反映存货跌价的情况。本账户可按存货项目或类别进行明细核算。在资产负债表日,存货发生减值的,按存货可变现净值低于成本的差额,借记"资产减值损失"账户,贷记"存货跌价准备"账户。已计提跌价准备的存货价值以后又得以恢复,应在原已计提的存货跌价准备金额内,按恢复增加的金额,借记"存货跌价准备"账户,贷记"资产减值损失"账户。发出存货结转存货跌价准备的,借记"存货跌价准备"账户,贷记"主营业务成本"、"生产成本"等账户。企业(建造承包商)建造合同执行中预计总成本超过合同总收入的,应按其差额,借记"资产减值损失"账户,贷记"存货跌价准备"账户。合同完工时,借记"存货跌价准备"账户,贷记"主营业务成本"账户。该账户的期末余额在贷方,反映企业已计提但尚未转销的存货跌价准备。

企业通常应当按照单个存货项目计提存货减值准备,即应当将每一存货项目的成本与可变现净值分别进行比较,按照每一存货项目可变现净值低于成本的差额作为计提各该项存货减值准备的依据。某些特殊情况下也可以合并计提存货跌价准备,比如与同一地区生产和销售的产品系列相关、具有相同或类似用途或目的,且难以与其他项目分开来计量的存货,可以按产品系列合并计提存货跌价准备;数量繁多、单价较低的存货,可以按照存货类别计提跌价准备。

资产负债表日,企业计提存货跌价准备时,首先应当确定存货的减值金额,即本期存货可变现净值低于成本的差额,然后将本期存货的减值金额与"存货跌价准备"账户原有的余额进行比较,按下列公式计算确定本期应计提的存货跌价准备金额:

$$\text{某期应计提的存货跌价准备} = \text{当期可变现净值低于成本的差额} - \text{"存货跌价准备"账户原有余额}$$

根据该公式,如果计提存货跌价准备前,"存货跌价准备"账户无余额,应按存货可变现净值低于成本的差额计提存货跌价准备,借记"资产减值损失"账户,贷记"存货跌价准备"账户;如果本期存货可变现净值低于成本的差额大于"存货跌价准备"账户原有贷方余额,应按两者之差补提存货跌价准备,借记"资产减值损失"账户,贷记"存货跌价准备"账户;如果本期存货可变现净值低于成本的差额等于"存货跌价准备"账户原有贷方余额,则不需要计提存货跌价准备;如果本期存货可变现净值低于成本的差额小于"存货跌价准备"账户原有贷方余额,表明以前计提了减值准备的存货价值又得以部分恢复,因此应当相应地恢复存货账面价值,即借记"存货跌价准备"账户,贷记"资产减值损失"账户。如果本期存货可变现净值高于成本,且"存货跌价准备"账户以前有余额,表明以前已经计提了减值准备的存货价值又得以恢复,则应当按照其原来的成本恢复存货账面价值,即将已经计提的存货跌价准备全部转回,借记"存货跌价准备"账户,贷记"资产减值损失"账户。

【例 4-33】 金欣股份有限公司20×9年12月31日,A、B两种存货的成本分别为30万元、21万元,可变现净值分别为28万元、25万元。

对于A存货,其成本30万元高于可变现净值28万元,应计提存货跌价准备2万元(30−28)。

对于B存货,其成本21万元低于可变现净值25万元,不需计提存货跌价准备。因此。对两种存货计提的跌价准备共计为2万元,当日资产负债表中列示的存货金额为49万元(28+21)。

【例 4-34】 金欣股份有限公司采用成本与可变现净值孰低法对C存货进行期末计价。20×9年年末,C存货的账面成本为100 000元,由于本年以来C存货的市场价格持续下跌,并在可预见的将来无回升的希望。根据资产负债表日状况确定的C存货的可变现净值为95 000元,"存货跌价准备"账户余额为零,应计提的存货跌价准备为5 000元(100 000−95 000)。相关账务处理如下:

  借:资产减值损失   5 000
    贷:存货跌价准备   5 000

如果20×0年年末,C存货的种类和数量、账面成本及已计提的存货跌价准备均未发生变化,其可变现净值为97 000元,计算出应计提的存货跌价准备为3 000元(100 000−97 000)。由于C存货已计提存货跌价准备5 000元,因此,应冲减已计提的存货跌价准备2 000元(5 000−3 000)。相关账务处理如下:

  借:存货跌价准备   2 000
    贷:资产减值损失   2 000

【例 4-35】 仍用上例,假设进入20×1年,C存货的种类和数量、账面成本及已计提的存货跌价准备均未发生变化,但是,该年度C存货的市场价格持续上升,市场前景明显好转,至年末时根据当时状态确定的C存货的可变现净值为110 000元。根据以上资料,可以判断以前造成减计存货价值的影响因素已经消失,减计的金额应当在原已计提的存货跌价准备金额3 000元(5 000−2 000)内予以恢复。相关账务处理如下:

  借:存货跌价准备   3 000
    贷:资产减值损失   3 000

（四）存货跌价准备的结转

已经计提了跌价准备的存货，在生产经营领用、销售或其他原因转出时，应当根据不同情况，对已经计提的存货跌价准备进行适当的会计处理。

（1）生产经营领用的存货，领用时一般可不结转相应的存货跌价准备，待期末计提存货跌价准备时一并调整。如果需要同时结转已计提的存货跌价准备，应借记"存货跌价准备"账户，贷记"生产成本"账户。

（2）用于销售以及债务重组等目的的存货，在结转销售成本的同时，应结转相应的存货跌价准备，借记"存货跌价准备"账户，贷记"主营业务成本"、"其他业务成本"等账户。

（3）可变现净值为零的存货，应当将其账面余额全部转销，同时转销相应的存货跌价准备。一般而言，确定存货的可变现净值为零，需要符合以下条件之一：① 存货已经霉烂或变质。② 存货已过期并且无转让价值。③ 存货不再适应生产需要，并且已无使用价值和转让价值。④ 其他足以证明已无使用价值和转让价值的存货。

（4）企业将存货用于非货币性资产交换和企业合并支付的对价时，也要对相应的存货跌价准备进行处理，具体做法参见本教材非货币性资产交换等章节。

如果存货跌价准备是按类别计提的，在销售以及债务重组、非货币性资产交换等转出存货时，应按比例同时结转相应的存货跌价准备。

【例 4-36】 20×9 年，金欣股份有限公司库存 A 机器 5 台，每台成本为 5 000 元，已经计提的存货跌价准备为 6 000 元。2008 年，金欣股份有限公司将库存的 5 台机器全部以每台 6 000 元的价格售出。假定不考虑可能发生的销售费用及税金的影响，金欣股份有限公司应将这 5 台机器已经计提的跌价准备在结转其销售成本的同时，全部予以结转。

相关账务处理如下：

借：主营业务成本　　　　　　　　　　　　　　　　　　　　　19 000
　　存货跌价准备　　　　　　　　　　　　　　　　　　　　　　6 000
　　贷：库存商品——A 机器　　　　　　　　　　　　　　　　　25 000

【问题与思考 4-4】

H 公司是一家上市公司，注册会计师在进行年度财务报表审计时了解到该公司对存货的期末计价采用成本与可变现净值孰低法。20×7 年，H 公司经年末盘点，认定有关存货及其会计处理的信息资料如下：

（1）库存商品 A：账面余额 10 万元，已提取跌价准备 5 000 元，该商品市价持续下跌，并且在可预见的未来无回升的希望。H 公司对该商品作全额补提跌价准备。

(2) 库存商品 B：账面余额 6 万元，无跌价准备，该商品不再为消费者所偏爱，从目前情况分析，其市价将会持续下跌。H 公司全额提取跌价准备。

(3) 库存商品 C：账面余额 20 万元，已提取跌价准备 2 万元，由于该类商品的更新换代，该商品已经落伍，目前已经形成滞销。H 公司对该商品作全额补提跌价准备。

(4) 库存商品 D：账面余额 50 万元，无跌价准备，目前该商品供销两旺，未发现减值情况。H 公司对该商品按 10%提取跌价准备 5 万元。

(5) 库存商品 E：账面余额 20 万元，无跌价准备，该商品市价持续下跌，并且在可预见的未来无回升的希望。H 公司对该商品未计提跌价准备。

(6) 库存原材料 F：账面余额 15 万元，无跌价准备，现有条件下使用该原材料生产的产品成本大于产品的销售价格。H 公司对该原材料未计提跌价准备。

请问：H 公司的存货业务处理恰当吗？

第五节　存货清查

由于存货是企业资产的重要组成部分，每个会计期间结束时，企业都需要取得存货的准确信息，以能够在资产负债表上正确反映存货的资料。又由于存货处于不断销售或耗用之中，有较强的流动性，为了加强对存货的控制，维护存货的安全完整，企业需要定期或不定期地对存货实物进行盘点和抽查，以确定存货的实有数量，并与存货的账面记录进行核对，确保存货账实相符。实务中企业至少每年要在编制年度财务会计报告之前，对存货进行一次全面的清查盘点。

一、盘点的基本工作

对存货进行盘点核对时，一般采用实地盘点、账实核对的方法。盘点之前要将已经收发的存货数量全部登记入账，并准备盘点清册，抄列各种存货的编号、名称、规格和存放地点。

盘点时实物保管人必须在场，以明确责任。各种不同类型的存货，需要用到不同的盘点方法，比如可以采用点数或量尺、过秤等方法，并且需要在盘点清册上逐一登记各种存货的账面数量和实存数量，并进行核对。对于账实不符的存货，应查明原因，分清责任，并根据清查结果编制"存货盘存报告单"，作为存货清查的原始凭证。

盘点过程中，如果发现存货有盘盈或者盘亏，应当在期末前查明原因，然后根据企业的管理权限，报经股东大会或董事会等机构批准后，及时进行处理。

二、存货盘盈盘亏的账务处理

（一）盘盈的处理

盘盈是指存货盘点的实际结存数量与账面结存数量相比较，前者超出后者的情况。存货发生盘盈时，应当将账面结存数量进行调整，使之与实际结存数相一致。一般要先按照同类或类似存货的市场价格作为实际成本先登记入账，同时设置账户"待处理财产损溢"作为其对应账户；等到查明原因，报经批准后，冲减当期管理费用。

【例 4-37】 金欣股份有限公司年终进行财产清查时，发现盘盈甲材料 500 千克，账面上同种规格质量的甲材料的实际成本为 3 000 元。经查明，上述盘盈是平时收发计量差错所致，已获得有关部门批准处理。相关账务处理如下：

盘盈时：

借：原材料——甲材料　　　　　　　　　　　　　　　　　　3 000
　　贷：待处理财产损溢　　　　　　　　　　　　　　　　　　　3 000

经批准后：

借：待处理财产损溢　　　　　　　　　　　　　　　　　　　　3 000
　　贷：管理费用　　　　　　　　　　　　　　　　　　　　　　3 000

（二）盘亏的处理

盘亏是指存货盘点的实际数量与账面结存数量相比较，前者数量低于后者的情况。存货发生盘亏时的处理与盘盈时的处理相似，都需要先将账面结存数量进行调整，使之与实际结存数相一致；等到查明盘亏的原因之后，再按照规定进行处理。盘亏的原因很多，如自然损耗、收发计量差错、自然灾害等。不同原因造成的盘亏，其处理有所不同：

(1) 自然损耗造成的定额以内的损耗，计入管理费用。

(2) 由于计量差错或管理不善造成的存货短缺或毁损，应先扣除残料价值、可以收回的保险赔偿及过失人的赔偿，其余计入管理费用。

(3) 自然灾害或意外事故造成的存货毁损，应先扣除残料价值、可以收回的保险赔偿及过失人的赔偿，其余计入营业外支出。

【例 4-38】 金欣股份有限公司年终进行财产清查时，发现盘亏乙材料 20 千克，单位实际成本 300 元，共 6 000 元，经查属于定额内合理损耗。相关账务处理如下：

盘亏时：

```
借：待处理财产损溢                            6 000
    贷：原材料                                      6 000
经批准后：
借：管理费用                                  6 000
    贷：待处理财产损溢                             6 000
```

本 章 小 结

本章阐述了存货的相关业务。主要包括：对存货的概念特征、确认条件等基本内容的概述；在不同的方式下取得存货的账务处理，如在不同的外购方式（如存货入库与货款结算时间一致或不一致、预付货款或赊购）、自制方式、委托加工方式、投资者投入方式、接受捐赠取得方式下的账务处理；在发出存货时所采用的不同计价方法及发出不同存货时的会计处理差异；存货的日常核算所采用的方法，如实际成本法和计划成本法；存货期末时的计价问题，尤其是存货发生减值时的处理；存货的期末清查、发生盘盈盘亏时的账务处理等。

复 习 思 考 题

1. 存货的确认需要哪些条件？
2. 发出存货计价方法对企业的财务状况和经营成果有什么影响？
3. 计划成本法下材料成本差异应当怎样处理？
4. 什么是存货的可变现净值？怎样确定存货的可变现净值？
5. 怎样确定本期应计提的存货跌价准备金额？
6. 存货发生盘盈和盘亏时应当怎样处理？

案 例 讨 论 题

【案例讨论一】

C公司过去一直采用后进先出法对发出存货予以计价，而且该公司的会计师每年都提醒公司管理当局应采用后进先出法对存货计价，以减少所得税费用。本年度因为存货供应商所在地发生地震毁坏了交通设施，无法及时供货，存货价格上升较快，而且导致原库存的存货几乎全部耗尽。公司的会计师着急地告诉公司总经理，本年度的计税利润大大高于预期数。总经理听到此消息，感到非常困惑。因为一般的教科书上明确指出,在物价上升时采用后进先出法可使应税利润最小,本年公司所耗用的存货价格一直呈上涨趋势,而应税利润则偏高,这究竟是怎么回事呢?请你给总经理解释一下。

【案例讨论二】

某工业企业2003年12月31日以前采用先进先出法计算发出存货成本,2004年1月1日以后改为后进先出法。2004年1月1日存货的账面价值为14 000元,结存数量为4 000吨,1月份有关存货的购入与发出情况如下:3日购入1 000吨存货,每吨单价4元,20日购入存货1 000吨,每吨单价4.3元;5日发出存货1 500吨,22日发出存货800吨,25日发出存货1 000吨。采用后进先出法后,1月份发出存货的总成本为12 850元(1 000×4.3+500×4+500×4+300×3.5+1 000×3.5),月末结存存货的账面金额为9 450元(14 000+1 000×4+1 000×4.3-12 850)。

请问:该企业为什么要改变发出存货的计价方法?其产生的影响有哪些?

同步测试题

一、单项选择题

1. 企业的下列材料物资中,不属于存货的是( )。
    A. 工程物资　　　　　　　　B. 委托加工物资
    C. 周转材料　　　　　　　　D. 在途物资
2. 企业外购材料时取得的现金折扣,应当计入( )。
    A. 财务费用　　　　　　　　B. 管理费用
    C. 材料成本　　　　　　　　D. 资产减值损失
3. 随同商品出售但不单独计价的包装物,其成本应计入( )。
    A. 制造费用　　　　　　　　B. 销售费用
    C. 其他业务成本　　　　　　D. 营业外支出
4. 企业摊销的出租周转材料成本,应当计入( )。
    A. 销售费用　　　　　　　　B. 其他业务成本
    C. 管理费用　　　　　　　　D. 营业外支出
5. 企业的存货若已经计提了跌价准备,则存货的账面价值是指( )。
    A. 账面成本
    B. 公允价值
    C. 现行市价
    D. 账面成本减去已计提的减值准备

二、多项选择题

1. "材料成本差异"账户贷方可以用来登记(　　)。
   A. 购进材料实际成本小于计划成本的差异
   B. 发出材料应负担的超支差异
   C. 发出材料应负担的节约差异
   D. 调整库存材料计划成本时,增加的计划成本

2. 下列业务足以引起期末存货账面价值发生增减变动的是(　　)。
   A. 已发出商品但尚未确认销售收入
   B. 已确认销售收入但尚未发出的商品
   C. 计提存货跌价准备
   D. 已收到发票账单并支付货款但尚未收到材料

3. 企业计提存货跌价准备时,以下计提方式中允许采用的是(　　)。
   A. 按照存货单个项目计提
   B. 数量繁多单价较低的存货可以按照类别计提
   C. 按照存货总体计提
   D. 按照存货的类别计提

4. 根据现行企业会计准则的规定,发出存货的计价应当采用(　　)。
   A. 个别计价法　　　　　　B. 先进先出法
   C. 加权平均法　　　　　　D. 后进先出法

5. 企业发出的下列存货中,应同时结转存货跌价准备的是(　　)。
   A. 生产部门领用的存货　　B. 管理部门领用的存货
   C. 销售的存货　　　　　　D. 投资转出的存货

三、判断题

1. 需要交纳消费税的委托加工存货,由受托加工方代收代交的消费税,应当计入委托加工存货成本。(　　)
2. 企业没收的出借周转材料押金,应作为营业外收入入账。(　　)
3. 存货的日常核算和期末报表编制时涉及存货项目的计算都可以采用计划成本法。(　　)
4. 企业因收发计量差错造成的存货盘亏,应当计入产品的生产成本。(　　)
5. 企业发现存货盘盈时,应同时记录增加相应的增值税进项税额。(　　)

四、核算题

1. 资料:某工业企业2003年12月31日以前对发出存货采用加权平均法计算发出成本,2004年1月1日以后改为后进先出法。2004年1月1日存货的账面价

值为14 000元,结存数量为4 000吨,1月份有关存货的购入与发出情况如下:3日购入1 000吨存货,每吨单价4元;20日购入存货1 000吨,每吨单价4.3元;5日发出存货1 500吨;22日发出800吨;25日发出1 000吨。

要求:

(1) 计算该企业1月份发出存货的总成本以及月末结存存货的账面金额。

(2) 分析计算该企业因改变存货计价方法而产生的影响。

2. 资料:A企业为增值税一般纳税人,增值税税率为17%。2005年5月初结存原材料计划成本为249 050元,材料成本差异额为1 000元(贷方),5月份发生下列经济业务:

(1) 购入原材料一批,实际买价为30 400元,货款已通过银行支付,材料验收入库。该批材料计划成本为31 000元。

(2) 购入原材料一批,实际买价为40 350元,货款未付,材料已验收入库,计划成本为38 950元。

(3) 本月生产车间生产领用材料10 000元,车间一般耗用7 500元,委托加工材料发出1 500元。

要求:

(1) 根据上述资料作出相关账务处理。

(2) 计算材料成本差异率和发出材料的实际成本,并作账务处理。

3. 资料:Y工业企业为增值税一般纳税人,增值税税率为17%(假设不考虑其他税费),材料按计划成本核算。材料按类别计算成本差异,甲类材料包括A、B两种,A材料计划单位成本为每千克100元,B材料计划单位成本为每千克85元。按每笔业务结转入库材料的计划成本,入库材料的成本差异于月末一次结转。发出材料按每笔业务结转材料的计划成本及应负担的材料成本差异。该企业甲类材料的月初余额为350 000元,甲类材料的材料成本差异额月初为6 024元。该企业本月发生如下业务:

(1) 8日,从外地采购A材料16 000千克,增值税专用发票上注明的材料价款为1 690 000元,销货方代垫运杂费2 000元,材料尚未运到。根据货款、增值税额及代垫运杂费的金额,签发为期3个月的商业承兑汇票1张。(假定运输费按10%抵扣)

(2) 16日,本月8日从外地购入的A材料已运到,验收时实际数量为15 920千克,经查实短缺的80千克材料为定额内自然损耗。

(3) 18日,从本市购入B材料8 080千克,增值税专用发票上注明的材料价款为646 400元,企业已用银行存款支付材料价款及增值税,材料已验收入库。

(4) 20日,从外地购入B材料2 500千克,增值税专用发票上注明的材料价款为220 000元,材料尚未运到,货款及增值税已通过银行汇出。

(5) 25日,企业从外地购入A材料500千克,材料已验收入库,但发票等单据尚未收到,货款未付。

(6) 31日,本月25日购入并已验收入库的材料,发票等仍未收到。

(7) 结转本月收入材料的材料成本差异。

(8) 本月份基本生产车间生产产品耗用A材料14 000千克,一般车间耗用B材料200千克,管理部门耗用B材料800千克。

(9) 本月在建工程领用B材料2 000千克,应由在建工程负担的增值税,按材料实际成本和规定的增值税税率17%计算。

(10) 本月份销售A材料3 000千克,每千克售价120元(不含应向购买者收取的增值税),销售价款及增值税已收到并存入银行。

(11) 本月份用A材料2 000千克向万达公司投资,双方协商投资额按材料的实际成本作价。计税价格为材料的实际成本,增值税税率为17%。

要求:

(1) 根据资料计算甲类材料本月材料成本差异率。

(2) 根据资料编制有关的会计分录。

(3) 计算甲类材料月末库存材料的实际成本。

4. 资料:某工业企业有甲、乙两类存货,期末存货有关资料如表4-2所示。

表4-2　　　　　　　　　　甲、乙存货期末资料

项　目	数量(千克)	成本单价(元)	单位可变现净值(元)
甲类:			
A	30	80	75
B	20	150	155
乙类:			
C	60	100	102
D	50	180	175

要求:

(1) 根据上述资料分别采用单项比较法和分类比较法对期末存货进行计价。

(2) 计提存货跌价准备,作出单项比较下的账务处理。

5. 资料:丙公司从2002年起试生产Y产品,对生产Y产品所需的A材料的成本采用后进先出法计价。A材料2003年年初无余额,2003年1~3月份分别购入A材料500千克、300千克、200千克,单位成本分别为1 200元、1 400元、1 500

元。第二季度开始生产 Y 产品,共领用 A 材料 600 千克,发生人工及制造费用 260 000 元。因同类产品已先占领市场,且技术性能更优,丙公司生产的 Y 产品有 60%未能出售。丙公司于 2003 年年底预计剩余 Y 产品的全部售价为 500 000 元(不含增值税),预计销售所发生的税费为 40 000 元,剩余 A 材料的可变现净值为 430 000 元。

要求:
(1) 计算 2003 年年末库存 Y 产品的账面价值。
(2) 计算 2003 年年末库存 A 材料的账面价值。
(3) 计算 2003 年年末应计提的存货跌价准备。
(4) 假设 2004 年丙公司销售了上述 Y 产品的 50%,共收到货款 241 000 元,增值税额 40 970 元,款项已收存银行。作出相关账务处理。

6. 资料:2 月 1 日,某企业加工车间领用 B 种专用工具 100 件,每件计划成本 10 元。该企业低值易耗品的价值损耗采用"五五摊销法"进行摊销。3 月 31 日,该企业加工车间 B 种专用工具报废 40 件,每件残值 1 元,入原材料库。该企业 2 月份、3 月份材料成本差异率——低值易耗品差异率均为 2%。

要求:根据上述资料,作出相关账务处理。

【延伸阅读】

存货管理

存货在流动资产中金额比重最大,存货管理效率的高低,直接反映并决定着企业收益、风险、流动性的综合水平,在整个投资决策中居于举足轻重的地位。关于存货管理,主要包括如下方面。

(一) 优化存货功能与成本组合,合理经济地购入原料

原材料购入是存货管理的第一步。企业持有充足的存货,有利于生产的正常进行,节约采购费用,而且能够迅速地满足订单的需要,避免因存货不足所带来的机会损失。然而,存货较多必然要占用更多资金,而且存货的储存与管理费用也会增大,导致企业存货持有成本上升,影响到企业的获利能力。因此,如何在存货的功能(收益)与成本两者之间权衡利弊,在充分发挥存货功能的同时降低成本、增加收益,实现两者的最佳组合,成为存货管理的基本目标。

在企业生产经营过程中,存货的功能主要表现为:
(1) 防止停工待料,维持生产的连续性和均衡性。
(2) 应付市场变化,把握盈利机会。
(3) 利用商业折扣,降低进货成本。

在企业会计核算中,存货的成本主要包括:

(1) 进货成本。它由进价成本和进货费用构成。在进货费用中有一部分与订货次数有关,如差旅费、邮资、电话电报费等费用与进货次数成正相关变动,这类变动性费用属于决策的相关成本。

(2) 储存成本。在储存成本中,存货资金的应计利息、存货残损、存货的保险费用等,属于决策的相关成本。

实现存货管理的基本目标,关键在于确定一个最佳的存货数量,对存货数量加以控制。企业在存货管理和控制中,可以运用一些已被实践证明了的有效的存货控制方法,如存货经济批量模型、存货储存期控制、存货 ABC 分类控制等。

(1) 存货经济批量模型。经济批量是指能够使一定时期存货总成本达到最低点的进货数量。通过上述对存货成本分析可知,决定经济进货批量的成本因素主要包括变动性进货费用和变动性储存成本。其计算公式如下:

$$\text{经济进货批量} = \sqrt{2 \times \frac{\text{某种存货年度}}{\text{计划进货总量}} \times \frac{\text{平均每次}}{\text{进货费用}} \div \frac{\text{单位存货年度}}{\text{单位储存成本}}}$$

(2) 存货储存期控制。企业储存存货会发生一部分与存货储存期的延长或缩短成正比例增减变动的费用,如存货资金占用费、存货仓储管理费、仓储损耗等。当存货毛利减去固定储存费减去销售税金及附加的余额被这些变动储存费抵销到恰好等于企业目标利润时,表明存货已经到了保利期。当它完全被变动储存费抵销时,便意味着存货已经到了保本期。倘若存货不能在保本期内售出的话,企业便会蒙受损失。存货保利储存天数的计算公式如下:

$$\text{存货保利储存天数} = \frac{\text{毛利} - \text{固定存储费} - \text{销售税金及附加} - \text{目标利润}}{\text{每日变动存储费}}$$

(3) 存货 ABC 分类控制。企业存货品种繁多,特别是一些大中型企业的存货往往多达上万种甚至数十万种。如对所有存货不分巨细地严加管理,不利于取得较好的管理效果。不同的存货对企业财务目标的实现具有不同的作用。ABC 分类控制,就是要将企业的存货划分为 A、B、C 三类,分别实行分品种重点管理、分类别一般控制和按总额灵活掌握的存货管理方法。分类以金额为基本标准,品种数量作为参考标准。三类存货的金额比重大致为 A:B:C=0.7:0.2:0.1,而品种数量比重大致为 A:B:C=0.1:0.2:0.7。按此分类,企业只要控制好 A 类存货,在存货管理上基本就不会出现较大的问题。

企业在材料商品的采购上,还可以广泛采用招标制、合同制形式,以稳定、优化物资供应渠道,降低材料购买成本。

（二）建立内部控制制度，保护存货的实际存在

按照建立现代企业制度的客观要求，企业必须建立健全管理存货业务的三个基本内部控制制度。

1. 职务分离制度

适当的职务分离是现代企业内部控制的重要方式之一。职务分离的核心是"内部牵制"。内部牵制要求企业对不相容职务，进行分离。所谓不相容职务，就是指某些职务由同一职员担任，可能出现舞弊行为，且该舞弊行为不易被发现。根据内部牵制的要求，存货管理业务应当明确的职责分工有：

（1）采购部门的人员应与验收、保管部门的人员适当分离。
（2）生产计划的编制者应同其复核和审批的人员适当分离。
（3）产成品的验收部门应当与产品制造部门相互独立。
（4）负责产成品储存保管职责的人不能同时负责产成品的会计记录。
（5）存货的盘点不能只有负责保管、使用或负责记账职能的职员来进行，而应由负责保管、使用、记账职能的职员以及独立于这些职能外的其他人员共同进行。

2. 存货的储存保管制度

企业的仓储保管部门负责存货的储存保管，存货的储存保管制度应包括：

（1）适当授权。存货的领用必须经过适当的授权，生产部门根据生产计划编制领料单，经授权人员签字，仓储保管部门检查手续齐备后，办理领用。对于一些机械修理用配件，可采用"以旧换新"的方式领用，以加强控制。据了解，现在不少企业比较重视材料的采购管理，而放松了材料的领用管理，造成了浪费，这应当引起管理者的注意。

（2）进入限制。企业仓库只有经授权的人才能进入，非工作人员或非经授权人员不得进入。

（3）存货登记。仓储保管人收到验收部门送交的存货和验收单后，应填制入库通知单，并据以登记存货实物收发明细账。入库通知单应事先连续编号，并由交接各方签字后留存。发出存货后，应根据领料单及时登记存货实物收发明细账，并填制一式多联的出库单及时送交会计部门。

（4）存货保管。存货应当分类编目地进行存放和管理。仓储部门应定期对存货进行检查，查看有无损坏、变质或长期不流动的情况，检查结果应予记录。如发现有些存货损坏、变质或长期不流动，应及时填制专门的报告单，说明数量、原因。损坏、变质的存货，经有权人员批准后，由仓储部门和会计部门分别调整实物数量和金额记录，以保账实相符。

（5）库存量管理。仓库应当建立最低库存量报警系统，及时请购日常生产经营所需的常规存货。

3. 存货盘存控制制度

有效的存货控制制度需要将永续盘存制和定期盘存制结合运用。企业对存货平时要保持良好的永续盘存记录,同时规定进行必要的定期和分批的实物盘点,以防止永续盘存制下账存数与实存数可能存在不相符的错误。企业对存货进行盘点,先要编制连续编号的盘点标签,停止存货流动,召开盘点预备会将盘点计划或指令贯彻到每一参与盘点的人员。第一轮盘点结束后,企业应根据实际情况组织独立小组进行复盘。

(三)公允地确定存货价值,准确核算销货成本

企业应尽可能地使存货的账面计价结果反映存货的实际价值,从而使销货成本的确定更为准确。存货的计价方法有很多种,如具体辨认法、平均成本法、先进先出法、后进先出法、成本与可变现净值孰低法等。企业通过存货的公允计价,可以准确结转销售成本,为编制可靠的、具有公信力的财务报表打下基础。

资料来源:王小波:《存货管理》,《企业管理》2007年第2期。

第五章 投 资

- 了解投资的性质、范围和分类
- 理解金融资产的性质、范围和分类
- 掌握金融资产的初始计量、后续计量及其减值的处理
- 知晓长期股权投资的成本法和权益法
- 熟练运用金融资产的初始计量、后续计量及其减值的处理方法

引 言

新欣公司为进行多种经营,以分散经营风险,决定对紫金公司进行股权投资。2006—2007年,新欣公司对紫金公司的股权投资业务如下:① 2006年1月5日,新欣公司从紫金公司的A股东处收购其持有的紫金公司的15%股份,股份转让价格为4 500万元,另外新欣公司以银行存款支付相关税费25万元。② 2006年11月28日,新欣公司从紫金公司的A股东处收购其持有的乙公司的20%股份,股份转让价格为6 500万元,新欣公司以一栋办公楼抵付股份转让价格,并以银行存款支付补价费500万元给紫金公司的B股东,该栋办公楼的账面原价7 500万元,累计折旧1 800万元,公允价值6 000万元。③ 2007年,新欣公司以银行存款支付相关税费50万元,此时,新欣公司持有紫金公司35%的股份。紫金公司2005—2007年所有者权益的资料如下:

① 2005年12月31日,紫金公司所有者权益总额为25 000万元(包括2005年度实现的净利润2 000万元)。2006年1月10日,紫金公司董事会提出2005年度利润分配方案,分配现金股利600万元,分配股票股利800万元。

（续上）

2006年4月15日，紫金公司股东大会同意其董事会提出的2005年度利润分配方案，并于当日对外宣告分派股利。② 2006年第一季度紫金公司实现的净利润500万元。其中，1月份实现净利润170万元，2月份实现净利润150万元，3月份实现净利润180万元。2006年3月31日，紫金公司所有者权益总额为25 500万元。③ 2006年度，紫金公司实现的净利润2 300万元。其中，1~3月份共实现净利润500万元，4~12月份，每月各实现净利润200万元。2006年12月1日，紫金公司所有者权益总额为26 500万元。2006年12月31日，紫金公司所有者权益总额为26 700万元。④ 2007年1月10日，紫金公司董事会提出2006年度利润分配方案，分配现金股利800万元，分配股票股利1 200万元。2007年4月25日，紫金公司股东大会同意其董事会提出的2006年度利润分配方案，并于当日对外宣告分派股利。新欣公司长期股权投资应如何核算呢？新欣公司应如何确认投资收益？学习本章之后，你将会得到这些问题的正确答案。

第一节 投资概述

一、投资的概念与特点

（一）投资的概念

企业除了从事自身的生产经营活动外，还可以通过投资获得利益，以实现其经营目标。投资是指企业为通过分配来增加财富，或为谋求其他利益而将资产让渡给其他单位所获得的另一项资产。投资有广义和狭义之分。广义的投资包括对外的权益性投资、债权性投资、期货投资和房地产投资以及对内的固定资产投资、存货投资等；狭义的投资一般仅包括对外的投资，而不包括对内投资。中级财务会计中的投资通常指狭义投资，不包括固定资产投资、存货投资等对内投资。

（二）投资的特点

1. 投资是通过让渡其他资产而换取的另一项资产

投资是企业将所拥有的现金、固定资产等资产让渡给其他单位使用，以换取债权投资或股权投资等，如支付现金以购买债券或房地产、用固定资产向其他单位投资以取得其他单位的股权、通过让渡一项股权换取另一项股权等。投资能给投资者带来未来的经济利益，这种经济利益是指直接或间接地增加流入企业的现金和现金等价物的能力。

2. 投资所带来的经济利益与其他资产为企业带来的经济利益在形式上有所不同

企业所拥有或控制的除投资以外的其他资产,通常能为企业带来直接的经济利益。例如,商业企业的库存商品是为转售而储备的,对这些库存商品的出售可以直接为企业带来经济利益。又如,工业企业所拥有的为生产产品而持有的固定资产,是企业为生产产品所不可或缺的一部分,其为企业带来的经济利益不很直观,需通过产品所创造的经济利益得到体现,但这种经济利益的流入是企业本身经营所产生的。从这个意义上看,固定资产也能为企业带来直接的经济利益。而投资通常是将企业的一部分资产让渡给其他单位使用,通过其他单位使用投资者投入的资产所创造的效益,或者通过投资改善贸易关系等手段达到获取利益的目的。

二、投资的分类

对投资进行适当的分类,是确定投资会计核算方法和如何在财务报表中披露的前提。投资按照不同的标准有不同的分类,概括起来,主要有以下几种。

(一) 按照投资对象的变现能力分类

按照对象的变现能力分类,投资可以分为易于变现的投资和不易于变现的投资两类。

1. 易于变现的投资

易于变现的投资是指在证券市场上能够随时变现的投资。这类投资必须是能够上市交易的股票、债券、期货等。

2. 不易于变现的投资

不易于变现的投资是指不能在证券市场上变现的投资。这类投资通常是不能上市交易,要将所持投资转换为现金并非轻而易举。

(二) 按照投资的性质分类

按照性质分类,投资可以分为权益性投资、债权性投资、混合性投资等。

1. 权益性投资

权益性投资是指为获取另一企业的权益或净资产所作的投资。如对另一企业的普通股股票投资,就属于权益性投资。权益性投资的主要特点是投资者有权参与投资企业的经营管理,投资收益不确定,投资风险高。企业进行权益性投资,应主要考虑被投资企业的获利能力以及该投资是否有利于本企业的长远利益等。

2. 债权性投资

债权性投资是指为取得债权所作的投资。这种投资的目的不是为了获得另一企业的剩余资产,而是为了获取高于银行存款利率的利息,并能按期收回本息。如购买公司债券,就属于债权性投资。相对于权益性投资而言,债权性投资风险小,收益较低,投资者一般无权参与被投资企业的经营管理。企业进行债权性投资,应主要考虑被投资企业的偿债能力、企业能否按期收回本息等问题。

3. 混合性投资

混合性投资是指同时具有权益性和债权性双重性质的投资。它往往表现为混合性证券投资,如购买优先股股票、购买可转换公司债券等,就属于混合性投资。由于混合性投资兼有权益性投资和债权性投资的特点,有利于投资企业转换投资性质或选择投资对象。例如,优先股股票一般定期派发股利而且股利率预先约定,优先股股东一般不参与被投资企业的经营管理,这点类似债权性债券;但优先股股票没有到期日,股东不能退股,它也代表发行企业资产中的剩余所有权,这一点又类似于权益性证券。可转换公司债券是指公司债券的持有人有权按照约定将其转换为发行公司的其他证券。如普通股股票等。在公司债券未转换之前,它属于债权性证券;在转换为股票后,则属于权益性证券。

(三) 按照投资的意图分类

按照意图分类,投资可以划分为交易性金融资产投资、持有至到期投资、可供出售金融资产投资和长期股权投资等。

1. 交易性金融资产投资

交易性金融资产投资主要是指企业为了近期内出售而持有金融资产的投资。比如,企业以赚取差价为目的从二级市场购入的股票、债券、基金等。

2. 持有至到期投资

持有至到期投资是指企业从二级市场购入的符合持有至到期投资条件的固定利率国债、浮动利率公司债券等。购入的股权投资因其没有固定的到期日,不符合持有至到期投资条件,不能划分为持有至到期投资。持有至到期投资通常是指具有长期性质但期限较短(1年以内)的债券投资。符合持有至到期投资条件的,也可以将其划分为持有至到期投资。

3. 可供出售金融资产投资

可供出售金融资产投资通常是指企业为没有划分为以公允价值计量且其变动计入当期损益的金融资产、持有至到期投资、贷款和应收款项的金融资产的投资。比如,企业购入的在活跃市场上有报价的股票、债券、基金等,没有划分为以公允价值计量且其变动计入当期损益的金融资产或持有至到期投资等金融资产,可归为此类。

4. 长期股权投资

长期股权投资是指持有时间准备超过1年(不含1年)的各种股权性质的投资。它包括长期股票投资和其他长期股权投资。这种投资主要是为了达到控制其他单位或对其他单位实施重大影响,或出于其他长期性质的目的而进行的投资。

【问题与思考 5-1】
请说说投资与投机的关系与区别。

第二节 交易性金融资产的核算

一、金融资产的含义及其分类

金融资产是最活跃的企业资产。它主要包括库存现金、银行存款、应收账款、应收票据、贷款、垫款、其他应收款、应收利息、债权投资、股权投资、基金投资、衍生金融资产等。具体包括：

（1）现金。
（2）持有的其他单位的权益工具。
（3）从其他单位收取现金或其他金融资产的合同权利。
（4）在潜在有利条件下，与其他单位交换金融资产或金融负债的合同权利。
（5）将来需用或可用企业自身权益工具进行结算的非衍生工具的合同权利，企业根据该合同将收到非固定数量的自身权益工具。
（6）将来需用或可用企业自身权益工具进行结算的衍生工具的合同权利，但企业以固定金额的现金或其他金融资产换取固定数量的自身权益工具的衍生工具合同权利除外。其中，企业自身权益工具不包括本身就是在将来收取或支付企业自身权益工具的合同。

企业应当结合自身业务特点和风险管理要求，将金融资产在初始确认时分为以下四类：

（1）以公允价值计量且其变动计入当期损益的金融资产。
（2）持有至到期投资。
（3）贷款和应收款项。
（4）可供出售金融资产。

上述分类一经确定，不得随意变更。其中，以公允价值计量且其变动计入当期损益的金融资产，可以进一步分为交易性金融资产和直接指定为以公允价值计量且其变动计入当期损益的金融资产两种。

二、交易性金融资产的划分

交易性金融资产是指企业为了近期内出售而持有的金融资产。企业会计准则规定：满足以下条件之一的金融资产，应当划分为交易性金融资产：

（1）取得该金融资产的目的，主要是为了近期内出售。例如，企业以赚取差价为目的的从二级市场购入的股票、债券和基金等。

（2）属于进行集中管理的可辨认金融工具组合的一部分，且有客观证据表明企业近期采用短期获利方式对该组合进行管理。比如，企业基于其投资策略和风险管理的需要，将某些金融资产进行组合从事短期获利活动，对于组合中的金融资产，应采用公允价值计量，并将其相关公允价值变动计入当期损益。

（3）属于衍生工具，比如国债期货、远期合同、股指期货等，其公允价值变动大于零时，应将其相关变动金额确认为交易性金融资产，同时计入当期损益。但是，如果衍生工具被企业指定为有效套期关系中的套期工具，那么该衍生工具初始确认后的公允价值变动应根据其对应的套期关系不同，采用相应的方法进行处理。

直接指定为以公允价值计量且其变动计入当期损益的金融资产，主要是指企业基于风险管理、战略投资需要等而专门指定的金融资产。企业不能随意将某项金融资产直接指定为以公允价值计量且其变动计入当期损益的金融资产。只有在满足以下条件之一时，企业才能将某项金融资产直接指定为以公允价值计量且其变动计入当期损益的金融资产：①该指定可以消除或明显减少由于该金融资产的计量基础不同所导致的相关利得或损失在确认或计量方面不一致的情况。比如，甲金融企业的某金融负债与某金融资产密切相关且均具利率敏感性，企业将该金融资产划分为可供出售金融资产，而将相关负债划分为交易性金融负债。在这种情况下，该金融资产期末以公允价值计量但公允价值变动却计入所有者权益，而相关的金融负债是以公允价值计量且其变动计入当期损益，由此出现会计计量基础不同而导致会计处理结果不能较好地反映交易实质的情况。如果将该金融资产指定为以公允价值计量且其变动计入当期损益的金融资产，就可以避免上述问题。②企业风险管理或投资策略的正式书面文件已载明，该金融资产组合等以公允价值为基础进行管理、评价并向关键管理人员报告。

应当特别指出的是，企业在初始确认时将某金融资产划分为以公允价值计量且其变动计入当期损益的金融资产后，不能重分类为其他类金融资产，其他类金融资产也不能重分类为以公允价值计量且其变动计入当期损益的金融资产。

三、交易性金融资产的核算

交易性金融资产的核算包括交易性金融资产的取得、交易性金融资产持有期间取得股利和利息的处理、交易性金融资产的期末计价和交易性金融资产的处置等方面的内容。企业在对交易性金融资产进行确认、计量时，应设置"交易性金融资产"账户，核算为交易目的而持有的债券投资、股票投资、基金投资等交易性金融资产的公允价值，并按照交易性金融资产的类别和品种，分别"成本"、"公允价值变动"等账户进行明细核算。

（一）交易性金融资产的取得

企业划分为以公允价值计量且其变动计入当期损益金融资产的股票、债券、基金以及不作为有效套期工具的衍生工具，应当按照取得时的公允价值作为初始确认金额，相关的交易费用在发生时计入当期损益。取得以公允价值计量且其变动计入当期损益金融资产所支付价款中包含的已宣告发放的现金股利或债券利息，应当作为应收款项，单独列示。

企业取得交易性金融资产时，按其公允价值（不含支付价款中包含的已宣告发放的现金股利或债券利息），借记"交易性金融资产——成本"账户；按发生的交易费用，借记"投资收益"账户；按已到付息期但尚未领取的利息或已宣告但尚未发放的现金股利，借记"应收股利"账户；按实际支付的金额，贷记"银行存款"等账户。

【例 5-1】 某企业 2008 年 3 月 5 日以银行存款购入 A 公司已宣告但尚未分派现金股利的股票 200 000 股，作为交易性投资，每股成交价 19.6 元，其中，0.4 元为已宣告但尚未分派现金股利，股权截止日为 3 月 10 日。另支付相关税费等交易费用 16 000 元。企业于 4 月 10 日收到 A 公司发放的现金股利。该企业应作会计分录如下：

3 月 5 日购入股票时：

借：交易性金融资产——成本	3 840 000
投资收益	16 000
应收股利	80 000
贷：银行存款	3 936 000

4 月 10 日收到现金股利时：

借：银行存款	80 000
贷：应收股利	80 000

（二）交易性金融资产持有期间取得股利和利息

持有交易性金融资产期间被投资单位宣告发放现金股利或在资产负债表日按债券票面利率计算利息时，借记"应收股利"或"应收利息"账户，贷记"投资收益"账户。

收到现金股利和债券利息时，借记"银行存款"账户，贷记"应收股利"或"应收利息"账户。票面利率与实际利率差异较大的，应采用实际利率计算确定债券利息收入。

（三）交易性金融资产的期末计价

资产负债表日，交易性金融资产的公允价值高于其账面余额的差额，借记"交易性金融资产——公允价值变动"账户，贷记"公允价值变动损益"账户；公允价值低于其账面余额的差额,作相反的会计分录。

【例 5-2】 某公司交易性金融资产采用公允价值进行期末计价。假设该公司 2008 年 6 月 30 日交易性金融资产的账面价值和公允价值的资料如表 5-1 所示。

表 5-1　　　　交易性金融资产账面价值和公允价值情况

2008 年 6 月 30 日　　　　　　　　　　　　　　金额单位：元

项　目	2008 年 6 月 30 日		
	账面价值	公允价值	差　额
交易性金融资产——债券			
A 公司债券	30 200	26 000	4 200
B 公司债券	50 000	43 000	7 000
C 公司债券	200 700	202 000	−1 300
小　计	280 900	271 000	9 900
交易性金融资产——股票			
甲公司股票	120 400	130 000	−9 600
乙公司股票	120 200	108 000	12 200
小　计	240 600	238 000	2 600
合　计	521 500	509 000	12 500

根据上述资料,该公司应在 2008 年 6 月 30 日作会计分录如下：

　　借：公允价值变动损益　　　　　　　　　　　　　　　　　　12 500
　　　　贷：交易性金融资产——公允价值变动　　　　　　　　　　　　12 500

这样,该公司 2008 年 6 月 30 日资产负债表上"交易性金融资产"的金额应为 509 000 元,反映公司交易性金融资产的公允价值。

(四) 交易性金融资产的处置

企业处置交易性金融资产时,将处置时的该交易性金融资产的公允价值与初始入账金额之间的差额确认为投资收益,同时调整公允价值变动损益。

企业处置交易性金融资产时,应按实际收到的金额,借记"银行存款"等账户；按该金融资产的账面余额,贷记"交易性金融资产——成本"账户；按其差额,贷记或借记"投资收益"账户。同时,将原计入该金融资产的公允价值变动转出,借记或贷记"公允价值变动损益"账户,贷记或借记"投资收益"账户。

【例 5-3】 承接[例 5-2],该公司于 2008 年 10 月 20 日将 B 公司债券以 46 000 元的价格全部出售(不考虑交易费用)。2008 年 12 月 31 日交易性金融资产的账面价值和公允价值的资料如表 5-2 所示。

表 5-2　　　　　交易性金融资产的账面价值和公允价值情况

2008 年 12 月 31 日　　　　　　　　　　　金额单位:元

项　　目	2008 年 12 月 31 日		
	账面价值	公允价值	差　额
交易性金融资产——债券			
A 公司债券	30 200	32 200	-2 000
C 公司债券	200 700	202 000	-1 300
小　计	230 900	234 200	-3 300
交易性金融资产——股票			
甲公司股票	120 400	130 000	-9 600
乙公司股票	120 200	108 000	12 200
小　计	240 600	238 000	2 600
合　计	471 500	472 200	-700

根据上述资料,该公司应作会计分录如下:

2008 年 10 月 20 日,B 公司债券全部出售时:

借:银行存款　　　　　　　　　　　　　　　　　　　　46 000
　　交易性金融资产——公允价值变动　　　　　　　　　7 000
　　贷:交易性金融资产——成本　　　　　　　　　　　　50 000
　　　　投资收益　　　　　　　　　　　　　　　　　　　3 000
借:投资收益　　　　　　　　　　　　　　　　　　　　7 000
　　贷:公允价值变动损益　　　　　　　　　　　　　　　7 000

2008 年 12 月 31 日,期末计量时:

借:交易性金融资产——公允价值变动　　　　　　　　　700
　　贷:公允价值变动损益　　　　　　　　　　　　　　　700

这样,该公司 2008 年 12 月 31 日资产负债表上"交易性金融资产"的金额应为

472 200元。

> 【问题与思考5-2】
> 为什么对交易性金融资产不计提减值准备？

第三节 持有至到期投资

一、持有至到期投资的定义及其划分

（一）持有至到期投资的定义

持有至到期投资是指到期日固定、回收金额固定或可确定、且企业有明确意图和能力持有至到期的非衍生金融资产。下列非衍生金融资产不应当被划分为持有至到期投资：① 初始确认时被指定为以公允价值计量且其变动计入当期损益的非衍生金融资产。② 初始确认时被指定为可供出售的非衍生金融资产。③ 贷款和应收款项。

（二）持有至到期投资的特征

通常情况下，企业在将某项非衍生金融资产划分为持有至到期投资时，应当考虑以下因素：该金融资产的期限和性质、该金融资产是否在活跃市场上有报价、企业将其持有至到期的能力和意图、是否有意图将其直接指定为以公允价值计量且其变动计入当期损益的金融资产、是否有意图直接将其指定为可供出售金融资产等。

根据持有至到期投资的定义可以发现，其具有以下显著特征。

1. 到期日固定、回收金额固定或可确定

到期日固定、回收金额固定或可确定是指与该金融资产相关的合同明确了投资者在确定的期限内获得或收取现金流量的金额和时间。因此，从投资者的角度看，如果不考虑其他相关条件，在将某项投资划分为持有至到期投资时，可以不考虑可能存在的发行方的重大支付风险，即信用风险。

此外，可变利率债务工具能够满足成为持有至到期投资的条件。权益工具不能归类为持有至到期投资，这主要是因为，它们没有确切的期限（如普通股），或者是因为持有人可能收到的金额会以事先不能确定的方式变动（如股票期权、认股权证或类似的权利）。就持有至到期投资的定义而言，固定金额或可确定金额和固定的到期日意味着合同安排规定了支付给持有人款项的金额和日期，如利息和本金的偿还。存在重大的不偿付风险并不排除将金融资产归类为持有至到期投资，只要该金融资产的合同付款额是固定的或可确定的，并同时满足其他条件。如果某一永续债务工具的条款规定了无限期的利息支付，则不能将其归类为持有至到期

投资,因为它没有固定的到期日。

2. 持有至到期投资属于非衍生金融资产

非衍生金融资产是指具有以下特征的金融资产:

(1) 其价值随特定利率、金融工具价格、商品价格、汇率、价格指数、费率指数、信用等级、信用指数或其他类似变量的变动而变动。变量为非金融变量的,该变量与合同的任何一方不存在特定关系。

(2) 不要求初始净投资,或与市场情况变化有类似反应的其他类型合同相比要求很少的初始净投资。

(3) 在未来某一日期结算。非衍生金融资产包括远期合同、期货合同、互换和期权以及具有远期合同、期货合同、互换和期权中一种或一种以上特征的工具。

3. 企业有明确意图将该投资持有至到期

有明确意图持有至到期是指投资者在取得该金融资产时就有明确的意图。将其持有至到期,除非遇到一些企业无法控制、预期不会重复发生并且难以合理预计的独立事项。因此,如果持有人打算并且能够将发行人可赎回的金融资产持有到被赎回时或到期日,同时持有人也能够收回该金融资产几乎所有的初始净投资,则该金融资产符合确认为持有至到期投资的条件。但是,如果该项金融资产被赎回会使持有人不能收回该金融资产几乎所有初始净投资,则该项金融资产不能归类为持有至到期投资。在确定初始净投资能否几乎被全部收回时,企业应当考虑所有已支付的溢价和已资本化的交易费用。

需要注意的是,一项可回售的金融资产(即持有人有权要求发行人在到期前偿付或赎回该金融资产)不能被归类为持有至到期投资,因为为获得金融资产的回售权利而支付款项与表明打算将该金融资产持有至到期相矛盾。

此外,对于已归类为持有至到期投资的金融资产,企业应当在每个资产负债表日对其持有至到期的意图和能力进行持续的评价。如果测试表明企业不打算将其持有至到期,则应当将其重分类为可供出售金融资产。

存在下列情形之一的,表明企业没有明确意图将金融资产持有至到期:

(1) 持有该金融资产的期限不确定。这种情形包括由于金融资产本身没有一个确定的到期时间而引起的持有期限不确定,也包括金融资产本身有确定的到期日,但企业无法确定其持有的时间,如打算在到期日前出售而无法确定出售日期。

(2) 当出现市场利率变化、流动性需要变化、替代投资机会及投资收益率变化、融资来源和条件变化、外汇风险变化等情况时,将出售该金融资产。由于上述变化随时都有可能发生,如果企业不打算在发生变化时仍然持有该项投资,那么,企业持有该金融资产的期限也就无法确定。但是,无法控制、预期不会重复发生且难以合理预计的独立事项引起的金融资产出售除外。

(3) 金融资产的发行方可以按照明显低于其摊余成本的金额清偿。在这种情况下，企业持有金融资产的时间不能由其持有的意图来决定，而是会受到该金融资产发行方的影响，企业能够持有至到期的可能性不大，因为发行方极有可能在到期日之前进行清偿。

(4) 其他表明企业没有明确意图将该金融资产持有至到期的情况。

4. 企业有能力将投资持有至到期

存在下列情形之一的，表明企业没有能力将具有固定期限的金融资产投资持有至到期：

(1) 没有可利用的财务资源持续地为该金融资产投资提供资金支持，以使该金融资产投资持有至到期。

(2) 受法律、行政法规的限制，使企业难以将该金融资产投资持有至到期。

(3) 其他表明企业没有能力将具有固定期限的金融资产投资持有至到期的情况。

根据持有至到期投资的特征，下列非衍生金融资产不应当划分为持有至到期投资：① 初始确认时被指定为以公允价值计量且其变动计入当期损益的非衍生金融资产。② 初始确认时被指定为可供出售的非衍生金融资产。③ 贷款和应收款项。

二、持有至到期投资的核算

企业对持有至到期投资的核算，应着重于该金融资产的持有者打算"持有至到期"，未到期前通常不会出售或重分类，主要应解决该金融资产实际利率的计算、摊余成本的确定、持有期间的收益确认以及将其处置时损益的处理。

企业应当设置"持有至到期投资"账户，核算持有至到期投资的摊余成本，并按照持有至到期投资的类别和品种，分别"成本"、"利息调整"、"应计利息"等账户进行明细核算。

（一）持有至到期投资的取得

持有至到期投资应当按照取得时的公允价值计量和相关交易费用之和作为初始确认金额。实际支付的价款中包括的已到付息期但尚未领取的债券利息，应单独确认为应收项目。

企业取得的持有至到期投资，应按该投资面值，借记"持有至到期投资——成本"账户；按支付的价款中包括的已到付息期但尚未领取的债券利息，借记"应收利息"账户；按实际支付的金额，贷记"银行存款"等账户；按其差额借记或贷记"持有至到期投资——利息调整"账户。

【例 5-4】 2008 年 1 月 3 日，A 公司购买了 B 公司 2007 年 1 月 1 日发行的债券 1 600 张。该债券剩余年限 5 年，划分为持有至到期投资。该债券的面值每张为

100元,票面利率为12%,按年付息,付息日为每年的1月10日,成交价为每张114元,其中12元为已到付息期但尚未收取的利息,交易费用共为2 400元。

A公司取得该持有至到期投资时应作会计分录如下:

2008年1月10日收到债券利息时,应作会计分录如下:

  借:持有至到期投资——成本   160 000
    应收利息   19 200
    持有至到期投资——利息调整   5 600
   贷:银行存款   184 800

  借:银行存款   19 200
   贷:应收利息   19 200

(二)资产负债表日的持有至到期投资

资产负债表日,持有至到期投资为分期付息、一次还本的债券投资的,应按面值和票面利率计算确定的应收未收的利息,借记"应收利息"账户;按持有至到期投资的摊余成本和实际利率计算确定的利息收入的金额,贷记"投资收益"账户;按其差额,借记或贷记"持有至到期投资——利息调整"账户。

持有至到期投资为到期一次还本付息的债券的,应于资产负债表日按面值和票面利率计算确定的应收未收的利息,借记"持有至到期投资——应计利息"账户;按持有至到期投资的摊余成本和实际利率计算确定的利息收入的金额,贷记"投资收益"账户;按其差额,借记或贷记"持有至到期投资——利息调整"账户。

收到持有至到期投资按合同支付的利息时,借记"银行存款"等账户,贷记"应收利息"或"持有至到期投资——应计利息"账户。

这里需明确以下概念。

1. 实际利率

实际利率是指将金融资产或金融负债在预期存续期间或适用的更短期间内的未来现金流量,折现为该金融资产或金融负债当前账面价值所使用的利率。

在确定实际利率时,应当考虑在金融资产或金融负债所有合同条款(如提前还款权等)的基础上预计未来现金流量,但不应当考虑未来信用损失。

在金融资产或金融负债所有合同各方之间支付或收取的、属于实际利率组成部分的各项收费、交易费用及溢价或折价等,应当在确定实际利率时予以考虑,金融资产或金融负债的未来现金流量或存续期间无法可靠预计时,应当采用该金融资产或金融负债在整个合同期内的合同现金流量。实际利率应当在取得持有至到期投资时确定,在该持有至到期投资预期存续期间或适用的更短期间内保持不变。实际利率与票面利率差别较小的,也可按票面利率计算利息收入,计入投资收益。

2. 实际利率法

实际利率法是指按照金融资产或金融负债的实际利率计算其摊余成本及各期利息收入或利息费用的方法。

3. 摊余成本

摊余成本是指该金融资产的初始确认金额经下列调整后的结果：① 扣除已偿还的本金。② 加上或减去采用实际利率法将该初始确认金额与到期日金额之间的差额进行摊销形成的累计摊销。③ 扣除已发生的减值损失。

企业应在持有至到期投资持有期间，采用实际利率法，按照摊余成本和实际利率计算确认利息收入，计入投资收益。实际利率应当在取得持有至到期投资时确定；实际利率与票面利率差别较小的，也可按票面利率计算利息收入，计入投资收益。处置持有至到期投资时，应将所取得价款与持有至到期投资账面价值之间的差额，计入当期损益。

【例 5-5】 2000 年 1 月 1 日，华发公司支付 1 000 元（含交易费用）从活跃市场上购入某公司 5 年期债券，面值 1 250 元，票面利率 4.72%，按年支付利息（即每年 59 元），本金最后一次支付。合同约定，该债券的发行方在遇到特定情况时可以将债券赎回，且不需要为提前赎回支付额外款项。华发公司在购买该债券时，预计发行方不会提前赎回。

华发公司将购入该公司债券划分为持有至到期投资，且不考虑所得税、减值损失等因素。为此，华发公司在初始确认时先计算确定该债券的实际利率：

设该债券的实际利率为 r，则可列出如下等式：

$$59 \times (1+r)^{-1} + 59 \times (1+r)^{-2} + 59 \times (1+r)^{-3} + 59 \times (1+r)^{-4} + (59+1\,250) \times (1+r)^{-5} = 1\,000 (元)$$

采用插值法，可以计算得出 $r=10\%$，由此可编制表 5-3。

表 5-3　　　　　　　　　交易性金融资产明细表

金额单位：元

年　份	期初摊余成本	实际利息	现金流入	期末摊余成本
2000	1 000	100	59	1 041
2001	1 041	104	59	1 086
2002	1 086	109	59	1 136
2003	1 136	114	59	1 191
2004	1 191	118	1 309	0

华发公司的有关核算如下：

2000年1月1日，购入债券：

借：持有至到期投资——本金	1 250
贷：银行存款	1 000
持有至到期投资——利息调整	250

2000年12月31日，确认实际利息收入、收到票面利息等：

借：应收利息	59
持有至到期投资——利息调整	41
贷：投资收益	100
借：银行存款	59
贷：应收利息	59

2001年12月31日，确认实际利息收入、收到票面利息等：

借：应收利息	59
持有至到期投资——利息调整	45
贷：投资收益	104
借：银行存款	59
贷：应收利息	59

2002年12月31日，确认实际利息收入、收到票面利息等：

借：应收利息	59
持有至到期投资——利息调整	50
贷：投资收益	109
借：银行存款	59
贷：应收利息	59

2003年12月31日，确认实际利息收入、收到票面利息等：

借：应收利息	59
持有至到期投资——利息调整	55
贷：投资收益	114
借：银行存款	59
贷：应收利息	59

2004年12月31日，确认实际利息收入、收到票面利息等：

借：应收利息	59
持有至到期投资——利息调整	59
贷：投资收益	118
借：银行存款	59
贷：应收利息	59
借：银行存款	1 250
贷：持有至到期投资——本金	1 250

（三）持有至到期投资的处置

企业因持有至到期投资部分出售或重分类的金额较大，且不属于企业会计准则所允许的例外情况，使该投资的剩余部分不再适合划分为持有至到期投资的，企业应当将该投资的剩余部分重分类为可供出售金融资产，并以公允价值进行后续计量。重分类日，该投资剩余部分的账面价值与其公允价值之间的差额计入所有者权益，在该可供出售金融资产发生减值或终止确认时转出，计入当期损益。

【例 5-6】 2008 年 3 月，由于贷款基准利率的变动和其他市场因素的影响，新欣公司持有的、原划分为持有至到期投资的某公司债券价格持续下跌。为此，新欣公司于 4 月 1 日对外出售该持有至到期投资债券投资 10%，收取价款 1 200 000 元（即所出售债券的公允价值）。

假定 4 月 1 日该债券出售前的账面价值（成本）为 10 000 000 元，不考虑债券出售等其他相关因素的影响，则新欣公司相关的账务处理如下：

借：银行存款	1 200 000
贷：持有至到期投资——成本	1 000 000
投资收益	200 000
借：可供出售金融资产——成本	10 800 000
贷：持有至到期投资——成本	9 000 000
资本公积——其他资本公积	1 800 000

假定 4 月 23 日，新欣公司将该债券全部出售，收取价款 11 800 000 元，则新欣公司相关的账务处理如下：

借：银行存款	11 800 000
贷：持有至到期投资——成本	10 800 000
投资收益	1 000 000
借：资本公积——其他资本公积	1 800 000
贷：投资收益	1 800 000

三、持有至到期投资的减值

对于企业的持有至到期投资,有客观证据表明其发生了减值的,应当根据其账面价值与预计未来现金流量现值之间的差额计算确认减值损失。

表明持有至到期投资发生减值的客观证据包括下列各项:① 发行方或债务人发生严重财务困难。② 债务人违反了合同条款,如偿付利息或本金发生违约或逾期等。③ 债权人出于经济或法律等方面因素的考虑,对发生财务困难的债务人作出让步。④ 债务人很可能倒闭或进行其他财务重组。⑤ 因发行方发生重大财务困难,该金融资产无法在活跃市场继续交易。⑥ 他表明发生减值的客观证据。

已计提减值准备的持有至到期投资价值以后又得以恢复,应在原已计提减值准备金额内确认恢复增加的金额。预计未来现金流量现值,应当按照持有至到期投资的原实际利率折现确定。原实际利率是初始确认该金融资产时,计算确定的实际利率。

为了核算持有至到期投资发生的减值,企业应设置"持有至到期投资减值准备"账户。该账户是"持有至到期投资"的备抵账户。该账户贷方登记资产负债表日确认的持有至到期投资的减值准备,借方登记在原已计提减值准备金额内确认恢复增加的金额以及处置持有至到期投资时转销的持有至到期投资减值准备的金额。该账户的余额在贷方反映企业已计提但尚未转销的持有至到期投资减值准备的金额。该账户应当按照持有至到期投资类别和品种进行明细核算。

【例5-7】 2008年12月31日,新欣公司持有的某债券为持有至到期投资,账面价值为900 000元。经测算,预计未来现金流量的现值为840 000元,该债券已计提减值准备20 000元。根据以上资料编制会计分录如下:

借:资产减值损失(900 000-840 000-20 000)　　　　　　　　40 000
　　贷:持有至到期投资减值准备　　　　　　　　　　　　　　　　40 000

【问题与思考5-3】
能否将持有至到期投资等同于债券投资?

第四节　可供出售金融资产的核算

一、可供出售金融资产的含义

可供出售金融资产是指初始确认时即被指定为可供出售的非衍生金融资产,以及除下列各类资产以外的金融资产:① 贷款和应收款项。② 持有至到期投资。③ 以公允价值计量且其变动计入当期损益的金融资产。例如,企业购入的在活跃市场上有报价的股票、债券和基金等,没有划分为以公允价值计量且其变动计入当期损益的金融资产或持有至到期投资等金融资产的,也可归为此类。通常情况下,可供出售金融资产的公允价值能够可靠地计量。

对于在活跃市场上有报价的金融资产,既可能划分为以公允价值计量且其变动计入当期损益的金融资产,也可能划分为可供出售金融资产;如果该金融资产属于有固定到期日、回收金额固定或可确定的金融资产,则该金融资产还可能划分为持有至到期投资。某项金融资产具体应分为哪一类,主要取决于企业管理层的风险管理、投资决策等因素。金融资产的分类应是管理层意图的如实表达。

二、可供出售金融资产的核算

可供出售金融资产的核算,与以公允价值计量且其变动计入当期损益的金融资产的会计处理有类似之处,但也有不同,具体表现在:① 初始确认时,都应按公允价值计量,但对于可供出售金融资产,相关交易费用应计入初始入账金额。② 资产负债表日,都应按公允价值计量,但对于可供出售金融资产,公允价值变动不是计入当期损益,而通常应计入所有者权益。

企业在对可供出售金融资产进行核算时,应当设置"可供出售金融资产"账户,核算持有的可供出售金融资产的公允价值,并按照可供出售金融资产的类别和品种,分别"成本"、"利息调整"、"应计利息"、"公允价值变动"等账户进行明细核算。

企业在对可供出售金融资产进行核算时,还应注意以下方面:

企业取得可供出售金融资产支付的价款中包含的已到付息期但尚未领取的债券利息或已宣告但尚未发放的现金股利,应单独确认为应收项目。

可供出售金融资产发生的减值损失,应计入当期损益;如果可供出售金融资产是外币货币性金融资产,则其形成的汇兑差额也应计入当期损益;采用实际利率法计算的可供出售金融资产的利息,应计入当期损益;可供出售权益工具投资的现金股利,应当在被投资单位宣告发放股利时计入当期损益。

处置可供出售金融资产时,应将取得的价款与该金融资产账面价值之间的差额,计入投资损益;同时,将原直接计入所有者权益的公允价值变动累计额对应处置部分的金额转出,计入投资损益。

(一)可供出售金融资产的取得

可供出售金融资产应当按取得该金融资产取得时的公允价值计量和相关交易费用之和作为初始确认金额,借记"可供出售金融资产——成本"账户;实际支付的价款中包括的已到付息期但尚未领取的债券利息,应单独确认为应收项目。

【例5-8】 新欣公司于2008年6月30日以银行存款购入紫金公司的全部普通股的4%,实际买价(等于公允价值)为4 000 000元。购入后,新欣公司打算持有这部分普通股以实现长期增值和收益。由于新欣公司的持股比例不足以对紫金公司的管理施加重大影响,而且持有该股票的时间长短并不确定,因此,新欣公司将对紫金公司的股票投资划分为可供出售金融资产。对上述股票投资,新欣公司在 2008 年 6 月 30 日购入时作会计分录如下:

  借:可供出售金融资产——成本   4 000 000
    贷:银行存款   4 000 000

(二)可供出售金融资产持有期间取得的利息或现金股利

可供出售金融资产持有期间收到被投资单位宣告发放的债券利息或现金股利,借记"银行存款"账户,贷记"可供出售金融资产——公允价值变动"账户。

对于收到的属于取得可供出售金融资产支付价款中包含的已宣告发放的债券利息或现金股利,借记"银行存款"账户,贷记"可供出售金融资产——成本"账户。

(三)资产负债表日的可供出售金融资产

资产负债表日,可供出售金融资产应当以公允价值计量,且公允价值变动计入资本公积(其他资本公积)。如果公允价值高于其账面余额的差额,借记"可供出售金融资产"账户,贷记"资本公积——其他资本公积"账户;公允价值低于其账面余额的差额,作相反的会计分录。

【例 5-9】 承接[例 5-8],如果 2008 年 12 月 31 日,新欣公司持有的对紫金公司股票投资的公允价值为 3 900 000 元,低于账面成本。但考虑到整个市场的股价下跌,且紫金公司的财务状况依然良好,新欣公司判断对紫金公司股票投资没有减值,打算继续持有。由于对紫金公司股票投资的公允价值低于其账面投资成本的差额 100 000 元,新欣公司应作会计分录如下:

  借:资本公积   100 000
    贷:可供出售金融资产——成本   100 000

(四)持有至到期投资重分类为可供出售金融资产

企业将持有至到期投资重分类为可供出售金融资产的,应在重分类日按该持有至到期投资的公允价值,借记"可供出售金融资产"账户;已计提减值准备的,借记"持有至到期投资减值准备"账户;按其账面余额,贷记"持有至到期投资——投资成本、溢折价、应计利息"账户;按其余额,贷记或借记"资本公积——其他资本公积"账户。

(五)可供出售金融资产的处置

出售可供出售金融资产时,应按取得的价款与原直接计入所有者权益的公允价值变动累计额对应处置部分的金额,与该金融资产账面价值之间的差额,确认为投资收益。账务处理上,借记"可供出售金融资产"账户;按其差额,贷记或借记"投资收益"账户;按原记入"资本公积——其他资本公积"账户的金额,借记或贷记"资本公积——其他资本公积"账户,贷记或借记"投资收益"账户。

三、可供出售金融资产的减值

资产负债表日,企业应对持有的可供出售金融资产进行检查,有客观证据表明该金融资产发生减值的,应当确认减值损失,计提减值准备。分析判断可供出售金融资产是否发生减值,应当注重该金融资产公允价值是否持续下降。通常情况下,如果可供出售金融资产的公允价值发生较大幅度下降,或在综合考虑各种相关因素后,预期这种下降趋势属于非暂时性的,可以认定该可供出售金融资产已发生减值,应当确认减值损失。

可供出售金融资产发生减值的,应按减计的金额,借记"资产减值损失"账户,贷记"可供出售金融资产——减值准备"账户;同时,按应从所有者权益中转出的累计损失,借记"资产减值损失"账户,贷记"资本公积——其他资本公积"账户。

已确认减值损失的可供出售债务工具在随后的会计期间公允价值上升的,应在原已计提的减值准备金额内,按恢复增加的金额,借记"可供出售金融资产"账户,贷记"资产减值损失"账户。已确认减值损失的可供出售权益工具在随后的会计期间公允价值上升的,应在原已计提的减值准备金额内,按恢复增加的金额,借记"可供出售金融资产"账户,贷记"资本公积——其他资本公积"账户。

【例 5-10】 承接[例 5-8],2008 年 12 月 31 日,新欣公司了解到,紫金公司由于产品质量问题造成严重不良后果,产生巨大损失并已宣布无法支付 2008 年的股利,对此,新欣公司判断该股票投资发生了非暂时性损失,减值损失为股票投资账面成本与 2008 年 12 月 31 日的公允价值 3 100 000 元的差额,为 900 000 元;同时,将原计入资本公积的累计损失应转出计入当期损益,即 100 000 元的损失应转出。

作会计分录如下:

借:资产减值损失	900 000
贷:资本公积——其他资本公积	100 000
可供出售金融资产——减值准备	800 000

【问题与思考 5-4】

企业取得可供出售金融资产时只按公允价值计量,这种处理正确吗?为什么?

第五节　长期股权投资的核算

一、长期股权投资的含义及其划分

长期股权投资是指通过投资取得被投资单位的股权,作为被投资单位的股东,投资者按所持股份比例享有权利并承担责任。长期股权投资的期限一般较长,不准备随时出售。长期股权投资可以通过在证券市场上以货币资金购买其他单位的股票的方式获得,也可以直接以资产投资于其他单位的方式获得。

长期股权投资可以分为以下四种类型。

（一）企业持有的能够对被投资单位实施控制的权益性投资,即对子公司投资

能够对被投资单位实施控制的投资是指投资企业有权确定被投资企业的财务和经营政策,并能从该被投资企业的经营活动中获取利益。这里的控制包括:

(1) 投资企业直接拥有被投资企业50%以上(不含50%)的表决权资本。

(2) 投资企业虽然直接拥有被投资企业50%或50%以下的表决权资本,但具有实质控制权的。

投资企业对被投资企业是否具有实质控制权,可以通过以下一项或若干项情况判断:

(1) 通过与其他投资者的协议,投资企业拥有被投资企业50%以上的表决权资本的控制权。

(2) 根据章程或协议,投资企业有权控制被投资企业的财务和经营政策。

(3) 投资企业有权任免控制被投资企业董事会等类似权力机构的多数成员。

(4) 投资企业在董事会或类似权力机构会议上有半数以上投票权。

（二）企业持有的能够与其他合营方一同对被投资单位实施共同控制的权益性投资,即对合营企业的投资

共同控制是指按照合同约定对某项经济活动所共有的控制,仅在与该项经济活动相关的重要财务和经营决策需要分享控制权的投资方一致同意时存在。投资企业与其他方对被投资单位实施共同控制的,被投资单位为其合营企业。

（三）企业持有的能够对被投资单位施加重大影响的权益性投资,即对联营企业的投资

重大影响是指对一个企业的财务和经营政策有参与决策的权利,但并不能控制或者与其他方一起共同控制这些政策的制定。投资企业能够对被投资单位施加重大影响的,被投资单位为其联营企业。

当投资企业直接拥有被投资企业20%或以上至50%表决权资本时,一般认为对被投资企业有重大影响。此外,尽管投资企业直接拥有被投资企业20%以下的表决权资本,但符合下列情况之一的,实质上对被投资企业的财务和经营政策的决策有重大影响,也应确认为对被投资企业有重大影响的投资:

(1)在被投资企业的董事会或类似权力机构中派有代表。在这种情况下,由于在被投资企业的董事会或类似权力机构中派有代表,并享有相应的实质性的参与决策权,投资企业可以通过该代表参与被投资企业政策的制定,从而对被投资企业施加重大影响。

(2)参与被投资企业的政策制定过程。在这种情况下,由于可以参与被投资企业的政策制定过程,在制定政策过程中可以为其自身利益提出建议和意见,由此可以对被投资企业施加重大影响。

(3)向被投资企业派出管理人员。在这种情况下,通过投资企业对被投资企业派出管理人员,管理人员有权负责被投资企业的财务和经营活动,从而能对被投资企业施加重大影响。

(4)依赖投资企业的技术资料。在这种情况下,由于被投资企业的生产经营需要依赖投资企业的技术或技术资料,从而表明投资企业对被投资企业有重大影响。

(5)其他能足以证明投资企业对被投资单位有重大影响的情形。

(四)企业对被投资单位不具有控制、共同控制或重大影响,且在活跃市场中没有报价、公允价值不能可靠计量的权益性投资

对被投资企业无控制、无共同控制且无重大影响的投资是指上述三种类型以外的投资。具体表现为:

(1)投资企业直接拥有被投资企业20%以下的表决权资本,且不存在对被投资企业实施其他重大影响的途径。

(2)投资企业直接拥有被投资企业20%或以上的表决权资本,但实质上对被投资企业不具有控制、共同控制和重大影响。

二、长期股权投资的核算

为了核算长期股权投资,企业应当设置"长期股权投资"总账账户。采用权益法核算长期股权投资时,企业还需要在总账账户下设置"成本"、"损益调整"、"其他权益变动"等明细账户进行明细核算。

(一)长期股权投资的取得

1. 企业合并取得的长期股权投资的核算

在企业合并形成的长期股权投资中,企业还应进一步分别同一控制下的企业

合并和非同一控制下的企业合并确定长期股权投资的初始投资成本。

(1) 同一控制下的企业合并形成的长期股权投资。根据企业会计准则的规定,同一控制下的企业合并,合并方以支付现金、转让非现金资产或承担债务方式作为合并对价的,应当在合并日按照取得被合并方所有者权益账面价值的份额作为长期股权投资的初始投资成本。长期股权投资初始投资成本与支付的现金、转让的非现金资产以及所承担债务账面价值之间的差额,应当调整资本公积;资本公积不足冲减的,调整留存收益。合并方以发行权益性证券作为合并对价的,应当在合并日按照取得被合并方所有者权益账面价值的份额作为长期股权投资的初始投资成本,按照发行股份的面值总额作为股本;长期股权投资初始投资成本与所发行股份面值总额之间的差额,应当调整资本公积;资本公积不足冲减的,调整留存收益。

具体来说,同一控制下形成的企业合并,企业应当在合并日按照取得被合并方所有者权益账面价值的份额作为长期股权投资的初始投资成本,借记"长期股权投资——投资成本"账户;按照支付的合并对价的账面价值,贷记"银行存款"、"固定资产清理"等账户;按照长期股权投资的初始投资成本与作为对价的账面价值之间的贷方差额,贷记"资本公积"账户;按照长期股权投资的初始投资成本与作为对价的账面价值之间的借方差额,借记"资本公积"账户。如果"资本公积"账户贷方余额不足的,应当依次借记"盈余公积"、"利润分配——未分配利润"等账户。

【例 5-11】 紫金公司和中山公司同为新欣公司的子公司。2007 年 2 月 1 日,紫金公司和中山公司达成合并协议,约定紫金公司以固定资产、无形资产和银行存款 1 200 万元向中山公司投资,占中山公司股份总额的 60%。2007 年 2 月 1 日,中山公司的所有者总额为 4 000 万元;紫金公司参与企业合并的固定资产原价为 1 400 万元,已计提折旧 400 万元,未计提固定资产减值准备;无形资产账面原价为 1 000 万元,已摊销 500 万元,未计提无形资产减值准备。假定紫金公司所有者权益中资本公积余额为 400 万元。紫金公司的账务处理如下(金额单位:万元):

借:固定资产清理　　　　　　　　　　　　　　　　1 000
　　累计折旧　　　　　　　　　　　　　　　　　　 400
　　贷:固定资产　　　　　　　　　　　　　　　　　1 400

借:长期股权投资——投资成本　　　　　　　　　　2 400
　　累计摊销　　　　　　　　　　　　　　　　　　 500
　　资本公积　　　　　　　　　　　　　　　　　　 300
　　贷:固定资产清理　　　　　　　　　　　　　　　1 000
　　　　无形资产　　　　　　　　　　　　　　　　　1 000
　　　　银行存款　　　　　　　　　　　　　　　　　1 200

合并方以发行权益性证券作为合并对价的,应当在合并日按照取得被合并方所有者权益账面价值的份额作为长期股权投资的初始投资成本,借记"长期股权投资——投资成本"账户;按照发行股份的面值总额,贷记"股本"账户;按照发生的相关税费,贷记"银行存款"等账户;按照借方和贷方的差额,贷记"资本公积"账户。与发行权益性证券直接相关的手续费、佣金等直接相关费用,应冲减权益性证券的溢价收入,借记"资本公积(资本溢价)"账户,贷记"银行存款"等账户。

【例5-12】 紫金公司和中山公司同为新欣公司的子公司。2007年2月1日,紫金公司和中山公司达成合并协议,约定紫金公司以增发的权益性证券作为对价向中山公司投资,占丙公司股份总额的55%。2007年2月1日,紫金公司共增发普通股股票100万股,每股面值1元,实际发行价格为1.5元;中山公司所有者权益总额为4 000万元。在发行普通股过程中,紫金公司共发生相关税费105万元,与发行普通股股票直接相关的手续费、佣金123万元,均以银行存款支付。假定紫金公司所有者权益中资本公积余额为1 995万元。紫金公司的账务处理如下(金额单位:万元):

```
借:长期股权投资——投资成本           2 200
    贷:股本                              100
       银行存款                          105
       资本公积                        1 995
借:资本公积                             123
    贷:银行存款                          123
```

(2) 非同一控制下的企业合并形成的长期股权投资。根据企业会计准则规定,非同一控制下的企业合并,购买方应在购买日按照《企业会计准则第20号——企业合并》确定的合并成本作为长期股权投资的初始投资成本,即一次交换交易实现的企业合并,合并成本为购买方在购买日为取得对被购买方的控制权而付出的资产、发生或承担的负债以及发行的权益性证券的公允价值;通过多次交换交易分步实现的企业合并,合并成本为每一单项交易成本之和;购买方为进行企业合并发生的各项直接相关费用,也应当计入企业合并成本;在合并合同或协议中,对可能影响合并成本的未来事项作出约定的,购买日如果估计未来事项很可能发生并且对合并成本的影响金额能够可靠计量的,购买方应当将其计入合并成本。

具体来说,非同一控制下的企业合并,企业在购买日应当按照确定的企业合并成本作为长期股权投资的初始投资成本,借记"长期股权投资——投资成本"账户;按照合并中支付对价的账面价值,贷记"银行存款"、"固定资产清理"等账户;按照长期股权投资的初始投资成本与所支付对价账面价值之间的贷方差额,贷记"营业外收入"账户;按照长期股权投资的初始投资成本与所支付对价账面价值之间的借方差额,借记"营业外支出"账户。

【例 5-13】 2007 年 4 月 1 日,新欣公司与中山公司达成合并协议,约定新欣公司以一台固定资产和银行存款 350 万元向中山公司投资,占中山公司股份总额的 60%。该固定资产的账面原价为 8 430 万元,已计提累计折旧 430 万元,已计提固定资产减值准备 100 万元,公允价值为 8 400 万元。假定新欣公司与中山公司在此之前不存在任何投资关系,不考虑其他相关税费。新欣公司的账务处理如下(金额单位:万元):

借:固定资产清理	7 900
累计折旧	430
固定资产减值准备	100
贷:固定资产	8 430
借:长期股权投资——投资成本	8 750
贷:固定资产清理	7 900
银行存款	350
营业外收入	500

【例 5-14】 2007 年 3 月 11 日,紫金公司与中山公司达成合并协议,约定紫金公司以一项专利技术和银行存款 250 万元向丁公司投资,占中山公司股份总额的 60%。该专利技术的账面原价为 9 880 万元,已累计摊销 440 万元,已计提无形资产减值准备 320 万元,公允价值为 9 000 万元。假定紫金公司与中山公司在此之前不存在任何投资关系,不考虑其他相关税费。紫金公司的账务处理如下(金额单位:万元):

借:长期股权投资——投资成本	9 250
累计摊销	440
无形资产减值准备	320
营业外支出	120
贷:无形资产	9 880
银行存款	250

2. 其他方式取得长期股权投资的核算

以其他方式取得的长期股权投资主要是指以现金购入的长期股权投资、以发行权益性证券取得的长期股权投资、接受投资者投入的长期股权投资。由于取得方式不同,长期股权投资初始投资成本的确定也各不相同。

(1) 以现金购入的长期股权投资。以支付现金取得的长期股权投资,应当按照实际支付的购买价款作为初始投资成本。初始投资成本包括与取得长期股权投资直接相关的费用、税金及其他必要支出。具体来说,企业以支付现金取得的长期股权投资,应当按照实际支付的价款及与取得长期股权投资直接相关的手续费、佣金等,作为长期股权投资的初始投资成本,借记"长期股权投资——投资成本"账户;按实际支付的价款及手续费、佣金等,贷记"银行存款"等账户。

【例5-15】 为建立相对稳定的原材料产地,保证原材料的持续供应,2007年1月2日,新欣公司在公开交易的股票市场上购买了紫金公司的1 500 000股股票,价值为4 500 000元,占其股本总额的80%。

新欣公司的账务处理如下:

  借:长期股权投资——投资成本   4 500 000
    贷:银行存款   4 500 000

（2）以发行权益性证券取得的长期股权投资。以发行权益性证券取得的长期股权投资,应当按照发行权益性证券的公允价值作为初始投资成本。具体来说,企业以发行权益性证券取得的长期股权投资,应当按照权益性证券的公允价值,借记"长期股权投资——投资成本"账户;按权益性证券的面值,贷记"股本"账户;按权益性证券的公允价值与其面值之间的差额,贷记"资本公积"账户。在这一过程中,与发行权益性证券有关的税费及其他直接相关费用,应当冲减"资本公积"账户。

【例5-16】 2007年6月1日,新欣公司与紫金公司达成合并协议,约定新欣公司以增发的权益性证券作为对价向紫金公司投资。当日,新欣公司权益性证券增发成功,共增发普通股股票130万股,每股面值1元,实际发生价格2元。假定不考虑其他相关税费。新欣公司的账务处理如下(金额单位:万元):

  借:长期股权投资——投资成本   260
    贷:股本   130
      资本公积   130

（3）接受投资者投入的长期股权投资。投资者投入的长期股权投资,应当按照投资合同或协议约定的价值作为初始投资成本,但合同或协议约定价值不公允的除外。具体来说,接受投资者投入的长期股权投资,企业应当按照投资合同或协议约定的价值以及相关的税费等作为初始投资成本,借记"长期股权投资——投资成本"账户;按照投资者出资构成实收资本(或股本)的部分,贷记"实收资本"、"股本"等账户;按照支付的相关税费,贷记"银行存款"等账户;按照上述借贷方之间的差额,贷记"资本公积"账户。

【例5-17】 2007年3月2日,假定新欣公司接受紫金公司以所持有的中山公司长期股权投资。紫金公司对中山公司长期股权投资的账面余额为120万元,未计提长期股权投资减值准备。新欣公司和紫金公司约定的对中山公司长期股权投资价值为3 700万元,占新欣公司所有者权益总额的60%。假定在2007年3月2

日,新欣公司所有者权益总额为6 000万元,不考虑其他相关税费。新欣公司账务处理如下(金额单位:万元):

  借:长期股权投资——投资成本   3 700
   贷:实收资本   3 600
    资本公积   100

(二) 长期股权投资的后续计量

企业对外进行的长期股权投资,应当分别不同情况采用成本法和权益法加以核算。

1. 长期股权投资核算的成本法

长期股权投资核算的成本法是指长期股权投资按成本计价的方法。在成本法下,长期股权投资以取得时的初始投资成本计价。

根据《企业会计准则》的规定,在下列情况下,企业的长期股权投资应当采用成本法核算:

(1) 投资企业能够对被投资单位实施控制的长期股权投资。

(2) 投资企业对被投资单位不具有共同控制或重大影响,而且在活跃市场中没有报价、公允价值不能可靠地计量的长期股权投资。

长期股权投资采用成本法核算的一般程序如下:

(1) 初始投资或追加投资时,按照初始投资或追加投资时的初始投资成本或追加投资后的初始投资成本,作为长期股权投资的账面价值。

(2) 除取得投资时实际支付的价款或对价中包含的已宣告但尚未发放的现金股利或利润外,投资企业应当按照享有被投资单位宣告发放的现金股利或利润确认为投资收益,不管有关利润分配是属于对取得投资前还是取得投资后被投资单位实现净利润的分配。

投资企业在确认自被投资单位应分得的现金股利或利润后,应当考虑有关长期股权投资是否发生减值。在判断该类长期股权投资是否存在减值迹象时,应当关注长期股权投资的账面价值是否大于享有被投资单位净资产(包括商誉)账面价值的份额等情况。出现类似情况时,企业应当按照《企业会计准则第8号——资产减值》的规定对长期股权投资进行减值测试,可收回金额低于长期股权投资的账面价值的,应当计提减值准备。

【例5-18】 2007年1月1日,新欣公司以银行存款购入紫金公司10%的股份,并准备长期持有,实际投资成本为220 000元。紫金公司于2007年5月2日宣告分派2006年度的现金股利200 000元。新欣公司的账务处理如下:

  购入紫金公司的股票:
  借:长期股权投资——股票投资(紫金公司)   220 000
   贷:银行存款   220 000

2007年5月2日,宣告分派现金股利:

借:应收股利　　　　　　　　　　　　　　　　　　　　　20 000
　　贷:投资收益　　　　　　　　　　　　　　　　　　　　　　20 000

2. 长期股权投资的权益法

长期股权投资的权益法是指投资最初以初始投资成本计价,以后根据投资企业享有被投资企业所有者权益份额的变动对投资的账面价值进行调整的方法。

根据《企业会计准则》的规定,投资企业对被投资单位具有共同控制或重大影响的长期股权投资,应当采用权益法核算。

权益法的核算主要有以下的内容:

(1) 初始投资成本的调整。投资企业取得对联营企业或合营企业的投资以后,对于取得投资时投资成本与应享有被投资单位可辨认净资产公允价值份额之间的差额,应区别情况分别处理:

(a) 初始投资成本大于取得投资时应享有被投资单位可辨认净资产公允价值份额的,该部分差额从本质上是投资企业在取得投资过程中通过购买作价体现出的与所取得股权份额相对应的商誉及被投资单位不符合确认条件的资产价值。初始投资成本大于取得投资时应享有被投资单位可辨认净资产公允价值份额时,两者之间的差额不要求对长期股权投资的初始投资的成本进行调整。

(b) 长期股权投资的初始投资成本小于投资时应享有被投资单位可辨认净资产公允价值份额的,两者之间的差额体现为双方在交易作价过程中转让方的让步。该部分经济利益流入应作为收益处理,计入取得投资当期的营业外收入,损益,同时调整长期股权投资的账面价值。

【例5-19】 2007年1月1日,新欣公司以银行存款18 000万元向紫金公司投资,占紫金公司有表决权股份的30%,采用权益法核算。当日,紫金公司可辨认净资产公允价值为45 000万元。假定不考虑其他因素。新欣公司的账务处理如下:

借:长期股权投资——投资成本　　　　　　　　　　　180 000 000
　　贷:银行存款　　　　　　　　　　　　　　　　　　　　180 000 000

长期股权投资的初始投资成本18 000万元大于取得投资时应享有被投资单位可辨认净资产可辨认净资产公允价值的份额13 500万元(45 000×30%),两者之间的差额不调整长期股权投资的账面价值。

若本例中,取得投资时被投资单位可辨认净资产公允价值为72 000万元,新欣公司按持股比例30%计算应享有21 600万元,则初始投资成本与应享有被投资单位可辨认净资产公允价值的份额之间的差额3 600万元应计入取得投资当期的营业外收入,账务处理如下:

　　　　借：长期股权投资——投资成本　　　　　　　　　216 000 000
　　　　　　贷：银行存款　　　　　　　　　　　　　　　　180 000 000
　　　　　　　　营业外收入　　　　　　　　　　　　　　　 36 000 000

　　(2) 投资损益的确认。投资企业取得长期股权投资后,应当按照应享有或应分担的被投资单位实现的净利润或发生的净亏损的份额(法规或公司章程规定不属于投资企业的净利润除外),调整长期股权投资的账面价值,并确认为当期投资损益。

　　在确认应享有或应分担的被投资单位实现的净利润或发生的净亏损时,在被投资单位账面净利润的基础上,应考虑以下因素的影响进行适当的调整：

　　(a) 被投资单位采用的会计政策及会计期间与投资企业不一致的,应当按照投资企业的会计政策及会计期间对被投资单位的财务报表进行调整,并据以确认投资损益。

　　(b) 以取得投资时被投资单位固定资产、无形资产的公允价值为基础计提的折旧额或摊销额,以及投资企业以取得投资时的公允价值为基础计算确定的资产减值准备金额等对被投资单位净利润的影响。

　　被投资单位个别利润表中的净利润是以其持有的资产、负债账面价值为基础持续计算的,而投资企业在取得投资时,是以被投资单位有关资产、负债的公允价值为基础确定投资成本,长期股权投资的投资收益所代表的是被投资单位资产、负债在公允价值计量的情况下在未来期间通过经营产生的损益中归属于投资企业的部分。取得投资时有关资产、负债的公允价值与其账面价值不同的,未来期间,在计算归属于投资企业应享有的净利润或应承担的净亏损时,应以投资时被投资单位有关资产对投资企业的成本即取得投资时的公允价值为基础计算确定,从而产生了需要对被投资单位账面净利润进行调整的情况。

　　在针对上述事项对被投资单位实现的净利润进行调整时,应考虑重要性原则,不具备重要性的项目可不予调整。符合下列条件之一的,投资企业可以以被投资单位账面净利润为基础计算确认投资收益,同时应在财务报表附注中说明不能按照准则规定进行核算的原因：① 投资企业无法合理确定取得投资时被投资单位各项可辨认资产等的公允价值。② 投资时被投资单位可辨认资产的公允价值与其账面价值相比,两者之间的差额不具备重要性。③ 其他原因导致无法取得被投资单位的有关资料,不能按照准则中规定的原则对被投资单位的净损益进行调整的。

　　【例 5-20】 沿用[例 5-19]的资料,假定长期股权投资的成本大于取得投资时被投资单位可辨认净资产公允价值份额的情况下,取得投资当年被投资单位实现净利润 4 800 万元。投资企业与被投资单位均以公历年度作为会计年度,两者之间采用的会计政策相同。由于投资时被投资单位各项资产、负债的账面价值与其公允价值相同,且假定投资企业与被投资单位未发生任何内部交易,不需要对被投资单位实现的净损益进行调整,投资企业应确认的投资收益为1 440万元(4 800×30%)。

【例5-21】 新欣公司于2007年1月10日,购入紫金公司30%的股份,购买价款为6 600万元,并自取得投资之日起派人参与紫金公司的财务和生产经营决策。取得投资当日,紫金公司可辨认净资产公允价值为18 000万元。除表5-4所列项目外,紫金公司其他资产、负债的账面价值与其公允价值相同。

表 5-4　　　　　　　　　其他资产、账面价值和公允价值

项 目	账面原价	已提折旧或摊销	公允价值	紫金公司预计使用年限	新欣公司取得投资后剩余使用年限
存货	750		1 050		
固定资产	1 800	360	2 400	20	16
无形资产	1 050	210	1 200	10	8
合　计	3 600	570	4 650		

假定紫金公司于2007年实现净利润1 800万元,其中,在新欣公司取得投资时的账面存货有80%对外出售。新欣公司与紫金公司的会计年度及采用的会计政策相同。固定资产、无形资产均按直线法提取折旧或摊销,预计净残值均为零。假定新欣公司与紫金公司间未发生任何内部交易。

新欣公司在确定其应享有的投资收益时,应在紫金公司实现净利润的基础上,根据取得投资时紫金公司有关资产的账面价值与其公允价值差额的影响进行调整(假定不考虑所得税影响):

存货的账面价值与其公允价值差额应调减的利润 $= (1\ 050 - 750) \times 80\% = 240$(万元)

固定资产账面价值与其公允价值差额应调整增加的折旧额 $= 2\ 400 \div 16 - 1\ 800 \div 20 = 60$(万元)

无形资产账面价值与其公允价值差额应调整增加的摊销额 $= 1\ 200 \div 8 - 1\ 050 \div 10 = 45$(万元)

调整后的净利润 $= 1\ 800 - 240 - 60 - 45 = 1\ 455$(万元)

新欣公司应享有份额 $= 1\ 455 \times 30\% = 436.50$(万元)

新欣公司在确定投资收益时,应作如下的账务处理:

借:长期股权投资——损益调整　　　　　　　　　　　　4 365 000
　　贷:投资收益　　　　　　　　　　　　　　　　　　4 365 000

(c) 在确认投资收益时,除考虑公允价值的调整外,对于投资企业与其联营企

业及合营企业之间发生的未实现内部交易损益应予以抵销。即投资企业与联营企业及合营企业之间发生的未实现内部交易损益按照持股比例计算归属于投资企业的部分应予以抵销,在此基础上确认投资损益。投资企业与被投资单位发生的内部交易损失,按照《企业会计准则第8号——资产减值》等规定属于减值损失的,应当全额确认。投资企业对于纳入合并范围的子公司与其联营企业及合营企业之间发生的内部交易损益,也应当按照上述原则进行抵销,在此基础上确认投资收益。

应当注意的是,该未实现内部交易损益的抵销既包括顺流交易也包括逆流交易,其中,顺流交易是指投资企业向其联营企业或合营企业出售资产,逆流交易是指联营企业或合营企业向投资企业出售资产。当该未实现内部交易损益体现在投资企业或其联营企业、合营企业持有的资产账面价值中时,相关的损益在计算确认投资损益时应予以抵销。

第一,对于联营企业或合营企业出售资产的逆流交易,在该交易存在未实现内部交易损益的情况下(即有关资产未对外部独立第三方出售),投资企业在采用权益法计算确认应享有联营企业或合营企业的投资损益时,应抵销该未实现内部交易损益的影响。当投资企业自营或联营企业或合营企业购买资产时,在将该资产出售给外部独立第三方之前,不应确认联营企业或合营企业因该交易产生的损益中本企业应享有的部分。

因逆流交易产生的未实现内部交易损益,在未对外部独立第三方出售之前,体现在投资企业持有资产的账面价值当中。投资企业对外编制合并财务报表的,应在合并财务报表中对长期股权投资及包含未实现内部交易损益的资产账面价值进行调整,抵销有关资产账面价值中包含的未实现内部交易损益,并相应调整对联营企业或合营企业的长期股权投资。

【例5-22】 新欣公司于2007年1月10日,取得紫金公司20%的有表决权股份,能够对紫金公司施加重大影响。假定新欣公司取得该项投资时,紫金公司各项可辨认资产、负债的公允价值与其账面价值相同。2007年8月1日,紫金公司将其成本为600万元的某商品以1 000万元的价格出售给新欣公司,新欣公司将取得的商品作为存货。至2007年资产负债表日,新欣公司仍未对外出售该存货。紫金公司2007年实现净利润为3 200万元。假定不考虑所得税因素。

新欣公司在按照权益法确认应享有紫金公司2007年净损益时,应作如下的账务处理:

　　借:长期股权投资——损益调整(28 000 000×20%)　　5 600 000
　　　　贷:投资收益　　　　　　　　　　　　　　　　　　　　5 600 000

进行上述处理后,投资企业有子公司,需要编制合并财务报表的,在合并财务

报表中,因该未实现内部交易损益体现在投资企业持有存货的账面价值当中,应在合并财务报表中进行以下调整:

  借:长期股权投资——损益调整   800 000
    贷:存货   800 000

  假定在2008年,新欣公司将该商品以1 000万元的价格向外部独立第三方出售,因该部分内部交易损益已经实现,新欣公司在确认应享有紫金公司2008年净损益时,应考虑将原未确认的该部分内部交易损益计入投资收益,即应在考虑其他因素计算确定的投资损益基础上调整增加80万元。

  第二,对于投资企业向联营企业或合营企业出售资产的顺流交易,在该交易存在未实现内部交易损益的情况下(即有关资产未对外部独立第三方出售),投资企业在采用权益法计算确认应享有联营企业或合营企业的投资损益时,应抵销该未实现内部交易损益的影响。同时调整对联营企业或合营企业长期股权投资的账面价值。当投资企业向联营企业或合营企业出售资产,同时有关资产由联营企业或合营企业持有时,投资方因出售资产应确认的损益仅限于与联营企业或合营企业其他投资者交易的部分。即在顺流交易中,投资方投出资产或出售资产给其联营企业或合营企业产生的损益中,按照持股比例计算确定归属于本企业的部分不予确认。

  【例5-23】 新欣公司于2007年1月10日,取得紫金公司20%的有表决权股份,能够对紫金公司施加重大影响。2007年,新欣公司将其账面价值为600万元的某商品以1 000万元的价格出售给紫金公司。至2007年资产负债表日,紫金公司仍未对外出售该存货。假定新欣公司取得该项投资时,紫金公司各项可辨认资产、负债的公允价值与其账面价值相同,两者在以前期间未发生过内部交易。紫金公司2007年实现净利润为2 000万元。假定不考虑所得税因素。

  新欣公司在该项交易中实现利润400万元,其中的80万元(400×20%)是针对本企业持有的对联营企业的权益份额,在采用权益法计算确认投资损益时应予以抵销,即新欣公司应当作的账务处理为:

  借:长期股权投资——损益调整[(2 000−400)×20%] 3 200 000
    贷:投资收益   3 200 000

  新欣公司如需编制合并财务报表,在合并财务报表中对该未实现内部交易损益应在个别报表已确认投资收益的基础上进行以下调整:

  借:营业收入(1 000×20%)   2 000 000
    贷:营业成本(600×20%)   1 200 000
      投资收益   800 000

应当说明的是,投资企业与其联营企业或合营企业之间发生的无论是顺流交易还是逆流交易产生的未实现内部交易损失,属于所转让资产发生减值损失的,有关的未实现内部交易损失不应予以抵销。

第三,合营方向合营企业投出非货币性资产产生损益的处理。合营方向合营企业投出或出售非货币性资产的相关损益,应当按照以下原则处理:

符合下列情况之一的,合营方不应确认该类交易的损益:与投出非货币性资产所有权有关的重大风险和报酬没有转移给合营企业;投出非货币性资产的损益无法可靠地计量;投出非货币性资产交易不具有商业实质。

合营方转移出与投出非货币性资产所有权有关的重大风险和报酬而且投出资产留给合营企业使用的,应在该项交易中确认属于合营企业其他合营方的利得和损失。交易表明投出或出售非货币性资产发生减值损失的,合营方应当全额确认该部分损失。

在投出非货币性资产的过程中,合营方除了取得合营企业的长期股权投资外还取得了其他货币性或非货币性资产的,应当确认该项交易中与取得其他货币性、非货币性资产相关的损益。

(3)取得现金股利或利润的处理。按照权益法核算的长期股权投资,投资企业自被投资单位取得的现金股利或利润,应抵减长期股权投资的账面价值。在被投资单位宣告分派现金股利或利润时,借记"应收股利"账户,贷记"长期股权投资(损益调整)"账户;自被投资单位取得的现金股利或利润超过已确认损益调整的部分视同投资成本的收回,冲减长期股权投资的账面价值。

(4)超额亏损的处理。按照权益法核算的长期股权投资,投资企业确认应分担自被投资单位发生的损失,原则上应以长期股权投资及其他实质上构成对被投资单位净投资的长期权益减计至零为限。投资企业在确认应分担被投资单位发生的亏损时,具体应按照以下顺序处理。

首先,减记长期股权投资的账面价值。

其次,在长期股权投资减计至零的情况下,对于未确认的投资损失,考虑除长期股权投资以外,账面上是否有其他实质上构成对被投资单位净投资的长期权益项目,如果有,则应以其他长期权益的账面价值为限,继续确认投资损失,冲减长期应收项目等的账面价值。

最后,经过上述处理,按照投资合同或协议约定,投资企业仍需要承担额外损失弥补等义务的,应按预计将承担的义务金额确认预计负债,计入当期投资损失。

在确认了有关的投资损失以后,被投资单位于以后期间实现盈利的,应按以上相反顺序分别减计账外备查登记的金额、已确认的预计负债、恢复其他长期权益及长期股权投资的账面价值,同时确认投资收益。即应当按顺序分别借记"预计负债"、"长期应收款"、"长期股权投资"等账户,贷记"投资收益"账户。

【例 5-24】 新欣公司持有紫金公司 40%的股权,能够对紫金公司施加重大影响。2007 年 12 月 31 日,该项长期股权投资的账面价值为 6 000 万元。紫金公司 2008 年由于一项主营业务市场条件发生变化,当年度亏损 9 000 万元。假定新欣公司取得该项投资时,紫金公司各项可辨认资产、负债的公允价值与其账面价值相等,双方所采用的会计政策及会计期间也相同,则新欣公司当年度应确认的投资损失为 3 600 万元。确认上述投资损失后,长期股权投资的账面价值变为 2 400 万元。

上述如果紫金公司当年度的亏损额为 18 000 万元,则新欣公司按其持股比例确认应分担的损失为 7 200 万元,但长期股权投资的账面价值仅为 6 000 万元,如果没有其他实质上构成对被投资单位净投资的长期权益项目,则新欣公司应确认的投资损失仅为 6 000 万元,超额损失在账外进行备查登记;在确认了 6 000 万元的投资损失,长期股权投资的账面价值减计至零以后,如果新欣公司账上仍有应收紫金公司的长期应收款 2 400 万元,该款项从目前情况看,没有明确的清偿计划,则在长期应收款的账面价值大于 1 200 万元的情况下,应以长期应收款的账面价值为限进一步确认投资损失 1 200 万元。新欣公司应进行的账务处理为:

借:投资收益   60 000 000
　　贷:长期股权投资——损益调整   60 000 000
借:投资收益   12 000 000
　　贷:长期应收款   12 000 000

(5) 被投资单位除净损益以外所有者权益的其他变动。长期股权投资采用权益法核算时,投资企业对于被投资单位除净损益以外所有者权益的其他变动,在持股比例不变的情况下,应按照持股比例与被投资单位除净损益以外所有者权益的其他变动中归属于本企业的部分,相应调整长期股权投资的账面价值,同时增加或减少资本公积。

【例 5-25】 新欣公司持有紫金公司 30%的股份,能够对紫金公司施加重大影响。当期紫金公司因持有的可供出售金融资产公允价值的变动计入资本公积的金额为 1 800 万元,除该事项外,紫金公司当期实现的净损益为 9 600 万元。假定新欣公司与紫金公司适用的会计政策、会计期间相同,投资时紫金公司各项可辨认资产、负债的公允价值与其账面价值亦相同,两者在以前期间未发生过内部交易。

新欣公司在确认应享有被投资单位所有者权益的变动时,应进行的账务处理为:

借：长期股权投资——损益调整	28 800 000	
——其他权益变动	5 400 000	
贷：投资收益		28 800 000
资本公积——其他资本公积		5 400 000

(6) 股票股利的处理。被投资单位分派的股票股利，投资企业不作账务处理，但应于除权日注明所增加的股数，以反映股份的变化情况。

(三) 长期股权投资核算方法的转换

1. 权益法转换为成本法

根据《企业会计准则》的规定，投资企业因减少投资等原因对被投资单位不再具有共同控制或重大影响的，并且在活跃市场中没有报价、公允价值不能可靠地计量的长期股权投资，应当改按成本法核算，并以权益法下长期股权投资的账面价值作为按照成本法核算的初始投资成本。

【例5-26】 新欣公司2007年1月1日持有紫金公司30%的有表决权股份，因能够对紫金公司的生产经营决策施加重大影响，新欣公司采用权益法核算对紫金公司的投资，至2008年12月31日，新欣公司将该项投资的50%对外出售，出售以后，无法再对紫金公司施加重大影响，为此，新欣公司改按成本法核算，出售时，该项长期股权投资的新欣公司的账面价值为4 800万元，其中投资成本为3 900万元，损益调整为900万元，出售取得价款为2 700万元。

新欣公司确认损益应进行以下账务处理：

借：银行存款	27 000 000	
贷：长期股权投资——紫金公司（投资成本）		24 000 000
投资收益		3 000 000

2. 成本法转换为权益法

长期股权投资的核算由成本法转为权益法时，应以成本法下长期股权投资的账面价值作为按照权益法核算的初始投资成本，并在此基础上比较该初始投资成本与应享有被投资单位可辨认净资产公允价值的份额，确定是否需要对长期股权投资的账面价值进行调整。

(1) 原持有的对被投资单位不具有控制、共同控制或重大影响、在活跃市场中没有报价、公允价值不能可靠地计量的长期股权投资，因追加投资导致持股比例上升，能够对被投资单位施加重大影响或是实施共同控制的，在自成本法转为权益法时，应区分原持有的长期股权投资以及新增长期股权投资两部分分别处理：

第一，原持有的长期股权投资的账面余额与按照原持股比例计算确定应享有原取得投资时被投资单位可辨认净资产公允价值份额之间的差额。属于通过投资作价体现的商誉部分,不调整长期股权投资的账面价值;属于原取得投资时因投资成本小于应享有被投资单位可辨认净资产公允价值份额之间的差额。一方面应调整长期股权投资的账面价值;另一方面应同时调整留存收益。

第二,对于新取得的股权部分,应比较新增投资的成本与取得该部分投资时应享有原取得投资时被投资单位可辨认净资产公允价值的份额,其中,投资成本大于投资时被投资单位可辨认净资产公允价值份额的,不调整长期股权投资的成本;对于投资成本小于应享有被投资单位可辨认净资产公允价值份额的,应调整增加长期股权投资的成本,同时计入取得当期的营业外收入。

上述与原持股比例相对应的商誉或是应计入留存收益的金额与新取得投资过程中体现的商誉与计入当期损益的金额应综合考虑,在此基础上确定与整体投资相关的商誉或是因投资成本小于应享有被投资单位可辨认净资产公允价值份额应计入留存收益或是损益的金额。

第三,对于原取得投资后至新取得投资的交易日之间被投资单位可辨认净资产公允价值的变动相对于原持股比例的部分,属于在此期间被投资单位实现的净损益中应享有份额的,一方面应调整长期股权投资的账面价值,同时对于原取得投资时至新增投资当期期初按照原持股比例应享有被投资单位实现的净损益,应调整留存收益,对于新增投资当期期初至新增投资交易日之间应享有被投资单位的净损益,应计入当期损益;属于其他原因导致的被投资单位可辨认净资产公允价值的变动中应享有的份额,在调整长期股权投资的账面价值的同时,应当记入"资本公积——其他资本公积"账户。

【例 5-27】 新欣公司于 2007 年 2 月取得紫金公司 10% 的股权,成本为 900 万元,取得时紫金公司可辨认净资产公允价值总额为 84 000 万元(假定公允价值与账面价值相同),因对被投资单位不具有重大影响且无法可靠确定该项投资的公允价值,新欣公司对其采用成本法核算,新欣公司按照净利润的 10% 提取盈余公积。

新欣公司于 2008 年 1 月 1 日,又以 1 800 万元取得紫金公司 12% 的股权,当日紫金公司可辨认净资产公允价值总额为 12 000 万元,取得该部分股权后,按照紫金公司章程规定,新欣公司能够派人参与紫金公司的财务和生产经营决策,对该项长期股权投资改用权益法核算,假定新欣公司在取得对紫金公司 10% 的股权后,双方未发生任何内部交易。紫金公司通过生产经营活动实现的净利润为 900 万元,未派发现金股利或利润,除所实现的净利润外,未发生其他计入资本公积的交易或事项。

2008 年 1 月 1 日新欣公司应确认对紫金公司的投资,账务处理如下:

借:长期股权投资——紫金公司　　　　　　　　　18 000 000
　　贷:银行存款　　　　　　　　　　　　　　　　　　　18 000 000

对长期股权投资账面价值的调整:

确认该部分长期股权投资后，新欣公司对紫金公司投资账面价值为2 700万元，其中与原持有比例相对应的部分为900万元，新增股权的成本为1 800万元。

第一，对于原10%股权的成本900万元与原投资时应享有被投资单位可辨认净资产公允价值份额840万元（8 400×10%）之间的差额60万元，属于原投资时体现的商誉，该部分差额不调整长期股权投资账面价值。

对于被投资单位可辨认净资产在原投资时至新增投资交易日之间公允价值的变动（12 000－8 400）相对于原持股比例的部分360万元，其中，属于投资后被投资单位实现净利润部分90万元（900×10%），应调整长期股权投资的账面价值，同时调整留存收益；除实现净损益外其他原因导致的可辨认净资产公允价值的变动270万元，应当调整长期股权投资的账面价值，同时记入"资本公积——其他资本公积"账户。其账务处理如下：

借：长期股权投资——紫金公司　　　　　　　　　　　3 600 000
　　贷：资本公积——其他资本公积　　　　　　　　　　2 700 000
　　　　盈余公积　　　　　　　　　　　　　　　　　　　 90 000
　　　　利润分配——未分配利润　　　　　　　　　　　 810 000

第二，对于新取得的股权，其成本为1800万元，取得该投资时按照持股比例计算确定应享有被投资单位可辨认净资产公允价值的份额1 440万元（12 000×12%）之间的差额为投资作价中体现出的商誉，该部分商誉不要求调整长期股权投资的成本。

(2) 因处置投资导致对被投资单位的影响能力由控制转为具有重大影响或是与其他投资方一起实施共同控制的情况下，首先应按处置或收回投资的比例结转应终止确认的长期股权投资成本。

在此基础上，应当比较剩余的长期股权投资成本与按照剩余持股比例计算原投资时应享有被投资单位可辨认净资产公允价值的份额，属于投资作价中体现出的商誉，不调整长期股权投资的账面价值；属于投资成本小于应享有被投资单位可辨认净资产公允价值份额的，应调整增加长期股权投资的成本，应调整留存收益。

对于原取得投资后至转变为权益法核算之间被投资单位实现的净损益中应享有的份额，一方面应调整长期股权投资的账面价值；另一方面对于原取得投资时至处置投资当期期初被投资单位实现的净损益（扣除已发放及已宣告发放的现金股利及利润）中应享有的份额，调整留存收益，对于处置投资当期期初至处置投资之日被投资单位实现的净损益中享有的份额，调整当期损益；其他原因导致的被投资单位可辨认净资产公允价值的变动中应享有的份额，在调整长期股权投资的账面价值的同时，应当记入"资本公积——其他资本公积"账户。

【例5-28】 新欣公司原持有紫金公司60%的股权，其账面余额为9 000万元，未计提减值准备,2008年1月2日,新欣公司将其持有的对紫金公司20%的股权出售给某企业,取得价款5 400万元,当日紫金公司可辨认净资产公允价值总额为24 000万元。新欣公司原取得对紫金公司60%的股权时,紫金公司可辨认净资产公允价值总额为13 500万元(假定可辨认净资产的公允价值与账面价值相同)。自取得对紫金公司长期股权投资后至处置投资前,紫金公司实现净利润7 500万元。假定紫金公司一直未进行利润分配,除所实现净损益外,紫金公司未发生其他计入资本公积的交易或事项,本例中,新欣公司按照净利润的10%提取盈余公积。

在出售20%的股权后,新欣公司对紫金公司的持股比例为40%,在被投资单位董事会中派有代表,但不能对紫金公司的生产经营决策实施控制,对紫金公司的长期股权投资应由成本法改为权益法进行核算。

确认长期股权投资处置损益时,账务处理如下:

　　借:银行存款　　　　　　　　　　　　　　　　　　　54 000 000
　　　　贷:长期股权投资　　　　　　　　　　　　　　　　30 000 000
　　　　　　投资收益　　　　　　　　　　　　　　　　　　24 000 000

调整长期股权投资账面价值:

剩余长期股权投资账面价值为6 000万元,与原投资时应享有被投资单位可辨认净资产公允价值份额之间的差额600万元(6 000－13 500×40%)为商誉,该部分商誉的价值不需要对长期股权投资的成本进行调整。

取得投资以后被投资单位可辨认净资产公允价值的变动中应享有的份额为4 200万元[(24 000－13 500)×40%]为被投资单位实现的净损益,应调整增加长期股权投资账面价值,同时调整留存收益。企业应进行如下账务处理:

　　借:长期股权投资　　　　　　　　　　　　　　　　　30 000 000
　　　　贷:盈余公积　　　　　　　　　　　　　　　　　　 3 000 000
　　　　　　利润分配——未分配利润　　　　　　　　　　　27 000 000

(四) 长期股权投资的处置

企业处置长期股权投资时,应相应结转与所售股权相对应的长期股权投资的账面价值,出售所得价款与处置长期股权投资的账面价值之间的差额,应确认为处置损益。

采用权益法核算的长期股权投资,因原计入资本公积中的金额,在处置时亦应进行结转,将与所出售股权相对应的部分在处置时自资本公积转入当期损益。

【例5-29】 新欣公司持有紫金公司40%的股权,2007年12月20日,新欣公司决定出售10%的紫金公司股权,出售时新欣公司账面上对紫金公司长期股权投资的构成为:投资成本为1 800万元,损益调整480万元,其他权益变动300万元,出售所得价款为705万元。

新欣公司确认处置损益的账务处理如下：

借：银行存款 7 050 000
　　贷：长期股权投资 6 450 000
　　　　投资收益 600 000

除应将实际取得价款与出售长期股权投资的账面价值进行结转，确认出售损益以外，还应将原计入资本公积的部分按比例转入当期损益。

借：资本公积——其他资本公积 750 000
　　贷：投资收益 750 000

三、长期股权投资的减值

企业持有的长期股权投资，应当定期对其账面价值逐项进行检查，至少应于每年年末检查一次。如果由于市价持续下跌或被投资单位经营状况变化等原因导致其可收回金额低于投资的账面价值，应将可收回金额低于长期股权投资账面价值的差额，确认为当期投资损失。已确认损失的长期股权投资的价值又得以恢复，应在原已确认的投资损失的数额内转回。可收回金额是指企业资产的出售净价与预期从该资产的持有和投资到期处置中形成的预计未来现金流量的现值两者之中的较高者。其中，出售净价是指资产的出售价格减去所发生的资产处置费用后的余额。

为了核算企业提取的长期股权投资减值准备，企业应设置"长期股权投资减准备"账户。期末，如果预计可收回金额低于其账面价值的差额，借记"资产减值损失——计提的长期股权投资减值准备"账户，贷记"长期股权投资减值准备"账户。如果已计提减值准备的长期股权投资的价值又得以恢复，应在已计提减值准备的范围内，借记"长期股权投资减值准备"账户，贷记"资产减值损失——计提的长期股权投资减值准备"账户。

企业持有的长期股权投资，是否计提减值准备，需分别情况加以确定：

（1）有市价的长期股权投资，可根据以下迹象判断：市价持续2年低于账面价值；该项投资暂停交易1年或1年以上；被投资单位当年发生严重亏损；被投资单位持续2年发生亏损；被投资单位进行清理整顿、清算或出现其他不能持续经营的迹象。

（2）无市价的长期股权投资，可根据以下迹象判断：影响被投资单位经营的政治或法律环境的变化，如税收、贸易等法规的颁布或修订，可能导致被投资单位出现巨额亏损；被投资单位所供应的商品或提供的劳务因产品过时或消费者偏好改变而使市场的需求发生变化，从而导致被投资单位财务状况发生严重恶化；被投资单位所在行业的生产技术等发生重大变化,被投资单位已失去竞争能力,从而导致财务状况发生严重恶化,如进行清理整顿、清算等;有证据表明该项投资实质上已经不能再给企业带来经济利益的其他情形。

【例 5-27】 2007 年 12 月 31 日,新欣公司持有紫金公司的普通股股票账面价值为 675 000 元,作为长期股权投资并采用权益法进行核算;由于紫金公司当年度经营不善,资金周转发生困难,使得其股票市价下跌至 70 000 元,短期内难以恢复。假设新欣公司本年度首次对其计提长期股权投资减值准备。

新欣公司计提长期股权投资减值准备的账务处理如下:

借:资产减值损失——计提的长期股权投资减值准备　　105 000
　　贷:长期股权投资减值准备——紫金公司　　　　　　　　　105 000

其中,计提的长期股权投资减值准备金额为 105 000 元(675 000－570 000)。

四、长期股权投资的披露

根据《企业会计准则》的规定,投资企业应当在附注中披露与长期股权投资有关的下列信息:

(1) 子公司、合营企业和联营企业清单,包括企业名称、注册地、业务性质、投资企业的持股比例和表决权比例。

(2) 合营企业和联营企业当期的主要财务信息,包括资产、负债、收入、费用等合计金额。

(3) 被投资单位向投资企业转移资金的能力受到严格限制的情况。

(4) 当期及累计未确认的投资损失金额。

(5) 与对子公司、合营企业及联营企业投资相关的或有负债。

【问题与思考 5-5】

对于投资企业能够对被投资单位实施控制的长期股权投资采用成本法的理由何在?

本 章 小 结

企业在从事日常生产经营活动之外,还可能出于各种目的而购买金融资产,或直接将企业的资产投向其他企业。投资也是企业的重要活动,可以为扩大再生产提供资金或取得资产等。本章首先介绍投资的性质、范围及分类,其次重点介绍各种金融资产取得、收回、期末持有的计价与确认,最后介绍长期股权投资的确认、计量以及披露。

复习思考题

1. 什么是长期股权投资的成本法和权益法？成本法和权益法有何区别？
2. 成本法转换为权益法时应如何核算？
3. 说明长期股权投资采用成本法和权益法的条件。
4. 如果选择长期股权投资的核算方法，你是基于什么目的，在什么情况下选择成本法或权益法？
5. 为什么只有投资后，被投资单位实现的净利润的分配才可以作为投资企业的投资收益？

案例讨论题

1. 2004年1月1日，甲公司从活跃市场购买了一项乙公司债券，年限5年，划分为持有至到期投资，债券的本金1100万元，公允价值为961万元（含交易费用为10万元），次年1月5日按票面利率3%支付利息。该债券在第五年兑付本金及最后一期利息。合同约定债券发行方乙公司在遇到特定情况下可以将债券赎回，且不需要为赎回支付额外款项。甲公司在购买时预计发行方不会提前赎回。假定2006年1月1日，甲公司预计本金的50%将于2006年12月31日赎回，共计550万元。乙公司2006年12月31日实际赎回550万元的本金。

请问：
（1）2004年购买债券时应如何作出正确的账务处理？
（2）2004年年末确认实际利息收入时应如何作出正确的账务处理？
（3）2005年1月5日收到利息时应如何作出正确的账务处理？
（4）2005年年末确认实际利息收入时应如何作出正确的账务处理？

同步测试题

一、单项选择题

1. 企业取得交易性金融资产时，发生的交易费用，应借记会计账户是（   ）。
   A．"交易性金融资产"　　　　B．"投资收益"
   C．"财务费用"　　　　　　　D．"管理费用"
2. 企业取得金融资产时，支付的价款中所包含的、已到付息期但尚未领取的利息或已宣告但尚未发放的现金股利，应记入的会计账户是（   ）。

A."应收利息"或"应收股利"　　　B."交易性金融资产"
C."持有至到期投资"　　　　　　D."可供出售金融资产"

3. 2007年1月6日AS企业以赚取价差为目的的从二级市场购入的一批债券作为交易性金融资产,面值总额为500万元,利率为3％,3年期,每年付息1次。该债券为2006年1月1日发行,取得公允价值为525万元,含已到期但尚未领取的2006年的利息,另支付交易费用10万元,全部价款以银行存款支付,则交易性金融资产的入账价值是(　　)万元。

A. 525　　　B. 500　　　C. 510　　　D. 535

4. 根据《企业会计准则第22号——金融工具确认和计量》的规定,下列金融资产的初始计量表述中,不正确的是(　　)。

A. 以允价值计量且其变动计入当期损益的金融资产,初始计量为公允价值,交易费用计入当期损益
B. 持有至到期投资,初始计量为公允价值,交易费用计入初始入账金额,构成成本组成部分
C. 贷款和应收款项,初始计量为公允价值,交易费用计入初始入账金额,构成成本组成部分
D. 可供出售金融资产,初始计量为公允价值交易费用计入当期损益

5. 根据《企业会计准则第22号——金融工具确认和计量》的规定,下列交易性金融资产的后续计量表述中,正确的是(　　)。

A. 按照公允价值进行后续计量,公允价值变动计入当期投资收益
B. 按照摊余成本进行后续计量
C. 按照公允价值进行后续计量,变动计入资本公积
D. 按照公允价值进行后续计量,公允价值变动计入当期公允价值变动损益

6. 根据《企业会计准则第22号——金融工具确认和计量》的规定,下列可供出售金融资产的后续计量表述中,正确的是(　　)。

A. 按照公允价值进行后续计量,公允价值变动计入当期投资收益
B. 按照摊余成本进行后续计量
C. 按照公允价值进行后续计量,变动计入资本公积
D. 按照公允价值进行后续计量,公允价值变动计入当期公允价值变动损益

7. 根据《企业会计准则第22号——金融工具确认和计量》的规定,下列持有至到期投资的后续计量表述中,正确的是(　　)。

A. 按照公允价值进行后续计量,公允价值变动计入当期投资收益

B. 按照摊余成本进行后续计量

C. 按照公允价值进行后续计量,变动计入资本公积

D. 按照公允价值进行后续计量,公允价值变动计入当期公允价值变动损益

8. 2007年3月6日,AS企业以赚取差价为目的从二级市场购入的一批甲公司发行的股票600万股,作为交易性金融资产,取得时公允价值为每股为4.2元,含已宣告但尚未发放的现金股利为0.2元,另支付交易费用8万元,全部价款以银行存款支付,则取得交易性金融资产的入账价值是(　　)万元。

A. 2 520　　　B. 528　　　C. 2 408　　　D. 2 400

9. 2007年年初,甲公司购买了一项公司债券,剩余年限5年,划分为持有至到期投资,公允价值为本1 200万元,交易费用为本10万元,每年按票面利率3%支付利息。该债券在第五年兑付(不能提前兑付)时可得本金1 500万元,则取得时"持有至到期投资"入账金额是(　　)万元。

A. 1 200　　　B. 1 210　　　C. 1 500　　　D. 1 600

10. 甲公司于是2007年1月1日购入乙公司当日发行的债券作为持有至到期投资,公允价值为60 480万元的公司债券,期限为3年,票面年利率为3%,面值为60 000万元,发行费用为60万元,半年实际利率为1.34%,每半年末付息。采用实际利率法摊销,则2007年7月1日持有至到期投资摊余成本是(　　)万元。

A. 88.76　　　B. 60 451.24　　　C. 180.00　　　D. 811.24

二、多项选择题

1. 下列有关持有至到期投资中,正确的处理方法是(　　)。

A. 企业从二级市场上购入的固定利率国债、浮动利率公司债券等,符合持有至到期投资条件的,可以划分为持有至到期投资

B. 购入的股权投资也可能划分为持有至到期投资

C. 持有至到期投资通常具有长期性质,但期限较短(1年以内)的债券投资,符合持有至到期条件的,也可将其划分为持有至到期投资

D. 持有至到期投资应当按取得时的公允价值作为初始确认金额,相关交易费用计入当期损益,支付的价款中包含已宣告发放债券利息的,应作为初始确认金额

E. 持有至到期投资在持有期间应当按照实际利率法确认利息收入,计入投资收益。实际利率应当在取得持有至到期投资时确定,在随后期间保持不变

2. 下列有关贷款和应收款项中,正确的处理方法是(　　)。

A. 贷款和应收款项主要是指金融企业发放的贷款和一般企业销售商品或

提供劳务形成的应收款项等债券
B. 贷款和应收款项在活跃市场中通常有活跃的市场报价
C. 金融企业按照当前市场条件发放的贷款,应按发放贷款的本金和相关交易费用之和作为初始确认金额
D. 一般企业对外销售商品或提供劳务形成的应收债权,通常应按公允价值作为初始入账金额
E. 企业收回或处置贷款和应收款项时,应按收取的价款与该贷款和应收款项账面价值之间的差额,确认为当期损益

3. 下列有关以公允价值计量且其变动计入当期损益的金融资产中,其正确的表达方式是(　　)。
A. 此类金融资产可进一步分为交易性金融资产和直接指定为公允价值计量且其变动计入当期损益的金融资产
B. 企业以赚取差价为目的从二级市场购入的股票、债券、基金等可以作为交易性金融资产
C. 远期合同、期货合同、互换和期权以及具有远期合同、期货合同、互换和期权中一种或一种以上特征的工具等不作为有效套期工具的,也应划分为交易性金融资产
D. 企业准备运用衍生工具对持有至到期债券投资进行套期保值,但由于套期有效性未能达到套期保值准则规定的条件而无法运用套期会计方法。在这种情况下,将该持有至到期债券投资直接指定为以公允价值计量且其变动计入当期损益类,可以更好地反映企业风险管理的实际,提供更相关的会计信息
E. 企业划分为以公允价值计量且其变动计入当期损益金融资产的股票、债券、基金以及不作为有效套期工具的衍生工具,应当按照取得时的公允价值作为初始确认金额,相关的交易费用在发生时计入当期损益

4. 以公允价值计量且变动计入当期损益的金融资产中,正确的账务处理方法是(　　)。
A. 企业划分为以公允价值计量且其变动计入当期损益金融资产的股票、债券、基金以及不作为有效套期工具的衍生工具,应当按照取得时的公允价值作为初始确认金额和相关的交易费用
B. 支付的价款中包含已宣告发放的现金股利和债券利息,应当单独确认为应收项目
C. 企业在持有以公允价值计量且其变动计入当期损益金融资产期间取得

的利益或现金股利,应当确认为投资的收益

D. 资产负债表日,企业应当以公允价值计量且其变动计入当期损益的金融资产或金融负债的公允价值变动计入当期损益

E. 处置该金融资产时,该金融资产的公允价值与初始入账金额之间的差额应确认为投资收益,不再调整公允价值变动损益

5. 下列有关可供出售金融资产中,正确的处理方法是(   )。

A. 企业购入的在活跃市场上有报价的股票、债券,没有划分为以公允价值计量且其变动计入当期损益的金融资产或持有至到期投资等金融资产的,可归为可供出售金融资产

B. 可供出售的金融资产应当按取得该金融资产的公允价值作为初始确认金额,相关交易费用计入投资损益

C. 支付的价款中包含了已宣告发放的债券利息或现金股利的,应当单独确认为应收项目

D. 可供出售金融资产持有期间不考虑利息或现金股利

E. 资产负债表日,可供出售金融资产应当以公允价值计量、且公允价值变动计入公允价值变动损益

6. 根据《企业会计准则第 22 号——金融工具确认和计量》的规定,下列金融资产应确认减值损失的是(   )。

A. 交易性金融资产   B. 贷款
C. 应收款项   D. 持有至到期投资
E. 可供出售金融资产

7. 一般企业应收款项减值损失的处理方法是(   )。

A. 对单项金融金额重大的应收款项应当单独进行减值测试,尤其未来现金流量现值低于其账面价值的金额,确认减值损失,计提坏账准备

B. 对于单项金额非重大的应收款项以及经单独测试后未减值的单项金额重大的款项,可以按类似信用风险特征划分为若干组合,再按这些应收款项组合在资产负债表日金额的一定比例,计算确定减值损失,计提坏账准备

C. 企业应当根据以前年度与其相同或相似的、具有类似信用风险特征的应收款项组合的实际损失率为基础,结合现实情况确定本期各项组合计提坏账准备的比例,据此计算本期应计提的坏账准备

D. 计提坏账准备的资产范围只包括"应收账款"和"其他应收款"两项

E. 资产负债表日,企业根据金融工具确认和计量准则确定应收款项发生

减值的,按应减计的金额,借记"资产减值损失"账户,贷记"坏账准备"账户

8. 根据《企业会计准则第 22 号——金融工具确认和计量》的规定,应计提的坏账准备的应收款项包括( )。
   A. 应收账款   B. 预付账款
   C. 预收账款   D. 长期应收项
   E. 其他应收款

9. 计提坏账准备时,本期以下事项应记入"坏账准备"账户贷方的是( )。
   A. 发生的坏账损失
   B. 已经作为坏账核销的应收款项又收回
   C. 期末估计坏账损失与调整"坏账准备"账户借方余额的会计金额
   D. 期末估计坏账损失大于调整前"坏账准备"账户贷方月的差额部分
   E. 期末估计坏账损失大于调整前"坏账准备"账户贷方的差额部分

10. 企业不应当将下列非衍生金融资产划分为贷款和应收款项的是( )。
    A. 准备立即出售或在近期出售的非衍生金融资产
    B. 初始确认时被指定为以公允价值计量且其变动计入当期损益的非衍生金融资产
    C. 初始确认时被指定为可供出售的非衍生金融资产
    D. 因债务人信用恶化以外的原因使持有方可能难以收回几乎所有初始投资的非衍生金融资产
    E. 企业所持证券投资基金或类似基金不应当划分为贷款和应收款项

三、判断题

1. 企业对其他单位的长期股权投资,即使其持股比例不超过 20%,只要能对被投资单位的财务和经营政策施加重大影响,仍应采用权益法进行核算。( )
2. 投资企业将长期股权投资从权益法改为成本法核算,应在终止采用权益法时,按该长期股权投资的账面价值作为新的投资成本。( )
3. 企业采用权益法核算长期股权投资时,被投资单位宣告分配股票股利时,投资企业相应地确认投资收益。( )
4. 企业对外投资所发生的税金、手续费等相关费用,无论其金额大小,均应计入投资成本。( )
5. 企业采用权益法核算长期股权投资,当被投资单位发生亏损时,冲减"损益调整"明细账户,不冲减其他明细账户。( )
6. 企业采用权益法核算长期股权投资,当被投资单位发生亏损时,投资企业一般作为投资损益。( )

四、核算题

1. 资料：A企业系上市公司，按年对外提供财务报表。

(1) 2007年3月6日，A企业赚取差价为目的从二级市场购入的一批B公司发行的股票100万股，作为交易性金融资产，取得时公允价值每股为5.2元，含已宣告但尚未发放的现金股利为0.2元，另支付交易费用5万元，全部价款以银行存款支付。

(2) 2007年3月16日，收到最初支付价款中所含现金股利。

(3) 2007年12月31日，该股票公允价值为每股4.5元。

(4) 2008年2月21日，B公司宣告发放的现金股利为0.3元。

(5) 2008年3月21日，收到现金股利。

(6) 2008年12月31日，该股票公允价值为每股5.3元。

(7) 2009年3月16日，将该股票全部处置，每股5.1元，交易费用为5万元。

要求：编制有关交易性金融资产的会计分录。

2. 资料：A公司系上市公司，按季对外提供中期财务报表，按季计提利息。2007年有关业务如下：

(1) 1月6日，A企业以赚取差价为目的从二级市场购入的一批债券作为交易性金融资产，面值总额为100万元，利率为6%，3年期，每半年付息1次，该债券为2006年1月1日发行。取得时公允价值为103万元，含已到付息期但尚未领取的2006年下半年的利息3万元，另支付交易费用2万元，全部价款以银行存款支付。

(2) 1月16日收到2006年下半年的利息3万元。

(3) 3月31日，该债券公允价值为110万元。

(4) 3月31日，按债券票面利率计算利息。

(5) 6月30日，该债券公允价值为98万元。

(6) 6月30日，按债券票面利率计算利息。

(7) 7月16日，收到2007年上半年的利息3万元。

(8) 8月16日，将该债券全部处置，实际收到价款120万元。

要求：根据以上业务编制有关交易性金融资产的会计分录。

3. 资料：2001年年初，甲公司购买了一项公司债券，剩余年限5年，划分为持有至到期投资，债券的本金1 100万元，公允价值为950万元，交易费用为11万元，次年1月5日按票面利率3%支付利息。该债券在第五年兑付（不能提前兑付）本金及最后一期利息。

要求：编制有关持有至到期投资的会计分录。

4. 资料：A公司为一般纳税企业，有关应收票据资料如下：

(1) 2006年10月1日取得应收票据，票据面值为1 000万元，6个月期限；2007年2月1日将该票据背书转让购进原材料，专用发票注明价款为1 000万元，进项税额为170万元，差额部分通过银行支付。

(2) 2006年12月1日取得应收票据，票据面值为2 000万元，6个月期限；2007年3月1日，企业以不附追索权方式将该票据贴现（出售金融资产），贴现利息为16万元，当日实际收到款项1 984万元存入银行。

(3) 2007年1月1日取得应收票据，票据面值为3 000万元，6个月期限；2007年4月1日，企业以附追索权方式将该票据贴现（出售金融资产），贴现利息为25万元，当日实际收到款项2 975万元存入银行。

要求：

(1) 编制2007年2月1日背书转让购进原材料会计分录。

(2) 编制2007年3月1日贴现的会计分录。

(3) 编制2007年4月1日贴现的会计分录。（会计分录中以万元为金额单位）

5. 资料：淮河公司为一般纳税企业，增值税税率为17%。对于单项金额非重大的应收款项以及经单独测试后未减值的单项金额重大的应收款项，按类似信用风险特征划分为若干组合，按这些应收款项组合在资产负债表日余额的一定比例计算确定减值损失，该公司历年采用余额0.5%。有关资料如下：

(1) 2005年期初应收账款余额4 000万元，坏账准备贷方余额20万元；2005年8月销售商品一批，含增值税价款4 030万元尚未收到货款；2005年12月实际发生坏账损失30万元。

(2) 2006年4月收回以前年度的应收账款2 000万元存入银行；2006年6月销售商品一批，含增值税价款4 010万元尚未收到货款；2006年12月实际发生坏账损失30万元。

(3) 2007年3月收回以前年度的应收账款5 000万元存入银行；2007年7月销售商品一批，含增值税价款8 000万元尚未收到货款；2007年9月收回已确认的坏账损失25万元。

要求：计算并编制各年有关计提坏账准备的相关会计分录。

【延伸阅读】

循环经济下长期投资的核算

长期投资是指不准备在1年内变现的投资。它包括股票投资、债券投资和其他投资。循环经济下长期投资是指旨在发展循环经济的长期投资。它既具有长期投资的一般特征，又具有特殊性，即它是与自然资源减量化使用、再循环和环境保护有关的投资。这种旨在发展循环经济的长期投资，应与其他长期投资区别处理，才能促进循环经济的发展。循环经济要求自然资源效益、生态环境效益和经济效益的最佳结合，只靠市场的力量很难做到这一点，还要借助政策法规的力量，而这种力量的有效性则源于会计反映职能的充分发挥。

资料来源：殷勤凡：《循环经济会计研究》，立信会计出版社2007年版。

第六章 固定资产

- 了解固定资产的概念、性质和分类
- 理解固定资产的确认原则与计量方法、固定资产后续支出的确认及账务处理
- 掌握固定资产入账价值的确认及其账务处理、固定资产处置的账务处理以及固定资产折旧的方法及其运用、固定资产的期末计价及减值准备的计提和相应的账务处理

引 言

　　A企业是一家商品流通企业,经济效益较好,财务核算比较规范,税费交纳正常。稽查进点后,该单位的负责人说:"我们的企业管理严格,核算制度健全,遵纪守法,应当没有违纪违法的问题。"稽查过程中,稽查人员在账面上确实没有发现什么问题。但稽查人员发现了一个现象,该单位的运输工具较多,车辆型号各异,而且流动性较大,其中有一种小型面包车有好几辆,总是上班前开出,下班后归来。稽查小组分析后认为很可能是账外资产,于是决定展开内查外调。稽查人员得知该车是企业所销售产品的生产厂家奖励的,专供市内销售网点送货和收款之用,的确是账外资产。稽查单位形成账外资产的目的是什么?固定资产在企业中的地位和作用是什么?固定资产又该如何进行确认和计量?学习本章之后,你将得到这些问题的答案。

第一节 固定资产的性质与分类

一、固定资产的性质

固定资产是企业生产经营过程中的重要劳动资料,是企业赖以生存的物质基础,是企业产生效益的源泉。固定资产的结构、状况、管理水平直接影响着企业的竞争力,关系到企业的运营与发展。目前关于固定资产的定义国际国内表述并不完全相同。

国际会计准则第 16 号直接表述的是关于不动产、厂场和设备的定义,指出"不动产、厂场和设备,指具有下列特征的有形资产:1. 企业用于生产、提供商品或劳务、出租或为了行政管理目的而持有的;2. 预计使用寿命超过一个会计期间"。可见,这里只涉及固定资产特征的描述,并没有涉及固定资产的定义。

我国的《企业会计准则第 4 号——固定资产》对固定资产下了比较明确的定义。我国固定资产准则规定:"固定资产,是指同时具有下列特征的有形资产:(一)为生产商品、提供劳务、出租或经营管理而持有的;(二)使用寿命超过一个会计年度。"从这两个定义可以看出。虽然两者对固定资产的明确程度不同,但是对于作为有形资产的固定资产所具有的特征的表述还是基本相同的,它们都强调固定资产在其有形性、持有目的以及使用寿命三个方面所具有的特点。在这个问题上,我国和国际会计准则是一致的。

就固定资产不同的具体实物形态而言,固定资产一般包括房屋、建筑物、机器、设备、器具、运输工具以及其他与生产、经营有关的设备、器具、工具等;不属于生产经营主要设备的物品,单位价值在 2 000 元以上,并且使用期限超过 2 年的也应作为固定资产。不属于上述条件的劳动资料,企业应当作为低值易耗品纳入周转材料核算和管理。

(一)固定资产的确认

固定资产的确认是指企业在什么时候和以多少金额将固定资产作为企业所拥有或控制的资源进行反映。一般来说,固定资产只有在同时满足下列条件时才能予以确认。

1. 与该固定资产有关的经济利益很可能流入企业

企业在确认固定资产时,需要判断与该项固定资产有关的经济利益是否很可能流入企业。在实务中,主要通过判断与该固定资产所有权相关的风险和报酬是否转移到了企业来确定。其中,与固定资产所有权相关的风险是指由于经营情况发生变化造成的相关收益的变动,以及由于资产闲置、技术陈旧等原因造成的损失;与固定资产所有权相关的报酬是指在固定资产使用寿命内直接使用该资产获得的收入以及处置该资产实现的利得等。

通常情况下,取得固定资产所有权是判断与固定资产所有权有关的风险和报酬转移到企业的一个重要标志。凡是所有权已属于企业,无论企业是否收到或拥有该固定资产,均可作为企业的固定资产;反之,如果没有取得所有权,即使存放在企业,也不能作为企业的固定资产。但是,所有权是否转移,不是判断与固定资产所有权相关的风险和报酬是否转移到企业的唯一标志。在有些情况下,某项固定资产所有权虽然不属于企业,但是,企业能够控制与该项固定资产有关的经济利益流入企业,这就意味着与该固定资产所有权相关的风险和报酬实质上已经转移到了企业,在这种情况下,企业应将该项固定资产予以确认。

2. 该固定资产的成本能够可靠地计量

作为企业资产的重要组成部分,要确认固定资产,企业取得该固定资产所发生的支出必须能够可靠地计量。企业在确定固定资产成本时,有时需要根据所获得的最新资料进行合理的估计。如果企业能够合理地估计出固定资产的成本,则视同固定资产的成本能够可靠地计量。例如,对于已达到预定可使用状态的固定资产,在尚未办理竣工决算前,企业需要根据工程预算、工程造价或者实际发生的成本等资料,按暂估价值确定固定资产的成本,待办理了竣工决算手续后再作调整。

(二) 固定资产的特征

从固定资产的定义看,固定资产具有以下三个特征。

1. 固定资产是企业为生产商品、提供劳务、出租或经营管理而持有的

企业持有固定资产的目的是为了生产商品、提供劳务、出租或经营管理,这意味着,企业持有的固定资产是企业的劳动工具或手段,而不是直接用于出售的产品。

2. 固定资产使用寿命超过一个会计年度

固定资产使用寿命是指企业使用固定资产的预计期间,或者该固定资产所能生产产品或提供劳务的数量。通常情况下,固定资产的使用寿命是指使用固定资产的预计使用期间,如自用房屋建筑物的使用寿命按使用年限表示。对于某些机器设备或运输设备等固定资产,其使用寿命往往以该固定资产所能产生产品或提供劳务的数量来表示。例如,发电设备按其预计发电估计寿命、汽车或飞机等按其预计行驶里程估计使用寿命。固定资产使用寿命超过一个会计年度,意味着固定资产属于长期资产,随着使用和磨损,通过计提折旧方法逐渐减少账面价值。

3. 固定资产为有形资产

固定资产具有实物特征,这一特征将固定资产与无形资产区别开来。工业

企业持有的工具、模具、管理用具、玻璃器皿等资产,施工企业持有的模板、挡板、架料等周转材料以及地质勘探企业持有的管材等资产,企业应当根据实际情况进行核算和管理。如果这些资产项目符合固定资产的定义及其确认条件,就应当确认为固定资产;如果这些资产项目不符合固定资产的定义或不满足固定资产的确认条件,就不应当确认为固定资产,而应当作为企业的流动资产进行核算和管理。

二、固定资产的分类

企业固定资产的种类繁多,为了正确进行固定资产核算,应按不同标准对固定资产进行分类。

(一) 按经济用途分类

固定资产按经济用途进行分类,可以分为生产经营用固定资产和非生产经营用固定资产两类。

生产经营用固定资产是指直接服务于企业生产经营过程的各种固定资产。如生产经营过程用的各种房屋及建筑物、机器设备、运输设备、动力传导设备、工具器具和管理用具等。

非生产经营用固定资产是指不直接服务于企业生产经营过程的各种固定资产。如生活福利部门等非生产经营部门使用的房屋、器具以及职工住宅、食堂、浴室等。

(二) 按使用情况分类

固定资产按使用情况分类,可以分为使用中固定资产、未使用固定资产和不需用固定资产三类。

使用中固定资产是指正在使用中的生产和非生产经营性固定资产。由于季节性停用经营或大修理停用的固定资产仍属于企业使用中的固定资产。企业以经营性租赁方式出租给其他单位使用的固定资产,未使用的房屋及建筑物也列为使用中固定资产。使用中的固定资产应该按期计提折旧。

未使用固定资产是指完工或已购建的尚未投入使用的新增固定资产以及因改建、扩建等原因暂停使用(房屋及建筑物以及季节性停用、修理停用除外)的各种固定资产。如企业购建的尚未正式投入使用的固定资产、经营任务变化停止使用的固定资产以及主要的备用设备。

不需用固定资产是指因本企业多余不用或不再适合的固定资产。如企业准备出售处理的各种多余不用的固定资产。

(三) 按所有权分类

固定资产按所有权进行分类,可以分为自有固定资产和租入固定资产两类。

自有固定资产是指企业自行购建等方式取得并拥有所有权的可供企业自由支配使用的各种固定资产。

租入固定资产是指企业以租赁方式从其他单位租入的固定资产。企业依照租赁合同,对租入固定资产拥有使用权,同时负有支付租金的义务,而资产所有权属于出租方。租入固定资产可进一步分为经营性租入固定资产和融资租入固定资产。这种分类方式,可以划清自有固定资产和非固定资产的界限,确定企业固定资产的实有数额以及利用情况,分析和考核租赁固定资产的经济效益。

三、固定资产的计价标准

固定资产计价是进行固定资产核算的重要内容。固定资产计价是指以货币为计量单位计算固定资产的价值额。企业的固定资产一般按历史成本作为计价基础,但是,固定资产除了购建的以外,还会通过其他方式取得,所以固定资产的计价标准一般有三种:原始价值、重置完全价值、折余价值。

(一)原始价值

原始价值也称实际成本或历史成本。它是指取得某项固定资产时和直至使该项固定资产达到预定可使用状态前所实际支付的各项必要的、合理的支出。它一般包括买价、进口关税、运输费、场地整理费、装卸费、安装费、专业人员服务费和其他税费等。

原始价值是购建的全新固定资产在达到使用状态之前所发生的全部耗费的货币表现。企业采用不同方式购建的固定资产,其原值的构成有所不同。一般来说,企业从外部取得的固定资产,其原值中包括固定资产的买价、运输途中发生的各种包装运杂费以及在使用前发生的各种安装调试费;企业自行建造的固定资产,其原值中包括建造过程中发生的全部耗费。固定资产原值的具体构成,这一内容本书将在后面结合取得固定资产的具体方式讲述。企业新购建固定资产的计价、确定计提折旧的依据等均采用这种计价方法,成为固定资产的基本计价标准。固定资产的原始价值应反映在资产负债表上。

(二)重置完全价值

重置完全价值是指在现时的生产技术和市场条件下,重新购置同样的固定资产所需支付的全部代价,反映的是固定资产的现时价值。

(三)折余价值

折余价值又称固定资产净值。它是指固定资产原始价值减去折旧后的余额。固定资产净值反映了企业实际占用的固定资产上的资金数额,体现了固定资产的新旧程度。一般在计算盘盈、盘亏、出售、报废、毁损等固定资产溢余或损失时,采用这种方法。

▶【问题与思考 6-1】
(1) 固定资产的确认条件及其特征有哪些?
(2) 固定资产有哪些作用?

第二节　固定资产的取得

　　固定资产的初始计量是指固定资产初始成本的确定。固定资产的成本是指企业购建某项固定资产达到预定可使用状态前发生的一切合理、必要的支出。这些支出包括购买价款、相关税费、使固定资产达到预定可使用状态前所发生的可归属于该项资产的运输费、装卸费、安装费和专业人员服务费等。以一笔款项购入多项没有单独标价的固定资产,应当按照各项固定资产公允价值比例对总成本进行分配,分别确定各项固定资产的成本。

　　企业购买固定资产通常在正常信用条件期限内付款,但也会发生超过正常信用条件购买固定资产的经济业务事项,如采用分期付款方式购买资产,且在合同中规定的付款期限比较长,超过了正常信用条件,通常在 3 年以上。在这种情况下,该类购货合同实质上具有融资租赁性质,购入资产的成本不能以各期付款额之和确定,而应以各期付款额的现值之和确定。购入固定资产时,按购买价款的现值,借记"固定资产"或"在建工程"账户;按应支付的金额,贷记"长期应付款"账户;按其差额,借记"未确认融资费用"账户。固定资产购买价款的现值,应当按照各期支付的购买价款选择恰当的折现率进行折现后的金额加以确定。折现率是反映当前市场货币时间价值和延期付款债务特定风险的利率。该折现率实质上是供货企业的必要报酬率。各期实际支付的价款与购买价款的现值之间的差额,符合《企业会计准则第 17 号——借款费用》中规定的资本化条件的,应予资本化计入固定资产成本,其余部分应当在信用期间内确认为财务费用,计入当期损益。

　　固定资产的取得方式主要包含购买的固定资产、自行建造的固定资产、投资转入的固定资产、接受捐赠的固定资产、租入的固定资产、债务重组取得的固定资产、非货币性资产交换取得的固定资产。

一、固定资产核算的账户设置

　　为了反映固定资产的增减变动,应设置"固定资产"、"累计折旧"、"在建工程"、"工程物资"和"固定资产减值准备"等账户。

　　1."固定资产"账户
　　"固定资产"账户一般分为三级:

(1)"固定资产"总账账户。"固定资产"总账账户总括反映固定资产原值的增减变动和结存情况。该账户借方登记增加固定资产的原值,贷方登记减少固定资产的原值,借方余额表示实有固定资产的原值。

(2)固定资产二级账。固定资产二级账也称为固定资产登记簿。它按照固定资产类别开设账页,账内按照使用和保管单位开设专栏。月末,各类固定资产登记簿的余额之和应与"固定资产"总账账户余额核对相符。

(3)固定资产明细账。固定资产明细账也称为固定资产卡片。它应按照每一项独立的固定资产设置,登记固定资产原值、预计净残值、预计使用年限、折旧方法、月折旧率、开始使用时间、使用期间内的停用记录和大修理记录以及其他与该项固定资产相关的记录等,并按照固定资产的类别和使用、保管单位的顺序排列。月末,各类固定资产卡片的原值合计数应与各该类固定资产登记簿余额核对相符。

2."累计折旧"账户

"累计折旧"账户属于"固定资产"账户的抵减账户。该账户贷方登记计提的固定资产折旧以及增加的旧固定资产的已提折旧,借方登记减少的旧固定资产的已提折旧,贷方余额表示全部固定资产已提折旧的累计数。"累计折旧"账户可以只进行总分类核算,不进行明细分类核算。如果需要查明某项固定资产已提折旧的累计数,可以根据固定资产卡片登记的固定资产原值、折旧方法、折旧率和已使用时间等资料计算。

3."在建工程"账户

"在建工程"账户属于资产类账户,反映企业期末各项未完工程的实际支出,包括交付安装的设备价值、未完建筑安装工程已经耗用的材料、工资和费用支出、预付出包工程的价款等可收回金额。在建工程发生减值的,可以单独设置"在建工程减值准备"账户,比照"固定资产减值准备"账户进行处理。

4."工程物资"账户

"工程物资"账户属于资产类账户,反映企业为建造工程准备的各种物资的成本,包括工程用材料、尚未安装的各种设备以及为生产准备的工器具等。可按"专用材料"、"专用设备"、"工器具"等账户进行明细核算。工程物资发生减值的,可以单独设置"工程物资减值准备"账户,比照"固定资产减值准备"账户进行处理。

5."固定资产减值准备"账户

"固定资产减值准备"账户用于核算固定资产的减值准备。固定资产发生减值的,按应减计的金额,借记"资产减值损失"账户,贷记本账户。处置固定资产还应同时结转减值准备。本账户期末贷方余额,反映企业已计提但尚未转销的固定资产减值准备。

二、外购的固定资产

外购固定资产的成本,包含购买价款、相关税费、使固定资产达到预定可使用状态前所发生的可归属于该项资产的运输费、装卸费、安装费和专业人员服务费等。按应计入固定资产成本的金额,借记"固定资产"账户,贷记"银行存款"、"其他应付款"、"应付票据"等账户。外购固定资产分为不需要安装的固定资产和需要安装的固定资产。

(一)购入不需要安装的固定资产

企业购入不需安装的固定资产,应根据实际支付的买价和包装费、运杂费计算,借记"固定资产"和"应交税费——应交增值税(进项税额)"账户,贷记"银行存款"等账户。企业购买固定资产时,支付的价款中包括增值税进项税额,根据2008年12月15日财政部、国家税务总局以财政部和国家税务总局令第50号公布的修订后的《中华人民共和国增值税暂行条例实施细则》规定,现行增值税征税范围中的固定资产主要是机器、机械、运输工具以及其他与生产、经营有关的设备、工具、器具,允许抵扣增值税进项税额,但房屋、建筑物等不动产不能纳入增值税的抵扣范围,而应计入固定资产入账价值。企业采用赊购方式购入的固定资产,一般来说,其价格要高于现购价格,这部分差额属于购买日至付款日之间企业应付的利息。这部分利息原则上不应计入固定资产成本,而应作为购买日至付款日之间的利息费用处理。但是,由于赊购的时间一般不长,利息费用不多,计算赊购固定资产的现值也比较麻烦,因此,按照重要性原则,赊购固定资产的价格,一般按照其发票价格计算。企业采用赊购方式购入的不需安装的固定资产,应按其发票价格和支付(或应付)的包装费、运杂费,借记"固定资产"账户,贷记"应付账款"、"应付票据"、"银行存款"等账户。

【例6-1】 金欣股份有限公司以银行存款购入1台不需要安装的设备,增值税专用发票上注明的价款100 000元,增值税额17 000元,运杂费600元,包装费400元,该设备已交付使用。金欣股份有限公司应作会计分录如下:

```
借:固定资产                                      101 000
    应交税费——应交增值税(进项税额)              17 000
    贷:银行存款                                  118 000
```

在少数情况下,企业采用一揽子购买方式进行购买,将购买的总成本按每项资产的公允价值占各项资产公允价值的比例进行分配,以确定各项资产的入账价值。

【例 6-2】 金欣股份有限公司为一家制造性企业。2007 年 4 月 1 日,为降低采购成本,向华联股份有限公司一次购进了 3 套不同型号且具有不同生产能力的设备 A、B 和 C。金欣股份有限公司为该批设备共支付货款 1 825 200 元,包装费 84 000 元,全部以银行存款支付;假定设备 A、B 和 C 分别满足固定资产的定义及其确认条件,公允价值分别为 585 200 元、718 960 元、367 840 元;金欣股份有限公司实际支付的货款等于计税价格,不考虑其他相关税费。

(1) 成本的金额,包含买价、包装费等,即:

$$1\,825\,200+84\,000=1\,909\,200(元)$$

(2) 确认设备 A、B 和 C 的价值分配比例:

A 设备应分配的固定资产价值比例为:$585\,200\div(585\,200+718\,960+367\,840)\times 100\%=35\%$

B 设备应分配的固定资产价值比例为:$718\,960\div(585\,200+718\,960+367\,840)\times 100\%=43\%$

C 设备应分配的固定资产价值比例为:$367\,840\div(585\,200+718\,960+367\,840)\times 100\%=22\%$

(3) 确定 A、B 和 C 设备各自的入账价值:

A 设备的入账价值为:$1\,909\,200\times 35\%=668\,220(元)$

B 设备的入账价值为:$1\,909\,200\times 43\%=820\,956(元)$

C 设备的入账价值为:$1\,909\,200\times 22\%=420\,024(元)$

(二) 购入需要安装的固定资产

企业购入需要安装的固定资产,在安装过程中发生的实际安装费,应计入固定资产原值。固定资产安装工程可以采用自营安装方式,也可以采用出包安装方式。采用自营安装方式,安装费包括安装工程耗用的材料、人工以及其他支出;采用出包安装方式,安装费为向承包单位支付的安装价款。不论采用何种安装方式,固定资产的全部安装工程成本(包括固定资产买价以及包装费、运杂费和安装费)均应通过"在建工程"账户进行核算。购入时按实际支付的价款和其他相关费用借记"在建工程"账户,按实际支付的增值税借记"应交税费——应交增值税(进项税额)"账户,贷记"银行存款"账户;安装时按实际支付的安装费借记"在建工程"账户,贷记"银行存款"账户,安装完毕交付使用时借记"固定资产"账户,贷记"在建工程"账户。

【例 6-3】 金欣股份有限公司购入 1 台需要安装的设备,增值税专用发票上注明的设备买价 2 000 000 元,增值税进项税额 340 000 元,包装费 20 000 元,运费 10 000元。安装设备时,领用甲材料 20 000 元,支付工资 10 000 元。设备已安装完毕交付使用。

购入设备时：

借：工程物资 2 030 000
　　应交税费——应交增值税(进项税额) 340 000
　　贷：银行存款 2 370 000

设备交付安装工程，发生安装费时：

借：在建工程 2 060 000
　　贷：工程物资 2 030 000
　　　　原材料 20 000
　　　　应付职工薪酬 10 000

安装完毕交付使用时：

借：固定资产 2 060 000
　　贷：在建工程 2 060 000

三、自行建造的固定资产

自行建造的固定资产是指企业利用自己的力量自行建造以及出包给他人建造的固定资产。

自行建造固定资产的成本，按建造该项资产达到预定可使用状态前所发生的必要支出，作为入账价值，其中"建造该项资产达到预定可使用状态前所发生的必要支出"，包含工程用物资成本、人工成本、交纳的相关税费、应予以资本化的借款费用以及应分摊的间接费用等。企业为在建工程准备的各种物资，应按实际支付的购买价款、运输费、保险费等相关税费，作为实际成本，并按各种专项物资的种类进行明细核算。

自行建造固定资产分为自营工程和出包工程。无论采用何种方式，所建工程都应当按照实际发生的支出确定其工程成本并单独核算。

企业的自营工程，应当按照直接材料、直接人工、直接机械施工费等计量。企业采用出包工程方式的，按照应支付的工程价款等计量。设备安装工程，按照所安装设备的价值、工程安装费用、工程试运转等所发生的支出等确定工程成本。

企业不论采用何种方式自行建造固定资产，均应通过"在建工程"账户进行核算。平时固定资产建造期间实际发生的各项工程支出均记入"在建工程"账户，待固定资产建造工程完工并达到预定可使用状态后，再将固定资产实际建造成本从"在建工程"账户一次转入"固定资产"账户，作为固定资产入账价值。

(一) 自营方式建造固定资产

企业以自营方式建造固定资产,发生的工程成本应通过"在建工程"账户核算,工程完工达到预定可使用状态时,从"在建工程"账户转入"固定资产"账户。

企业通过自营方式建造固定资产,其入账价值应当按照建造该项固定资产达到预定可使用状态前所发生的必要支出确定,包含直接材料、直接人工、直接机械施工费等。工程项目较多且支出较大的企业,应当按照工程项目的性质分别核算个别工程项目的成本。

企业为在建工程准备的各种物资,应当按照实际的买价、运输费、保险费等相关税费,作为实际成本,并按各种专项物资的种类进行明细核算。

工程完工达到预定可使用状态后,应将该项工程完工达到预定可使用状态前所发生的必要支出,作为入账价值。工程完工后剩余的工程物资,如转作本企业库存材料,按其实际成本或计划成本转作企业的库存材料。盘盈、盘亏、报废、毁损的工程物资减去保险公司、过失人赔偿部分后的差额,应分别情况处理:如果工程项目尚未完工的,计入或冲减所建工程项目的成本;如果工程项目已经完工的,计入当期营业外支出或营业外收入。

符合资本化条件,应计入所建造固定资产成本的借款费用按照《企业会计准则第17号——借款费用》的有关规定处理。

【例6-4】 2007年,金欣股份有限公司发生以下业务:

1月10日,金欣股份有限公司生产车间建造厂房,领用工程物资3 413 000元、原材料40 000元。

借:在建工程	3 459 800
贷:工程物资	3 413 000
原材料	40 000
应交税费——应交增值税(进项税额转出)	6 800

1月12日,金欣股份有限公司新产品生产车间建造厂房,领用本公司所生产的A产品60 000元,该产品计税价为70 000元。

借:在建工程	71 900
贷:库存商品	60 000
应交税费——应交增值税(销项税额)	11 900

12月31日,金欣股份有限公司新产品生产车间建造厂房应负担工程人员工资120 000元,每月发放10 000元。

借:在建工程	120 000
贷:应付职工薪酬	120 000

12月31日，金欣股份有限公司为新产品生产车间建造工程购入的工程物资盘盈6 000元。

  借：工程物资   6 000
    贷：在建工程   6 000

12月31日，金欣股份有限公司新产品生产车间建造工程完工交付使用。

  借：固定资产   3 645 700
    贷：在建工程   3 645 700

（二）出包方式建造固定资产

  企业通过出包方式建造固定资产，其入账价值应当按照建造该项固定资产达到预定可使用状态前所发生的必要支出确定，包含建筑工程支出、安装设备支出以及需分摊计入的待摊支出。在出包方式下，固定资产建造工程支出由承包单位核算，出包企业只需按出包合同规定向承包单位支付工程价款，并按支付的全部工程价款作为固定资产成本入账即可。

  企业将与建造承包商结算的工程价款作为工程成本，通过"在建工程"账户进行核算。

  企业采用出包方式建造固定资产，按合同规定预付工程价款时，应借记"在建工程——出包工程"账户，贷记"银行存款"等账户；工程完工补付工程价款时，也应借记"在建工程——出包工程"账户，贷记"银行存款"等账户；出包工程在竣工结算之前应负担的长期负债利息等，也应计入工程成本，借记"在建工程——出包工程"账户，贷记"长期借款"等账户。工程完工计算并结转工程成本，借记"固定资产"账户，贷记"在建工程——出包工程"账户。

  【例6-5】 金欣股份有限公司以出包方式建造固定资产。企业通过出包工程方式建造固定资产，按应支付给承包单位的工程价款作为固定资产成本。2007年3月2日，该企业将1幢新建厂房工程出包给东信建筑公司承包，按规定先向承包单位预付工程价款2 000 000元，以银行存款支付。2007年7月2日，工程达到预定可使用状态后，收到承包单位的有关工程结算单据，补付工程款516 000元，以银行存款转账支付。2007年7月3日，工程达到预定可使用状态经验收后交付使用。金欣股份有限公司的账务处理如下：

2007年3月2日，金欣股份有限公司预付工程价款2 000 000元。

  借：在建工程   2 000 000
    贷：银行存款   2 000 000

2007年7月2日，金欣股份有限公司补付工程款516 000元。

借：在建工程　　　　　　　　　　　　　　　　　　　　　　　　516 000
　　贷：银行存款　　　　　　　　　　　　　　　　　　　　　　　516 000

2007年7月3日，工程达到预定可使用状态经验收后交付使用。

借：固定资产　　　　　　　　　　　　　　　　　　　　　　　2 516 000
　　贷：在建工程　　　　　　　　　　　　　　　　　　　　　　2 516 000

四、投资转入的固定资产

对于接受固定资产投资的企业，在办理了固定资产移交手续之后，投资者投入固定资产的成本，应当按照投资合同或协议约定的价值加上相关的税费作为固定资产的入账价值，但合同或协议约定价值不公允的除外。企业在收到投资者投入固定资产时按合同或协议约定的价值加上相关的税费借记"固定资产"账户，贷记"实收资本"账户。

【例6-6】　金欣股份有限公司收到华联公司投入的不需要安装的设备1台，双方议价为200 000元。应编制会计分录如下：

借：固定资产　　　　　　　　　　　　　　　　　　　　　　　200 000
　　贷：实收资本　　　　　　　　　　　　　　　　　　　　　　200 000

五、接受捐赠的固定资产

接受捐赠的固定资产，应根据具体情况合理确定其入账价值。一般分为两种情况：

第一，捐赠方提供了有关凭据的，按凭证上表明的金额加上应支付的相关税费作为入账价值。

第二，捐赠方没有提供有关凭据的，按如下顺序确定其入账价值：

（1）同类或类似固定资产存在活跃市场的，按同类或类似固定资产的市场价格估计的金额，加上应支付的相关税费，作为入账价值。

（2）同类或类似固定资产不存在活跃市场的，按接受捐赠固定资产预计未来现金流量的现值，加上应支付的相关税费，作为入账价值。

企业接受捐赠的固定资产在按照上述会计规定确认入账价值以后，应按照税法规定的入账价值与适用的所得税税率计算所得税，作为递延所得税负债，固定资产入账价值与递延所得税负债之间的差额计入当期损益，通过"营业外收入"账户进行核算。

【例6-7】　金欣股份有限公司接受企业捐赠的设备1台，根据捐赠设备的发票等单据确定其价值80 000元，办理产权过户手续时支付了相关税费1 000元。金

欣股份有限公司适用的所得税税率为25%。企业收到捐赠的设备时,应编制会计分录如下:

借:固定资产	81 000
贷:递延所得税负债	20 000
营业外收入	60 000
银行存款	1 000

六、租入的固定资产

(一)经营性租入的固定资产

经营性租入的固定资产不作为固定资产的增加记入正式会计账簿,但为了便于对实物的管理,应在备查簿中进行登记。同时借记"管理费用"等账户,贷记"银行存款"等账户。

(二)融资性租入的固定资产

融资租赁是指实质上转移了与资产所有权有关的全部风险和报酬的租赁。其所有权最终可能转移,也可能不转移。企业与出租人签订的租赁合同应否认定为融资租赁合同,不在于租赁合同的形式,而应视出租人是否将租赁资产的风险和报酬转移给了承租人。如果实质上转移了与资产所有权有关的全部风险和报酬的,则该项租赁应认定为融资租赁;如果实质上并没有转移了与资产所有权有关的全部风险和报酬,则该项租赁应认定为经营租赁。

企业采用融资租赁方式租入的固定资产,虽然在法律形式上资产的所有权在租赁期间仍然属于出租人,但由于资产的租赁期基本上包括了资产的有效使用年限,承租企业实质上获得了租赁资产所能提供的主要经济利益,同时承担了与资产所有权有关的风险。因此,企业应将融资租入的资产作为企业的一项固定资产入账,同时确认相应的负债,并采用与自有应折旧资产一致的折旧政策计提折旧。

我国《企业会计准则》规定,融资租入的固定资产,在融资租赁期内,应作为企业自有固定资产进行管理与核算。单独设置"融资租入固定资产"明细账户进行核算。企业在租赁开始日,将融资租入固定资产的入账价值按租赁开始日租赁资产的公允价值与最低租赁付款额的现值两者中较低者来确定,借记"固定资产——融资租入固定资产"账户,而最低租赁付款额作为长期应付款入账核算,贷记"长期应付款"账户,两者的差额作为未确认融资费用,借记"未确认融资费用"账户。每期支付租金费用时,借记"长期应付款"账户,贷记"银行存款"账户。每期采用实际利率法分摊未确认融资费用时,按当期应分摊的未确认融资费用金额,借记"财务费用"账户,贷记"未确认融资费用"账户。租赁期届满,如合同规定将租赁资产所有权转移归承租企业的,企业应进行转账,将固定资产从"融资租入固定资产"明细账户转入有关明细账户。具体的融资性租入的固定资产的核算参见后面章节的内容。

七、盘盈的固定资产

为了保证固定资产核算的真实性,企业应经常对固定资产进行盘点清查。一般来说,每年至少应在编制会计决算报告之前对固定资产进行一次全面清查,平时可以根据需要进行局部清查。对清查过程中发现的盘盈、盘亏的固定资产,应及时查明原因,并编制固定资产盘盈、盘亏报告表,作为调整固定资产账簿的依据。

根据《企业会计准则——应用指南 2006》的规定,固定资产发生盘盈应作为前期差错记入"以前年度损益调整"账户。

盘盈时:

借:固定资产
　　贷:以前年度损益调整

期末调整以前年度所得税:

借:以前年度损益调整
　　贷:应交税费——应交所得税

【例 6-8】 金欣股份有限公司于 2008 年 7 月 8 日对企业全部的固定资产进行盘查,盘盈 1 台六成新的机器设备。该设备同类产品市场价格为 100 000 元,企业所得税税率为 25%,则该企业的有关账务处理如下:

借:固定资产	60 000
贷:以前年度损益调整	60 000
借:以前年度损益调整	15 000
贷:应交税费——应交所得税	15 000
借:以前年度损益调整	4 500
贷:盈余公积——提取盈余公积	4 500
借:以前年度损益调整	40 500
贷:利润分配——未分配利润	40 500

八、存在弃置义务的固定资产

对于特殊行业的特定固定资产,确定其初始入账成本时,还应考虑弃置费用。弃置费用通常是指根据国家法律和行政法规、国际公约等规定,企业承担的环境保护和生态恢复等义务所确定的支出。如核电站核设施等的弃置和恢复环境义务。弃置费用的金额与其现值比较，通常相差较大，需要考虑货币时间价值。对于这些特殊行业的特定固定资产，企业应当根据《企业会计准则第13号——或有事项》，按照现值计算确定应计入固定资产成本的金额和相应的预计负债。在固定资产的使用寿命内按照预计负债的摊余成本和实际利率计算确定的利息费用应计入财务费用。一般工商企业的固定资产发生的报废清理费用不属于弃置费用，应当在发生时作为固定资产处置费用处理。

【例6-9】 金欣股份有限公司用银行存款购入某项含有放射性元素的设备，价格为1 700 000元，使用期满报废时需要特殊处理（该处置义务无活跃的交易市场），考虑折现因素后，预计该项特殊处理费用为250 000元，则企业在确定固定资产成本时，应当考虑弃置费用因素。

借：固定资产　　　　　　　　　　　　　　　　　　　　　1 950 000
　　贷：银行存款　　　　　　　　　　　　　　　　　　　　1 700 000
　　　　预计负债——预计固定资产弃置支出　　　　　　　　　 250 000

【例6-10】 经国家审批，某企业计划建造一个核电站，其主体设备核反应堆将会对当地的生态环境产生一定的影响。根据法律规定，企业应在该项设备使用期满后将其拆除，并对造成的污染进行整治。20×7年1月1日，该项设备建造完成并交付使用，建造成本共80 000 000元。预计使用寿命10年，预计弃置费用为1 000 000元。假定折现率（即为实际利率）为10%。

计算已完工的固定资产的成本。

核反应堆属于特殊行业的特定固定资产，确定其成本时应考虑弃置费用。

20×7年1月1日：

弃置费用的现值 = $1\,000\,000 \times (P/F, 10\%, 10)$ =
$1\,000\,000 \times 0.3855 = 385\,500$（元）

固定资产入账价值 = $80\,000\,000 + 385\,500 = 80\,385\,500$（元）

借：固定资产　　　　　　　　　　　　　　　　　　　　　80 385 500
　　贷：在建工程　　　　　　　　　　　　　　　　　　　80 000 000
　　　　预计负债　　　　　　　　　　　　　　　　　　　　　385 500

计算第一年应负担的利息：

借：财务费用　　　　　　　　　　　　　　　　　　　　　　　38 550
　　贷：预计负债　　　　　　　　　　　　　　　　　　　　　 38 550

计算第二年应负担的利息（按实际利率法计算）为42 405元[($385\,500 + 38\,550) \times 10\%$]。

借：财务费用 42 405
贷：预计负债 42 405

以后会计年度的会计处理略。

【问题与思考6-2】

存在弃置费用的固定资产，应当如何进行会计处理？纳入抵扣范围的固定资产具体指什么？房屋建筑物等不动产能否允许纳入抵扣范围？

第三节 固定资产折旧

一、固定资产折旧及其性质

固定资产折旧是指固定资产在使用过程中，逐渐损耗而消失的那部分价值。固定资产损耗的这部分价值，应当在固定资产的有效使用年限内进行分摊，形成折旧费用，计入各期成本。固定资产折旧计入生产成本的过程，即是随着固定资产价值的转移，以折旧的形式在产品销售收入中得到补偿，并转化为货币资金的过程。从本质上讲，折旧也是一种费用，只不过这一费用没有在计提期间付出实实在在的货币资金。但这种费用是前期已经发生的支出，而这种支出的收益在资产投入使用后的有效使用期内实现，无论是从权责发生制的原则，还是从收入与费用配比的原则讲，计提折旧都是必要的，否则，不计提折旧或不正确地计提折旧，都将错误地计算企业的产品成本（或营业成本）、损益。固定资产折旧的过程，实际上是一个持续的成本分配过程。折旧就是企业采用合理而系统的分配方法将固定资产的取得成本在固定资产的经济使用年限内进行合理分配，使之与各期的收入相配比，以正确确认企业的损益。

根据我国《企业会计准则第 4 号——固定资产》的定义，固定资产折旧是指在固定资产使用寿命内，按照确定的方法对应计折旧额进行系统分摊。

二、影响固定资产折旧的因素及折旧范围

（一）固定资产折旧的范围

我国现行会计准则规定，除以下情况外，企业应对所有固定资产计提折旧：

(1) 已提足折旧仍继续使用的固定资产。

(2) 按规定单独估价作为固定资产入账的土地。

（二）影响固定资产折旧的因素

影响固定资产折旧计算的因素主要有下列三个：原始价值、预计净残值和固定资产预计使用年限。

1. 原始价值

原始价值指固定资产实际取得成本。以原始价值作为固定资产折旧的基数，可以使折旧的计算建立在客观的基础上，不容易受会计人员主观因素的影响。在固定资产使用年限内，固定资产的原始价值越低，则单位时间内或单位工作量内的固定资产折旧额就越多；固定资产原始价值越少，则单位时间内或单位工作量内固定资产折旧额就越少。因此，从投入产出的角度来讲，在保证生产效益和产品质量的前提下，企业应减少固定资产原始价值的支出，以提高企业的效益。

应计折旧额是指应当计提折旧的固定资产的原价扣除其预计净残值后的金额。已计提减值准备的固定资产，还应当扣除已计提的固定资产减值准备累计金额。

2. 预计净残值

预计净残值是指假定固定资产预计使用寿命已满并处于使用寿命终了时的预期状态，企业目前从该项资产处置中获得的扣除预计处置费用后的金额。固定资产净残值是企业在固定资产使用期满后对固定资产的一个回收金额，在计算固定资产折旧时应从固定资产折旧计算基数中扣除。固定资产的净残值越高，则单位时间内或单位工作量的折旧额就越少；反之，则越多。因为固定资产净残值是一个在开始计算固定资产折旧时就要考虑的因素，而它的实际金额是在实际发生时才能确定的，所以需要事前对其加以估计。实际操作时一般通过固定资产在报废清理时预计可收回净残值收入扣除预计清理费的净额来确定。其中预计净残值收入是指固定资产报废清理时预计发生的拆卸、搬运、整理等费用。同时，为了避免计算过程受人为因素的影响，预计净残值一般根据固定资产原值乘以预计净残值率计算。预计净残值率是指预计净残值与固定资产原值的比率。

一般来说，各类固定资产预计净残值率的上下限由国家统一规定，各企业在其范围内确定本企业各类固定资产的预计净残值率。特殊情况下，企业确定的预计净残值率高于或低于国家规定的限度，应上报主管财政部门备案。我国企业所得税法规定固定资产净残值比例标准，即固定资产净残值比例应在其原价的5%以内，具体比例由企业自行确定。如遇特殊情况，需要调整比例，应报经主管税务机关备案。固定资产原始价值减去预计净残值后的数额为固定资产应计提的折旧总额。

3. 固定资产预计使用年限

固定资产预计使用年限也称使用寿命。它是指企业使用固定资产的预计期间，或者该固定资产所能产生生产产品或提供劳务的数量。它一般是指固定资产预计的经济使用年限，在考虑固定资产使用年限时应考虑固定资产的有形损耗和无形损耗。固定资产折旧是与一定的使用年限联系在一起的。在我国，各类固定资产预计使用年限的上下限也由国家统一规定，各企业在其范围内确定本企业各类固定资产的预计使用年限。

三、固定资产折旧的方法

固定资产折旧方法是指将固定资产应提折旧总额在固定资产一个使用年限内进行分配时所采用的具体方法。它包括平均年限法、工作量法、加速折旧法等。企业选择何种折旧方法直接影响应提折旧总额在固定资产各使用年限之间的分配结果，从而影响各年的净收益和所得税。因此，企业应根据固定资产性质和使用情况选择适当的折旧方法。固定资产折旧方法一经确定，不得随意变更，如需变更，应按规定的程序报经批准后备案，并在财务报表附注中予以说明。

（一）年限平均法

平均年限法，又称直线法。它是将固定资产的折旧均衡地分摊到各期的一种方法。采用这种方法计提的折旧额每期是等额的。其计算公式如下：

年折旧率＝（1－预计净残值率）÷预计使用寿命（年）×100%

月折旧率＝年折旧率÷12

月折旧额＝固定资产原价×月折旧率

年折旧额＝月折旧额×12

或：　年折旧率＝年折旧额÷原始价值×100%

月折旧率＝年折旧率÷12

在直线法下，可将使用年限相同的固定资产的原始价值相加后乘以相应的折旧率求得各期的折旧额。

某类固定资产折旧额的计算公式如下：

$$\text{某类固定资产的年折旧额}=(1-\text{预计净残值率})\div\text{该类固定资产预计使用年限}\times100\%$$

某类固定资产的月折旧率＝年折旧率÷12

某类固定资产的月折旧额＝固定资产原值×月折旧率

【例6-11】 金欣股份有限公司固定资产原值为120 000元，预计使用5年，预计残值收入为5 800元，预计清理费用1 000元，则：

固定资产净残值率＝[(5 800－1 000)÷120 000]×100%＝4%

年折旧额＝[120 000－(5 800－1 000)]÷10＝11 520(元)

年折旧率＝(11 520÷120 000)×100%＝9.6%

月折旧额＝11 520÷12＝960(元)

由于直线法易于理解和简便易行,因而得到广泛的运用。但直线法也有不足,即它主要考虑固定资产的使用寿命周期,而不重视使用情况,如一台机器,每天使用1小时和每天使用8小时,均按相同的标准计提折旧,这显然是不太合理的。同时也使固定资产各年的使用成本负担不均衡。一般来说,随着固定资产的变旧,所需要的修理、保养费将会逐年增加,而直线法确定的各年折旧费是相同的,这就产生了固定资产使用早期负担的费用偏低,而后期负担的费用偏高的现象,从而违背了收入和费用相配比的原则。

(二) 工作量法

工作量法是以固定资产预计可完成的总工作量为分摊标准,根据各年时间完成的工作量计算折旧的一种方法。这种方法,一般运用于一些专用设备。所谓完成工作量,就是因设备不同按里程、工作量或工作台班等来计算。

采用工作量法计提固定资产折旧的计算公式如下:

每一工作量折旧额＝固定资产原值×(1－预计净残值率)÷预计总工作量
某项固定资产月折旧额＝该项固定资产当月工作量×每一工作量折旧额
年折旧额＝某年实际完成的工作量×单位工作量折旧额

若将这套基本公式中的工作量具体化,便可列出在实际工作中的广泛运用的方法。

1. 工作时数法

它是按固定资产总工作时数平均计算折旧额的一种方法。它适用于机器设备。其计算公式如下:

$$\text{每工作小时应提折旧额} = \text{固定资产原值} \times (1 - \text{预计净残值率}) \div \text{预计总工作小时数}$$

$$\text{某项固定资产当期应提折旧额} = \text{该项固定资产当期工作小时数} \times \text{每工作小时应提折旧额}$$

【例 6-12】 金欣股份有限公司1台挖掘机原价5 000 000元,预计净残值率为4%,预计全部工作时数50 000小时,2007年7月份实际工作时数为300小时,则该项固定资产7月份的折旧额为:

每小时应提折旧额＝5 000 000×(1－4%)÷50 000＝96(元/小时)
7月份折旧额＝96×300＝28 800(元)

2. 行驶里程法

它是按固定资产行驶里程平均计算折旧额的一种方法。它适用于机动车辆。其计算公式如下:

$$\text{每公里应提折旧额} = \text{固定资产原值} \times (1 - \text{预计净残值率}) \div \text{预计总行驶里程}$$

$$\text{某项固定资产当期应提折旧额} = \text{该项固定资产当期实际行驶里程} \times \text{每公里应提折旧额}$$

【例 6-13】 金欣股份有限公司一辆汽车的原值为 200 000 元,预计净残值率为 4%,预计行驶里程为 400 000 公里,2007 年 10 月,该车实际行驶 1 000 公里,预计该汽车本月应提折旧额:

$$\text{每公里应提折旧额} = 200\,000 \times (1-4\%) \div 400\,000 = 0.48 (元/公里)$$

$$\text{该月应提折旧额} = 1\,000 \times 0.48 = 480 (元)$$

工作量法是假定固定资产的服务潜力随着它的使用程度的增加而减退,因此,固定资产的成本是根据固定资产的实际工作量摊配于各个会计期间的。其优点在于固定资产的服务效能与固定资产的使用程度联系起来,使各年计提的折旧额与固定资产的使用程度成正比例关系,体现了收入与费用相配比的原则。但这种方法也具有一定的局限性,即预计的总工作量难以估计,而且没有考虑无形损耗对固定资产服务潜力的影响。这种方法适合于各期完成工作量不均衡的固定资产,使用季节性较为明显的大型机器设备、大型施工机械以及运输单位或其他企业专业车队的客、货运汽车等固定资产的折旧。

(三)加速折旧法

加速折旧法又称递减折旧费用法。它是指固定资产折旧费用在使用早期提得较多,在使用后期提得较少,以使固定资产的大部分成本使用早期尽快得到补偿,从而相对加快折旧速度的一种计算折旧的方法。和直线法相比,加速折旧法既不意味着要缩短折旧年限,也不意味着要增大或减少应提折旧总额,只是对应提折旧总额在各使用年限之间的分配上采用了递减的方式而不是平均的方式。无论采用加速折旧法还是采用直线法,在整个固定资产预计使用年限内计提的折旧总额都是相等的。

加速折旧的方法有很多,如双倍余额递减法、年数总和法等。

1. 双倍余额递减法

双倍余额递减法是以直线法折旧率(不考虑净残值)的 2 倍乘以年初固定资产账面净值来计算各年折旧额的一种加速折旧方法。为了保证固定资产在规定折旧年限既不多提折旧也不少提折旧,正好使得固定资产应计提折旧总额等于固定资产的累计已计提折旧额,并且不违背加速折旧下各年折旧额逐年递减(至少后面年份的折旧额不大于前面年份的折旧额)这一要求。按照现行会计制度规定,实行双倍余额递减法计提折旧的固定资产,应当在其固定资产折旧年限到期以前 2 年内,将固定资产净值(扣除净残值)平均摊销。其计算公式如下:

$$\text{年折旧率} = 2 \div \text{预计使用寿命(年)} \times 100\%$$

月折旧率＝年折旧率÷12

月折旧额＝每月月初固定资产账面净值×月折旧率

【例6-14】 金欣股份有限公司固定资产原值为120 000元，预计使用5年，预计残值收入为4 800元，则在双倍余额递减法下，其计算的折旧额如图表6-1所示。

表6-1　　　　　　　　采用双倍余额递减法计算折旧额

金额单位：元

年　次	期初账面净值	折旧率(％)	折旧额	累计折旧额	期末账面净值
1	120 000	40	48 000	48 000	72 000
2	72 000	40	28 800	76 800	43 200
3	43 200	40	17 280	94 080	25 920
4	25 920		10 560	104 640	15 360
5	15 360		10 560	115 200	4 800

其中：　　　年折旧率＝2÷5×100％＝40％

到第四年、第五年改为直线法，折旧额为10 560元[(25 920－4 800)÷2]。

2. 年数总和法

年数总和法又称合计年限法。它是指将固定资产的原值减去净残值后的净额乘以一个逐年递减的分数计算每年折旧额的一种方法。这个分数的分子代表固定资产尚可使用的年数，分母代表使用年限的逐年数字总和。其计算公式如下：

年折旧率＝尚可使用年限÷预计使用寿命的年数总和×100％

月折旧率＝年折旧率÷12

月折旧额＝（固定资产原价－预计净残值）×月折旧率

【例6-15】 仍依上述双倍余额递减法的例子，年数总和法的计算过程如表6-2所示。

表6-2　　　　　　　　年数总和法计算折旧额

金额单位：元

年　次	原值－净残值	尚可使用年限	折旧率	折旧额	累计折旧额
1	120 000－4 800	5	5/15	38 400	38 400
2	115 200	4	4/15	30 720	69 120
3	115 200	3	3/15	23 040	92 160
4	115 200	2	2/15	15 360	107 520
5	115 200	1	1/15	7 680	115 200

加速折旧法的优点具有以下几个方面:随着规定资产使用期的推移,它的服务潜力下降,它所能提供的收益也随之降低,所以根据配比原则,在固定资产的使用早期多提折旧,而在晚期少提折旧;固定资产所能提供的未来收益是难以预计的,早期收益要比晚期收益有把握一些,同时由于货币时间价值的客观存在,期限越长,其贴现率越小。从谨慎性原则出发,早期多提后期少提的方法是合理的;随着固定资产的使用,后期维修费用要比前期费用在其整个使用期限内比较平均;企业采用加速折旧法并没有改变固定资产的有效年限和折旧额,变化的只是在投入使用前期提得多,而在后期提得少。这一变化的结果推迟了企业所得税的交纳,实质上等于企业从政府处获得了一笔长期贷款。

同时,双倍余额递减法和年数总和法的不同之处为:

(1) 在双倍余额递减法下,在折旧年限内需要进行方法的转换,一般从倒数第二年起改用直线法。采用年数总和法则不需要进行方法的转换。

(2) 在双倍余额递减法下,在不需要改用直线法计提折旧的各年,其折旧基数是固定资产净值,即固定资产原值减去累计已计提折旧额,没有扣除预计净残值。采用年数总和法时,其折旧基数是固定资产应计提折旧总额,即固定资产原值减去预计净残值,已经扣除预计净残值。

(3) 在双倍余额递减法下,在不需要改用直线法计提折旧的各年,其折旧率是固定不变的,而与折旧率相乘的折旧基数是逐年递减的。采用年数总和法时,其折旧率是逐年递减的,而与折旧率相乘的折旧基数是固定不变的。

四、固定资产折旧的核算

企业各月计提折旧时,可在上月计提折旧的基础上,对上月固定资产的增减情况进行调整后计算当月应计提的折旧额。

固定资产的折旧费用,应根据固定资产的受益对象分配计入有关的成本或费用。企业至少应当于每年年度终了,对固定资产的使用寿命、预计净残值和折旧方法进行复核。如果固定资产的使用寿命、预计净残值的预期数发生改变,应当按照估计变更的有关规定进行处理。

【例 6-16】 金欣股份有限公司有关资料如下:

(1) 20×7 年 12 月 31 日,用银行存款购入某项管理用固定资产,价值为 1 200 000 元,该项固定资产的预计净残值为 100 000 元,预计使用年限为 10 年。

(2) 20×8 年 12 月 31 日,公司在进行资产检查时,发现该项固定资产发生减值,可收回金额为 910 000 元。

(3) 20×9 年 12 月 31 日,公司再次进行资产检查,确定该固定资产的可收回金额为 830 000 元,并认定由于技术更新,该项固定资产的预计剩余使用年限延长为10年,预计净残值减少为50 000元。假定2010年12月31日该固定资产也没有发生新的减值。分析20×7年12月31日至2010年12月31日该固定资产的账务处理。

20×7年：借：固定资产　　　　　　　　　　　　　　　　　1 200 000
　　　　　　贷：银行存款　　　　　　　　　　　　　　　　　　1 200 000
20×8年：借：管理费用　　　　　　　　　　　　　　　　　　110 000
　　　　　　贷：累计折旧　　　　　　　　　　　　　　　　　　110 000
　　　　借：资产减值损失——固定资产减值损失　　　　　　　180 000
　　　　　　贷：固定资产减值准备　　　　　　　　　　　　　　180 000
20×9年：借：管理费用　　　　　　　　　　　　　　　　　　 90 000
　　　　　　贷：累计折旧　　　　　　　　　　　　　　　　　　 90 000
2010年：借：管理费用　　　　　　　　　　　　　　　　　　 77 000
　　　　　　贷：累计折旧　　　　　　　　　　　　　　　　　　 77 000

企业计提的固定资产折旧,应当根据资产规定的用途,分别计入相关资产的成本或当期损益。例如,基本生产车间使用的固定资产,其计提的折旧应计入制造费用,并最终计入所生产产品成本;管理部门使用的固定资产,其计提的折旧应计入管理费用;销售部门计提的固定资产,其计提的折旧应计入销售费用,未使用的固定资产,其计提的折旧应计入管理费用等。

【例6-17】 2007年,金欣股份有限公司固定资产计提折旧的情况如下:车间厂房计提折旧3 800元,机器设备计提折旧4 500元;管理部门房屋及建筑物计提折旧6 500元,运输工具计提折旧2 400元;销售部门房屋及建筑物计提折旧3 200元,办公设备计提折旧2 630元。本月新购置的1台机器设备,价值为54 000元,预计使用寿命为10年。

该公司计提折旧的账务处理如下:

借：制造费用　　　　　　　　　　　　　　　　　　　　　8 300
　　管理费用　　　　　　　　　　　　　　　　　　　　　8 900
　　销售费用　　　　　　　　　　　　　　　　　　　　　5 830
　　贷：累计折旧　　　　　　　　　　　　　　　　　　　23 030

在固定资产使用过程中,其所处的经济环境、技术环境以及其他环境有可能对固定资产使用寿命和预计净残值产生较大影响。例如,固定资产使用强度比正常情况大大加强,致使固定资产实际使用寿命大大缩短;替代该项固定资产的新产品的出现致使其实际使用寿命缩短,预计净残值减少等等。为真实反映固定资产为企业提供经济利益期间及每期实际的资产消耗,固定资产准则规定,企业至少应当于每年年度终了,对固定资产使用寿命和预计净残值进行复核。如果固定资产使用寿命预计数与原先估计数有差异,应当调整固定资产使用寿命;如果固定资产预计净残值的预计数与原先估计数有差异,应当调整预计净残值。

固定资产使用过程中所处经济环境、技术环境以及其他环境的变化也可能使与固定资产有关的经济利益的预期实现方式发生重大改变。如果固定资产给企业带来经济利益的方式发生重大变化,企业也应相应改变固定资产折旧方法。例如,某企业以前年度采用年限平均法计提固定资产折旧,此次年度复核中发现,与该固定资产相关的技术发生很大变化,年限平均法已很难反映该项固定资产给企业带来经济利益的方式,因此,决定变年限平均法为加速折旧法。

固定资产使用寿命、预计净残值和折旧方法的改变应作为会计估计变更,按照《企业会计准则第 28 号——会计政策、会计估计变更和差错更正》处理。

【问题与思考 6-3】

甲公司准备于 2001 年年初购入一台设备,估计使用年限为 4 年,预计净残值占原始成本的 15%。要求:如果分别按年限总和法与双倍余额递减法计算该设备的折旧额,试计算确定:

(1) 2001 年按哪种方法计算的折旧额大。
(2) 2002 年按哪种方法计算的折旧额大。

【问题与思考 6-4】

"累计折旧为固定资产的重置提供现金",这句话引自某一商业杂志,你同意这句话吗?请加以解释。

美国:《会计趋势与技术》对 600 家公司折旧方法进行了调查,对于选择折旧方法的结果如下:直线法 94%,双倍余额递减法 4%,年数总和法 2%,产量法 8%,不很明确的加速折旧法 10%。

第四节　固定资产的后续支出

一、固定资产后续支出的含义及分类

固定资产的后续支出是指固定资产使用过程中发生的更新改造支出、修理费用

等。后续支出的处理原则为：与固定资产有关的更新改造等后续支出，符合固定资产确认条件的，应当计入固定资产成本，同时将被替换部分的账面价值扣除；与固定资产有关的修理费用等后续支出，不符合固定资产确认条件的，应当计入当期损益。

固定资产后续支出是指固定资产在投入使用以后期间发生的与固定资产使用效能直接相关的各种支出。如固定资产的增置、改良与改善、换新、修理、重新安装等业务发生的支出。

二、固定资产的后续支出的核算

（一）增置

由于增置需要追加固定资产投资，因此，在会计概念上就将这项追加的投资看作是固定资产使用中增加的一项资本性支出。

增置是指固定资产总体数量的增加。它包括添置全新的资产项目和对原有资产项目进行改建、扩建、延伸、添置、补充等，主要表现在对原有固定资产进行实物的添加。增置不同于重置。重置是用新的固定资产替换原有相同的旧固定资产，是对旧固定资产已收回投资的再利用，它不增加企业对固定资产的投资，从而不增加固定资产的总体数量。增置是在原有的固定资产规模上，通过追加固定资产投资而添置的全新固定资产，它增加了固定资产的总体规模，从而扩大了企业的生产经营规模。由于增置需要追加固定资产投资，因此在会计概念上就将这项追加的投资看作是固定资产使用中增加的一项资本性支出。

（二）改良与改善

改良是对资产质量有较大改进或显著提高。改良与改善在性质上并无区别，只是对资产质量的提高程度不同而已。改良是对资产质量有较大改进或显著提高，所需支出也比较大，因而应将改良支出作为资本性支出，增加有关固定资产的价值；改善是对资产质量有一定改进，但改进不明显，质量提高程度有限，所需支出也比较小，因而应将改善支出作为收益性支出，直接计入当期损益。

（三）换新

换新是指以新的资产单元或部件替换废弃的资产单元或部件。换新从性质上来说是对资产质量的恢复，而不是对资产质量的提高。换新按替换范围的大小，分为资产单元换新和部分换新两种方式。

1. 资产单元换新

资产单元是指属于一个固定资产项目，但具有相对独立性并具有可单独辨认其成本的某些结构、装置。如成套设备附属的电机、仪表等。对资产单元进行换新，应将替换下来的旧的资产单元成本从有关资产中扣除，代之以新资产单元的成本。

2. 部分换新

部分换新是指对固定资产零配件、部件的替换。由于换新通常是伴随着固定资产修理而进行的,实务中不可能(也不需要)对哪些支出属于换新、哪些支出属于修理加以区分,因而在会计处理上可与固定资产修理一并进行。一般来说,大量换新是伴随着固定资产大修理而进行的,可视同大修理核算;零星换新是伴随着固定资产日常修理进行的,可视同日常修理进行核算。

(四)修理

固定资产由于使用、自然侵蚀、意外事故等原因会发生不同程度的损坏,影响其正常使用。为了恢复固定资产使用效能,保证固定资产经常处于完好状态,企业必须定期或不定期地对固定资产进行维护与保养,并对损坏的部分进行及时的修复。

固定资产的修理按其修理范围大小、费用支出多少、修理间隔时间长短等,分为日常修理和大修理两种。固定资产日常修理包括中、小修理,是保持和恢复固定资产正常工作状态所进行的经常性修理。它的特点是修理范围小、费用支出少、修理间隔时间短。固定资产的修理是保持和恢复固定资产正常工作状态所进行的定期修理和局部更新。它的特点是修理范围大、费用支出多、修理次数少、修理间隔时间长。

固定资产进行日常修理和大修理,从作用上讲,只是对固定资产使用性能的恢复和维持。因此对固定资产修理期间所发生的修理费用也不再加以区分和采取不同方法进行处理,而是在发生的当期按照固定资产的用途和部门的不同分别计入有关成本和费用中,不再进行资本化处理。

【例6-18】 2007年,金欣股份有限公司对公司的生产设备进行日常维修,领用修理配件500元,用银行存款支付其他费用400元。其账务处理如下:

```
借:制造费用——修理费              900
    贷:原材料                      500
       银行存款                    400
```

(五)重新安装

为了创造新的生产环境和提高流水作业的合理化,以改善生产组织、提高生产效率、充分发挥资产潜力、降低产品成本,企业本身会对机器设备等固定资产按更合理的布局重新安装。由于重新安装的固定资产原始价值中已经包含了一笔初始安装成本,为了避免重复计算,应先将初始安装成本的账面净值从有关资产价值中减除,并作为该项资产的废弃损失,计入营业外支出,然后代之以重安装成本。重安装成本一般包括拆除地基、搬运机器以及新建基地等支出。如果固定资产的有关记录不能提供初始安装成本的数额，可按一定的方法加以合理估计，以防止重复计算其安装成本。

【例6-19】 2007年，金欣股份有限公司为了提高生产效率、改善生产布局，对一条生产流水线进行重新安装。该生产流水线原始价值160 000元，包括初始安装成本4 200元；累计折旧56 000元。重新安装时，用银行存款支付安装成本4 320元。

$$累计折旧 = 56\,000 \div 160\,000 \times 4\,200 = 1\,470(元)$$

$$账面净值 = 4\,200 - 1\,470 = 2\,730(元)$$

转出安装成本时，账务处理如下：

借：累计折旧　　　　　　　　　　　　　　　　　　　　　1 470
　　营业外支出　　　　　　　　　　　　　　　　　　　　　2 730
　　　贷：固定资产　　　　　　　　　　　　　　　　　　　4 200

流水线安装完毕，将安装成本计入流水线价值：

借：固定资产　　　　　　　　　　　　　　　　　　　　　4 320
　　　贷：银行存款　　　　　　　　　　　　　　　　　　　4 320

【问题与思考6-5】

判断下列项目是属于资本化后续支出，还是费用化后续支出：
(1) 办公楼安装自动报警系统等。
(2) 某设备用功率更大的马达代替原有马达。
(3) 为某机器添加润滑油。

【问题与思考6-6】

费用化后续支出与资本化后续支出很难区分，要根据什么原则来处理？

第五节　固定资产的处置与期末计价

一、固定资产处置的含义

固定资产处置是指由于各种原因使企业固定资产需退出生产经营过程所作的处理活动。它包括出售、报废、毁损等。在企业固定资产的使用过程中，有时会出现固定资产退出正常工作状态的情况，如固定资产出售、报废、毁损等。这些业务的产生往往都是由于各种不同的原因造成的。出售固定资产多数属于多余闲置的设备等,或者是不适合企业产品生产需要的,如果不出售的话,会造成企业资源的浪费,增加额外的管理成本。

报废、毁损的原因一般有以下几个方面:① 固定资产的预计使用年限已满,其物质磨损程度已达到极限,不宜继续使用,应按期报废。② 由于科学技术水平的提高,致使企业拥有的某项固定资产继续使用时在经济上已不合算了,必须将其淘汰,提前报废。③ 由于自然灾害(如水灾、火灾)事故的发生或管理不善等原因而造成的固定资产毁损。

固定资产在处置过程中会发生收益或损失,称之为处置收益。它以处置固定资产所取得的各项收入与固定资产账面价值、发生的清理费用以及应交纳的营业税之间的差额来确定。其中:处置固定资产的收入包括出售价款、残料变价收入、保险及过失人赔款等项收入;清理费用包括处置固定资产发生的拆卸、搬运、整理等项费用;营业税是指出售不动产而按出售收入的5%计算交纳的营业税。

二、固定资产处置的核算

企业应设置"固定资产清理"账户核算固定资产的处置损益。将处置的固定资产账面价值、发生的清理费用及应交的营业税等,记入该账户借方;取得的固定资产出售价款等收入,记入该账户的贷方;借方与贷方的差额即为固定资产处置净损益,作为处置非流动资产利得或损失转入营业外收入或营业外支出。

(一) 固定资产的出售

固定资产的清理是指在固定资产出售或不能继续使用而报废时对固定资产进行的处置。

为了反映转入清理过程的固定资产净值、清理费支出、变价收入和其他收入的取得以及清理净损益的情况,应设置"固定资产清理"账户。该账户借方登记清理过程中发生的各项费用,包括转入清理过程的固定资产净值、清理过程中发生的清理费用以及销售不动产等应交纳的税金;贷方登记清理过程中发生的各项收入,包括转让收入、残料收入以及应向保险公司或有关责任者收取的赔款等。该账户贷方发生额大于借方发生额的差额,为清理过程中发生的净收益,应作为营业外收入从该账户借方转出;反之,则为清理过程中发生的净损失,应作为营业外支出从该账户的贷方转出。经过上述结转后,该账户应无余额。

1. 固定资产账面净值的计算与结转

企业的固定资产出售时,首先应计算其账面净值。固定资产净值应根据固定资产原值减去累计折旧计算。由于累计折旧一般不进行明细核算,因而固定资产明细账中不能提供累计折旧及净值资料。为此,计算固定资产净值,主要是计算其累计折旧。

企业如果采用个别折旧方式,固定资产累计折旧应根据采用的不同折旧方法和已折旧年限计算。

企业出售固定资产后,其原值和累计折旧应予以注销,净值转入"固定资产清理"账户。结转出售固定资产净值和注销原值、累计折旧时,应按其净值借记"固定资产清理"账户;按累计折旧,借记"累计折旧"账户;按原值,贷记"固定资产"账户。

2. 出售固定资产的清理费用

企业出售的固定资产,有些不发生清理费用,有些则需要拆除,会发生清理费用。在固定资产清理过程中,应按实际发生的清理费用,借记"固定资产清理"账户,贷记"银行存款"等账户。

3. 出售固定资产的收入

企业出售固定资产实际收取的价款,应借记"银行存款"等账户,贷记"固定资产清理"账户。

4. 结转出售不动产等应交纳的税金

企业出售不动产后,应按收入的一定比例计算交纳营业税、城市维护建设税和教育费附加等,借记"固定资产清理"账户,贷记"应交税费"账户。

5. 结转出售固定资产的净损益

企业出售固定资产的收入大于固定资产净值、清理费用与应交税金之和的差额,为清理净收益,借记"固定资产清理"账户,贷记"营业外收入"账户;出售固定资产的收入小于固定资产净值、清理费用与应交税金之和的差额,为清理净损失,借记"营业外支出"账户,贷记"固定资产清理"账户。经过上述结转后,"固定资产清理"账户没有余额。

【例6-20】 金欣股份有限公司某项固定资产出售,原值为50 000元,累计折旧为30 000元,清理过程中用现金支付清理费用150元,取得出售收入22 000元存入银行(假设不考虑相关税费)。根据以上资料,编制会计分录如下:

注销固定资产原值和累计折旧:

  借:固定资产清理   20 000
    累计折旧   30 000
    贷:固定资产   50 000

支付清理费用:

  借:固定资产清理   150
    贷:库存现金   150

收取价款:

借：银行存款 22 000
　　贷：固定资产清理 22 000

结转固定资产清理净损益：

固定资产清理净损益＝22 000－20 000－150＝1 850(元)

借：固定资产清理 1 850
　　贷：营业外收入 1 850

（二）固定资产报废、毁损的核算

固定资产报废的原因一般有两类：一类是由于使用期限已满不再继续使用而形成的正常报废；另一类是由于对折旧年限估计不准确或非正常原因造成的提前报废，如确定预计使用年限时未考虑无形损耗而在技术进步时必须淘汰的固定资产以及由于管理不善或自然灾害造成的固定资产毁损等。正常报废的固定资产已提足折旧，其账面净值应为预计净残值。但由于实际净残值与预计净残值可能有所不同，因而在清理过程中也可能发生净损益。这部分净损益也应计入营业外收入或营业外支出。正常报废固定资产的核算方法，与出售固定资产的核算方法相同。

提前报废的固定资产未提足折旧，为了简化核算工作，未提足的折旧也不再补提，而是在计算清理净损益时一并考虑。此外，毁损的固定资产根据其毁损原因，有可能收回一部分赔偿款，如自然灾害造成的毁损有可能取得保险公司的赔款，管理不善造成的毁损有可能取得有关责任者的赔款。企业取得的赔款也视为清理过程中的一项收入，借记"其他应收款"等账户，贷记"固定资产清理"账户，在计算清理净损益时也应一并考虑。

【例 6-21】 金欣股份有限公司某项固定资产的原值为 80 000 元，预计净残值为 2 500 元，预计使用年限为 10 年，现已使用 11 年（超龄使用 1 年），由于不能继续使用而报废。报废时残料计价 2 600 元入库，用银行存款支付清理费用 300 元。根据以上资料，编制会计分录如下：

注销固定资产原值和累计折旧。由于超龄使用不再计提折旧，因而累计折旧为 77 500 元（80 000－2 500）。

借：固定资产清理 2 500
　　累计折旧 77 500
　　贷：固定资产 80 000

支付清理费用：

借：固定资产清理 300
　　贷：银行存款 300

残料计价入库：

　　借：原材料　　　　　　　　　　　　　　　　　　　　　2 600
　　　贷：固定资产清理　　　　　　　　　　　　　　　　　　　　2 600

结转固定资产清理净损益：

　　　　固定资产清理净损益＝2 500＋300－2 600＝200(元)

　　借：营业外支出　　　　　　　　　　　　　　　　　　　　200
　　　贷：固定资产清理　　　　　　　　　　　　　　　　　　　　200

【例 6-22】 金欣股份有限公司某项固定资产的原值为 30 000 元，累计折旧为 13 000 元，因自然灾害造成毁损。清理过程中残料出售，收取价款 1 500 元，用银行存款支付清理费用 500 元，应收保险公司赔偿款 14 000 元。根据以上资料，编制会计分录如下：

注销固定资产原值和累计折旧：

　　借：固定资产清理　　　　　　　　　　　　　　　　　　17 000
　　　　累计折旧　　　　　　　　　　　　　　　　　　　　13 000
　　　贷：固定资产　　　　　　　　　　　　　　　　　　　　　30 000

支付清理费用：

　　借：固定资产清理　　　　　　　　　　　　　　　　　　　500
　　　贷：银行存款　　　　　　　　　　　　　　　　　　　　　　500

收取残料价款：

　　借：银行存款　　　　　　　　　　　　　　　　　　　　1 500
　　　贷：固定资产清理　　　　　　　　　　　　　　　　　　　1 500

结转应收保险公司赔偿款：

　　借：其他应收款　　　　　　　　　　　　　　　　　　14 000
　　　贷：固定资产清理　　　　　　　　　　　　　　　　　　14 000

结转固定资产清理净损益：

　　　　固定资产清理净损益＝(17 000＋500)－(1 500＋14 000)＝2 000(元)

　　借：营业外支出　　　　　　　　　　　　　　　　　　　2 000
　　　贷：固定资产清理　　　　　　　　　　　　　　　　　　　2 000

【问题与思考 6-7】
终止确认的固定资产，如何确定其实现的损益？

第六节 固定资产减值

一、资产减值的含义

根据《企业会计准则——基本准则》第12条规定:"企业应当以实际发生的交易或者事项为依据进行会计确认、计量和报告,如实反映符合确认和计量要求的各项会计要素及其他相关信息,保证会计信息真实可靠、内容完整。"因此,为了真实地反映企业质量,为信息使用者提供客观的会计信息,企业应当于资产负债表日对发生减值的资产计提资产价值准备。

资产是指企业过去的交易或者事项形成的、由企业拥有或者控制的、预期会给企业带来经济利益的资源。资产的主要特征之一是:它必须能够为企业带来经济利益的流入,如果资产不能够为企业带来经济利益或者带来的经济利益低于其账面价值,那么该资产就不能再予确认,或者不能再以原账面价值予以确认,否则将不符合资产的定义,也无法反映资产的实际价值。其结果会导致企业资产虚增和利润虚增。因此,当企业资产的可收回金额低于其账面价值时,即表明资产发生了减值,企业应当确认资产减值损失,并把资产的账面价值减计至可收回金额。

所谓资产减值,是指资产可回收金额低于其账面价值。它是资产的未来可回收金额低于账面价值时,减计资产的账务处理。

二、资产减值的认定

企业在资产负债表日应当判断资产是否存在可能发生减值的迹象,主要可从外部信息来源和内部信息来源两方面加以判断。

从企业外部信息来源来看,如果出现了资产的市价在当期大幅度下跌,其跌幅明显高于因时间的推移或者正常使用而预计的下跌;企业经营所处的经济、技术或者法律等环境以及资产所处的市场在当期或者将在近期发生重大变化,从而对企业产生不利影响;市场利率或者其他市场投资报酬率在当期已经提高,从而影响企业计算资产预计未来现金流量现值的折现率,导致资产可收回金额大幅度降低等,均属于资产可能发生减值的迹象,企业需要据此估计资产的可收回金额,决定是否需要确认减值损失。

从企业内部信息来源来看,如果有证据表明资产已经陈旧过时或者其实体已经损坏,资产已经或者将被闲置、终止使用或者计划提前处置,企业内部报告的证据表明资产的经济绩效已经低于或者将低于预期,如资产所创造的净现金流量或者实现的营业利润远远低于原来的预算或者预计金额、资产发生的营业损失远远高于原来的预算或者预计金额、资产在建造或者收购时所需的现金支出远远高于最初的预算、资产在经营或者维护中所需的现金支出远远高于最初的预算等,均属于资产可能发生减值的迹象。

上述列举的资产减值迹象并不能穷尽所有的减值迹象,企业应当根据实际情况来认定资产可能发生减值的迹象。有确凿证据表明资产存在减值迹象的,应当在资产负债表日进行减值测试,估计资产的可收回金额。资产存在减值迹象是资产是否需要进行减值测试的必要前提,但是有两项资产除外,即因企业合并形成的商誉和使用寿命不确定的无形资产,根据《企业会计准则第20号——企业合并》和《企业会计准则第6号——无形资产》的规定,因企业合并所形成的商誉和使用寿命不确定的无形资产在后续计量中不再进行摊销,但是考虑到这两类资产的价值和产生的未来经济利益有较大的不确定性,为了避免资产价值高估,及时确认商誉和使用寿命不确定的无形资产的减值损失,如实反映企业财务状况和经营成果,对于这两类资产,企业至少应当于每年年度终了进行减值测试。

资产减值准则着重解决了资产可收回金额的计量、资产组的认定及其减值处理、商誉减值的处理等问题。

三、资产组的认定

资产减值准则规定,如果有迹象表明一项资产可能发生减值的,企业应当以单项资产为基础估计其可收回金额。但是,在企业难以对单项资产的可收回金额进行估计的情况下,应当以该资产所属的资产组为基础确定资产组的可收回金额。因此,资产组的认定十分重要。

(一)资产组的概念

资产组是企业可以认定的最小资产组合,其产生的现金流入应当基本上独立于其他资产或者资产组。资产组应当由创造现金流入的资产组成。

(二)认定资产组应当考虑的因素

(1)资产组的认定,应当以资产组产生的主要现金流入是否独立于其他资产或者资产组的现金流入为依据。因此,资产组能否独立产生现金流入是认定资产组的最关键因素。比如,企业的某一生产线、营业网点、业务部门等,如果能够独立于其他部门或者单位等创造收入、产生现金流,或者其创造的收入和现金流入绝大部分独立于其他部门或者单位的,并且属于可认定的最小的资产组合的,通常应将该生产线、营业网点、业务部门等认定为一个资产组。

例如,某矿业公司拥有一个煤矿,与煤矿的生产和运输相配套,建有一条专用铁路。该铁路除非报废出售,其在持续使用中,难以脱离煤矿相关的其他资产而产生单独的现金流入,因此,企业难以对专用铁路的可收回金额进行单独估计,专用铁路和煤矿其他相关资产必须结合在一起，成为一个资产组，以估计该资产组的可收回金额。

在资产组的认定中，企业几项资产的组合生产的产品（或者其他产出）存在活跃市场的，无论这些产品或者其他产出是用于对外出售还是仅供企业内部使用，均表明这几项资产的组合能够独立创造现金流入，在符合其他相关条件的情况下，应当将这些资产的组合认定为资产组。

例如，甲企业生产某单一产品，并且只拥有 A、B、C 3 家工厂。3 家工厂分别位于 3 个不同的国家，而 3 个国家又位于 3 个不同的洲。工厂 A 生产一种组件，由工厂 B 或者 C 进行组装，最终产品由 B 或者 C 销往世界各地，工厂 B 的产品可以在本地销售，也可以在 C 所在地销售（如果将产品从 B 运到 C 所在地更加方便的话）。

B 和 C 的生产能力合在一起尚有剩余，并没有被完全利用。B 和 C 生产能力的利用程度依赖于甲企业对于销售产品在两地之间的分配。以下分别认定与 A、B、C 有关的资产组。

假定 A 生产的产品（即组件）存在活跃市场，则 A 很可能可以认定为一个单独的资产组，原因是它生产的产品尽管主要用于 B 或者 C，但是由于该产品存在活跃市场，可以带来独立的现金流量，因此通常应当认定为一个单独的资产组。在确定其未来现金流量的现值时，公司应当调整其财务预算或预测，将未来现金流量的预计建立在公平交易的前提下 A 生产产品的未来价格最佳估计数上，而不是其内部转移价格上。对于 B 和 C 而言，即使 B 和 C 组装的产品存在活跃市场，B 和 C 的现金流入依赖于产品在两地之间的分配。B 和 C 的未来现金流入不可能单独地确定。因此，B 和 C 组合在一起是可以认定的、可产生基本上独立于其他资产或者资产组的现金流入的资产组合。B 和 C 应当认定为一个资产组。在确定该资产组未来现金流量的现值时，公司也应当调整其财务预算或预测，将未来现金流量的预计建立在公平交易的前提下，A 所购入产品的未来价格的最佳估计数上，而不是其内部转移价格上。

沿用上例假定 A 生产的产品不存在活跃市场。在这种情况下，由于 A 生产的产品不存在活跃市场，它的现金流入依赖于 B 或者 C，生产的最终产品的销售，因此，A 很可能难以单独产生现金流入，其可收回金额很可能难以单独估计。而对于 B 和 C 而言，其生产的产品虽然存在活跃市场，但是 B 和 C 的现金流入依赖于产品在两个工厂之间的分配，B 和 C 在产能和销售上的管理是统一的，因此，B 和 C 也难以单独产生现金流量，因而也难以单独估计其可收回金额。

因此，只有 A、B、C 3 家工厂组合在一起（即将甲企业作为一个整体）才可能是一个可以认定的、能够基本上独立产生现金流入的最小的资产组合，从而将 A、B、

C的组合认定为一个资产组。

（2）资产组的认定，应当考虑企业管理层对生产经营活动的管理或者监控方式（如是按照生产线、业务种类还是按照地区或者区域等）和对资产的持续使用或者处置的决策方式等。比如，企业各生产线都是独立生产、管理和监控的，那么各生产线很可能应当认定为单独的资产组；如果某些机器设备是相互关联、互相依存的，其使用和处置是一体化决策的，那么这些机器设备很可能应当认定为一个资产组。

（三）资产组认定后不得随意变更

资产组一经确定后，在各个会计期间应当保持一致，不得随意变更。即资产组的各项资产构成通常不能随意变更。例如，甲设备在20×6年归属于A资产组，在无特殊情况下，该设备在20×7年仍然应当归属于A资产组，而不能随意将其变更至其他资产组。但是，如果由于企业重组、变更资产用途等原因，导致资产组构成确需变更的，企业可以进行变更，但企业管理层应当证明该变更是合理的，并应当在附注中作相应说明。

（四）资产组减值测试

资产组减值测试的原理和单项资产是一致的，即企业需要预计资产组的可收回金额和计算资产组的账面价值，并将两者进行比较，如果资产组的可收回金额低于其账面价值的，表明资产组发生了减值损失，应当予以确认。

资产组账面价值的确定基础应当与其可收回金额的确定方式相一致。因为这样的比较才有意义，否则如果两者在不同的基础上进行估计和比较，就难以正确估算资产组的减值损失。

资产组的可收回金额在确定时，应当按照该资产组的公允价值减去处置费用后的净额与其预计未来现金流量的现值两者之间较高者确定。

资产组的账面价值则应当包括可直接归属于资产组并可以合理地和一致地分摊至资产组的资产账面价值，通常不应当包括已确认负债的账面价值，但如不考虑该负债金额就无法确定资产组可收回金额的除外。这是因为在预计资产组的可收回金额时，既不包括与该资产组的资产无关的现金流量，也不包括与已在财务报表中确认的负债有关的现金流量。因此，为了与资产组可收回金额的确定基础相一致，资产组的账面价值也不应当包括这些项目。

资产组在处置时如要求购买者承担一项负债（如环境恢复负债等），该负债金额已经确认并计入相关资产账面价值，而且企业只能取得包括上述资产和负债在内的单一公允价值减去处置费用后的净额的，为了比较资产组的账面价值和可收回金额，在确定资产组的账面价值及其预计未来现金流量的现值时，应当将已确认的负债金额从中扣除。

【例 6-23】 ABC 公司在某山区经营一座某有色金属矿山,根据规定,公司在矿山完成开采后应当将该地区恢复原貌。恢复费用主要为山体表层复原费用(比如恢复植被等),因为山体表层必须在矿山开发前挖走。因此,企业在山体表层挖走后,确认了一项预计负债,并计入矿山成本。假定其金额为 500 万元。

20×7 年 12 月 31 日,随着开采的深入,公司发现矿山中的有色金属储量远低于预期,因此,公司对该矿山进行了减值测试。考虑到矿山的现金流量状况,整座矿山被认定为一个资产组。该资产组在 20×7 年年末的账面价值为 1 000 万元(包括确认的恢复山体原貌的预计负债)。

矿山(资产组)如于 20×8 年 12 月 31 日对外出售,买方愿意出价 820 万元(包括恢复山体原貌成本,即已经扣减这一成本因素),预计处置费用为 20 万元,因此该矿山的公允价值减去处置费用后的净额为 800 万元。

矿山的预计未来现金流量的现值为 1 200 万元,不包括恢复费用。

根据资产减值准则的要求,为了比较资产组的账面价值和可收回金额,在确定资产组的账面价值及其预计未来现金流量的现值时,应当将已确认的负债金额从中扣除。

在本例中,资产组的公允价值减去处置费用后的净额为 800 万元,该金额已经考虑了恢复费用。该资产组预计未来现金流量的现值在考虑了恢复费用后为 700 万元(1 200—500)。因此,该资产组的可收回金额为 800 万元。资产组的账面价值在扣除了已确认的恢复原貌预计负债后的金额为 500 万元(1 000—500)。这样,资产组的可收回金额大于其账面价值,所以,资产组没有发生减值,不必确认减值损失。

四、资产减值的账务处理

企业计提各项资产减值准备所形成的损失均通过"资产减值损失"账户核算。"资产减值损失"账户可按资产减值损失的项目进行明细核算。企业的应收款项、存货、长期股权投资、持有至到期投资、固定资产、无形资产、贷款等资产发生减值的,按应减计的金额,借记"资产减值损失"账户,贷记"坏账准备"、"存货跌价准备"、"长期股权投资减值准备"、"持有至到期投资减值准备"、"固定资产减值准备"、"无形资产减值准备"、"贷款损失准备"等账户。期末,应将"资产减值损失"账户余额转入"本年利润"账户,结转后"资产减值损失"账户无余额。

【例 6-24】 2007 年 12 月 31 日,金欣股份有限公司对在生产经营过程中使用的某生产线进行检查时发现该类生产线可能发生减值。该生产线的公允价值总额为 605 000 元,可归属于该生产线的处置费用为 5 000 元;预计尚可使用 5 年,预计其在未来 4 年内每年年末产生的现金流量分别为:200 000 元、180 000

元、160 000元、125 000元；第五年产生的现金流量以及使用寿命结束时处置形成的现金流量合计为100 000元。假定在考虑相关因素的基础上，金欣股份有限公司决定采用5%折现率。经计算金欣公司预计资产未来现金流量的现值为673 135.5元，大于其公允价值减去处置费用后的净额600 000元（605 000－5 000），所以，该生产线的可收回金额为673 135.5元。同时，假设2007年12月31日该生产线的账面价值为750 000元，以前年度没有计提资产减值准备。金欣公司的账务处理如下：

  借：资产减值损失——计提固定资产减值损失   76 864.5
    贷：固定资产减值准备   76 864.5

【问题与思考6-8】
  固定资产减值准备的计提与固定资产折旧的计提有什么不同？

本 章 小 结

  本章介绍了固定资产的定义、固定资产的分类、固定资产的确认条件和固定资产的特征。

  我国固定资产准则规定：固定资产是指同时具有下列特征的有形资产：① 为生产商品、提供劳务、出租或经营管理而持有的。② 使用寿命超过一个会计年度。

  固定资产的确认条件有两个：第一，与该固定资产有关的经济利益很可能流入企业。第二，该固定资产的成本能够可靠地计量。

  固定资产具有以下三个特征：固定资产是为生产商品、提供劳务、出租或经营管理而持有的；固定资产使用寿命超过一个会计年度；固定资产为有形资产。

  本章重点介绍了固定资产取得的确认及账务处理、固定资产折旧的核算、固定资产后续支出的核算。固定资产的处置与期末计价、固定资产减值的核算。

  固定资产按取得方式不同分为购买固定资产、自行建造的固定资产、投资转入的固定资产、接受捐赠的固定资产、租入的固定资产、债务重组取得的固定资产、非货币性资产交换取得的固定资产。本章分别介绍了它们的入账时间、入账价值和具体账务处理方法。

  固定资产折旧方法是指将固定资产应提折旧总额在固定资产一个使用年限内进行分配时所采用的具体方法。它包括平均年限法、工作量法、加速折旧法等。

复习思考题

1. 什么是固定资产？判断固定资产的具体标准是什么？
2. 不同途径取得的固定资产，其入账价值如何确定？
3. 固定资产折旧的含义是什么？固定资产折旧受哪些因素影响？
4. 不同形式的固定资产后续支出，应当如何进行会计处理？
5. 固定资产处置时应如何进行核算？

案例讨论题

石家庄宝石电子玻璃股份有限公司（简称宝石A），公司由石显总厂、中电公司、中化公司共同发起，1992年12月26日成立。1992年9月22日至12月10日，向社会法人、内部职工定向募集45万股和188.895万股，1996年9月25日上市。公司经营范围为电真空玻璃器件及配套电子元器件等。

1999年8月21日，该公司发布"关于出售公司部分资产的议案"的董事会决议公告。公告主要内容如下：

由于本公司所拥有的101#厂房中，合资公司的彩锥生产线占用了17 955平方米。为了便于合资公司的管理和生产的连续性，经双方友好协商，本公司同意将该部分厂房转让给合资公司。经石家庄市会计师事务所评估、石家庄市国资局确认，以上厂房评估值为22 939 490元。截至1999年6月30日，账面净值为19 592 506元，双方同意以25 412 965.87元转让以上房屋产权。同时，由于存在房屋产权与土地使用权权属不一致的问题，本公司同意将拥有的58 555平方米土地使用权转让给合资公司。经石家庄市地产事务所评估，以上土地使用权评估价为26 525 417元。截至1999年6月30日，账面净值为3 178 198元，双方同意以27 110 965元转让以上土地使用权，使用期至2017年7月31日止。

该案例为：宝石A将公司拥有的58 555平方米土地使用权及部分厂房，转让给石家庄宝石电器硝子玻璃有限公司（简称硝子公司），由此产生的近3 000万元营业外收入列入当期收益。但值得注意的是，宝石A是将资产卖给自己的孙公司。对宝石A而言，变卖资产的收益要列入当期收益。而对于硝子公司，并不列入当期损益，而是按照购买价格列入固定资产，只需按照固定资产折旧分期摊入成本。ST宝石A1999年中报净资产为4亿元，3 000万元的收益使净资产收益率达到了7.5%。

请问：

(1) 你将如何看待宝石 A 公司的这种做法？此做法是否合理？为什么？
(2) 卖资产与卖股权有没有区别？它们对企业当期损益有什么影响？

同步测试题

一、单项选择题

1. 甲公司购入设备安装某生产线。该设备购买价格为 2 500 万元，增值税额为 425 万元，支付保险、装卸费用 25 万元。该生产线安装期间，领用生产用原材料的实际成本为 100 万元，发生安装工人工资等费用 33 万元。该原材料的增值税负担率为 17%。假定该生产线达到预定可使用状态，其入账价值是（　　）万元。

  A. 2 650 B. 2 658 C. 2 675 D. 3 100

2. 2005 年 3 月 31 日，甲公司采用出包方式对某固定资产进行改良，该固定资产账面原价为 3 600 万元，预计使用年限为 5 年，已使用 3 年，预计净残值为零，采用年限平均法计提折旧。甲公司支付出包工程款 96 万元。2005 年 8 月 31 日，改良工程达到预定可使用状态并投入使用，预计尚可使用 4 年，预计净残值为零，采用年限平均法计提折旧。2005 年度，该固定资产应计提的折旧是（　　）万元。

  A. 128 B. 180 C. 308 D. 384

3. 甲公司向乙公司一次购进了 3 套不同型号且具有不同生产能力的设备 A、B 和 C。甲公司为该批设备共支付货款 390 000 元，增值税进项税额 66 300 元，包装费 2 700 元，全部以银行存款支付；假定所购设备均满足固定资产的定义及其确认条件，公允价值分别为 160 000 元、180 000 元和 140 000 元；甲公司实际支付的货款等于计税价格，不考虑其他相关税费，则甲公司 B 设备的入账价值应为（　　）元。

  A. 153 000 B. 172 125 C. 152 100 D. 130 000

4. 下列项目中，在对固定资产进行计价时，有可能不被考虑的因素是（　　）。

  A. 买价 B. 弃置费用 C. 场地整理费 D. 进口关税

5. 以原始价值作为固定资产的基本计价标准所体现的特性是（　　）。

  A. 客观性 B. 一贯性 C. 可比性 D. 谨慎性

二、多项选择题

1. 下列有关固定资产会计处理的表述中，正确的是（　　）。

  A. 固定资产盘亏产生的损失计入当期损益
  B. 固定资产日常维护发生的支出计入当期损益

C. 债务重组中取得的固定资产按其公允价值及相关税费之和入账
D. 计提减值准备后的固定资产以扣除减值准备后的账面价值为基础计提折旧
E. 持有待售的固定资产账面价值高于重新预计的净残值的金额计入当期损益

2. 按固定资产使用情况,可以将固定资产划分的类别为(　　)。
   A. 经营用固定资产　　　　　　　　B. 未使用固定资产
   C. 不需用固定资产　　　　　　　　D. 改建、扩建固定资产
   E. 出租固定资产

3. 计算固定资产折旧额需要考虑的因素是(　　)。
   A. 固定资产原始价值　　　　　　　B. 固定资产预计使用年限
   C. 固定资产的用途　　　　　　　　D. 固定资产预计净残值
   E. 固定资产的所有权

4. 下列项目中,需记入"在建工程"账户的是(　　)。
   A. 不需安装的固定资产　　　　　　B. 需要安装的固定资产
   C. 固定资产的改扩建　　　　　　　D. 工程项目领用工程物资
   E. 应计入固定资产账面价值以外的后续支出

5. 下列固定资产中,应计提折旧的是(　　)。
   A. 季节性停用的机器设备　　　　　B. 大修理停用的机器设备
   C. 未使用的机器设备　　　　　　　D. 融资租入的固定资产
   E. 按规定单独估价作为固定资产入账的土地

三、判断题

1. 根据企业会计准则的规定,固定资产减值准备,一经计提,不得转回。(　　)
2. 工作量法计提折旧的特点是每年提取的折旧额都相等。(　　)
3. 企业出售使用过的固定资产所取得的变价收入,与销售原材料所取得的收入相同,都应作为其他业务收入确认入账。(　　)
4. 双倍余额递减法计算折旧开始时并不考虑预计的净残值。(　　)
5. 企业一般应当按月计提折旧,当月增加的固定资产,当月计提折旧;当月减少的固定资产,当月不提折旧。(　　)

四、核算题

1. 资料:某公司 2007 年发生的与固定资产相关的经济活动如下:
(1) 1 月,购入一台全新的不需要安装的生产用设备,增值税专用发票上注明货款 100 000 元、增值税额 17 000 元,全部用银行存款支付。另外,支付设备运杂

费等3 000元,设备当月即交付使用。

(2) 4月,购入一条小型生产流水线,支付价款及增值税额共1 170 000元,支付运杂费、途中保险费等共5 000元;该设备在安装过程中发生的各项费用为:应付设备安装工人工资2 500元,领用原材料2 000元(购进时的增值税进项税额为340元)。该流水线于当月安装完毕并交付使用。

(3) 8月,对一栋办公楼进行延伸扩展。该楼的原始价值为5 000 000元,已提折旧1 000 000元;扩建工程采用出包方式,承包单位中标价为880 000元。按合同规定预付工程款500 000元,其余款项在工程完工时补付。扩建前的设备迁移、局部墙体拆除等由本公司自行处理,为此发生的费用有:应付工资50 000元、耗用材料1 500元,同时出售残料价值4 000元。该办公楼扩建工程完工,达到预定可使用状态。假定该办公楼扩建后的可收回金额为5 000 000元。

要求:根据上述资料,进行相关的账务处理。

2. 资料:金欣股份有限公司2007年发生的经济活动如下:

(1) 8月9日,公司将一栋多年闲置不用的车间整体出售,出售的价款为1 200 000元,已通过银行收到款项。该项固定资产的原始价值1 860 000元,累计折旧750 000元,支付整修费用900元。

(2) 8月15日,公司一台设备报废。该项设备原始价值56 000元,累计折旧53 760元。报废时支付清理费用260元,残料变价收入720元。

(3) 8月28日,公司一台设备因火灾烧毁。该设备原始价值68 000元,累计折旧21 000元。清理现场时发生清理费用500元,收到保险公司赔款30 000元,残料变价收入800元。

要求:根据上述业务,编制会计分录。

3. 资料:宏兴工厂发生的固定资产减少业务如下:

(1) 该厂一套设备因不适用而提前清理报废。该设备原值为150 000元,预计使用10年,实际使用年限为8年零6个月,按平均年限法计算折旧,预计净残值率为3%。清理时用银行存款支付清理费200元,取得残料2 500元,残料已入库。设备清理完毕,结转清理损益。

(2) 将一台不需用机床对外出售,原值42 000元,已提折旧22 000元,双方商定售价25 000元,款项已存入银行。

(3) 对固定资产进行清查发现盘亏打包机一台,价值5 000元,已提折旧3 000元,已上报审批。盘亏打包机经批复同意转账,作为企业营业外支出。

(4) 将旧设备一台向某厂作长期投资用,账面原值450 000元,已提折旧150 000元,双方协商价值为320 000元。

要求:编制以上经济业务的会计分录。

4. 资料：某企业某项固定资产原值为 700 000 元，预计净残值率为 4%，预计使用年限为 10 年。

要求：

(1) 根据上述资料采用平均年限法计算固定资产的年折旧率、月折旧率、年折旧额、月折旧额。

(2) 根据上述资料分别采用双倍余额递减法和年数总和法计算固定资产的年折旧率和年折旧额。

【延伸阅读】

估计的应用及其对收益的影响

乍看起来，确定固定资产的预计使用年限和残值不是一项非常重要的决策，但是，垃圾管理公司在 20 世纪 90 年代就卷入一桩与此相关的会计丑闻。这家公司 2002 年的资产接近 200 亿美元，净收益为 8.22 亿美元。公司提供垃圾管理服务，包括回收、运输、处理和再利用。20 世纪 70 年代初期公司上市以后，非常关注自己的股票价格。1998 年该公司披露，其曾采用非常激进的会计估计和策略以提高公司的收益。公司在固定资产方面的投资很大，因此折旧费非常高，为了降低折旧费用以提高收益，公司在确定固定资产的预计使用年限和预计残值时作了不现实的假设。例如，公司确定垃圾车的使用年限在 12~14 年之间，残值为 25 000 美元。行业通常状况是使用年限为 8~10 年，残值为零。与此类似，公司确定垃圾倾倒车的使用年限为 15~20 年，残值不为零，而行业标准是使用年限 12 年，残值为零。另外，垃圾管理公司宣布公司有能力并扩大垃圾清理场。尽管土地一般是不提折旧的，但垃圾填埋场的使用年限等于填埋的时间，公司在这一期间对垃圾填埋场的成本提取了折旧。公司通过宣布有扩大垃圾填埋场的能力（实际上扩大是不可能的），有效地延长了垃圾填埋场的使用年限。这些估计的最终结果是降低了应计折旧的总金额（通过高估预计残值）延长了垃圾倾倒车、垃圾车和垃圾填埋场计提折旧的时间，这些会计"技巧"使公司 1991—1997 年间的税前收益增加了近 35 亿美元。

最终，美国证券交易委员会调查了垃圾管理公司固定资产核算的问题，使该公司调整了有问题年度的报告损益。

资料来源：查尔斯·T·霍恩格伦等著：《财务会计（第九版）》，东北财经大学出版社 2006 年版。

第七章　无形资产及其他资产

学习目标

- 了解无形资产的概念、性质及内容，了解其他资产的含义和内容
- 理解无形资产的确认与计量方法
- 掌握无形资产的计价及账务处理，无形资产的摊销、出售及报废的核算和无形资产的期末计价及减值准备的计提。

引　言

　　甲股份公司2000年股东大会决议进行新的生产工艺研发，2月至年末共发生研发费用500万元，该公司按照企业会计制度规定将上述研发费用全部予以费用化，当年利润为-200万元。2001年利润为200万元。该年公司生产工艺研发成功，共发生申请注册费及律师费20万元，全部计入无形资产。此外，从2000年开始，该公司修改后的制度规定，若公司利润年增长率大于0小于20%，将给予总经理以上高层管理人员5万元奖励；若公司利润年增长率大于等于20%小于50%，将给予总经理以上高层管理人员15万元奖励；若公司利润年增长率大于等于50%，将给予总经理以上高层管理人员50万元奖励，同时送本公司股票10万股。无形资产在企业中有什么样的作用？无形资产该如何确认和计量？甲股份公司上述处理的动机是什么？现行会计标准在相关问题的处理上有何漏洞？学习本章之后，你将得到这些问题的正确答案。

第一节 无形资产

一、无形资产的含义与内容

（一）无形资产的概念及其基本特征

1. 无形资产的概念

随着我国社会主义市场经济的深入发展，知识创新步伐不断加快，无形资产在企业资产中所占的比重越来越大，因此，加强对无形资产会计核算与管理的重要性日益显著。《企业会计准则第6号——无形资产》规范了无形资产的确认、计量和相关信息的披露要求，有助于企业科技创新、加大研发投入以及提升企业价值和核心竞争力。

无形资产是指企业拥有或者控制的没有实物形态的可辨认的非货币性资产。这是我国《企业会计准则第6号——无形资产》对无形资产所下的定义。

2. 无形资产的特征

相对于其他资产，无形资产具有以下特征：

第一，无形资产不具有实物形态。无形资产通常表现为某种权利、某项技术或是某种获取超额利润的综合能力，它们不具有实物形态，看不见，摸不着，如土地使用权、非专利技术等。企业的有形资产如固定资产虽然也能为企业带来经济利益，但其为企业带来经济利益的方式与无形资产不同，固定资产是通过实物价值的磨损和转移来为企业带来未来经济利益，而无形资产很大程度上是通过自身所具有的技术等优势为企业带来未来经济利益，不具有实物形态是无形资产区别于其他资产的特征之一。

某些无形资产的存在有赖于实物载体，如计算机软件需要存储在磁盘中，但这并不改变无形资产本身不具实物形态的特性。在确定一项包含无形和有形要素的资产是属于固定资产还是属于无形资产时，需要通过判断来加以确定，通常以哪个要素更重要作为判断的依据。例如，计算机控制的机械工具没有特定计算机软件就不能运行时，则说明该软件是构成相关硬件不可缺少的组成部分，该软件应作为固定资产处理；如果计算机软件不是相关硬件不可缺少的组成部分，则该软件应作为无形资产核算。无论是否存在实物载体，只要将一项资产归类为无形资产，则不具有实物形态仍然是无形资产的特征之一。

第二，无形资产具有可辨认性。符合以下条件之一的，则认为其具有可辨认性：

（1）能够从企业中分离或者划分出来，并能单独用于出售或转让等，而不需要同时处置在同一获利活动中的其他资产,则说明无形资产可以辨认。某些情况下无形资产可能需要与有关的合同一起用于出售转让等,这种情况下也视为可辨认无形资产。

(2)产生于合同性权利或其他法定权利,无论这些权利是否可以从企业或其他权利和义务中转移或者分离。如一方通过与另一方签订特许权合同而获得的特许使用权,通过法律程序申请获得的商标权、专利权等。

第三,无形资产属于非货币性资产。非货币性资产是指企业持有的货币资金和将以固定或可确定的金额收取的资产以外的其他资产。无形资产由于没有发达的交易市场,一般不容易转化成现金,在持有过程中为企业带来未来经济利益的情况不确定,不属于以固定或可确定的金额收取的资产,因此属于非货币性资产。

(二)无形资产的内容

无形资产对于企业来讲具有重要的意义,特别是在知识经济条件下,其作用就更加突出。因此,企业必须加强对无形资产的管理与核算。从不同的角度、采取科学的方法对无形资产进行合理的分类,是搞好无形资产管理和核算的一项重要基础工作。根据无形资产的性质,无形资产通常包括专利权、非专利技术、商标权、著作权、特许权、土地使用权等。

1. 专利权

它是指国家专利主管机关依法授予发明创造专利申请人,对其发明创造在法定期限内所享有的专有权利。它包括发明专利权、实用新型专利权和外观设计专利权。

2. 非专利技术

非专利技术也称专有技术。它是指不为外界所知、在生产经营活动中已采用了的、不享有法律保护的、可以带来经济效益的各种技术和诀窍。它包括工业专有技术、商业贸易专有技术、管理专有技术等。

3. 商标权

商标是用来辨认特定的商品或劳务的标记。商标权指专门在某类指定的商品或产品上使用特定的名称或图案的权利。

4. 著作权

著作权又称版权。它是指作者对其创作的文学、科学和艺术作品依法享有的某些特殊权利。它包括作品署名权、发表权、修改权和保护作品完整权,还包括复制权、发行权、出租权、展览权、表演权、放映权、广播权、信息网络传播权、摄制权、改编权、翻译权、汇编权以及应当由著作权人享有的其他权利。

5. 特许权

特许权又称经营特许权、专营权。它是指企业在某一地区经营或销售某种特定商品的权利或是一家企业接受另一家企业使用其商标、商号、技术秘密等的权利。它通常有两种形式:一种是由政府机构授权,准许企业使用或在一定地区享有经营某种业务的特权,如水、电、邮电通信等专营权、烟草专卖权等;另一种是指企业间依照签订的合同,有限期或无限期使用另一家企业的某些权利,如连锁店分店使用总店的名称等。

6. 土地使用权

它是指国家准许某企业在一定期间内对国有土地享有开发、利用、经营的权利。根据我国《土地管理法》的规定,我国土地实行公有制,任何单位和个人不得侵占、买卖或者以其他形式非法转让。企业取得土地使用权的方式大致有以下几种:行政划拨取得、外购取得及投资者投资取得。

无形资产准则规定,作为投资性房地产的土地使用权,适用《企业会计准则第3号——投资性房地产》;企业合并中形成的商誉,适用《企业会计准则第8号——资产减值》和《企业会计准则第20号——企业合并》;石油天然气矿区权益,适用《企业会计准则第27号——石油天然气开采》。

根据无形资产的特点,无形资产可作如下分类:

第一,无形资产按取得的来源不同分,可分为购入的无形资产、自行开发的无形资产、投资者投入的无形资产、企业合并取得的无形资产、债务重组取得的无形资产、以非货币性资产交换取得的无形资产、政府补助取得的无形资产等。这种分类的目的主要是为了使无形资产的初始计量更加准确和合理。因为不同来源取得的无形资产,其初始成本的确定方法以及所包括的经济内容是不同的。

第二,无形资产按使用寿命是否有期限分,可分为有期限的无形资产和无期限的无形资产。无形资产的使用寿命是否有期限应在企业取得无形资产时就加以分析和判断,其中需要考虑的因素很多。这种分类的目的主要是为了正确地将无形资产的应摊销金额在无形资产的使用寿命内系统而合理的进行摊销。按照企业会计准则的规定,使用寿命有限的无形资产才存在价值的摊销问题,而使用寿命不能确定的无形资产,其价值是不能进行摊销的。

二、无形资产的确认

由于无形资产没有实物形态,只是一种虚拟资产,因而其确认要比有形资产困难得多。作为无形项目,只有同时满足三个条件,才能将其确认为无形资产:① 符合无形资产的定义。② 与该无形资产相关的预计未来经济利益很可能流入企业。③ 无形资产的成本能够可靠地计量。

第一个条件是指无形资产既需要满足资产一般属性的要求(即由企业拥有或

者控制),同时也要满足无形资产没有实物形态和可辨认性的特殊要求。

第二个条件是指企业能够控制无形资产所产生的经济利益,如企业拥有无形资产的法定所有权,或签订了协议,使得企业的相关权利受到法律的保护,这样可以保证无形资产的预计未来经济利益能够流入企业。在判断无形资产产生的经济利益是否可能流入企业时,企业管理部门应对无形资产在预计使用年限内存在的各种因素作出稳健的估计。这一点符合国际惯例,与国际会计准则的规定是相同的。

第三个条件实际上是对无形资产的入账价值而言的。无形资产的入账价值需要根据其取得的成本确定,如果成本无法可靠地计量的话,那么无形资产的计价入账也就无从谈起。这一点也同样符合国际惯例。企业购入的无形资产、通过非货币性交换取得的无形资产、投资者投入的无形资产、通过债务重组取得的无形资产以及自行开发并依法申请取得的无形资产,如果同时满足上述第一、第二和第三个条件的要求,都应确认作为企业的无形资产。企业自创的商誉以及企业内部产生的品牌、报刊名等,因其发生的成本无法明确区分而不确认为企业的无形资产。

三、无形资产的计量

无形资产的计量是指企业初始取得无形资产时入账价值的确定。根据无形资产的来源不同,无形资产的入账价值的确定方法也不同。下面分别阐述。

(一)外购的无形资产

外购方式取得无形资产是无形资产来源的重要渠道。企业为了生产和销售产品、提供劳务、出租以及自身的行政管理如果需要,在企业自行研究和开发有困难的情况下,可以通过外购的方式买入无形资产,以满足生产经营和管理需要。

外购的无形资产,其成本包括购买价款、相关税费以及直接归属于使该项资产达到预定用途所发生的其他支出。其中,直接归属于使该项资产达到预定用途所发生的其他支出,包括使无形资产达到预定用途所发生的专业服务费用、测试无形资产是否能够正常发挥作用的费用等,但不包括为引入新产品进行宣传而发生的广告费、管理费用及其他间接费用,也不包括在无形资产已经达到预定用途以后发生的费用。

无形资产达到预定用途后所发生的支出,不构成无形资产的成本。例如,在形成预定经济规模之前发生的初始运作损失,以及在无形资产达到预定用途之前发生的其他经营活动的支出,如果该经营活动并非是与无形资产达到预定用途必不可少的,则有关经营活动的损益应于发生时计入当期损益,而不构成无形资产的成本。

购买无形资产的价款超过正常信用条件延期支付(如付款期在3年以上),实际上具有融资性质的,即采用分期付款方式购买无形资产,无形资产的成本为购买价款的现值。这是因为,企业在发生这项业务的过程中,实际上可以区分为两项业务:一项业务是购买无形资产,另一项业务实质上是向销售方借款。因此,所支付的货款必须考虑货币的时间价值。根据无形资产准则的规定,要采用现值计价的模式,无形资产的成本为购买价款的现值。

【例 7-1】 金欣股份有限公司购入一项商标权,发票价格为 288 000 元,款项已通过银行转账付讫。

借:无形资产——商标权　　　　　　　　　　　　288 000
　　贷:银行存款　　　　　　　　　　　　　　　　　　288 000

【例 7-2】 金欣股份有限公司购入一项商标权因经营业务需要,购入另一家公司专利权,使用期限 5 年,一次性支付转让款 2 000 000 元,相关法律手续已办妥。

借:无形资产——专利权　　　　　　　　　　　2 000 000
　　贷:银行存款　　　　　　　　　　　　　　　　2 000 000

(二)自行开发的无形资产

一个成熟的和有竞争力的企业,每年都应在研究和开发上投入一定数量的资金,以保持和取得技术上的领先地位,通过研究和开发活动取得专利和非专利技术等无形资产。专利是国家为保护、鼓励和推广某项发明创造,利用法律手段,依法授予发明者或首创人在一定时期内对其在某一产品的造型、配方、结构、制造工艺或程序等方面的发明创造享有制造、使用和销售等专门权利。企业拥有专利权,就取得了对某项发明创造的独家使用或控制的特殊权利,从而取得对专利产品的垄断地位和优势。非专利技术也称专有技术。它是指不为外界所知、在生产经营活动中已采用了的、不享有法律保护的、可以带来经济效益的各种技术和诀窍。非专利技术一般包括工业专有技术、商业贸易专有技术、管理专有技术等。非专利技术是企业或技术人员经过长期的研究和经验积累而形成的,而且是不断发展的。企业自行开发的专利权和非专利技术等无形资产,其入账价值的确定方法存在一定的争议。

从理论上讲,自创专利的成本包括研究与开发的费用以及成功以后依法申请专利过程中所发生的费用。目前对研究与开发费用是否应予以资本化、计入无形资产的价值,一般有三种处理方法:一是全部费用化。其理由是,企业在从事某项专利技术的研究与开发时,不一定保证成功,出于谨慎性考虑,应将研究与开发过程中费用计入发生当期损益。二是全部资本化。其基本依据是,企业的研究与开发活动应看作是一个整体,因此研究与开发费用应从总体上的企业所有研究开发活动来决定其处理的方法。三是有选择的资本化。这种处理方法是首先制定将研究与开发支出资本化的条件,然后符合条件的就予以资本化;反之,则费用化。这些条件的制定在采用此种方法的国家中是不尽相同的。

我国企业会计准则对企业内部的研究开发项目分为两个阶段,即研究阶段与开发阶段。企业应当根据研究与开发的实际情况加以判断。

第一,研究阶段是探索性的,为进一步开发活动而进行资料及相关方面的准备,已进行的研究活动将来是否会转入开发、开发后是否会形成无形资产等均具有较大的不确定性。比如,意在获取知识而进行的活动,研究成果或其他知识的应用研究、评价和最终选择,材料、设备、产品、工序、系统或服务替代品的研究,新的或经改进的材料、设备、产品、工序、系统或服务的可能替代品的配制、设计、评价和最终选择等,均属于研究活动。

第二,开发阶段相对于研究阶段而言,开发阶段应当是已完成研究阶段的工作,在很大程度上具备了形成一项新产品或新技术的基本条件。比如,生产前或使用前的原形和模型的设计、建造和测试,不具有商业性生产经济规模的试生产设施的设计、建造和运营等,均属于开发活动。

第三,开发支出的资本化。根据我国《企业会计准则》规定,企业内部研究开发项目研究阶段的支出,应当于发生时计入当期损益;开发阶段的支出,同时满足下列条件的,才能确认为无形资产:

(1) 完成该无形资产以使其能够使用或出售在技术上具有可行性。判断无形资产的开发在技术上是否具有可行性,应当以目前阶段的成果为基础,并提供相关证据和材料,证明企业进行开发所需的技术条件等已经具备,不存在技术上的障碍或其他不确定性。比如,企业已经完成了全部计划、设计和测试活动,这些活动是使资产能够达到设计规划书中的功能、特征和技术所必需的活动,或经过专家鉴定等。

(2) 具有完成该无形资产并使用或出售的意图。企业能够说明其开发无形资产的目的。

(3) 无形资产产生经济利益的方式。无形资产是否能够为企业带来经济利益,应当对运用该无形资产生产产品的市场情况进行可靠预计,以证明所生产的产品存在市场并能够带来经济利益,或能够证明市场上存在对该无形资产的需求。

(4) 有足够的技术、财务资源和其他资源支持,以完成该无形资产的开发,并有能力使用或出售该无形资产。企业能够证明可以取得无形资产开发所需的技术、财务和其他资源以及获得这些资源的相关计划。企业自有资金不足以提供支持的,应能够证明存在外部其他方面的资金支持,如银行等金融机构声明愿意为该无形资产的开发提供所需资金等。

（5）归属于该无形资产开发阶段的支出能够可靠地计量。企业对研究开发的支出应当单独核算，如直接发生的研发人员工资、材料费以及相关设备折旧费等。同时从事多项研究开发活动的，所发生的支出应当按照合理的标准在各项研究开发活动之间进行分配；无法合理分配的，应当计入当期损益。

企业自行研发支出，如果符合无形资产确认条件、构成无形资产成本的企业无形资产项目支出，不再计入当期损益或商誉成本，而是计入无形资产的成本。具体方法：设置"研发支出"账户，按"费用化支出"和"资本化支出"两个明细账户核算企业进行研究与开发无形资产过程中发生的各项支出。

企业发生的研发支出，不满足资本化条件的，借记"研发支出——费用化支出"账户，满足资本化条件的，借记"研发支出——资本化支出"账户，贷记"原材料"、"银行存款"、"应付职工薪酬"等账户。研究开发项目达到预定用途形成无形资产的，应按"研发支出——资本化支出"账户的余额，借记"无形资产"账户，贷记"研发支出——资本化支出"账户。

期末，应将本账户归集的费用化支出金额转入"管理费用"账户，借记"管理费用"账户，贷记"研发支出——费用化支出"账户。

【例7-3】 金欣股份有限公司自行研究开发一项新产品专利技术，在研究开发过程中发生材料费4 000 000元、人工工资1 000 000元以及其他费用3 000 000元，总计8 000 000元，其中，符合资本化条件的支出为5 000 000元。期末，该专利技术已经达到预定用途。

```
借：研发支出——费用化支出                    3 000 000
           ——资本化支出                    5 000 000
    贷：原材料                              4 000 000
        应付职工薪酬                        1 000 000
        银行存款                            3 000 000
```

期末，该专利技术已经达到预定用途，予以结转：

```
借：管理费用                                3 000 000
    无形资产                                5 000 000
    贷：研发支出——费用化支出                3 000 000
             ——资本化支出                  5 000 000
```

【例7-4】 金欣股份有限公司因生产产品的需要，组织研究人员进行一项技术发明。在研究开发过程中发生材料费160 000元，应付研究人员薪酬81 000元，支付设备租金9 000元。根据我国企业会计准则的规定，上述各项支出应予以资本化的部分是180 000元，应予以费用化的部分是70 000元。另外，该项技术又成功申请了国家专利,在申请专利过程中发生注册费 26 000 元、聘请律师费 6 500 元。

费用化支出＝70 000(元)

资本化支出＝180 000＋26 000＋6 500＝212 500(元)

研发支出发生时:

借:研发支出——费用化支出	70 000
——资本化支出	212 500
贷:原材料	160 000
应付职工薪酬	81 000
银行存款	41 500

研发项目达到预定使用状态:

借:无形资产	212 500
贷:研发支出——资本化支出	212 500

期末结转费用化支出时:

借:管理费用	70 000
贷:研发支出——费用化支出	70 000

(三) 投资者投入的无形资产

企业如果应生产经营活动需要某些无形资产,可以接受投资者以无形资产的形式向企业投资,以换取企业的权益。投资者投入的无形资产,在合同或协议约定的价值公允的前提下,应按照投资合同或协议约定的价值作为入账价值。无形资产的入账价值与折合资本额之间的差额,作为资本溢价,计入资本公积。

借:无形资产——专利权
　贷:实收资本
　　资本公积

【例 7-5】 金欣股份有限公司接受华联公司以其所拥有的非专利技术和土地使用权投资,双方商定的价值分别为 800 000 元和 200 000 元,已办妥相关手续。其账务处理如下:

借:无形资产——非专利技术	800 000
——土地使用权	200 000
贷:实收资本——C 公司	1 000 000

【例 7-6】 某股份有限公司接受 A 公司以其所拥有的专利权作为出资,双方协议约定的价值为 20 000 000 元,按照市场情况估计其公允价值为 30 000 000 元,

已办妥相关手续。其账务处理如下：

　　借：无形资产　　　　　　　　　　　　　　　　　30 000 000
　　　　贷：实收资本　　　　　　　　　　　　　　　20 000 000
　　　　　　资本公积　　　　　　　　　　　　　　　10 000 000

（四）非货币性资产交换取得的无形资产

非货币性资产交换取得的无形资产是指企业以其存货、固定资产和长期股权投资等非货币性资产通过与其他单位的无形资产进行交换而取得的无形资产。采用这种方式取得的无形资产其入账价值应按照《企业会计准则第7号——非货币性资产交换》的规定来确定。

具体应分别两种情况进行处理：

第一，以非货币性资产进行交换的业务具有商业实质（非货币性资产交换具有商业实质应满足两个条件，即换入资产的未来现金流量在风险、时间和金额方面与换出资产显著不同；换入资产与换出资产预计未来现金流量的现值不同，且其差额与换入资产与换出资产的公允价值相比是重大的），而且换入资产或换出资产公允价值能够可靠计量时，换入资产的无形资产应当以公允价值和应支付的相关税费作为换入无形资产成本（入账价值），公允价值与换出资产账面价值的差额作为非货币性资产交换损失或利得计入当期损益，借记"营业外支出"账户或贷记"营业外收入"账户。如果在非货币性资产交换过程中涉及一定金额补价的，无形资产入账价值的确定应当考虑支付的补价或收到的补价因素。其中，如为支付补价的，则换入无形资产成本与换出资产账面价值加支付补价、应支付相关税费之和的差额，计入当期损益；如为收到补价的，换入无形资产成本加收到补价之和与换出资产账面加应支付相关税费之和的差额，计入当期损益。

第二，以非货币性资产进行交换的业务不具有商业实质，而且换入资产或换出资产的公允价值不能够可靠计量时，应当以换出资产的账面价值和应支付的相关税费作为换入无形资产的成本，不确认损益。在非货币性资产交换过程中涉及补价时，也要考虑在内。其中，如为支付补价的，换入无形资产成本应当以换出资产的账面价值加支付的补价、应支付的相关税费来确定，不确认当期损益；如为收到补价的，换入无形资产成本应当以换出资产的账面价值减去收到的补价并加应支付的相关税费来确定，也不确认当期损益。

通过非货币性资产交换取得的无形资产，其成本的确定及具体处理参见本书"非货币性资产交换"的相关内容介绍。

（五）债务重组取得的无形资产

在企业的债务人发生财务困难时，企业可以按照其与债务人达成的协议或者法院的裁决在作出让步的情况下,接受债务人以无形资产形式偿还其债务。对于企业来讲,通过这种方式取得的无形资产,其入账价值应当《企业会计准则第12号——债务重组》的规定来确定。该准则规定,企业通过债务重组取得的无形资产,其入账价值应按受让无形资产的公允价值加上应支付的相关税费来确定。重组债权的账面价值(账面余额减去已计提的坏账准备)与取得的无形资产公允价值之间的差额计入当期损益,借记"营业外支出"账户或贷记"营业外收入"账户。如果在债务重组的过程中,债权人在受让无形资产的同时,又受让债务人的部分现金资产,重组债权的账面价值首先应冲减受让的现金资产,然后通过余额与受让无形资产公允价值进行比较,确定的差额作为债务重组损失或利得借记"营业外支出"账户或贷记"营业外收入"账户。

通过债务重组取得的无形资产,其成本的确定及具体处理参见本书"债务重组会计"的相关内容介绍。

(六)政府补助取得的无形资产

政府补助取得的无形资产是企业取得无形资产的方式之一。政府补助是指企业从政府那里无偿取得货币性或非货币性资产,但不包括政府作为所有者投入的资本。政府向企业提供补助具有无偿性的特点。政府并不因此而享有企业所有资产,企业未来也不需要以提供服务、转让资产等方式偿还。企业通过政府补助方式取得的无形资产应当按照公允价值计量。具体分别几种情况进行处理:如果企业取得的无形资产附带有关文件、协议、发票、报关单等凭证,在这些凭证注明价值与公允价值相差不大时,应当以有关凭据中注明的价值作为公允价值;没有注明价值或注明价值与公允价值相差较大、但有活跃交易市场的,应当根据有确凿证据表明的同类或类似市场交易价格作为公允价值;如果没有注明价值且没有活跃交易市场、不能可靠取得公允价值的,应当按名义金额计量,名义金额即为1元人民币。

企业收到政府补助的无形资产时,一方面增加企业的无形资产,记入"无形资产"账户借方;另一方面要作为递延收益,记入"递延收益"账户贷方。"递延收益"账户主要核算企业确认的应在以后期间计入当期损益的政府补助。企业由于政府补助形成的无形资产而确认的递延收益应在无形资产的使用寿命内分配计入各期的损益中。账务处理如下:

借:无形资产
　　贷:递延收益

四、无形资产的摊销

无形资产能使企业在较长时间内收益,因而企业应按无形资产的使用寿命对无形资产进行摊销。无形资产的摊销主要涉及三个方面的问题,即使用寿命的确定、摊销方法的选择和摊销金额的列支去向。无形资产代表的未来经济利益要受诸多因素的影响,具有高度的不确定性。所以,企业应对无形资产进行摊销时使用寿命作出合理的估计。

(一) 估计无形资产使用寿命应考虑的因素

估计无形资产使用寿命应考虑的因素有以下几个方面:

(1) 资产通常的产品寿命周期以及可获得的类似资产使用寿命的信息。

(2) 技术、工艺等方面的现实情况及对未来发展的估计。

(3) 以该资产生产的产品或服务的市场需求情况。

(4) 现在或潜在的竞争者预期采取的行动。

(5) 为维持该资产产生未来经济利益的能力、预期的维护支出及企业预计支付有关支出的能力。

(6) 对该资产的控制期限,对该资产使用的法律或类似限制。

(7) 与企业持有的其他资产使用寿命的关联性。

(二) 无形资产使用寿命的确定原则

源自合同性权利或其他法定权利取得的无形资产,其有用寿命不应超过合同性权利或其他法定权利的期限;没有明确的合同或法律规定的,企业应当综合各方面情况,如企业经过努力,聘请相关专家进行论证,或与同行业的情况进行比较以及企业的历史经验等,来确定无形资产为企业带来未来经济的期限;如果经过这些努力,确实无法合理确定无形资产为企业带来经济利益的期限,再将其作为使用寿命不确定的无形资产。

根据无形资产准则,无形资产的摊销金额一般应当计入当期损益。某项无形资产包含的经济利益通过所生产的产品或其他资产实现的,其摊销金额应当计入相关资产的成本。

(三) 无形资产的摊销方法

可供企业选择的无形资产摊销方法有直线法、递减余额法和生产总量法等。目前,国际上普遍采用直线法。企业采用什么方法主要取决于企业预期消耗该项无形资产所产生的未来经济利益的方式。

我国过去并不区分无形资产的用途,其每期的摊销都计入管理费用,没有指明有其他的列支去向。现行会计准则借鉴了国际会计准则的做法,规定无形资产的摊销金额一般应确认为当期损益,计入管理费用。如果某项无形资产包含的经济利益是通过所生产的产品或其他资产实现的,无形资产的摊销金额可以计入产品或其他资产的成本中。

无形资产的应摊销金额除了考虑入账价值外,还要考虑无形资产的残值、无形资产减值准备金额。企业摊销无形资产时,单独设置"累计摊销"账户,反映因摊销而减少的无形资产价值。企业按月计提无形资产摊销额时,借记"管理费用"、"其他业务成本"等账户,贷记"累计摊销"账户。本账户期末贷方余额,反映企业无形资产的累计摊销额。

需要注意的是,无形资产的摊销期自其可供使用时(即其达到能够按管理层预定的方式运作所必需的状态)开始至终止确认时止。对某项无形资产摊销所使用的方法应依据从资产中获取的预期未来经济利益的预计消耗方式来选择,并一致地运用于不同会计期间。

同时无形资产的残值一般为零,除非有第三方承诺在无形资产使用寿命结束时愿意以一定的价格购买该项无形资产或是存在活跃的市场,通过市场可以得到无形资产使用寿命结束时的残值信息,并且从目前情况看,在无形资产使用寿命结束时,该市场还可能存在的情况下,无形资产可以存在残值。

【例 7-7】 某股份有限公司从外单位购得一项商标权,支付价款 30 000 000 元,款项已支付。该商标权的使用寿命为 10 年,不考虑残值的因素。

借:无形资产——商标权　　　　　　　　　　　　　　　30 000 000
　　贷:银行存款　　　　　　　　　　　　　　　　　　　30 000 000

商标权每年摊销时:

借:管理费用　　　　　　　　　　　　　　　　　　　　3 000 000
　　贷:累计摊销　　　　　　　　　　　　　　　　　　　3 000 000

企业至少应当于每年年度终了,对无形资产的使用寿命进行复核,如果有证据表明无形资产的使用寿命不同于以前的估计,则对于使用寿命有限的无形资产,应改变其摊销年限,并按照《企业会计准则第 28 号——会计政策、会计估计变更和差错更正》进行处理。

对于使用寿命不确定的无形资产,对于根据可获得的情况判断,无法合理估计其使用寿命的无形资产,应作为使用寿命不确定的无形资产。按照准则规定,对于使用寿命不确定的无形资产,在持有期间内不需要摊销,但需要至少每一会计期末进行减值测试。按照《企业会计准则第 8 号——资产减值》的规定,需要计提减值准备的,应相应计提有关的减值准备。

五、无形资产的出售和报废

(一)无形资产的处置

企业出售无形资产,一方面应反映因转让而取得的收入,另一方面应将无形资产的摊余价值予以转销。如果出售的无形资产已计提了减值准备,在出售时还应将已计提的减值准备注销。同时,按现行税法的规定,出售无形资产还应按实际转让收入计算交纳营业税,营业税税率为5%。

企业出售无形资产时,应将所取得的价款与该无形资产账面价值的差额计入当期损益;企业将所拥有的无形资产的使用权让渡给他人,并收取租金,在满足收入准则规定的确认标准的情况下,应确认相关的收入及成本;如果无形资产预期不能为企业带来未来经济利益,不再符合无形资产的定义,应将其转销。

【例 7-8】 某公司将拥有的一项非专利技术出售,取得收入 8 000 000 元,应交的营业税为 400 000 元。该非专利技术的账面余额为 7 000 000 元,累计摊销额为 3 500 000 元,已计提的减值准备为 2 000 000 元。

借:银行存款   8 000 000
  累计摊销   3 500 000
  无形资产减值准备   2 000 000
  贷:无形资产   7 000 000
    应交税费   400 000
    营业外收入——处置非流动资产利得   6 100 000

(二)无形资产的报废

无形资产未来发挥作用的期限以及未来能否会给企业带来经济利益由于受到很多不可预知因素的影响而变得具有很大的不确定性。如果在无形资产使用的某一个期间,由于各种因素的影响,使得无形资产预期不能为企业带来未来的经济利益,则该无形资产应转入报废处理。无形资产的账面价值作为非流动资产处置损失要予以转销,计入营业外支出。

借:累计摊销
  营业外支出
  贷:无形资产

【问题与思考 7-1】

某公司 2006 年 1 月 1 日以银行存款 500 万元购入一项专利权。该项无形资产的预计使用年限为 10 年,2008 年年末,预计该项无形资产的可收回金额为 210 万元。该公司 2007 年 1 月内部研发成功了一项非专利技术无形资产,其账面价值为 500 万元,无法预见这一非专利技术为企业带来经济利益的期限。2008 年年末,预计其可收回金额为 450 万元,并预计该项技术可以继续使用 5 年。

要求:计算 2008 年计提的无形资产减值准备和 2009 年的无形资产累计摊销金额。

第二节 其他长期资产

一、其他长期资产及其特征

其他长期资产是指除流动资产、长期股权投资、固定资产、无形资产等资产以外的其他资产。如长期待摊费用。

长期待摊费用也称递延资产或递延费用。它是指企业已经支付、但其影响不限于支付当期，因而应由支付当期和以后各受益期间共同分摊费用支出。如经营租赁方式租入的固定资产，为增加其效用或延长其使用寿命而进行改装、翻修、改建等所发生的支出。

长期待摊费用虽然也列为资产项目，但它与一般资产相比较有很大的不同，具体表现在：

（1）长期待摊费用本身没有交换价值，不能转让，也不能用于清偿债务；而长期待摊费用以外的其他各种资产都具有交换价值，既可以转让，也可以用于清偿债务。

（2）长期待摊费用在本质上是一种费用，只是由于支出数额较大，需要分期摊销而已。长期待摊费用都是为了一定目的而发生的支出。由于这项支出数额较大，对企业生产经营影响时间较长或支出的效益要期待于未来，若将其全部计入当期的费用中，势必会造成损益的非正常波动。所以，根据权责发生制的要求，应将其暂时列为一项没有实体的过渡性资产，然后再在恰当的期间内分期摊入"管理费用"、"销售费用"等账户。

二、其他长期资产的核算

为了正确反映长期待摊费用的发生和摊销情况，应设置"长期待摊费用"账户。企业发生长期待摊费用时，借记本账户，贷记有关账户。摊销长期待摊费用时，借记"管理费用"、"销售费用"等账户，贷记本账户。本账户期末借方余额，反映企业尚未摊销完毕的长期待摊费用的摊余价值。

租入的固定资产改良支出是指企业对采用经营租赁方式租入的固定资产，为增加其效应或延长其使用寿命而进行改装、翻修、改建等所发生的支出。

租入固定资产改良工程所形成的固定资产，于租赁期满时，连同租入固定资产一并归还出租人，承租企业实际上只能取得在租赁期内使用被改良固定资产获得的权利。因此，对租入固定资产进行改良所发生的支出，不能作为固定资产核算，只能作为一项长期待摊费用分期摊销。企业应按租赁期与租赁资产尚可使用年限孰短的原则确定租入固定资产改良支出的摊销期限,将改良支出分期平均计入制造费用、管理费用,销售费用等相关费用中。

【问题与思考 7-2】
长期待摊费用与一般资产的主要区别有哪些?

本 章 小 结

本章介绍了无形资产及其他资产的概念、特征及其无形资产的分类,阐述了无形资产的确认、计量和核算的原理及方法。

无形资产是指企业拥有或者控制的没有实物形态的可辨认的非货币性资产。

无形资产的特征有三个:无形资产不具有实物形态、无形资产具有可辨认性、无形资产属于非货币性资产。

本章重点介绍了无形资产增加的核算,同时对无形资产的摊销、无形资产的出售和报废进行了阐述。

根据无形资产的来源不同将无形资产分为外购的无形资产、自行开发的无形资产和投资者投入的无形资产等。本章分别介绍了它们的入账时间、入账金额及其账务处理。特别对自行开发的无形资产中的研究阶段和开发阶段的核算作了详细的介绍。研究阶段的支出全部予以费用化,开发阶段的支出符合资本化条件的就资本化,不符合资本化条件的就费用化。

复 习 思 考 题

1. 无形资产通常包括哪些项目?企业将某个项目确认为无形资产应当满足哪些条件?
2. 在不同的取得方式下,应如何计量无形资产的初始成本?
3. 开发阶段发生的支出是否应全部资本化?为什么?
4. 无形资产与固定资产在会计核算上主要有哪些区别?
5. 预计无形资产的使用寿命应当考虑哪些因素?

案 例 讨 论 题

2007年2月,金鑫公司管理层经多次研究,决定研发一项对企业具有战略意义的新技术。一旦该技术研发成功,将大大改善产品的性能,同时能降低现有成本的1/4。2007年2月,该公司成立了新技术研发小组,开始研发工作,并要求财务部门对此项开发进行单独的支出核算。在2007年2~4月间,相关人员进行了广泛的资料收集、市场调研工作。在此期间,发生人工费600万元,差旅费500万元,资料费和其他零星费用400万元。2007年5月,在前一阶段研究基础上,进行有针对性的新技术的设计和可行性研究,发生人工费800万元,材料费500万元,能耗等其他零星费用200万元。在2007年6月,公司为该项目的研发组织了技术鉴定会。通过专家鉴定,认为该项开发在技术上不存在障碍,能够达到改善产品性能、降低现有产品成本1/4的要求。2007年9月,该新技术研发成功。在2007年6~9月间,发生可以资本化的支出:人工费1 500万元,材料费2 000万元,分摊至该项目的固定资产折旧费800万元,发生利息费用400万元,其他已支出200万元。发生的不可以资本化的培训支出100万元。

试分析金鑫公司2007年2~9月发生的各项费用哪些属于费用化支出,哪些属于资本化支出。并说明理由。

同步测试题

一、单项选择题

1. 甲企业2005年1月1日获得一项无形资产入账价值为63万元,预计使用年限为9年,法律规定有效使用年限为7年。2007年12月31日,该无形资产的可收回金额为40万元,应计提减值准备是( )万元。

   A. 5　　　　　　B. 0　　　　　　C. 2　　　　　　D. 4

2. 企业出租无形资产取得收入,应当记入( )账户。

   A. "营业外收入"　　　　　　B. "投资收益"
   C. "其他业务收入"　　　　　D. "主营业务收入"

3. 下列各项目中,在确认无形资产时无需考虑的是( )。

   A. 符合无形资产的定义
   B. 无形资产的成本能够可靠地计量
   C. 与该无形资产相关的预计未来经济利益很可能流入企业
   D. 无形资产的使用寿命必须是有限的

4. 接受投资者投入的无形资产,应按( )入账。

   A. 同类无形资产的价格
   B. 该无形资产可能带来的未来现金流量之和
   C. 投资各方确认的价值
   D. 投资者无形资产的账面价值

5. 在我国,如果合同和法律上都没有规定无形资产的使用年限,摊销年限不应超过( )年。
   A. 10 B. 5 C. 8 D. 15

二、多项选择题

1. 下列有关无形资产会计处理的表述中,正确的是( )。
   A. 自用的土地使用权应确认为无形资产
   B. 使用寿命不确定的无形资产应每年进行减值测试
   C. 无形资产均应确定预计使用年限并分期摊销
   D. 内部研发项目研究阶段发生的支出不应确认为无形资产
   E. 用于建造厂房的土地使用权的账面价值应计入所建厂房的建造成本

2. 下列无形项目中,可辨认的是( )。
   A. 专利权 B. 商标权 C. 著作权 D. 商誉
   E. 非专利权

3. 下列项目中,构成开发支出资本化条件的是( )。
   A. 无形资产产生经济利益的方式
   B. 归属于该无形资产开发使用或出售的意图
   C. 具有完成该无形资产并使用或出售的意图
   D. 开发的技术必须能够申请专利权
   E. 完成该无形资产以使其能够使用或出售在技术上具有的可行性

4. 无形资产的确认条件包括( )。
   A. 符合无形资产的定义
   B. 必须可辨认
   C. 是非货币性长期资产
   D. 该资产产生的经济利益很可能流入企业
   E. 该资产的成本能够可靠地计量

5. 出售无形资产净损失不应记入( )账户。
   A. "管理费用"   B. "营业外支出"
   C. "其他业务支出"   D. "销售费用"
   C. "财务费用"

三、判断题

1. 自主研发形成的无形资产在开发阶段符合相关条件的情况下,可构成无形资产价值,其初始成本包括以前期间已经费用化的支出。( )

2. 如果无形资产可收回金额低于其账面价值,说明企业的无形资产发生了减值,应计提无形资产减值准备。( )

3. 企业自创商誉、品牌、报刊名等过程中发生的支出不能将其作为企业的无形资产予以确认。（　）

4. 无形资产作为一种能为企业带来经济利益的资产,应在一定期限内被摊销完毕,其摊销金额计入管理费用,同时冲减无形资产的账面价值。（　）

5. 在我国研究与开发费用应在成功申请专利以后,将其转入无形资产的价值。（　）

四、核算题

资料：大化公司2007年12月有关无形资产发生如下业务：

(1) 12月5日,购入一项专利,支付专利及转让费及有关手续费共计50 000元。按合同规定,公司在合同签订日先行支付20 000元,其余款项在产品上市以后再行支付。

(2) 12月19日,公司因生产产品的需要,组织研究人员在一项技术研发过程中发生材料费89 000元,应付研发人员薪酬54 000元,支付设备租金5 000元。根据企业会计准则的规定,上述各项支出应予以资本化的部分是121 000元,应予以费用化的部分是27 000元。

(3) 12月12日,为开发市场的需要,购入LD公司服装商标使用权,一次性支付款项180 000元,使用期限4年,已办妥各种手续。

(4) 12月18日,公司接受LD公司以土地使用权作价向本公司进行投资。经专业评估师评估,土地使用权的价值为860 000元,折换成公司每股面值为1元的普通股股票430 000股。

(5) 12月19日,根据公司的发展需要,决定以一台设备交换大通公司一项专利。设备原始价值163 000元,累计折旧42 000元,已计提减值准备10 000元,公允价值120 000元,收到大通公司补价款5 000元。

(6) 12月19日,因金光公司发生财务困难,短期内难以偿还前欠公司债务。经双方协商,公司同意金光公司以一项专利抵债,该项专利权的公允价值为80 000元。公司办理资产过户手续时支付相关税费1 500元。公司应收账款97 000元,已计提坏账准备2 000元。

(7) 12月20日,公司出售一项专利的所有权,出售价格130 000元,出售时无形资产的账面余额115 000元,累计摊销10 000元,计提减值准备3 000元。

(8) 12月31日,公司按规定摊销一项专利。此项专利购买成本为280 000元,公司规定的摊销年限为10年。

(9) 12月31日,公司一项专利权无法在未来给企业带来经济利益,公司按规定将其作报废处理,此项专利权账面余额126 000元,累计摊销115 000元。

要求：根据以上资料,编制会计分录。

【延伸阅读】

无形资产处置

2007年年末,甲企业在对外购专利权的账面价值进行检查时,发现市场上已存在类似专利技术所生产的产品,从而对甲企业产品的销售造成重大不利影响。当时,该专利权的摊余价值为6 000万元,剩余摊销年限为5年。按2007年年末技术市场的行情,如果甲企业将该专利权予以出售,则在扣除发生的律师费和其他相关税费后,可以获得5 000万元。但是,如果甲企业打算继续利用该专利权进行产品生产,则在未来5年内预计可以获得的未来现金流量的现值为4 500万元(假定使用年限结束时处置收益为零)。在这个例子中,该专利权的可收回金额应是5 000万元。

新企业会计准则规定,无形资产计提的减值准备在以后期间不得转回,这样就降低了利润操纵的空间。

资料来源:中华会计网校编:《2006新企业会计准则精读精讲》,人民出版社2006年版。

第八章 负　　债

- 了解负债的性质与分类
- 了解流动负债、长期负债、借款费用和或有负债的核算内容
- 掌握负债的账务处理方法
- 能解释负债的基本概念和内涵、相关的内部控制、会计处理方法
- 能操作负债的日常业务核算
- 能处理负债的综合业务

引　　言

　　2002年12月5日，潮阳市桂光（集团）有限公司董事长张桂溪被汕头市中级人民法院以虚开增值税专用发票罪判处有期徒刑12年。在案件审理过程中，由张供出的、与桂光集团有过业务关系的葆祥河北进出口集团总经理也于12月7日在石家庄开始接受审判，一起涉嫌骗税总额高达2亿多元的大案已水落石出。检察院的起诉书称：1997—2000年间，葆祥河北进出口集团公司为骗取国家出口退税款，在其总经理张葆祥的组织、指挥下，通过下属的葆祥广东进出口有限公司，与潮汕地区的不法分子和供货企业（后经核实，多为潮汕地区的三无企业）相互勾结，假借一般出口贸易方式和假借委托加工方式假报出口，共计骗取出口退税款192 795 280.37元。同时，起诉书还认定：河北冀驰裘革皮制品有限公司和河北葆祥羊绒制品有限公司（张葆祥也是这两家公司的法定代表人）还分别通过香港同驰公司、意大利皮尔纤沙公司虚假合资，骗取合资企业资格以获得税收优惠政策，共计偷税1 000多万元。以上数据触目惊心，那么作为守法经营的企业又该如何正确地核算呢？学习本章之后，你将得到这一问题的正确答案。

第一节 流动负债

一、流动负债概述

（一）流动负债的分类

流动负债按其是否确定,可分为确定性负债和或有负债。确定负债是指负债已经成立,企业必须履行义务。如应付账款。或有负债是指企业的潜在义务和特殊的现时义务。如应付票据贴现形成的或有负债。确定负债在资产负债表中列示,或有负债根据准则的要求只在报表附注中予以披露。

确定负债包括短期借款、应付账款、应付票据、预收账款、应交税费、应付职工薪酬、预计负债、应付利息、应付股利、其他应付款,以及1年内到期的长期负债。或有负债包括已贴现的商业承兑汇票形成的或有负债、产品质量保证形成的或有负债、未决诉讼和未决仲裁形成的或有负债、为其他单位提供债务担保形成的或有负债。

（二）流动负债形成的原因

流动负债是在企业经营过程中形成的,是不可避免的,其形成的具体原因是不同的。具体原因包括：① 筹集资金过程中形成的负债,如短期借款。② 结算过程中形成的负债,如应付账款、应付票据。③ 权责发生制下调整费用形成的负债,如应付利息。④ 利润分配过程中形成的负债,如应付利润。

（三）各项流动负债应当按实际发生数额记账,其余额应当在会计报表中分项列示

在确定入账金额时,有三种情况：一是按合同、协议上规定的金额入账,如应付账款；二是期末按经营情况确定的金额入账,如应交税费；三是需运用职业判断估计的金额入账,如预计负债。

二、短期借款

短期借款是指企业向银行或其他金融机构等借入的期限在1年以下(含1年)的各种借款。企业借入的短期借款无论用于哪方面,只要借入了这笔资金,就构成了一项负债。对于企业发生的短期借款,应设置"短期借款"账户核算；对于短期借款的利息,企业应当按照应计的金额,借记"财务费用"、"利息支出(金融企业)"等账户,贷记"应付利息"等账户。

【例8-1】 金欣股份有限公司2007年4月1日从银行取得偿还期为6个月的借款80 000元,年利率为6%,每季度结息一次。

取得借款时：

借：银行存款	80 000	
贷：短期借款		80 000

4月、5月预提利息费用400元：

借：财务费用	400	
贷：应付利息		400

6月实际支付利息1 200元：

借：应付利息	800	
财务费用	400	
贷：银行存款		1 200

到期偿还本金：

借：短期借款	80 000	
贷：银行存款		80 000

三、应付票据

应付票据是指由出票人出票、委托付款人在指定日期无条件支付特定的金额给收款人或者持票人的票据。企业应设置"应付票据"账户进行核算。应付票据按是否带息，可分为带息应付票据和不带息应付票据两种。

（一）带息应付票据的处理

应付票据如为带息票据，其票据的面值就是票据的现值。由于我国商业汇票期限较短，因此，通常在期末，对尚未支付的应付票据计提利息，计入当期财务费用；票据到期支付票款时，尚未计提的利息部分直接计入当期财务费用。

【例8-2】 金欣股份有限公司11月1日向阳光公司购入材料一批，价值为100 000元，材料已验收入库，经双方协商，由购货方给销货方出具一张票据，面值为117 000元，票面利率为6%，期限为3个月，票据到期付款。

出具票据时：

借：原材料	100 000	
应交税费——应交增值税（进项税额）	17 000	
贷：应付票据——阳光公司		117 000

12月31日计提利息：

借：财务费用	1 170	
贷：应付票据——阳光公司		1 170

票据到期时：

  借：应付票据——阳光公司   118 170
    财务费用   585
    贷：银行存款   118 755

（二）不带息应付票据的处理

不带息应付票据，其面值就是票据到期时的应付金额。

【**例 8-3**】 金欣股份有限公司采购原材料采用商业汇票方式结算货款，根据有关发票账单，购入材料的实际成本为 15 万元，增值税专用发票上注明的增值税额为 2.55 万元。材料已经验收入库。企业开出 3 个月承兑的商业汇票，并用银行存款支付运杂费。该企业采用实际成本进行材料的日常核算。根据上述资料，企业应作会计分录如下：

  借：原材料   150 000
    应交税费——应交增值税（进项税额）   25 500
    贷：应付票据   175 500

开出并承兑的商业承兑汇票如果不能如期支付的，应在票据到期时，将"应付票据"账户账面价值转入"应付账款"账户，待协商后再行处理。如果重新签发新的票据以清偿原应付票据的，再从"应付账款"账户转入"应付票据"账户。银行承兑汇票如果票据到期，企业无力支付到期票款时，承兑银行除凭票向持票人无条件付款外，对出票人尚未支付的汇票金额转作逾期贷款处理，并按照每天 5‰ 计收利息。企业无力支付到期银行承兑汇票，在接到银行转来的"××号汇票无款支付转入逾期贷款户"等有关凭证时，借记"应付票据"账户，贷记"短期借款"账户。对计收的利息，按短期借款利息的处理办法处理。

四、应付及预收款项

（一）应付账款

应付账款指因购买材料、商品或接受劳务供应等而发生的债务。这是买卖双方在购销活动中由于取得物资与支付货款在时间上不一致而产生的负债。

应付账款入账时间的确定，应以与所购买物资所有权有关的风险和报酬已经转移或劳务已经接受为标志。但在实际工作中，应区别情况处理：在物资和发票账单同时到达的情况下，应付账款一般待物资验收入库后，才按发票账单登记入账，这主要是为了确认所购入的物资是否在质量、数量和品种上都与合同上订明的条件相符，以免因先入账而在验收入库时发现购入物资错、漏、破损等问题再行调账；在物资和发票账单未同时到达的情况下，由于应付账款需根据发票账单登记入账，有时货物已到,发票账单要间隔较长时间才能到达,由于这笔负债已经成立,应作为一项负债反映。为在资产负债表上客观反映企业所拥有的资产和承担的债务,在实际工作中采用在月份终了将所购物资和应付债务估计入账,待下月初再用红字予以冲回的办法。因购买商品等而产生的应付账款,应设置"应付账款"账户进行核算,用以反映这部分负债的价值。

应付账款一般按应付金额入账,而不按到期应付金额的现值入账。如果购入的资产在形成一笔应付账款时是带有现金折扣的,应付账款入账金额的确定按发票上记载的应付金额的总值(即不扣除折扣)记账,在这种方法下,应按发票上记载的全部应付金额,借记有关账户,贷记"应付账款"账户,获得的现金折扣冲减财务费用。

【例 8-4】 金欣股份有限公司 4 月 3 日赊购原材料一批,发票中注明的买价为 10 000 元,增值税额为 1 700 元,原材料已验收入库。付款条件为"2/10,1/20,n/30"。采用总价法进行核算。4 月 13 日实际支付价款为 11 466 元,取得现金折扣 234 元(假定现金折扣考虑增值税)。

4 月 3 日赊购原材料时:

　　借:原材料　　　　　　　　　　　　　　　　　　　　10 000
　　　　应交税费——应交增值税(进项税额)　　　　　　　 1 700
　　　贷:应付账款　　　　　　　　　　　　　　　　　　　　11 700

4 月 13 日支付价款:

　　借:应付账款　　　　　　　　　　　　　　　　　　　　11 700
　　　贷:银行存款　　　　　　　　　　　　　　　　　　　　11 466
　　　　　财务费用　　　　　　　　　　　　　　　　　　　　　234

(二)预收账款

预收账款是买卖双方协议商定,由购货方预先支付一部分货款给供应方而发生的一项负债。预收账款的核算应视企业的具体情况而定。如果预收账款比较多的,可以设置"预收账款"账户;预收账款不多的,也可以不设置"预收账款"账户,直接记入"应收账款"账户的贷方。单独设置"预收账款"账户核算的,其"预收账款"账户的贷方,反映预收的货款和补付的货款,借方反映应收的货款和退回多收的货款;期末贷方余额,反映尚未结清的预收款项,借方余额反映应收的款项。

【例 8-5】 金欣股份有限公司 1 月 1 日销售价值 900 000 元的商品给紫金公司,并签订合同,按照合同规定在交货前紫金公司应预付货款 500 000 元,到货后再结清全部货款。

收到预付款时:

借:银行存款　　　　　　　　　　　　　　　　　　500 000
　贷:预收账款——紫金公司　　　　　　　　　　　　　　500 000

销售实现时:

借:预收账款——紫金公司　　　　　　　　　　　　1 053 000
　贷:主营业务收入　　　　　　　　　　　　　　　　　900 000
　　应交税费——应交增值税(销项税额)　　　　　　　153 000

收到余款时:

借:银行存款　　　　　　　　　　　　　　　　　　553 000
　贷:预收账款——紫金公司　　　　　　　　　　　　　　553 000

五、应付职工薪酬

(一)职工薪酬的内容

职工薪酬是指企业为获得职工提供的服务而给予各种形式的报酬以及其他相关支出。这里所称"职工"比较宽泛,包括三类人员:一是与企业订立劳动合同的所有人员,含全职、兼职和临时职工;二是未与企业订立劳动合同、但由企业正式任命的企业治理层和管理层人员,如董事会成员、监事会成员等;三是在企业的计划和控制下,虽未与企业订立劳动合同或未由其正式任命,但为其提供与职工类似服务的人员。

职工薪酬主要包括以下内容。

1. 职工工资、奖金、津贴和补贴

这是指按照国家统计局的规定构成工资总额的计时工资、计件工资、支付给职工的超额劳动报酬和增收节支的劳动报酬、为了补偿职工特殊或额外的劳动消耗和因其他特殊原因支付给职工的津贴,以及为了保证职工工资水平不受物价影响支付给职工的物价补贴等。

2. 职工福利费

这主要包括职工因公负伤赴外地就医路费、职工生活困难补助、未实行医疗统筹企业职工医疗费用,以及按规定发生的其他职工福利支出。

3. 医疗保险费、养老保险费、失业保险费、工伤保险费和生育保险费等社会保险费

这是指企业按照国务院、各地方政府或企业年金计划规定的基准和比例计算,向社会保险经办机构交纳的医疗保险费、养老保险费(包括向社会保险经办机构交纳的基本养老保险费和向企业年金基金相关管理人交纳的补充养老保险费)、失业

保险费、工伤保险费和生育保险费。企业以购买商业保险形式提供给职工的各种保险待遇属于企业提供的职工薪酬,应当按照职工薪酬的原则进行确认、计量和披露。

养老保险是我国企业提供给职工离职后福利的主要形式,它分为三个层次:第一层次是社会统筹与职工个人账户相结合的基本养老保险;第二层次是企业补充养老保险;第三层次是个人储蓄性养老保险,属于职工个人的行为,与企业无关,不属于职工薪酬核算的范畴。

(1) 基本养老保险制度。根据我国养老保险制度相关文件的规定,职工养老保险待遇即受益水平与企业在职工提供服务各期的缴费水平不直接挂钩。企业承担的义务仅限于按照规定标准提存的金额,属于国际财务报告准则中所称的设定提存计划。设定提存计划是指企业向一个独立主体(通常是基金)支付固定提存金,如果该基金不能拥有足够资产以支付与当期和以前期间职工服务相关的所有职工福利,企业不再负有进一步支付提存金的法定义务和推定义务。因此,在设定提存计划下,企业在每一期间的义务取决于企业在该期间提存的金额。由于提存额一般都是在职工提供服务期末12个月以内到期支付,计量该类义务一般不需要折现。

我国企业为职工建立的其他社会保险如医疗保险、失业保险、工伤保险和生育保险,也是根据国务院条例的规定,由社会保险经办机构负责收缴、发放和保值增值,企业承担的义务亦仅限于按照国务院规定由企业所在地政府规定的标准,与基本养老保险一样,同样属于设定提存计划。

(2) 补充养老保险制度。为了更好地保障企业职工退休后的生活,依法参加基本养老保险并履行缴费义务、具有相应的经济负担能力并已建立集体协商机制的企业,经有关部门批准,可申请建立企业年金。企业年金是企业及其职工在依法参加基本养老保险的基础上,自愿建立的补充养老保险制度。

4. 住房公积金

这是指企业按照国务院《住房公积金管理条例》规定的基准和比例计算,向住房公积金管理机构交存的住房公积金。

5. 工会经费和职工教育经费

这是指企业为了改善职工文化生活、为职工学习先进技术和提高文化水平和业务素质,用于开展工会活动和职工教育及职业技能培训等相关支出。

6. 非货币性福利

这是指企业以自己的产品或外购商品发放给职工作为福利,企业提供给职工无偿使用自己拥有的资产或租赁资产供职工无偿使用,比如提供给企业高级管理人员使用的住房等;免费为职工提供诸如医疗保健的服务或向职工提供企业支付了一定补贴的商品或服务等,比如以低于成本的价格向职工出售住房等。

7. 因解除与职工的劳动关系而给予的补偿

这是指由于分离办社会职能、实施主辅分离、辅业改制分流安置富余人员、实施重组、改组计划、职工不能胜任等原因,企业在职工劳动合同尚未到期之前解除与职工的劳动关系,或者为鼓励职工自愿接受裁减而提出补偿建议的计划中给予职工的经济补偿,即国际财务报告准则中所指的辞退福利。

8. 其他与获得职工提供的服务相关的支出

这是指除上述七种薪酬以外的其他为获得职工提供的服务而给予的薪酬。比如企业提供给职工以权益形式结算的认股权、以现金形式结算但以权益工具公允价值为基础确定的现金股票增值权等。

总之,从薪酬的涵盖时间和支付形式来看,职工薪酬包括企业在职工在职期间和离职后所给予的所有货币性薪酬和非货币性福利;从薪酬的支付对象来看,职工薪酬包括提供给职工本人及其配偶、子女或其他被赡养人的福利,比如支付给因公伤亡职工的配偶、子女或其他被赡养人的抚恤金。

(二)职工薪酬的确认和计量

企业应当在职工为其提供服务的会计期间,将应付的职工薪酬确认为负债,除因解除与职工的劳动关系给予的补偿外,应当根据职工提供服务的受益对象,分别下列情况处理:

(1)应由生产产品、提供劳务负担的职工薪酬,计入产品成本或劳务成本。生产产品、提供劳务中的直接生产人员和直接提供劳务人员发生的职工薪酬,计入存货成本,但非正常消耗的直接生产人员和直接提供劳务人员的职工薪酬,应当在发生时确认为当期损益。

(2)应由在建工程、无形资产负担的职工薪酬,计入建造固定资产或无形资产成本。自行建造固定资产和自行研究开发无形资产过程中发生的职工薪酬,能否计入固定资产或无形资产成本,取决于相关资产的成本确定原则。比如,企业在研究阶段发生的职工薪酬不能计入自行开发无形资产的成本,在开发阶段发生的职工薪酬,符合无形资产资本化条件的,应当计入自行开发无形资产的成本。

(3)上述(1)、(2)两项之外的其他职工薪酬,计入当期损益。除直接生产人员、直接提供劳务人员、建造固定资产人员、开发无形资产人员以外的职工,包括公司总部管理人员、董事会成员、监事会成员等人员相关的职工薪酬,因难以确定直接对应的受益对象,均应当在发生时计入当期损益。

1. 货币性职工薪酬的计量

对于货币性薪酬,在确定应付职工薪酬和应当计入成本费用的职工薪酬金额

时,企业应当区分两种情况:

(1)具有明确计提标准的货币性薪酬。对于国务院有关部门、省、自治区、直辖市人民政府或经批准的企业年金计划规定了计提基础和计提比例的职工薪酬项目,企业应当按照规定的计提标准,计量企业承担的职工薪酬义务和计入成本费用的职工薪酬。其中:①"五险一金"。对于医疗保险费、养老保险费、失业保险费、工伤保险费、生育保险费和住房公积金,企业应当按照国务院、所在地政府或企业年金计划规定的标准计量应付职工薪酬义务和应相应计入成本费用的薪酬金额。②工会经费和职工教育经费。企业应当按照国家相关规定,分别按照职工工资总额的2%和1.5%,计量应付职工薪酬(工会经费、职工教育经费)义务金额和应相应计入成本费用的薪酬金额。从业人员技术要求高、培训任务重、经济效益好的企业,可根据国家相关规定,按照职工工资总额的2.5%,计量应计入成本费用的职工教育经费。按照明确标准计算确定应承担的职工薪酬义务后,再根据受益对象计入相关资产的成本或当期费用。

(2)没有明确计提标准的货币性薪酬。对于国家(包括省、市、自治区政府)相关法律、法规没有明确规定计提基础和计提比例的职工薪酬,企业应当根据历史经验数据和自身实际情况,计算确定应付职工薪酬金额和应计入成本费用的薪酬金额。

【例8-6】 金欣股份有限公司2007年6月应发工资2 000万元,其中,生产部门直接生产人员工资1 000万元,生产部门管理人员工资200万元,公司管理部门人员工资360万元,公司专设产品销售机构人员工资100万元,建造厂房人员工资220万元,内部开发存货管理系统人员工资120万元。

根据所在地政府规定,公司分别按照职工工资总额的10%、12%、2%和10.5%计提医疗保险费、养老保险费、失业保险费和住房公积金,交纳给当地社会保险经办机构和住房公积金管理机构。公司内设医务室,根据2006年实际发生的职工福利费情况,公司预计2007年应承担的职工福利费义务金额为职工工资总额的2%,职工福利的受益对象为上述所有人员。公司分别按照职工工资总额的2%和1.5%计提工会经费和职工教育经费。假定公司存货管理系统已处于开发阶段,并符合《企业会计准则第6号——无形资产》资本化为无形资产的条件。

应计入生产成本的职工薪酬金额 = 1 000 + 1 000 × (10% + 12% + 2% + 10.5% + 2% + 2% + 1.5%) = 1 400(万元)

应计入制造费用的职工薪酬金额 = 200 + 200 × (10% + 12% + 2% + 10.5% + 2% + 2% + 1.5%) = 280(万元)

应计入管理费用的职工薪酬金额 = 360 + 360 × (10% + 12% + 2% + 10.5% + 2% + 2% + 1.5%) = 504(万元)

应计入销售费用的职工薪酬金额 = 100 + 100 × (10% + 12% + 2% + 10.5% + 2% + 2% + 1.5%) = 140(万元)

应计入在建工程成本的职工薪酬金额 = 220 + 220 × (10% + 12% + 2% + 10.5% + 2% + 2% + 1.5%) = 308(万元)

应计入无形资产成本的职工薪酬金额 = 120 + 120 × (10% + 12% + 2% + 10.5% + 2% + 2% + 1.5%) = 168(万元)

公司在分配工资、职工福利费、各种社会保险费、住房公积金、工会经费和职工教育经费等职工薪酬时,应作账务处理如下:

```
借:生产成本                        14 000 000
   制造费用                         2 800 000
   管理费用                         5 040 000
   销售费用                         1 400 000
   在建工程                         3 080 000
   研发支出——资本化支出              1 680 000
   贷:应付职工薪酬——工资            20 000 000
              ——职工福利              400 000
              ——社会保险费           4 800 000
              ——住房公积金           2 100 000
              ——工会经费              400 000
              ——职工教育经费          300 000
```

2. 非货币性职工薪酬的计量

企业向职工提供的非货币性职工薪酬,应当分别情况处理:

(1) 以自产产品或外购产品发放给职工作为福利。企业以其生产的产品为非货币性福利提供给职工的,应当按照该产品的公允价值和相关税费,计量应计入成本费用的职工薪酬金额,并确认为主营业务收入,其销售成本的结转和相关税费的处理,与正常商品销售相同。以外购商品作为非货币性福利提供给职工的,应当按照该商品的公允价值和相关税费,计量应计入成本费用的职工薪酬金额。在以自产产品或外购商品发放给职工作为福利的情况下,企业在进行账务处理时,应当先通过"应付职工薪酬"账户归集当期应计入成本费用的非货币性薪酬金额,以确定完整准确的企业人工成本金额。

【例8-7】 金欣股份有限公司共有职工100名,2007年2月,公司以其生产的成本为5 000元的空调和外购的每台不含税价格为500元的电磁炉作为春节福利发放给职工,该型号的空调的售价为每台7 000元,增值税税率为17%。公司购买电磁炉时开具了增值税专用发票,增值税税率为17%。公司100名职工中85名为直接参加生产的职工,15名为总部管理人员。

分析:企业以自己生产的产品作为福利发放给职工,应计入成本费用的职工薪酬金额以公允价值计量,计入主营业务收入,产品按照成本结转,但要根据相关税收规定,视同销售计算增值税销项税额。外购商品发放给职工作为福利,也应当根据相关税收规定,将已交纳的增值税进项税额转出。

空调的售价总额 $= 7\,000 \times 85 + 7\,000 \times 15 =$

$595\,000 + 105\,000 = 700\,000$(元)

空调的增值税销项税额 $= 85 \times 7\,000 \times 17\% + 15 \times 7\,000 \times 17\% =$

$101\,150 + 17\,850 = 119\,000$(元)

公司决定发放非货币性福利时,应作账务处理如下:

借:生产成本	696 000
管理费用	122 850
贷:应付职工薪酬——非货币性福利	819 000

实际发放非货币性福利时,应作账务处理如下:

借:应付职工薪酬——非货币性福利	819 000
贷:主营业务收入	700 000
应交税费——应交增值税(销项税额)	119 000
借:主营业务成本	500 000
贷:库存商品	500 000

电磁炉的售价金额 $= 85 \times 500 + 15 \times 500 = 42\,500 + 7\,500 = 50\,000$(元)

电磁炉的进项税额 $= 85 \times 500 \times 17\% + 15 \times 500 \times 17\% = 7\,225 + 1\,275 = 8\,500$(元)

公司决定发放非货币性福利时,应作账务处理如下:

借:生产成本	49 725
管理费用	8 775
贷:应付职工薪酬——非货币性福利	58 500

购买电磁炉时,公司应作账务处理如下:

借:应付职工薪酬——非货币性福利	58 500
贷:银行存款	58 500

(2)将拥有的房屋等资产无偿提供给职工使用,或租赁住房等资产供职工无偿使用。企业将拥有的房屋等资产无偿提供给职工使用的,应当根据受益对象,将住房每期应计提的折旧计入相关资产成本或费用,同时确认应付职工薪酬。租赁住房等资产供职工无偿使用的,应当根据受益对象,将每期应付的租金计入相关资产成本或费用,并确认应付职工薪酬。难以认定受益对象的,直接计入当期损益,并确认应付职工薪酬。

【例 8-8】 金欣股份有限公司为总部各部门经理级别以上职工提供汽车免费使用,同时为副总裁以上高级管理人员每人租赁一套住房。公司总部共有部门经理以上职工 25 名,每人提供一辆桑塔纳汽车免费使用,假定每辆桑塔纳汽车每月计提折旧 500 元。该公司共有副总裁以上高级管理人员 5 名,公司为其每人租赁一套面积为 100 平方米带有家具和电器的公寓,月租金为每套 4 000 元。

该公司每月应作账务处理如下:

    借:管理费用   32 500
        贷:应付职工薪酬——非货币性福利   32 500
    借:应付职工薪酬——非货币性福利   32 500
        贷:累计折旧   12 500
            其他应付款   20 000

(三)辞退福利的确认和计量

1. 辞退福利的含义

辞退福利包括两方面的内容:一是在职工劳动合同尚未到期前,不论职工本人是否愿意,企业决定解除与职工的劳动关系而给予的补偿;二是在职工劳动合同尚未到期前,为鼓励职工自愿接受裁减而给予的补偿,职工有权利选择继续在职或接受补偿离职。辞退福利通常采取解除劳动关系时一次性支付补偿的方式,也有通过提高退休后养老金或其他离职后福利的标准,或者在职工不再为企业带来经济利益后,将职工工资部分支付到辞退后未来某一期间。

在确定企业提供的经济补偿是否为辞退福利时,应当注意以下两个问题:

(1)辞退福利与正常退休养老金应当区分开来。辞退福利是在职工与企业签订的劳动合同到期前,企业根据法律、与职工本人或职工代表(工会)签订的协议,或者基于商业惯例,承诺当其提前终止对职工的雇佣关系时支付的补偿,引发补偿的事项是辞退,因此,企业应当在辞退时进行确认和计量。职工作正常退休时获得的养老金,是其与企业签订的劳动合同到期时,或者职工达到了国家规定的退休年龄时获得的退休后生活补偿金额,此种情况下给予补偿的事项是职工在职提供的服务而不是退休本身,因此,企业应当是在职工提供服务的会计期间确认和计量。

(2) 无论职工因何种原因离开都要支付的福利属于离职后的福利,不是辞退福利。有些企业对职工本人提出的自愿辞退比企业提出的要求职工非自愿辞退情况下支付较少的补偿,在这种情况下,非自愿辞退提供的补偿与职工本人要求辞退提供的补偿之间的差额,才属于辞退福利。

2. 辞退福利的确认

企业在职工劳动合同到期之前解除与职工的劳动关系,或者为鼓励职工自愿接受裁减而提出给予补偿的建议,同时满足下列条件的,应当确认因解除与职工的劳动关系给予补偿而产生的预计负债,同时计入当期管理费用:

(1) 企业已经制定正式的解除劳动关系计划或提出自愿裁减建议,并即将实施。该计划或建议应当包括解除劳动关系或裁减的职工所在部门、职位及数量。根据有关规定按工作类别或职位确定的解除劳动关系或裁减补偿;拟解除劳动关系或裁减的时间。这里所称解除劳动关系计划和自愿裁减建议应当经过董事会或类似权力机构的批准。即将实施是指辞退工作一般应当在1年内实施完毕,但因付款程序等原因使部分付款推迟到1年后支付的,视为辞退福利预计负债确认条件。

(2) 企业不能单方面撤回解除劳动关系计划或裁减建议。如果企业能够单方面撤回解除劳动关系计划或裁减建议,则表明未来经济利益流出不是很可能,因而不符合负债确认条件。

由于被辞退的职工不再为企业带来未来经济利益,因此,对于满足负债确认条件的所有辞退福利,均应当于辞退计划满足预计负债确认条件的当期计入费用,不计入资产成本。在确认辞退福利时需要注意的是,对于分期或分阶段实施的解除劳动关系计划或自愿裁减建议,企业应当将整个计划看作是由一个个单项解除劳动关系计划或自愿裁减建议组成。在每期或每阶段计划符合预计负债确认条件时,将该期或该阶段计划中由提供辞退福利产生的预计负债予以确认,计入该部分计划满足预计负债确认条件的当期管理费用,不能等全部计划都符合确认条件时再予以确认。

3. 辞退福利的计量

企业应当严格按照辞退计划条款的规定,合理预计并确认辞退福利产生的负债。辞退福利的计量因辞退计划中职工有无选择权而有所不同:

(1) 对于职工没有选择权的辞退计划,应当根据计划条款规定拟解除劳动关系的职工数量、每一职位的辞退补偿等计提应付职工薪酬(预计负债)。

(2) 对于自愿接受裁减建议,因接受裁减的职工数量不确定,企业应当参照或有事项的规定,预计将会接受裁减建议的职工数量,根据预计的职工数量和每一职工的辞退补偿等计提应付职工薪酬(预计负债)。

(3) 实质性辞退工作在 1 年内实施完毕、但补偿款项超过 1 年支付的辞退计划,企业应当选择恰当的折现率,以折现后的金额计量应计入当期管理费用的辞退福利金额,该项金额与实际应支付的辞退福利之间的差额,作为未确认融资费用,在以后各期实际支付辞退福利款项时,计入财务费用。在账务处理上,确认因辞退福利产生的预计负债时,借记"管理费用"、"未确认融资费用"账户,贷记"应付职工薪酬——辞退福利"账户;各期支付辞退福利款项时,借记"应付职工薪酬——辞退福利"账户,贷记"银行存款"账户;同时,借记"财务费用"账户,贷记"未确认融资费用"账户。

【例 8-9】 金欣股份有限公司 2007 年 9 月,为了能够在下一年度顺利实施转产,管理层制定了一项辞退计划。计划规定,从 2008 年 1 月 1 日起,企业将以职工自愿方式,辞退其平面直角系列彩电生产车间的职工。辞退计划的详细内容,包括拟辞退的职工所在部门、数量、各级别职工能够获得的补偿以及计划大体实施的时间等均已与职工沟通,并达成一致意见。辞退计划已于当年 12 月 10 日经董事会正式批准,辞退计划将于下一个年度内实施完毕。该项辞退计划的详细内容如表 8-1 所示。

表 8-1　　　　　　　公司 2008 年辞退计划一览表

金额单位:万元

所属部门	职位	辞退数量(人)	工龄(年)	每人补偿
彩电车间	车间主任副主任		1~10	10
			10~20	20
			20~30	30
	高级技工		1~10	8
			10~20	18
			20~30	28
	一般技工		1~10	5
			10~20	15
			20~30	25
小计		160		

2007 年 12 月 31 日,公司预计各级别职工拟接受辞退职工数量的最佳估计数(最可能发生数)及其应支付的补偿如表 8-2 所示。

表 8-2　公司 2007 年预计职工拟接受辞退职工最佳估计数和应支付的补偿

金额单位：万元

所属部门	职位	辞退数量(人)	工龄(年)	接受数量(人)	每人补偿	补偿金额
	车间主任副主任		1～10	5	10	50
			10～20	2	20	40
			20～30	1	30	30
彩电车间	高级技工		1～10	20	8	160
			10～20	10	18	180
			20～30	5	28	140
	一般技工		1～10	50	5	250
			10～20	20	15	300
			20～30	10	25	250
小计		160		123		1 400

按照或有事项有关计算最佳估计数的方法，预计接受辞退的职工数量可以根据最可能发生的数量确定，也可以采用按照各种发生数量及其发生概率计算确定。根据表 8-2，愿意接受辞退职工的最可能数量为 123 名，预计补偿总额为 1 400 万元，则公司在 2007 年（辞退计划 2007 年 12 月 10 日经董事会批准）应作账务处理如下：

　　借：管理费用　　　　　　　　　　　　　　　　　　　　14 000 000
　　　　贷：应付职工薪酬——辞退福利　　　　　　　　　　　　14 000 000

六、应交税费

企业在一定时期内取得的营业收入和实现的利润，要按照规定向国家交纳各种税金。这些应交的税金，应按照权责发生制的原则预提记入有关账户。这些应交的税金在尚未交纳之前暂时停留在企业，形成一项负债。

（一）增值税

增值税是就货物或应税劳务的增值部分征收的一种税。按照增值税暂行条例规定，企业购入货物或接受应税劳务支付的增值税（即进项税额），可以从销售货物或提供劳务按规定收取的增值税（即销项税额）中抵扣。按照规定，企业购入货物或接受劳务必须具备以下凭证，其进项税额才能予以扣除。

增值税专用发票。实行增值税以后，一般纳税企业销售货物或者提供应税劳务均应开具增值税专用发票。增值税专用发票记载了销售货物的售价、税率以及税额等,购货方以增值税专用发票上记载的购入货物已支付的税额,作为扣税和记账的依据。

完税凭证。企业进口货物必须交纳增值税,其交纳的增值税在完税凭证上注明。进口货物交纳的增值税根据从海关取得的完税凭证上注明的增值税额,作为扣税和记账依据。

购进免税农产品或收购废旧物资,按照经税务机关批准的收购凭证上注明的价款或收购金额的一定比例计算进项税额,并以此作为扣税和记账的依据。

企业购入货物或者接受应税劳务,没有按照规定取得并保存增值税扣税凭证,或者增值税扣税凭证上未按照规定注明增值税额及其他有关事项的,其进项税额不能从销项税额中抵扣。会计核算中,如果企业不能取得有关的扣税证明,则购进货物或接受应税劳务支付的增值税不能作为进项税额抵扣,其已支付的增值税只能计入购入货物或接受劳务的成本。

1. 账户设置

企业应交的增值税,在"应交税费"账户下设置"应交增值税"明细账户进行核算。"应交增值税"明细账户的借方发生额,反映企业购进货物或接受应税劳务支付的进项税额、实际已交纳的增值税等;贷方发生额反映销售货物或提供应税劳务应交纳的增值税额、出口货物退税、转出已支付或应分担的增值税等;期末借方余额,反映企业尚未抵扣的增值税。"应交税费——应交增值税"账户分别设置"进项税额"、"已交税金"、"销项税额"、"出口退税"、"进项税转出"、"转出未交增值税"、"转出多交增值税"、"减免税款"、"出口抵减内销产品应纳税额"等专栏。

2. 一般纳税人购销业务的账务处理

企业采购物资等,按应计入采购成本的金额,借记"材料采购"、"在途物资"、或"原材料"、"库存商品"等账户;按可抵扣的增值税额,借记"应交税费——应交增值税(进项税额)"账户;按应付或实际支付的金额,贷记"应付账款"、"应付票据"、"银行存款"等账户。购入物资的退货,作相反的会计分录。

销售物资或提供应税劳务,按营业收入和应收取的增值税额,借记"应收账款"、"应收票据"、"银行存款"等账户;按增值税专用发票注明的增值税额,贷记"应交税费——应交增值税(销项税额)"账户;按实现的营业收入,贷记"主营业务收入"、"其他业务收入"账户。发生的销售退回,作相反的会计分录。

实行"免、抵、退"的企业,按应收的出口退税额,借记"其他应收款"账户,贷记"应交税费——应交增值税(出口退税)"账户。

企业交纳的增值税,借记"应交税费——应交增值税(已交税金)"账户,贷记"银行存款"账户。

【例8-10】 金欣股份有限公司购入材料一批,增值税专用发票上注明价款为30 000元,增值税额为5 100元,货款以银行存款支付,材料已验收入库。

借:原材料　　　　　　　　　　　　　　　　　　　　　30 000
　　应交税费——应交增值税(进项税额)　　　　　　　　5 100
　　贷:银行存款　　　　　　　　　　　　　　　　　　　35 100

【例8-11】 金欣股份有限公司销售商品一批,增值税专用发票上注明价款为1 000 000元,增值税额为170 000元,货款已收并存入银行。

借:银行存款　　　　　　　　　　　　　　　　　　　　1 170 000
　　贷:主营业务收入　　　　　　　　　　　　　　　　　1 000 000
　　　　应交税费——应交增值税(销项税额)　　　　　　　170 000

3. 一般纳税人购入免税产品的账务处理

按照增值税暂行条例规定,对农业生产者销售的自产农业产品、古旧图书等部分项目免征增值税。企业销售免征增值税项目的货物,不能开具增值税专用发票,只能开具普通发票。企业购进免税产品,一般情况下不能扣税,但按税法规定,对于购入的免税农产品、收购废旧物资等可以按买价(或收购金额)的一定比率计算进项税额,并准予从销项税额中抵扣。这里购入免税农业产品的买价是指企业购进免税农产品支付给农业生产者的价款。在会计核算时,扣除一定比例的进项税额,作为购进农产品(或收购废旧物资)的成本;扣除的部分作为进项税额,待以后用销项税额抵扣。

【例8-12】 金欣股份有限公司本期收购农业产品,实际支付的价款为200万元,收购的农产品已验收入库,款项已经支付。

进项税额=200×13%=26(万元)

借:材料采购　　　　　　　　　　　　　　　　　　　　1 740 000
　　应交税费——应交增值税(进项税额)　　　　　　　　260 000
　　贷:银行存款　　　　　　　　　　　　　　　　　　　2 000 000

4. 小规模纳税企业的账务处理

小规模纳税企业的特点有:一是小规模纳税企业销售货物或者提供应税劳务,一般情况下,只能开具普通发票,不能开具增值税专用发票;二是小规模纳税企业销售货物或提供应税劳务,实行简易办法计算应纳税额,按照销售额的一定比例计算;三是小规模纳税企业的销售额不包括其应纳税额。采用销售额和应纳税额合并定价方法的,按照公式销售额=含税销售额÷(1+征收率)还原为不含税销售额计算。

从会计核算角度看,首先,小规模纳税企业购入货物无论是否具有增值税专用发票,其支付的增值税额均不计入进项税额,不得由销项税额抵扣,应计入购入货物的成本。相应地,其他企业从小规模纳税企业购入货物或接受劳务支付的增值税额,如果不能取得增值税专用发票,也不能作为进项税额抵扣,而应计入购入货物或应税劳务的成本。其次,小规模纳税企业的销售收入按不含税价格计算。另外,小规模纳税企业的"应交税费——应交增值税"账户,应采用三栏式账户。

【例8-13】 某工业生产企业核定为小规模纳税人,本期购入原材料,按照增值税专用发票上记载的原材料价款为100万元,支付的增值税额为17万元。企业开出承兑的商业汇票,材料尚未到达。该企业本期销售产品,销售价格总额为90万元(含税)。假定符合收入确认条件,货款尚未收到。根据上述经济业务,企业应作账务处理如下:

购进货物时:

  借:材料采购   1 170 000
   贷:应付票据   1 170 000

销售货物时:

  不含税价格＝90÷(1＋3％)＝87.3786(万元)
  应交增值税＝873786×3％＝2.6214(万元)

  借:应收账款   900 000
   贷:主营业务收入   873 786
    应交税费——应交增值税   26 214

5. 视同销售的账务处理

按照《中华人民共和国增值税暂行条例实施细则》的规定,对于企业将自产、委托加工或购买货物分配给股东或投资者;将自产、委托加工的货物用于集体福利或个人消费等行为,视同销售货物,需计算交纳增值税,并记入"应交税费——应交增值税"账户中的销项税额专栏。

【例8-14】 金欣股份有限公司为增值税一般纳税人,本期以原材料对乙公司投资,双方协议按成本作价。该批原材料的成本为200万元,计税价格为220万元。假如该原材料的增值税税率为17％。根据上述经济业务(假如原材料均采用实际成本进行核算),企业应分别作账务处理如下:

金欣股份有限公司:

  对外投资转出原材料计算的销项税额＝220×17％＝37.4(万元)
  借:长期股权投资   2 574 000
   贷:其他业务收入   2 200 000
    应交税费——应交增值税(销项税额)   374 000

借：其他业务收入　　　　　　　　　　　　　　　　　　　2 000 000
　　　　贷：库存商品　　　　　　　　　　　　　　　　　　　　2 000 000
乙公司：
收到投资时，视同购进处理：
　　借：原材料　　　　　　　　　　　　　　　　　　　　　　2 000 000
　　　　应交税费——应交增值税（进项税额）　　　　　　　　　374 000
　　　　贷：实收资本　　　　　　　　　　　　　　　　　　　　2 374 000

6. 不予抵扣项目的账务处理

按照增值税暂行条例及其实施细则的规定，企业购进房屋、建筑物等固定资产、用于非应税项目的购进货物或者应税劳务等按规定不予抵扣增值税进项税额。属于购入货物时即能认定其进项税额不能抵扣的，如购进个人用小汽车等固定资产、购入的货物直接用于免税项目、直接用于非应税项目，或者直接用于集体福利和个人消费的，进行账务处理时，其增值税专用发票上注明的增值税额，计入购入货物及接受劳务的成本。属于购入货物时不能直接认定其进项税额能否抵扣的，增值税专用发票上注明的增值税额，按增值税财务处理方法记入"应交税费——应交增值税（进项税额）"账户；如果这部分购入货物以后用于按规定不得抵扣进项税额项目的，应将原已计入进项税额并已支付的增值税转入有关的承担者予以承担，通过"应交税费——应交增值税（进项税额转出）"账户转入有关的"在建工程"、"应付职工薪酬——职工福利"等账户。

【例8-15】 金欣股份有限公司为增值税一般纳税人，本期购入一批材料，增值税专用发票上注明的增值税额为20.4万元，材料价款120万元。材料已入库，货款已经支付（假如该企业材料采用实际成本进行核算）。材料入库后，该企业将该批材料全部用于工程建设项目。根据该项经济业务，企业可作账务处理如下：

材料入库时：
　　借：原材料　　　　　　　　　　　　　　　　　　　　　　1 200 000
　　　　应交税费——应交增值税（进项税额）　　　　　　　　　204 000
　　　　贷：银行存款　　　　　　　　　　　　　　　　　　　　1 404 000
工程领用材料时：
　　借：在建工程　　　　　　　　　　　　　　　　　　　　　　1 404 000
　　　　贷：应交税费——应交增值税（进项税额转出）　　　　　204 000
　　　　　　原材料　　　　　　　　　　　　　　　　　　　　　1 200 000

7. 转出多交增值税和未交增值税的账务处理

为了分别反映增值税一般纳税人欠交增值税和代扣增值税的情况，确保企业及时足额上交增值税，避免出现企业用以前月份欠交增值税抵扣以后月份未抵扣的增值税的情况,企业应在"应交税费"账户下设置"未交增值税"明细账户,核算企业月份终了从"应交税费——应交增值税"账户转入的当月未交或多交的增值税;同时,在"应交税费——应交增值税"账户下设置"转出未交增值税"和"转出多交增值税"专栏。月份终了,企业计算出当月应交未交的增值税,借记"应交税费——应交增值税(转出未交增值税)"账户,贷记"应交税费——未交增值税"账户;当月多交的增值税,借记"应交税费——未交增值税"账户,贷记"应交税费——应交增值税(转出多交增值税)"账户。经过结转后,月份终了,"应交税费——应交增值税"账户的余额,反映企业尚未抵扣的增值税额。企业当月交纳当月的增值税,通过"应交税费——应交增值税(已交税金)"账户核算;当月交纳以前各期未交的增值税,通过"应交税费——未交增值税"账户核算。

增值税条例修订内容介绍

增值税条例主要作了以下五个方面的修订:

一是允许抵扣固定资产进项税额。修订前的增值税条例规定,购进固定资产的进项税额不得从销项税额中抵扣,即实行生产型增值税,这样企业购进机器设备税负比较重。为减轻企业负担,修订后的增值税条例删除了有关不得抵扣购进固定资产的进项税额的规定,允许纳税人抵扣购进固定资产的进项税额,实现增值税由生产型向消费型的转换。

二是为堵塞因转型可能会带来的一些税收漏洞,修订后的增值税条例规定,与企业技术更新无关且容易混为个人消费的自用消费品(如小汽车、游艇等)所含的进项税额,不得予以抵扣。

三是降低小规模纳税人的征收率。修订前的增值税条例规定,小规模纳税人的征收率为6%。根据条例的规定,经国务院批准,从1998年起已经将小规模纳税人划分为工业和商业两类,征收率分别为6%和4%。考虑到增值税转型改革后,一般纳税人的增值税负担水平总体降低,为了平衡小规模纳税人与一般纳税人之间的税负水平,促进中小企业的发展和扩大就业,因此应当降低小规模纳税人的征收率。同时考虑到现实经济活动中,小规模纳税人混业经营十分普遍,实际征管中难以明确划分工业和商业小规模纳税人,因此修订后的增值税条例对小规模纳税人不再设置工业和商业两档征收率,将征收率统一降至3%。

四是将一些现行增值税政策体现到修订后的条例中,主要是补充了有关农产品和运输费用扣除率、对增值税一般纳税人进行资格认定等规定,取消了已不再执行的对来料加工、来料装配和补偿贸易所需进口设备的免税规定。

五是根据税收征管实践,为了方便纳税人纳税申报,提高纳税服务水平,缓解征收大厅的申报压力,将纳税申报期限从10日延长至15日。明确了对境外纳税人如何确定扣交义务人、扣交义务发生时间、扣交地点和扣交期限的规定。

现行增值税征税范围中的固定资产主要是机器、机械、运输工具以及其他与生产、经营有关的设备、工具、器具,因此,转型改革后允许抵扣的固定资产仍然是上述范围。房屋、建筑物等不动产不能纳入增值税的抵扣范围。

(二)消费税

为了正确引导消费方向,国家在普遍征收增值税的基础上,选择部分消费品,再征收一道消费税。征收消费税的消费品包括烟、酒及酒精、化妆品、护发护肤品、贵重首饰及珠宝玉石、鞭炮和焰火、汽油、柴油、汽车轮胎、摩托车、小汽车等。消费税的征收方法采取从价定率和从量定额两种方法。实行从价定率办法计征的应纳税额的税基为销售额,如果企业应税消费品的销售额中未扣除增值税款,或者因不能开具增值税专用发票而发生价款和增值税税款合并收取的,在计算消费税时,按公式应税消费品的销售额=含增值税的销售额÷(1+增值税税率或征收率)换算为不含增值税款的销售额。实行从量定额办法计征的应纳税额的销售数量是指应税消费品的数量;属于销售应税消费品的,为应税消费品的销售数量;属于自产自用应税消费品的,为应税消费品的移送使用数量;属于委托加工应税消费品的,为纳税人收回的应税消费品数量;进口的应税消费品,为海关核定的应税消费品进口征税数量。

1. 账户设置

企业按规定应交的消费税,在"应交税费"账户下设置"应交消费税"明细账户核算。"应交消费税"明细账户的借方发生额,反映实际交纳的消费税和待扣的消费税;贷方发生额,反映按规定应交纳的消费税;期末贷方余额,反映尚未交纳的消费税;期末借方余额,反映多交或待扣的消费税。

2. 产品销售的账务处理

(1)销售应税消费品。销售应税消费品时,按应交消费税额借记"营业税金及附加"账户,贷记"应交税费——应交消费税"账户。

【例8-16】 金欣股份有限公司5月10日销售一批消费品,增值税专用发票注明价格为60 000元,增值税额为10 200元,消费税税率为10%,款项已收到并存入银行。根据该项经济业务,企业作账务处理如下:

产品销售时:

借：银行存款 70 200
　　贷：主营业务收入 60 000
　　　　应交税费——应交增值税（销项税额） 10 200

计算应交消费税：
　　　　应纳消费税额＝60 000×10％＝6 000(元)
借：营业税金及附加 6 000
　　贷：应交税费——应交消费税 6 000

（2）视同销售的应税消费品。视同销售即企业将自产的应税消费品用于对外投资或用于本企业的生产经营、在建工程等，按税法规定仍需交纳消费税。按应交消费税额计入有关成本。

【例 8-17】 金欣股份有限公司将自产的应税消费品对外投资,双方协商成本定价,该批产品的成本为 170 000 元,计税价格为 200 000 元,增值税税率为 17％,消费税税率为 10％。根据该项经济业务,企业作账务处理如下：

借：长期股权投资 254 000
　　贷：主营业务收入 200 000
　　　　应交税费——应交增值税（销项税额） 34 000
　　　　　　　　——应交消费税 20 000
借：主营业务成本 170 000
　　贷：库存商品 170 000

3. 委托加工应税消费品的账务处理

按照税法规定,企业委托加工的应税消费品,由受托方在向委托方交货时代扣代交税款(除受托加工或翻新改制金银首饰按规定由受托方交纳消费税外)。委托加工的应税消费品,委托方用于连续生产应税消费品的,所纳税款准予按规定抵扣。这里的委托加工应税消费品是指由委托方提供原料和主要材料,受托方只收取加工费和代垫部分辅助材料加工的应税消费品,对于由受托方提供原材料生产的应税消费品,或者受托方先将原材料卖给委托方,然后再接受加工的应税消费品,以及由受托方以委托方名义购进原材料生产的应税消费品,都不作为委托加工应税消费品,而应当按照销售自制应税消费品交纳消费税。委托加工的应税消费品直接出售的,不再征收消费税。

在账务处理时,需要交纳消费税的委托加工应税消费品,于委托方提货时,由受托方代收代缴税款。受托方按应扣税款金额,借记"应收账款"、"银行存款"等账户,贷记"应交税费——应交消费税"账户。委托加工应税消费品收回后,直接用于销售的,委托方应将代收代缴的消费税计入委托加工的应税消费品成本,借记"委托加工物资"、"生产成本"等账户,贷记"应付账款"、"银行存款"等账户,待委托加工应税消费品销售时,不需要再交纳消费税；委托加工的应税消费品收回后用于连续生产应税消费品,按规定准予抵扣的,委托方应按代收代交的消费税款,借记"应交税费——应交消费税"账户,贷记"应付账款"、"银行存款"等账户,待用委托加工的应税消费品生产出应纳消费税的产品销售时,再交纳消费税。受托加工或翻新改制金银首饰按规定由受托方交纳消费税。企业应于向委托方交货时,按规定交纳的消费税,借记"营业税金及附加"账户,贷记"应交税费——应交消费税"账户。

【例 8-18】 金欣股份有限公司委托外单位加工应税消费品,材料成本为 100 000 元,支付不含税的加工费 20 000 元,增值税额 3 400 元,消费税税率 20%,支付消费税 30 000 元,共计 53 400 元。根据该项经济业务,企业作账务处理如下:

发出材料:
 借:委托加工材料   100 000
  贷:原材料   100 000
继续加工:
 借:委托加工材料   20 000
  应交税费——应交增值税(进项税额)   3 400
     ——应交消费税   30 000
  贷:银行存款   53 400
 借:原材料   120 000
  贷:委托加工材料   120 000
直接出售:
 借:委托加工材料   50 000
  应交税费——应交增值税(进项税额)   3 400
  贷:银行存款   53 400
 借:原材料   150 000
  贷:委托加工材料   150 000

消费税条例修订内容介绍

消费税条例主要作了以下两方面的修订:

一是将 1994 年以来出台的政策调整内容,更新到新修订的消费税条例中,如部分消费品(金银首饰、铂金首饰、钻石及钻石饰品)的消费税调整在零售环节征收,对卷烟和白酒增加复合计税办法,消费税税目、税率调整等。

二是与增值税条例相衔接,将纳税申报期限从 10 日延长至 15 日,对消费税的纳税地点等规定进行了调整。

（三）营业税

营业税是指对提供劳务、转让无形资产或者销售不动产的单位和个人征收的一种税。营业税按照营业额和规定的税率计算应纳税额。其计算公式如下：

$$应纳税额＝营业额×税率$$

这里的营业是指企业提供应税劳务、转让无形资产或者销售不动产向对方收取的全部价款和价外费用。价外费用包括向对方收取的手续费、基金、集资费、代收款项、待垫款项及其他各种性质的价外收费。

1. 账户设置

企业按规定应交的营业税，在"应交税费"账户下设置"应交营业税"明细账户。"应交营业税"明细账户的借方发生额，反映企业已交纳的营业税；贷方发生额，反映企业应交的营业税；期末借方余额，反映企业多交的营业税；期末贷方余额，反映尚未交纳的营业税。

2. 营业税的账务处理

一般来说，工商企业提供的劳务和出租无形资产不属于其主营业务，取得收入时，应通过"其他业务收入"账户进行核算，应交的营业税应由其他业务收入来补偿，借记"营业税金及附加"账户，贷记"应交税费——应交营业税"账户；为提供劳务和出租无形资产而发生的各项成本，按照配比原则，借记"其他业务成本"账户，贷记相关账户。企业出售无形资产应交纳的营业税，通过"营业外收入"或"营业外支出"账户核算。企业销售不动产取得的收入应通过"固定资产清理"账户核算。

【例 8-19】 金欣股份有限公司除了生产产品外，也对外提供运输服务，取得该项收入 50 000 元，存入银行，营业税税率 3%；转让一项专利权，账面余额为 120 000 元，累计摊销 20 000 元，双方协商价为 200 000 元，款项已收存入银行，营业税税率 5%；出售房屋一套，价款 200 000 元，存入银行，营业税税率 5%。根据该项经济业务，企业作账务处理如下：

运输服务：

 借：银行存款   50 000
  贷：其他业务收入   50 000
 借：营业税金及附加   1 500
  贷：应交税费——应交营业税   1 500

转让专利权：

 借：银行存款   200 000
   累计摊销   20 000
  贷：无形资产   120 000
    应交税费——应交营业税   10 000
    营业外收入   90 000

销售不动产：
借：银行存款   200 000
　贷：固定资产清理   200 000
借：固定资产清理   10 000
　贷：应交税费——应交营业税   10 000

营业税条例修订内容介绍

营业税条例主要作了以下四个方面修订：

一是调整了纳税地点的表述方式。为了解决在实际执行中一些应税劳务的发生地难以确定的问题，考虑到大多数应税劳务的发生地与机构所在地是一致的，而且有些应税劳务的纳税地点现行政策已经规定为机构所在地，将营业税纳税人提供应税劳务的纳税地点由按劳务发生地原则确定调整为按机构所在地或者居住地原则确定。

二是删除了转贷业务差额征税的规定。这一规定在实际执行中仅适用于外汇转贷业务，造成外汇转贷与人民币转贷之间的政策不平衡，因此，删除了这一规定。

三是考虑到营业税各税目的具体征收范围难以列举全面，删除了营业税条例所附的税目税率表中征收范围一栏，具体范围由财政部和国家税务总局规定。

四是与增值税条例相衔接，将纳税申报期限从10日延长至15日。进一步明确了对境外纳税人如何确定扣交义务人、扣交义务发生时间、扣交地点和扣交期限的规定。

（四）其他应交税费

1. 资源税

资源税是国家对在我国境内开采矿产品或者生产盐的单位和个人征收的一种税。资源税按照应税产品的课税数量和规定的单位税额计算。其计算公式如下：

$$应纳税额＝课税数量×单位税额$$

注：我国新疆地区自2010年进行了资源税改革，实行从价征税。

这里的课税数量为：开采或者生产应税产品销售的，以销售数量为课税数量；开采或者生产应税产品自用的，以自用数量为课税数量。

(1) 账户设置。企业按规定应交的资源税,在"应交税费"账户下设置"应交资源税"明细账户核算。"应交资源税"明细账户的借方发生额,反映企业已交的或按规定允许抵扣的资源税;贷方发生额,反映应交的资源税;期末借方余额,反映多交或尚未抵扣的资源税;期末贷方余额,反映尚未交纳的资源税。

(2) 销售产品或自产自用产品相关的资源税的账务处理。在会计核算时,企业按规定计算出销售应税产品应交纳的资源税,借记"营业税金及附加"账户,贷记"应交税费——应交资源税"账户;企业计算出自产自用的应税产品应交纳的资源税,借记"生产成本"、"制造费用"等账户,贷记"应交税费——应交资源税"账户。

【例 8-20】 金欣股份有限公司将自产的煤炭 1 000 吨用于产品生产,每吨应交资源税 5 元。根据该项经济业务,企业应作账务处理如下:

借:生产成本　　　　　　　　　　　　　　　　　　　　　5 000
　　贷:应交税费——应交资源税　　　　　　　　　　　　　5 000

(3) 外购液体盐加工固体盐相关资源税的账务处理。按规定企业外购液体盐加工固体盐的,所购入液体盐交纳的资源税可以抵扣。在会计核算时,购入液体盐时,按所允许抵扣的资源税,借记"应交税费——应交资源税"账户,按外购价款扣除允许抵扣资源税后的数额,借记"材料采购"等账户,按应支付的全部价款,贷记"银行存款"、"应付账款"等账户;企业加工成固体盐后,在销售时,按计算出的销售固体盐应交的资源税,借记"营业税金及附加"账户,贷记"应交税费——应交资源税"账户;将销售固体盐应纳资源税抵扣液体盐已纳资源税后的差额上交时,借记"应交税费——应交资源税"账户,贷记"银行存款"账户。

2. 土地增值税

国家从 1994 年起开征了土地增值税,转让国有土地使用权、地上建筑物及其附着物并取得收入的单位和个人,均应交纳土地增值税。土地增值税按照转让房地产所取得的增值额和规定的税率计算征收。这里的增值额是指转让房地产所取得的收入减除规定扣除项目金额后的余额。企业转让房地产所取得的收入,包括货币收入、实物收入和其他收入。计算土地增值额的主要扣除项目有:① 取得土地使用权所支付的金额。② 开发土地的成本、费用。③ 新建房屋及配套设施的成本、费用,或者旧房及建筑物的评估价格。④ 与转让房地产有关的税金。⑤ 房地产企业可以加计扣除①项与②项之和的 20%。

在账务处理时,企业交纳的土地增值税通过"应交税费——应交土地增值税"账户核算。兼营房地产业务的企业,应由当期收入负担的土地增值税,借记"其他业务成本"账户,贷记"应交税费——应交土地增值税"账户。转让的国有土地使用权与其地上建筑物及其附着物一并在"固定资产"账户或"在建工程"账户核算的,转让时应交纳的土地增值税,借记"固定资产清理"、"在建工程"账户,贷记"应交税费——应交土地增值税"账户。企业在项目全部竣工结算前转让房地产取得的收入,按税法规定预交的土地增值税,借记"应交税费——应交土地增值税"账户,贷记"银行存款"等账户;待该项房地产销售收入实现时,再按上述销售业务的会计处理方法进行处理。该项目全部竣工、办理结算后进行清算,收到退回多交的土地增值税,借记"银行存款"等账户,贷记"应交税费——应交土地增值税"账户,补交的土地增值税作相反的会计分录。

3. 房产税、土地使用税、车船税和印花税

房产税是国家对在城市、县城、建制镇和工矿区征收的由产权所有人交纳的一种税。房产税依照房产原值一次减除10%～30%后的余额计算交纳。没有房产原值作为依据的,由房产所在地税务机关参考同类房产核定;房产出租的,以房产租金收入为房产税的计税依据。土地使用税是国家为了合理利用城镇土地,调节土地级差收入,提高土地使用效率,加强土地管理而开征的一种税。它以纳税人实际占用的土地面积为计税依据,依照规定税额计算征收。车船税由拥有并且使用车船的单位和个人交纳。车船税按照适用税额计算交纳。企业按规定计算应交的房产税、土地使用税、车船税时,借记"管理费用"账户,贷记"应交税费——应交房产税(或土地使用税、车船税)"账户;上交时,借记"应交税费——应交房产税(或土地使用税、车船税)"账户,贷记"银行存款"账户。

印花税是对书立、领受购销合同等凭证行为征收的税款,实行由纳税人根据规定自行计算应纳税额,购买并一次贴足印花税票的交纳方法。应纳税凭证包括:购销、加工承揽、建设工程承包、财产租赁、货物运输、仓储保管、借款、财产保险、技术合同或者具有合同性质的凭证,产权转移书据,营业账簿,许可证照等。纳税人根据应纳税凭证的性质,分别按比例税率或者按件定额计算应纳税额。

由于企业交纳的印花税,是由纳税人根据规定自行计算应纳税额以购买并一次贴足印花税票的方法而交纳的税款。即一般情况下,企业需要预先购买印花税票,待发生应税行为时,再根据凭证的性质和规定的比例税率或者按件计算应纳税额,将已购买的印花税票粘贴在应纳税凭证上,并在每枚税票的骑缝处盖戳注销,办理完税手续。企业交纳的印花税,不会发生应付未付税款的情况,不需要预计应纳税金额,同时也不存在与税务机关结算或清算的问题。因此企业购买印花税票时,借记"管理费用"账户,贷记"银行存款"账户。

4. 城市维护建设税

为了加强城市维护建设,扩大和稳定城市维护建设资金的来源,国家开征了城市维护建设税。在会计核算时,借记"营业税金及附加"、"其他业务成本"账户,贷记"应交税费——应交城市维护建设税"账户;实际上交时,借记"应交税费——应

交城市维护建设税"账户,贷记"银行存款"账户。

5. 所得税

企业的生产、经营所得和其他所得,依照有关所得税暂行条例及其细则的规定需要交纳所得税。具体核算见第九章。

6. 耕地占用税

耕地占用税是国家为了利用土地资源,加强土地管理,保护农用耕地而征收的一种税。它以实际占用的耕地面积计税,按照规定税额一次征收。企业交纳的耕地占用税,不需要通过"应交税费"账户核算。企业按规定计算交纳耕地占用税时,借记"在建工程"账户,贷记"银行存款"账户。

七、应付利息

应付利息是指企业按照合同约定应支付的利息。它包括吸收存款、分期付息、到期还本的长期借款、企业债券等应支付的利息。资产负债表日,应按摊余成本和实际利率计算确定的利息费用,借记"利息支出"、"在建工程"、"财务费用"、"研发支出"等账户;按合同利率计算确定的应付未付利息,贷记"应付利息"账户;按借贷双方之间的差额,借记或贷记"长期借款——利息调整"等账户。合同利率与实际利率差异较小的,也可以采用合同利率计算确定利息费用。实际支付利息时,借记"应付利息"账户,贷记"银行存款"等账户。本账户期末贷方余额,反映企业应付未付的利息。

八、应付股利

应付股利是指企业经股东大会或类似机构审议批准分配的现金股利或利润。企业股东大会或类似机构审议批准的利润分配方案、宣告分派的现金股利或利润,在实际支付前,形成企业的负债。企业董事会或类似机构通过的利润分配方案中拟分配的现金股利或利润,不应确认负债,但应在附注中披露。企业经股东大会或类似机构审议批准的利润分配方案,按应支付的现金股利或利润时,借记"利润分配"账户,贷记"应付股利"账户;实际支付现金股利或利润时,借记"应付股利"账户,贷记"银行存款"等账户。

九、其他应付款

其他应付款是指企业除应付票据、应付账款、预收账款、应付职工薪酬、应付利息、应付股利、应交税费、长期应付款等以外的其他各项应付、暂收的款项。企业采用售后回购方式融入资金的,应按实际收到的金额,借记"银行存款"账户,贷记"其他应付款"账户。回购价格与原销售价格之间的差额,应在售后回购期间内按期计提利息费用,借记"财务费用"账户,贷记"其他应付款"账户。按照合同约定购回该项商品时,应按实际支付的金额,借记"其他应付款"账户,贷记"银行存款"账户。企业发生的其他各种应付、暂收款项,借记"管理费用"、"其他应付款"等账户;支付的其他各种应付、暂收款项,借记"其他应付款"、"银行存款"等账户。

◯ 【问题与思考8-1】

下列各项中,不应计入相关资产成本的有哪些?
1. 按规定计算交纳的房产税。
2. 按规定计算交纳的土地使用税。
3. 收购未税矿产品代扣代缴的资源税。
4. 委托加工应税消费品收回后直接用于销售的,由委托方代扣代缴的消费税。
5. 委托加工应税消费品收回后用于连续生产应税消费品的,由受托方代扣代缴的消费税。

第二节 长期负债

一、长期借款

长期借款是指企业从银行或其他金融机构借入的期限在1年以上(不含1年)的借款。企业借入各种长期借款时,按实际收到的款项,借记"银行存款"账户,贷记"长期借款——本金"账户;按借贷双方之间的差额,借记"长期借款——利息调整"账户。

在资产负债表日,企业应按长期借款的摊余成本和实际利率计算确定的长期借款的利息费用,借记"在建工程"、"财务费用"、"制造费用"等账户;按借款本金和合同利率计算确定的应付未付利息,贷记"应付利息"账户;按其差额,贷记"长期借款——利息调整"账户。企业归还长期借款,按归还的长期借款本金,借记"长期借款——本金"账户;按转销的利息调整金额,贷记"长期借款——利息调整"账户;按实际归还的款项,贷记"银行存款"账户;按借贷双方之间的差额,借记"在建工程"、"财务费用"、"制造费用"等账户。

【例8-21】 金欣股份有限公司为建造一幢厂房,2007年1月1日借入期限为2年的长期专门借款1 000 000元,款项已存入银行。借款利率为9%,每年付息一次,期满后一次还清本金。2007年年初,以银行存款支付工程价款共计600 000元;2008年年初,又以银行存款支付工程费用400 000元。该厂房于2008年8月底完工,达到预定可使用状态。假定不考虑闲置专门借款资金存款的利息收入或

者投资收益。根据上述业务,编制有关会计分录如下:

2007年1月1日,取得借款时:

借:银行存款　　　　　　　　　　　　　　　　　　1 000 000
　　贷:长期借款　　　　　　　　　　　　　　　　　　1 000 000

2007年年初,支付工程款时:

借:在建工程　　　　　　　　　　　　　　　　　　600 000
　　贷:银行存款　　　　　　　　　　　　　　　　　　600 000

2007年12月31日,计算2007年应计入工程成本的利息时:

$$1\ 000\ 000 \times 9\% = 90\ 000(元)$$

借:在建工程　　　　　　　　　　　　　　　　　　90 000
　　贷:应付利息　　　　　　　　　　　　　　　　　　90 000

2007年12月31日,支付借款利息时:

借:应付利息　　　　　　　　　　　　　　　　　　90 000
　　贷:银行存款　　　　　　　　　　　　　　　　　　90 000

2008年年初,支付工程款时:

借:在建工程　　　　　　　　　　　　　　　　　　400 000
　　贷:银行存款　　　　　　　　　　　　　　　　　　400 000

2008年8月底达到预定可使用状态,该期应计入工程成本的利息时:

$$(1\ 000\ 000 \times 9\% \div 12) \times 8 = 60\ 000(元)$$

借:在建工程　　　　　　　　　　　　　　　　　　60 000
　　贷:应付利息　　　　　　　　　　　　　　　　　　60 000

同时:

借:固定资产　　　　　　　　　　　　　　　　　　1 150 000
　　贷:在建工程　　　　　　　　　　　　　　　　　　1 150 000

2008年12月31日,计算2008年9~12月应计入财务费用的利息时:

$$(1\ 000\ 000 \times 9\% \div 12) \times 4 = 30\ 000(元)$$

借:财务费用　　　　　　　　　　　　　　　　　　30 000
　　贷:应付利息　　　　　　　　　　　　　　　　　　30 000

2008年12月31日,支付利息时:

借:应付利息　　　　　　　　　　　　　　　　　　90 000
　　贷:银行存款　　　　　　　　　　　　　　　　　　90 000

2009年1月1日，到期还本时：

借：长期借款　　　　　　　　　　　　　　　　　　　　　1 000 000
　　贷：银行存款　　　　　　　　　　　　　　　　　　　　　1 000 000

二、应付债券

（一）一般公司债券

1. 公司债券的发行

公司发行的超过1年期以上的债券，构成了企业的长期负债。公司债券的发行方式有三种，即面值发行、溢价发行和折价发行。假设其他条件不变，债券的票面利率高于同期银行存款利率时，可按超过债券票面价值的价格发行，称为溢价发行。溢价是企业以后各期多付利息而事先得到的补偿；如果债券的票面利率低于同期银行存款利率，可按低于债券面值的价格发行，称为折价发行。折价是企业以后各期少付利息而预先付给投资者的补偿。如果债券的票面利率与同期银行存款利率相同，可按票面价格发行，称为面值发行。溢价或折价是发行债券企业在债券存续期内对利息费用的一种调整。

企业发行债券时，如果发行费用大于发行期间冻结资金产生的利息收入，按发行费用减去发行期间冻结资金所产生的利息收入后的差额，根据发行债券所筹集资金的用途，分别计入财务费用或相关资产成本。如果发行费用小于发行期间冻结资金所产生的利息收入，按发行期间冻结资金所产生的利息收入减去发行费用后的差额，视同发行债券的溢价收入，在债券存续期间于计提利息时摊销，分别计入财务费用或相关资产成本。

无论是按面值发行，还是溢价发行或折价发行，均按债券面值记入"应付债券"明细账户，实际收到的款项与面值的差额，记入"利息调整"明细账户。企业发行债券时，按实际收到的款项，借记"银行存款"、"库存现金"等账户，按债券票面价值，贷记"应付债券——面值"账户；按实际收到的款项与票面价值之间的差额，贷记或借记"应付债券——利息调整"账户。

2. 利息调整的摊销

利息调整应在债券存续期间内采用实际利率法进行摊销。实际利率法是指按照应付债券的实际利率计算其摊余成本及各期利息费用的方法；实际利率是指将应付债券在债券存续期间的未来现金流量，折现为该债券当前账面价值所使用的利率。

资产负债表日，对于分期付息、一次还本的债券，企业应按应付债券的摊余成本和实际利率计算确定的债券利息费用，借记"在建工程"、"制造费用"、"财务费用"等账户,按票面利率计算确定的应付未付利息,贷记"应付利息"账户,按其差额,借记或贷记"应付债券——利息调整"账户。

【例 8-22】 金欣股份有限公司于 2007 年 12 月 31 日经批准发行 5 年期一次还本、分期付息的公司债券 10 000 000 元,债券利息在每年 12 月 31 日支付,票面利率为年利率 6%。假定债券发行时的市场利率为 5%。

公司该批债券实际发行价格如下:

$$10\,000\,000 \times 0.7835 + 10\,000\,000 \times 6\% \times 4.3295 = 10\,432\,700(元)$$

公司根据上述资料,采用实际利率法和摊余成本计算确定的利息费用,如表 8-3 所示。

表 8-3　　　　　　　　　　利息费用一览表

金额单位:元

付息日期	支付利息	利息费用	摊销的利息调整	应付债券摊余成本
2007 年 12 月 31 日				10 432 700.00
2008 年 12 月 31 日	600 000	521 635.00	78 365.00	10 354 335.00
2009 年 12 月 31 日	600 000	517 716.75	82 283.25	10 272 051.75
2010 年 12 月 31 日	600 000	513 602.59	86 397.41	10 185 654.34
2011 年 12 月 31 日	600 000	509 282.72	90 717.28	10 094 937.06
2012 年 12 月 31 日	600 000	505 062.94	94 937.06	10 000 000.00

根据表 8-3 的资料,公司的账务处理如下:

2007 年 12 月 31 日发行债券时:

　　借:银行存款　　　　　　　　　　　　　　　　　10 432 700
　　　　贷:应付债券——面值　　　　　　　　　　　　　　10 000 000
　　　　　　　　　　——利息调整　　　　　　　　　　　　　432 700

2008 年 12 月 31 日计算利息费用时:

　　借:财务费用等　　　　　　　　　　　　　　　　521 635
　　　　应付债券——利息调整　　　　　　　　　　　　78 365
　　　　贷:应付利息　　　　　　　　　　　　　　　　　600 000

2009 年、2010 年、2011 年确认利息费用的会计处理同 2008 年。

2012 年 12 月 31 日归还债券本金及计算最后一期利息费用时:

　　借:财务费用等　　　　　　　　　　　　　　　　505 062.94
　　　　应付债券——面值　　　　　　　　　　　　　10 000 000.00
　　　　　　　　　　——利息调整　　　　　　　　　　94 937.06
　　　　贷:银行存款　　　　　　　　　　　　　　　　10 600 000.00

对于一次还本付息的债券,应于资产负债表日按摊余成本和实际利率计算确定的债券利息费用,借记"在建工程"、"制造费用"、"财务费用"等账户;按票面利率计算确定的应付未付利息,贷记"应付债券——应计利息"账户;按其差额,借记或贷记"应付债券——利息调整"账户。

3. 债券的偿还

企业发行的债券通常有到期一次还本付息或一次还本、分期付息两种。采用一次还本付息方式的,企业应于债券到期支付债券本息时,借记"应付债券——面值、应计利息"账户,贷记"银行存款"账户。采用一次还本、分期付息方式的,在每期支付利息时,借记"应付利息"账户,贷记"银行存款"账户;债券到期偿还本金并支付最后一期利息时,借记"应付债券——面值"、"在建工程"、"财务费用"、"制造费用"等账户,贷记"银行存款"账户;按借贷双方之间的差额,借记或贷记"应付债券——利息调整"账户。

(二)可转换公司债券

我国发行可转换公司债券采取记名式无纸化发行方式,债券最短期限为3年,最长期限为5年。企业发行的可转换公司债券在"应付债券"账户下设置"可转换公司债券"明细账户核算。

企业发行的可转换公司债券,应当在初始确认时将其包含的负债成分和权益成分进行分拆。将负债成分确认为应付债券,将权益成分确认为资本公积。在进行分拆时,应当先对负债成分的未来现金流量进行折现确定负债成分的初始确认金额,再按发行价格总额扣除负债成分初始确认金额后的金额确定权益成分的初始确认金额。发行可转换公司债券发生的交易费用,应当在负债成分和权益成分之间按照各自的相对公允价值进行分摊。企业应按实际收到的款项,借记"银行存款"等账户,按可转换公司债券包含的负债成分面值,贷记"应付债券——可转换公司债券(面值)"账户;按权益成分的公允价值,贷记"资本公积——其他资本公积"账户;按借贷双方之间的差额,借记或贷记"应付债券——可转换公司债券(利息调整)"账户。

【例 8-23】 经批准于 2007 年 1 月 1 日按面值发行 5 年期一次还本付息的可转换公司债券 200 000 000 元,款项已收存银行,债券票面年利率为 6%,利息按年支付。债券发行 1 年后可转换为普通股股票,初始转股价为每股 10 元,股票面值为每股 1 元。假定 2008 年 1 月 1 日债券持有人将持有的可转换公司债券全部转换为普通股股票,金欣公司发行可转换公司债券时二级市场上与之类似的没有附带转换权的债券市场利率为 9%。甲公司的账务处理如下:

2007 年 1 月 1 日发行可转换公司债券时:

借：银行存款　　　　　　　　　　　　　　　　　　　　200 000 000
　　　应付债券——可转换公司债券（利息调整）　　　　　23 343 600
　　贷：应付债券——可转换公司债券（面值）　　　　　　200 000 000
　　　　资本公积——其他资本公积　　　　　　　　　　　 23 343 600

可转换公司债券负债成分的公允价值为：

　　200 000 000×0.6499+200 000 000×6‰×3.8897=176 656 400（元）

可转换公司债券权益成分的公允价值为：

　　200 000 000-176 656 400=23 343 600（元）

2007年12月31日确认利息费用时：

借：财务费用等　　　　　　　　　　　　　　　　　　　 15 899 076
　　贷：应付债券——可转换公司债券（应计利息）　　　　 12 000 000
　　　　　　——可转换公司债券（利息调整）　　　　　　　 3 899 076

2008年1月1日债券持有人行使转换权时：

转换的股份数为：

　　（176 656 400+12 000 000+3 899 076）÷10=19 255 547.6（股）

不足1股的部分支付现金0.6元。

借：应付债券——可转换公司债券（面值）　　　　　　　 200 000 000.0
　　　　——可转换公司债券（应计利息）　　　　　　　　 12 000 000.0
　　资本公积——其他资本公积　　　　　　　　　　　　　 23 343 600.0
　　贷：股本　　　　　　　　　　　　　　　　　　　　　 19 255 547.0
　　　　应付债券——可转换公司债券（利息调整）　　　　 19 444 524.0
　　　　资本公积——股本溢价　　　　　　　　　　　　　196 643 528.4
　　　　库存现金　　　　　　　　　　　　　　　　　　　　　　　 0.6

企业发行附有赎回选择权的可转换公司债券，其在赎回日可能支付的利息补偿金，即债券约定赎回期届满日应当支付的利息减去应付债券票面利息的差额，应当在债券发行日至债券约定赎回期届满日期间计提应付利息，计提的应付利息，分别计入相关资产成本或财务费用。

三、长期应付款

长期应付款是指企业除长期借款和应付债券以外的其他各种长期应付款项。它包括应付融资租入固定资产的租赁费、以分期付款方式购入固定资产发生的应付款项等。

（一）应付融资租入固定资产的租赁费

企业采用融资租赁方式租入的固定资产,应在租赁期开始日计算应付款项。将租赁开始日租赁资产公允价值与最低租赁付款额现值两者中较低者,加上初始直接费用,作为租入资产的入账价值,借记"固定资产"等账户;按最低租赁付款额,贷记"长期应付款"账户;按发生的初始直接费用,贷记"银行存款"等账户;按其差额,借记"未确认融资费用"账户。

企业在计算最低租赁付款额的现值时,能够取得出租人租赁内含利率的,应当采用租赁内含利率作为折现率;否则,应当采用租赁合同规定的利率作为折现率。企业无法取得出租人的租赁内含利率且租赁合同没有规定利率的,应当采用同期银行贷款利率作为折现率。租赁内含利率是指在租赁开始日,使最低租赁收款额的现值与未担保余值的现值之和等于租赁资产公允价值与出租人的初始直接费用之和的折现率。未确认融资费用应当在租赁期内各个期间进行分摊。企业应当采用实际利率法计算确认当期的融资费用。

相 关 链 接

融资租赁的主要方式

（1）直接租赁融资。它是指出租人根据承租人的要求向有关制造商或经营商购买相关设备,然后将它出租给承租人的一种方式。租赁期内,承租人按规定支付租金。

（2）售后租回式租赁融资。它是指公司将其拥有的资产如厂房设备等出售给保险公司、商业银行、专业租赁公司等有关机构,然后将出售的资产租回使用的一种融资方式。

（3）销售式租赁融资。它是指为销售有关资产,制造商或经营商以优惠贷款的形式让承租人先"买下"有关资产,然后再以分期付款的方式"租用"该资产。

（4）举债租赁融资。它是指出租人借入资金购买承租人所需要的资产,然后将其出租给承租人并收取租金的融资方式,或者出租人将收取租金的权利转让给提供贷款的一方。

（5）杠杆租赁。它是指出租人在购买价格昂贵的设备时,自己以现金投资设备成本费的20%～40%,其余的购置费用通过向银行或保险公司等金融机构借款获得,然后把购得的设备出租给承租人使用的一种融资方式。

(二) 具有融资性质的延期付款购买资产

企业购买资产有可能延期支付有关价款。如果延期支付的购买价款超过正常信用条件,实质上具有融资性质的,所购资产的成本应当以延期支付购买价款的现值为基础确定。实际支付的价款与购买价款的现值之间的差额,应当在信用期间内采用实际利率法进行摊销,计入相关资产成本或当期损益。具体来说,企业购入资产超过正常信用条件延期付款实质上具有融资性质时,应按购买价款的现值,借记"固定资产"、"在建工程"等账户,按应支付的价款总额,贷记"长期应付款"账户;按其差额,借记"未确认融资费用"账户。

【问题与思考 8-2】

公司于 2007 年 1 月 1 日发行面值总额为 1 000 万元,期限为 5 年的债券。该债券票面利率为 6%,每年年初付息、到期一次还本,发行价格总额为 1 043.27 万元,利息调整采用实际利率法摊销,实际利率为 5%。问:2008 年 12 月 31 日,该债券的账面余额是多少?

第三节 借款费用概述

一、借款费用的范围

借款费用是企业因借入资金所付出的代价。它包括借款利息、折价或者溢价的摊销、辅助费用以及因外币借款而发生的汇兑差额等。对于企业发生的权益性融资费用,不应包括在借款费用中。

(一) 因借款发生的利息

因借款而发生的利息,包括企业向银行或者其他金融机构等借入资金发生的利息、发行公司债券发生的利息,以及为购建或者生产符合资本化条件的资产而发生的带息债务所承担的利息等。

(二) 因借款而发生的折价或溢价的摊销

因借款而发生的折价或者溢价主要是指发行债券等所发生的折价或者溢价。发行债券中的折价或者溢价,其实质是对债券票面利息的调整(即将债券票面利率调整为实际利率),属于借款费用的范畴。

(三) 因外币借款而发生的汇兑差额

因外币借款而发生的汇兑差额是指由于汇率变动导致市场汇率与账面汇率出现差异,从而对外币借款本金及其利息的记账本位币金额所产生的影响金额。由于汇率的变化往往和利率的变化相联动,它是企业外币借款所需要承担的风险,因此,因外币借款相关汇率变化所导致的汇兑差额属于借款费用的有机组成部分。

二、借款的范围

借款包括专门借款和一般借款。专门借款是指为购建或者生产符合资本化条件的资产而专门借入的款项。专门借款通常有明确的用途,即为购建或者生产某项符合资本化条件的资产而专门借入的,并通常应当具有标明该用途的借款合同。一般借款是指除专门借款之外的借款。相对于专门借款而言,一般借款在借入时,其用途通常没有特指用于符合资本化条件的资产的购建或者生产。

三、符合资本化条件的资产

符合资本化条件的资产是指需要经过相当长时间或者生产活动才能达到预定可使用或者可销售状态的固定资产、投资性房地产和存货等资产。建造合同成本、确认为无形资产的开发支出等在符合条件的情况下,也可以认定为符合资本化条件的资产。

符合资本化条件的存货,主要包括房地产开发企业开发的用于对外出售的房地产开发产品、企业制造的用于对外出售的大型机械设备等。这类存货通常需要经过相当长时间的建造或者生产过程,才能达到预定可销售状态。其中,"相当长时间"应当是指为资产的购建或者生产所必要的时间,通常为1年以上(含1年)。如果由于人为或者故意等非正常因素导致资产的购建或者生产时间相当长的,该资产不属于符合资本化条件的资产。购入即可使用的资产,或者购入后需要安装但所需安装时间较短的资产,或者需要建造或者生产但所需建造或者生产时间较短的资产,均不属于符合资本化条件的资产。

四、借款费用的确认

借款费用的确认主要解决的是将每期发生的借款费用资本化、计入相关资产的成本,还是将有关借款费用费用化、计入当期损益的问题。根据借款费用准则的规定,借款费用确认的基本原则是:企业发生的借款费用,可直接归属于符合资本化条件的资产的购建或者生产的,应当予以资本化,计入相关资产成本;其他借款费用,应当在发生时根据其发生额确认为费用,计入当期损益。

企业只有发生在资本化期间内的有关借款费用,才允许资本化。资本化期间的确定是借款费用确认和计量的重要前提。借款费用资本化期间是指从借款费用开始资本化时点到停止资本化时点的期间,但不包括借款费用暂停资本化的期间。

(一)借款费用开始资本化的时点

借款费用允许开始资本化必须同时满足三个条件,即资产支出已经发生、借款费用已经发生、为使资产达到预定可使用或者可销售状态所必要的购建或者生产活动已经开始。

1. "资产支出已经发生"的界定

"资产支出已经发生"是指企业已经发生了支付现金、转移非现金资产或者承担带息债务形式所发生的支出。其中：

（1）支付现金是指用货币资金支付符合资本化条件的资产的购建或者生产支出。

（2）转移非现金资产是指企业将自己的非现金资产直接用于符合资本化条件的资产的购建或者生产。

（3）承担带息债务是指企业为了购建或者生产符合资本化条件的资产所需用物资等而承担的带息应付款项（如带息应付票据）。企业以赊购方式购买这些物资所产生的债务可能带息，也可能不带息。如果企业赊购这些物资承担的是不带息债务，就不应当将购买价款计入资产支出，因为该债务在偿付前不需要承担利息，也没有占用借款资金。企业只有等到实际偿付债务，发生了资源流出时，才能将其作为资产支出。如果企业赊购物资承担的是带息债务，则企业要为这笔债务付出代价。支付利息与企业向银行借入款项用以支付资产支出在性质上是一致的。所以，企业为购建或者生产符合资本化条件的资产而承担的带息债务应当作为资产支出。当该带息债务发生时，视同资产支出已经发生。

2. "借款费用已经发生"的界定

"借款费用已经发生"是指企业已经发生了因购建或者生产符合资本化条件的资产而专门借入款项的借款费用或者所占用的一般借款的借款费用。

3. "为使资产达到预定可使用或者可销售状态所必要的购建或者生产活动已经开始"的界定

"为使资产达到预定可使用或者可销售状态所必要的购建或者生产活动已经开始"是指符合资本化条件下的资产实体建造或者生产工作已经开始，如主体设备的安装、厂房的实际开工建造等。它不包括仅仅持有资产、但没有发生为改变资产形态而进行的实质上的建造或者生产活动。

企业只有在上述三个条件同时满足的情况下，有关借款费用才可开始资本化。只要其中有一个条件没有满足，借款费用就不能开始资本化。

（二）借款费用停止资本化的时点

购建或者生产符合资本化条件的资产达到预定可使用或者可销售状态时，借款费用应当停止资本化。如果所购建或者生产的资产分别建造、分别完工的，企业应当区别情况界定借款费用停止资本化的时点。

所购建或者生产的符合资本化条件的资产的各部分分别完工，且每部分在其他部分继续建造或者生产过程中可供使用或者可对外销售，且为使该部分资产达到预定可使用或可销售状态所必要的购建或者生产活动实质上已经完成的,应当停止与该部分资产相关的借款费用的资本化,因为该部分资产已经达到了预定可使用或者可销售状态。

如果企业购建或者生产的资产的各部分分别完工,但必须等到整体完工后才可使用或者对外销售的,应当在该资产整体完工时停止借款费用的资本化。在这种情况下,即使各部分资产已经完工,也不能够认为该部分资产已经达到了预定可使用或者可销售状态,企业只能在所购建固定资产整体完工时,才能认为资产已经达到了预定可使用或者可销售状态,借款费用方可停止资本化。

五、借款费用的计量

(一)借款利息资本化金额的确定

在借款费用资本化期间内,每一会计期间的利息(包括折价或溢价的摊销,下同)资本化金额,应当按照下列规定确定:

(1)为购建或者生产符合资本化条件的资产而借入专门借款的,应当以专门借款当期实际发生的利息费用,减去将尚未动用的借款资金存入银行取得的利息收入或进行暂时性投资取得的投资收益后的金额确定。

(2)为购建或者生产符合资本化条件的资产而占用了一般借款的,企业应当根据累计资产支出超过专门借款部分的资产支出加权平均数乘以所占用一般借款的资本化率,计算确定一般借款应予资本化的利息金额。资本化率应当根据一般借款加权平均利率计算确定。

【案例分析】 如何确定一般借款利息费用资本化金额?

$$\frac{一般借款利息费}{用资本化金额} = \frac{累计资产支出超过专门借款}{部分的资产支出加权平均数} \times \frac{所占用一般借}{款的资本化率}$$

$$\frac{累计资产支出}{加权平均数} = \sum \left(每笔资产支出金额 \times \frac{每笔资产在当期}{所占用的天数} \div 当期天数 \right)$$

$$\frac{所占用一般借}{款的资本化率} = \frac{所占用一般借款}{加权平均利率} = \frac{所占用一般借款当期}{实际发生的利息之和} \times \frac{所占用一般借款}{本金加权平均数}$$

$$\frac{所占用一般借款}{本金加权平均数} = \sum \left(\frac{所占用每笔一}{般借款本金} \times \frac{每笔一般借款在当}{期所占用的天数} \div 当期天数 \right)$$

(3)每一会计期间的利息资本化金额,不应当超过当期相关借款实际发生的利息金额。

企业在购建或者生产符合资本化条件的资产时。如果专门借款资金不足,占用了一般借款资金的或者企业为购建或者生产符合资本化条件的资产并没有借入专门借款,而占用的都是一般借款资金,则企业应当根据为购建或者生产符合资本化条件的资产而发生的累计资产支出超过专门借款部分的资产支出加权平均数乘以所占用一般借款的资本化率,计算确定一般借款应予资本化的利息金额。资本化率应当根据一般借款加权平均利率计算确定。如果符合资本化条件的资产的购建或者生产没有借入专门借款,则应以累计资产支出加权平均数为基础计算所占用的一般借款利息资本化金额。即企业占用一般借款资金购建或者生产符合资本化条件的资产时,一般借款的借款费用的资本化金额的确定应当与资产支出挂钩。

【例8-24】 2008年4月1日,金欣公司取得3年期专门借款1 500万元直接用于当日开工建造的办公楼,年利率为6%。2008年累计发生建造支出1 200万元。2009年1月1日,该公司又取得3年期一般借款2 000万元,年利率为7%。2009年4月1日发生建造支出900万元。上述支出均以借入款项支付。

金欣公司的闲置专门借款资金均用于短期投资,月收益率为0.4%,工程于2009年年底达到预定可使用状态。则2009年借款费用的资本化金融是多少?

分析:2009年专门借款利息资本化金额=1 500×6%-(1 500-1 200)×0.4%×3=86.4(万元)

2009年一般借款利息资本化金额=600×7%×(9÷12)=31.5(万元)

2009年借款费用资本化金额=86.4+31.5=117.9(万元)

(二)借款辅助费用资本化金额的确定

辅助费用是企业为了安排借款而发生的必要费用。它包括借款手续费(如发行债券手续费)、佣金等。如果企业不发生这些费用,就无法取得借款。因此辅助费用是企业借入款项所付出的一种代价,是借款费用的有机组成部分。

对于企业发生的专门借款辅助费用,在所购建或者生产的符合资本化条件的资产达到预定可使用或者可销售状态之前发生的,应当在发生时根据其发生额予以资本化;在所购建或者生产的符合资本化条件的资产达到预定可使用或者可销售状态之后发生的,应当在发生时根据其发生额确认为费用,计入当期损益。

(三)外币专门借款汇兑差额资本化金额的确定

当企业为购建或者生产符合资本化条件的资产所借入的专门借款为外币借款时,由于企业取得外币借款日、使用外币借款日和会计结算日往往并不一致,而外汇汇率又在随时发生变化,因此,外币借款会产生汇兑差额。相应地,在借款费用资本化期间内,为购建固定资产而专门借入的外币借款所产生的汇兑差额,是购建固定资产的一项代价,应当予以资本化,计入固定资产成本。出于简化核算的考虑,在资本化期间内,外币专门借款本金及其利息的汇兑差额,应当予以资本化,计入符合资本化条件的资产的成本。而除外币专门借款之外的其他外币借款本金及其利息所产生的汇兑差额应当作为财务费用,计入当期损益。

【问题与思考8-3】

公司于2008年7月1日开始领用自己生产的水泥用于水利工程的建造,实体性建造工作尚未开始,工程建设期为3年。该企业为购买该工程的主题设备于2008年9月30日向银行借入1 000万元,利率为2％,资金已经到位,并于2008年11月1日购买该工程的主体设备,当日投入安装,资产的实体建造工作已经开始。企业又于2009年3月5日使用自有资金购置了工程物资一批。问:该借款费用开始资本化的时点是哪一天?

第四节 或有事项

一、或有事项的性质

或有事项是指由于过去的交易或事项形成的一种状况,其结果需通过未来不确定事项的发生或不发生予以证实。或有事项作为一种状况,对企业来说,可能是一种潜在的权利,也可能是一种现实或潜在的义务。

二、潜在的权利与或有资产

或有事项作为一项潜在的权利,在未来可能转化为一项资产,也可能无法转化为一项资产。按照我国企业会计准则的规定,由于潜在的权利能否转化为现实的资产具有较大的不确定性,不应确认为一项资产,只是作为或有资产处理。

或有资产是指过去的交易或者事项形成的潜在资产,其存在需通过未来不确定事项的发生或不发生予以证实。

或有资产一般不应在企业会计报表附注中进行披露,但或有资产很可能给企业带来经济利益时,则应在会计报表附注中披露其形成的原因;如果能够预计其产生的财务影响,还应作相应披露。

三、业务的确认与或有负债

或有事项作为一项义务,可能是现时的义务,也可能是潜在的义务。或有事项作为一项现时的义务,是指由过去的交易或事项形成的现已承担的义务。例如,企业为其他单位提供了债务担保。如果该项义务的履行很可能导致经济利益流出企业,且该项义务的金额能够可靠地计量,企业应将其确认为预计负债。不能满足上述确认条件的或有事项,只能作为或有负债处理。

或有负债是指过去的交易或者事项形成的潜在义务,其存在需通过未来不确定事项的发生或不发生予以证实;或过去的交易或者事项形成的现时义务,履行该义务不是很可能导致经济利益流出企业或该义务的金额不能可靠地计量。

按照我国《企业会计准则》的规定,结果的可能性分为四个档次:① 基本确定:指发生的概率区间为大于 95%～100%。② 很可能:指发生的概率区间为 50%～95%。③ 可能:指发生的概率区间为 5%～50%。④ 极小可能:指发生的概率区间为 0～5%。

或有事项作为一项义务,在符合一定条件下确认为预计负债后,应通过"预计负债"账户核算,并在资产负债表上以"预计负债"项目单独列示。

四、预计负债的计量

或有事项按照前述标准确认为预计负债,其金额应是清偿该负债所需支出的最佳估计数。如果所需支出存在一个金额范围,则最佳估计数应按该范围的上、下限的平均数确定。如果所需支出不存在一个金额范围,则在或有事项涉及单个项目时,按最可能发生的金额确定;在或有事项涉及多个项目时,按各种可能发生额及其发生的概率计算确定。

如果确认的预计负债所需支出预计可以全部或部分由第三方补偿,则补偿金额只能在基本确定能收到时,作为资产单独确认,且确认的金额不应超过所确认负债的账面价值。

五、或有事项的内容及账务处理

(一)财产担保债务

企业以自有的财产作为抵押品为其他单位担保向银行或其他金融机构借款,如果在到期日其他单位偿还了借款,企业不承担任何责任;如果其他单位不能偿还借款,在企业应以作为抵押品的财产承担为其他单位偿还借款的债务。一般来说,被担保的债务到期时,被担保的其他单位能够偿还债务,即该项义务不是很可能导致经济利益流出企业,因而不应确认为预计负债。也就是说,企业在以财产为其他单位作担保时,形成了一项或有负债。

(二)未决诉讼和未决仲裁

当企业涉及一项尚未判决的诉讼案件或仲裁案件时,对于原告提出的赔偿要求,如果企业胜诉,将不承担赔偿责任;如果败诉,将会承担债务责任。如果企业预计案件判决的结果很可能是企业败诉,则应确认为一项负债,借记"营业外支出"账户,贷记"预计负债"账户;同时,如果企业基本确定赔偿的金额能够全部或部分由第三方补偿,则应将获得补偿的金额确认为一项资产,冲减赔偿支出,借记"其他应收款"账户,贷记"营业外支出"账户,但是,确认资产的数额不应超过很可能赔偿的金额;反之,如果企业预计案件判决的结果很可能是企业胜诉,则不应确认为一项负债。也就是说,在企业被提起赔偿诉讼后,形成了一项或有负债。

（三）产品质量担保债务

企业售出附有保修期的产品后,在保修期内如不发生质量问题,企业将不发生售后费用支出;如果发生质量问题,则应负责修理或退还,企业应根据很可能发生的保修费用,确认为一项负债,借记"销售费用"账户,贷记"预计负债"账户。

（四）亏损合同

亏损合同是指企业在履行合同义务过程中发生的成本可能超过预期经济利益的合同。当发生亏损合同时,如果合同存在标的资产,应当对标的资产进行减值测试并按规定确认减值损失,通常不确认预计负债;如果合同不存在标的资产,亏损合同相关义务满足规定条件时,应当确认预计负债。

【案例分析】 乙企业该怎么办？

乙企业2001年1月1日与某外贸公司签订了一项产品销售合同,约定在2001年2月15日以每件产品150元的价格向外贸公司提供10 000件A产品,若不能按期交货,将对乙企业处以总价款30%的违约金。由于这批产品为定制产品,签订合同时产品尚未开始生产。但企业开始筹备原材料以生产这批产品时,原材料价格突然上升,预计生产每件产品需要花费成本175元。

假设乙企业产品成本为每件175元,而销售价格为每件150元,每销售1件亏损25元,共计损失250 000元。如果撤销合同,则需要交纳450 000元的违约金。因此,这项销售合同是一项亏损合同。

（1）由于该合同签订时不存在标的资产,乙企业应当按照履行合同所需成本与违约金中的较低者确认一项预计负债。

借：营业外支出　　　　　　　　　　　　　　　250 000
　　贷：预计负债　　　　　　　　　　　　　　　250 000

（2）待相关产品生产完成后,将已确认的预计负债冲减产品成本。

借：预计负债　　　　　　　　　　　　　　　　250 000
　　贷：库存商品　　　　　　　　　　　　　　　250 000

六、或有事项的披露

企业应当在附注中披露与或有事项有关的下列信息。

（一）预计负债

(1) 预计负债的种类、形成原因以及经济利益流出不确定性的说明。

(2) 各类预计负债的期初、期末余额和本期变动情况。

(3) 与预计负债有关的预期补偿金额和本期已确认的预期补偿金额。

（二）或有负债（不包括极小可能导致经济利益流出企业的或有负债）

(1) 或有负债的种类及其形成的原因,包括已贴现商业承兑汇票、未决诉讼、未决仲裁、对外提供担保等形式的或有负债。

(2) 经济利益流出不确定性的说明。

(3) 或有负债预计产生的财务影响以及获得补偿的可能性；无法预计的，应当说明原因。

在涉及未决诉讼、未决仲裁的情况下，披露全部或部分信息预期对企业造成重大不利影响的，企业无需披露这些信息，但应当披露该未决诉讼、未决仲裁的性质以及没有披露这些信息的事实和原因。

【问题与思考 8-4】

甲公司于 2008 年 10 月受到 A 公司的起诉。A 公司声称甲公司侵犯其软件的版权，要求赔偿，赔偿金额为 40 万元。在应诉过程中，甲公司发现诉讼所涉及的软件主体部分是有偿委托乙公司开发的。如果这套软件有侵权问题，乙公司应承担连带责任，对甲公司予以赔偿。甲公司在年末编制会计报表时，根据法律诉讼的进展情况以及律师的意见，认为对 A 公司予以赔偿的可能性在 50% 以上，最有可能发生的赔偿金额是 30 万元；从乙公司获得的补偿金额基本确定可以收到，最有可能获得的赔偿金额为 35 万元。问：在上述情况下，甲公司在年末应确认的负债和资产分别是多少？

本 章 小 结

流动负债是企业负债中的重要组成部分。它是指偿还期限在 1 年或超过 1 年的一个营业周期内的负债。它包括短期借款、应付票据、应付账款、应交税金等。流动负债按发生时的实际金额入账。金额可确定的流动负债核算比较简单，而金额、付款日期和付款人都可能不能准确地确定和估计的负债包括因或有事项确认的负债，即预计负债以及或有负债。或有负债不符合负债的基本定义，因而在会计上不能确认，但必须按照一定的原则，在会计报表的附注中予以披露。债务重组越来越成为企业重构信用的重要手段。本章讲述了长期负债的定义、特点与分类，并介绍了长期借款的账务处理及其与短期借款的差别。借款费用是资本化抑或费用化，历来是人们争议的焦点。本章也重点介绍了《企业会计准则第 17 号——借款费用》对借款费用的规范。

复 习 思 考 题

1. 什么是负债？负债具有哪些特点？
2. 什么是或有负债？或有负债是怎么形成的？

3. 简述应付账款与应付票据在会计核算上的区别与联系。
4. 短期借款与长期借款在账务处理上有什么不同？
5. 实际利率法有何优缺点？
6. 借款费用资本化应满足哪些条件？

案例讨论题

债转股是以国有商业银行组建的金融资产管理公司和国家开发银行作为投资主体，将商业银行原有的不良信贷资产转为金融资产管理公司和国家开发银行对企业的股权。作为最早组建的中国信达资产管理公司，从其审查建行剥离的不良贷款构成看，国有企业不良贷款占80%～90%，其中单户剥离不良贷款5 000万元以上的国有大中型企业近1 000家，审查合格的剥离总量为1 400多亿元，约占中国人民银行批准建行剥离总规模2 500亿元的3/5。下面以宝钢梅山公司为例加以说明。

上海宝钢集团公司是我国目前钢铁工业最大的企业集团。它于1998年11月由宝钢、上海冶金控股公司和梅山公司联合组建。成立于20世纪60年代末的梅山公司现在是宝钢集团的全资子公司，拥有108亿元资产，属特大型钢铁企业。由于该公司在20世纪90年代先后进行的热轧和炼钢项目建设所投入的50亿元资金主要来自银行贷款，从而背上了沉重的债务负担。至1998年年底债务总额为82.89亿元，其中建行的贷款为18亿元，负债率为76.52%。尽管项目投产以来企业的产品结构得到了调整，经济效益也有较大幅度的提高，但由于利息负担沉重，从而使企业经营陷入了困境。实行债转股后，梅山公司将进一步剥离辅助产业，减员分流，调整组织结构，进行资产重组，以钢铁主业构造一个全新的由梅山公司、金融机构和江苏省冶金工贸集团参股的钢铁公司。同时，具有雄厚实力的宝钢集团公司承诺将为信达公司提供良好的退出通道，注入一定的资本金以进一步加快梅山钢铁主业的技改步伐。梅山公司计划2000年实现利润1亿元以上，2003年净资产收益率达到6%。

请问：实施债转股是否会导致国有资产流失？债转股失效由谁负责？信达公司一旦成为大股东，它是否有能力介入企业的经营？

同步测试题

一、单项选择题

1. 企业按照规定向住房公积金管理机构交存的住房公积金应该贷记的账户

是( )。
A. "其他应付款" B. "管理费用"
C. "应付职工薪酬" D. "其他应交款"

2. 企业在无形资产研究阶段发生的职工薪酬应当( )。
A. 计入无形资产成本 B. 计入在建工程成本
C. 计入长期待摊费用 D. 计入当期损益

3. 下列职工薪酬中,不应根据职工提供服务的受益对象计入成本费用的是( )。
A. 因解除与职工的劳动关系给予的补偿
B. 构成工资总额的各组成部分
C. 工会经费和职工教育经费
D. 医疗保险费、养老保险费、失业保险费、工伤保险费和生育保险费等

4. 某股份有限公司于2007年1月1日溢价发行4年期、到期一次还本付息的公司债券,债券面值为100万元,票面年利率为10%,发行价格为90万元。债券溢价采用实际利率法摊销。假定实际利率是7.5%。该债券2007年度发生的利息费用为( )万元。
A. 6.50 B. 10.00 C. 6.75 D. 7.50

5. 企业以溢价方式发行债券时,每期实际负担的利息费用是( )。
A. 按实际利率计算的利息费用
B. 按票面利率计算的应计利息减去应摊销的溢价
C. 按实际利率计算的应计利息加上应摊销的溢价
D. 按票面利率计算的应计利息加上应摊销的溢价

二、多项选择题

1. 下列各项中,应通过"应付职工薪酬"账户核算的是( )。
A. 基本工资 B. 经常性奖金
C. 养老保险费 D. 股份支付

2. 如果债券发行费用大于发行期间冻结资金所产生的利息收入,按其差额应该记入的账户是( )。
A. "财务费用" B. "在建工程"
C. "管理费用" D. "长期待摊费用"

3. 企业发行公司债券的方式是( )。
A. 折价发行 B. 溢价发行
C. 面值发行 D. 在我国不能折价发行

4. 企业发行的应付债券产生的利息调整,每期摊销时可能记入的账户

是（　　）。
　　A．"在建工程"　　　　　　　B．"长期待摊费用"
　　C．"财务费用"　　　　　　　D．"应收利息"
5．对营业税来说,工业企业在核算时可能借记的账户是(　　)。
　　A．"营业税金及附加"　　　　B．"销售费用"
　　C．"固定资产清理"　　　　　D．"其他业务成本"

三、判断题

1．完成等待期内的服务或达到规定业绩条件以后才可行权的以现金结算的股份支付,在等待期内的每个资产负债表日,依然按照账面价值计量。（　　）

2．企业发行的一般公司债券,应区别是面值发行,还是溢价或折价发行,分别记入"应付债券——公司债券(面值)、(溢价)或(折价)"账户。（　　）

3．企业发行的可转换公司债券,应当在初始确认时将其包含的负债成分和权益成分进行分拆,将所包含的负债成分面值,贷记"资本公积——其他资本公积"账户;按权益成分的公允价值,贷记"应付债券——可转换公司债券(面值)"账户。
（　　）

4．企业购买固定资产如果延期支付的购买价款超过了正常信用条件,实质上具有融资性质的,所购资产的成本应当以实际支付的总价款为基础确认。（　　）

5．借款费用应予资本化的借款范围既包括专门借款,也包括一般借款。
（　　）

四、核算题

1．资料:金欣股份有限公司为增值税一般纳税企业,适用的增值税税率为17%,存货收发采用实际成本核算。该企业2007年3月发生下列经济业务:

(1) 购入一批原材料,增值税专用发票上注明的原材料价款为200 000元,增值税额34 000元,货款已经支付,另购入材料过程中支付运费1 000元(进项税额按7%的扣除率计算),材料已经到达并验收入库。

(2) 收购农产品,实际支付的价款为10 000元,已验收入库,增值税抵扣税率为13%。

(3) 将一批原材料用于工程项目,材料成本为20 000元。

(4) 用原材料对外投资,该批原材料的成本为500 000元,双方协议价格为600 000元。

(5) 销售产品一批,销售价格为468 000元(含增值税),实际成本为360 000元,提货单和增值税专用发票已交购货方,货款尚未收到。该销售符合确认条件。

(6) 在建工程领用库存商品一批,实际成本为40 000元,计税价格为50 000元。

(7) 月末盘亏原材料一批,该批原材料的实际成本为 30 000 元,经查属于计量误差所致,经批准可以处理。

(8) 用银行存款交纳本月增值税 80 000 元。

(9) 月末将本月应交未交增值税转入未交增值税明细账户。

要求:根据上述业务编制会计分录。

2. 资料:金欣股份有限公司从银行取得长期借款 300 000 元,用于企业的经营周转,期限为 3 年,年利率为 10%,按复利计息,每年计息一次,到期一次还本付息,借入款项已存入开户银行。

要求:根据上述业务编制会计分录。

3. 资料:金欣股份有限公司委托向伟公司于 2004 年 6 月 1 日开始建造一座厂房,每月 1 日向施工方支付进度款。2005 年,该厂房支出数的年初余额及上半年各月发生额如表 8-4 所示。

表 8-4 　　　　金欣股份有限公司向施工方支付进度款情况

金额单位:万元

资产支出时间	资产支出金额	累计资产支出金额
2005 年年初余额	848	848
2005 年 1 月 1 日	300	1 148
2005 年 2 月 1 日	300	1 448
2005 年 3 月 1 日	600	2 048
2005 年 4 月 1 日	2 580	4 628
2005 年 5 月 1 日	120	4 748
2006 年 6 月 1 日	300	5 048

该公司为建造该厂房专门借入了两笔款项:

(1) 2004 年 4 月 10 日,与银行签订贷款协议,借入一笔 3 年期借款 2 200 万元,年利率 6%,贷款已到账。

(2) 2005 年 1 月 1 日,发行 5 年期公司债券,债券总面值 2 500 元,发行价为 2 568 万元,票面利率为 8%。债券利息按年支付,到期还本。假设债券发行过程中发生交易费 20 万元,用银行存款支付。

因资金周转问题,工程使用了一般借款,一般借款年利率为 3%。

厂房的实体建造于 2005 年 6 月 30 日完成并投入使用。公司当期没有其他处于购建过程中的固定资产。公司按季计算应予以资本化的借款费用金额,并对外提供半年报,每月按 30 天计。债券溢价与交易费用按实际利率法摊销(为简化处理,每年按实际利率法计算的摊销额在年内处理时按季度平均分摊。在有交易费用的情况下,应在"应付债券"账户下设置"利息费用"明细账户,反映溢价与交易费用净额的摊销与结余情况)。

该公司将暂时未动用的专门借款全部进行暂时性投资。假设公司的专门借款进行暂时性投资的月均收益率为0.6%。

要求:分别核算2005年度第一季度和第二季度应予以资本化的借款费用。

【延伸阅读】

预计负债的确认与计量

(一)因债务重组中产生的预计负债

在《企业会计准则第12号——债务重组》中,"修改其他债务条件"中"附或有条件的债务重组"方式,是指在债务重组协议中附或有应付条件的重组。这里的或有应付金额是指因未来某种事项出现而发生的支出,而未来事项的出现具有不确定性。对于债务人而言,因修改其他债务条件进行的债务重组,修改后的债务条款中如果涉及或有应付金额,同时这种"或有应付金额"符合或有事项中有关预计负债确认条件的,债务人应当将其确认为预计负债。债务重组的账面价值与重组后债务的入账价值和预计负债金额之和差额,作为债务重组的利得,计入营业外收入。

例:2007年10月,南方企业赊销给新华公司原材料一批,税合计100万元,后因新华公司发生财务困难无力偿还。2007年12月31日进行债务重组,南方企业免除新华公司债务本金10万元,余款1年后支付,利息按年支付,利率按5%计算。另外,如果新华公司2008年有盈利,利息则按年利率7%计算。

这里假设不考虑所附的或有条件,即新华公司2008年盈利的情况,债务人新华公司所作的账务处理非常简单:

2007年12月31日债务重组时:

借:应付账款		1 000 000
贷:应付账款——债务重组		900 000
营业外收入——债务重组利得		100 000

2008年12月31日偿还本息时:

借:应付账款——债务重组		900 000
财务费用(900 000×5%)		45 000
贷:银行存款		945 000

但由于双方约定新华公司2008年如果出现盈利,应当按7%的利率支付利息,即在5%的基础上另外还需额外支付2%的利息,对于额外支付的这笔或有应付金额,符合确认负债的条件,重组日应将其列作预计负债,债务人所作的账务处理如下:

2007年12月31日重组时:

借:应付账款	1 000 000
贷:应付账款——债务重组	900 000
预计负债——或有支出(900 000×2%)	18 000
营业外收入——债务重组利得	82 000

2008年12月31日偿还本息时:

借:应付账款——债务重组	900 000
财务费用	45 000
预计负债——或有支出	18 000
贷:银行存款	963 000

假定新华公司2008年没有出现盈利,即或有条件并未发生,"或有支出"未来并不需支付,债务人新华公司2008年12月31日偿还本息时所作的账务处理如下:

借:应付账款——债务重组	900 000
财务费用	45 000
贷:银行存款	945 000

同时应将先前的预计负债予以转销,记入"营业外收入——债务重组利得"账户:

借:预计负债——或有支出	18 000
贷:营业外收入——债务重组利得	18 000

此时不难看出,债务人新华公司经过重组所获得的债务重组利得依然是100 000元(82 000+18 000),但这样可能会产生一个问题,债务人100 000元的"营业外收入——债务重组利得"原应全部计入当期(2007年)损益,但此时由于"或有支出"而产生了预计负债,实质上却将其分别在两个会计期间(2007年和2008年)加以确认。

从税收管理的角度看,这样势必对当期所得税产生影响,即应纳税人当期所得税的交纳容易产生滞后现象。为谨防少数纳税人利用债务重组方式将当期债务重组利得恶意延期情况的发生,税务机关及有关部门应加强在债务重组中这部分利得与预计负债的管理,尤其是对杜绝上市公司借债务重组之机,编造虚假财务数据、人为操纵利润、欺诈广大投资者的行为发生，以维护证券市场的稳定具有一定的保证作用。

另外，在附或有条件的债务重组方式下，债务人同样应当在每期末，按照或有事项确认和计量要求，确认其最佳估计数，期末所确定的最佳估计数与原预计数的差额，计入当期的损益。对于债务重组中所产生的这种预计负债，期末对预计负债的复核应当参照"或有事项"中预计负债的处理方式，这里不再阐述。

（二）因长期股权投资时产生的预计负债

企业所拥有的长期股权投资，在采用权益法核算时，如果被投资单位发生亏损，投资企业应当分担其发生的亏损：首先，应减计长期股权投资的账面价值，如果没有其他长期权益，当账面价值不足以弥补所发生的损失时，其差额在备查簿中加以记录；其次，在将长期股权投资的账面价值（以及其他长期权益）减计为零的情况下，如果投资单位拥有长期应收款项，对于仍存在的投资损失，可继续冲减长期应收项目等的账面价值；最后，如果先前在投资合同或协议中约定，投资企业需要承担额外损失弥补等义务的，应按预计将承担的义务金额确认预计负债，计入当期投资损失。

之后，如果被投资单位实现盈利，应按上述相反的顺序减计备查登记的金额、已确认的预计负债、恢复其他长期权益及长期股权投资的账面价值，同时确认投资收益。

例：A单位拥有B单位40%的股权投资，对其产生重大影响。2008年9月，A单位长期股权投资的账面价值为1 000万元。由于B单位经营管理不善，2008年发生巨额亏损达3 000万元；A单位拥有对B单位的长期应收款50万元；投资时双方协议约定A单位承担额外损失弥补的义务。假定A单位在取得投资时，B单位各项可辨认资产、负债的公允价值与其账面价值相等，双方所采用的会计政策及会计期间相同。A单位进行的账务处理如下：

2008年被投资单位发生亏损时：

借：投资收益（30 000 000×40%）　　　　　　　　　　　　　　12 000 000

　　贷：长期股权投资——损益调整　　　　　　　　　　　　　　10 000 000

　　　　长期应收款　　　　　　　　　　　　　　　　　　　　　　500 000

　　　　预计负债　　　　　　　　　　　　　　　　　　　　　　1 500 000

2009年如果被投资单位实现盈利10 000 000元：

借：预计负债　　　　　　　　　　　　　　　　　　　　　　　1 500 000

　　长期应收款　　　　　　　　　　　　　　　　　　　　　　　500 000

　　长期股权投资——损益调整　　　　　　　　　　　　　　　2 000 000

　　贷：投资收益（10 000 000×40%）　　　　　　　　　　　　　4 000 000

这里对长期股权投资中被投资单位当期发生的亏损额以及投资企业所占的份额应正确把握,以确保准确判断当期应列示的金额,预防人为夸大投资损失。

(三)因固定资产弃置费用而产生的预计负债

在《企业会计准则第4号——固定资产》中规定,对于特殊行业的固定资产,如对环境有污染的核电站设施、化工厂等,在确定其初始成本时,应当考虑其弃置费用,即企业依照国家相关法律、法规的规定而承担的环境保护和生态恢复等义务所确定的支出。由于这部分支出的发生比较久远,考虑到货币时间价值,通常需要计算现值,将其计入固定资产的成本,同时确认为预计负债;然后在固定资产的使用寿命期内,按照预计负债的摊余成本和实际利率计算确定的利息费用,应当在发生时计入财务费用。

例:某公司经政府批准,2008年1月建造一大型化工厂,预计使用30年。使用期满后考虑到对当地环境造成的污染需要进行治理,预计发生弃置费用5 000万元。假定适用的折现率为8%。

2008年1月,计算弃置费用的现值,并将其确认为预计负债:

弃置费用的现值 = 50 000 000 × (P/F,8%,30) = 50 000 000 × 0.099 = 4 950 000(元)

借:固定资产　　　　　　　　　　　　　　　　　　　　　　　4 950 000
　　贷:预计负债　　　　　　　　　　　　　　　　　　　　　　　　4 950 000

2008年12月31日,应确认的利息费用396 000元(4 950 000×8%):

借:财务费用　　　　　　　　　　　　　　　　　　　　　　　　396 000
　　贷:预计负债　　　　　　　　　　　　　　　　　　　　　　　　396 000

自2009年开始,公司应按照预计负债的摊余成本和实际利率计算各期的财务费用(计算过程略);30年后(2038年1月)固定资产期满时,累计发生的财务费用与计入固定资产的成本之和(即预计负债的总额)为5 000万元。

同样,为避免企业利用当其确认的财务费用人为操纵利润情况的发生,有关部门应随时加强对计入财务费用的预计负债的管理,确保当期所确认的预计负债一定是期初的摊余成本和实际利率的乘积。

(四)因辞退职工而产生的预计负债

2006年,《企业会计准则第9号——职工薪酬》首次导入了职工薪酬——辞退福利的会计处理方法:企业在职工劳动合同到期之前解除与职工的劳动关系,或者为鼓励职工自愿接受裁减而提出给予补偿的建议,同时满足下列条件的。应当确认因解除与职工的劳动关系给予补偿而产生的预计负债,同时计入当期损益:

① 企业已经制定正式的解除劳动关系计划或提出自愿裁减建议,并即将实施。
② 企业不能单方面撤回解除劳动关系计划或裁减建议。因自愿接受裁减建议的

职工数量、补偿标准等不确定而产生的或有负债,应当按照《企业会计准则第13号——或有事项》披露。

因解除与职工的劳动关系给予补偿而确认的预计负债,在计入当期损益时所进行的账务处理如下(例略):

借:管理费用
　　贷:应付职工薪酬(预计负债)

需要指明的是,预计负债通常在报表中需要单独列报,但因辞退职工而确认的该项负债,在资产负债表中则合并在应付职工薪酬项目中,作为一种特例而存在。

资料来源:张海慧:《再谈预计负债的确认与计量》,《会计之友》2009年第5期。

第九章 收入、费用和利润

- 了解收入、费用和利润的概念及相互关系
- 掌握商品销售收入的确认原则、计量方法及不同销售方式下商品销售收入的账务处理
- 掌握完工百分比法确认提供劳务收入的账务处理
- 掌握费用的特点和主要内容
- 掌握净利润的概念和利润分配的账务处理

引　言

　　会计小刚要结婚了，他从多年的积蓄里拿出10万元，又在开公司的叔叔那里借来15万元（负债），买了一栋价值25万元的楼房（资产）。等他搬进新居后，未婚妻又送来8万元（所有者权益）用于装修和购置家具，因为这个家是他们的共同财产。这天他掰着手指头算：我的资产就是25万元的房子和8万元的装修及家具，共33万元，负债是15万元，所有者权益就出来了，即：33－15＝18万元。真正属于我的只有这18万元哪。结婚1个月后，小刚和妻子坐在一起总结家庭开支情况。俩人的工资总额是5 000元，小刚阿姨送给小两口1 000元红包，收入共计6 000元（收入）。1个月花掉水电费200元，电视、电话费300元，油、米、酱、醋、茶800元，妻子闯红灯被交警罚款50元，其他杂费500元，支出总计1 850元（费用）。本月剩余达4 150元（利润）。算得俩人挺高兴，小刚直夸妻子会过日子。对会计知识略知一二的小刚爸爸看到小两口的家庭开支情况后，提出以下几个问题：

（1）小刚阿姨送的1 000元钱是小家庭这个月的收入吗？
（2）小刚妻子闯红灯被交警罚款50元是这个月的费用吗？
（3）收入扣除费用后等于利润吗？

　　学习本章之后，你将得到这些问题的正确答案。

第一节 收 入

一、收入及其分类

（一）收入的概念与特征

收入是指企业在日常活动中形成的、会导致所有者权益增加的、与所有者投入资本无关的经济利益的总流入。根据收入的定义，收入具有以下特征。

1. 收入是企业在日常活动中形成的

日常活动是指企业为完成其经营目标所从事的经常性活动以及与之相关的活动。工业企业制造并销售产品、商业企业销售商品、安装公司提供安装服务、保险公司签发保单、咨询公司提供咨询服务、软件企业为客户开发软件、商业银行对外贷款、租赁公司出租资产等，均属于企业为完成其经营目标所从事的经常性活动，由此产生的经济利益的总流入构成收入。企业还有一些活动属于与经常性活动相关的活动，如工业企业出租固定资产、出售不需用的原材料等，由此产生的经济利益的总流入也构成收入。

除此之外，企业因非日常活动，如处置固定资产、无形资产等所形成的经济利益的流入不能确认为收入，而应当确认为营业外收入。

2. 收入可能表现为企业资产的增加，也可能表现为企业负债的减少，或者两者兼而有之

收入通常表现为资产的增加，如在确认销售商品、提供劳务收入的同时，银行存款、应收账款等也相应增加；收入有时也表现为负债的减少，如预收款项的销售业务，在提供商品或劳务并确认收入的同时，预收账款也相应减少；收入有时在增加资产的同时也减少负债，如预收款项的销售业务，预收款项不足时，提供商品或劳务并确认收入的同时，预收账款相应减少，同时补收不足的账款。

3. 收入会导致所有者权益的增加

根据"资产＝负债＋所有者权益"的会计恒等式，收入无论表现为资产的增加还是负债的减少，其实质是所有者权益的增加。不会导致所有者权益增加的经济利益的流入不符合收入的定义，不应确认为收入。例如，企业向银行借入款项，尽管也导致了企业经济利益的流入，但该流入并不导致所有者权益的增加，反而使企业承担了一项现时义务。企业对于因借入款项所导致的经济利益的增加，不应将其确认为收入，应当确认一项负债。

4. 收入是与所有者投入资本无关的经济利益的总流入

收入只包括企业自身活动获得的经济利益的流入，而所有者投入资本的增加

不应当确认为收入,应当将其直接确认为所有者权益。

收入与收益的辨析

分析:企业在会计期间内增加的除所有者投资以外的经济利益通常称为收益。收益包括收入和利得。在利润确定的过程中,需将成本费用划分为已消失和未消失部分。前者即与当期的收入相配比,而后者留在账上。

(二) 收入的分类

1. 按照收入来源分类

按照来源不同,收入包括销售商品收入、提供劳务收入和让渡资产使用权收入。

(1) 销售商品收入。它是指取得货币资产方式的商品销售及正常情况下的以商品抵偿债务的交易等取得的收入。

(2) 提供劳务收入。它是指企业通过提供劳务作业而取得的收入。如提供旅游、运输、饮食、广告、理发、照相、洗染、咨询、代理、培训、产品安装等所取得的收入。

(3) 让渡资产使用权收入。它是指企业通过让渡资产使用权而取得的收入。它包括因他人使用本企业现金而收取的利息收入,因他人使用本企业的无形资产而形成的使用费收入,因他人使用本企业固定资产、包装物而取得的租金收入等。

2. 按照企业经营业务的主次分类

按照企业经营业务的主次不同,收入可分为主营业务收入和其他业务收入。

(1) 主营业务收入也称基本业务收入。它是指企业为完成其经营目标而从事的日常活动中的主要活动所取得的收入,可根据企业营业执照上规定的主营业务范围确定。

(2) 其他业务收入。它是指企业主营业务以外的其他日常活动所取得的收入。如工业企业销售不需用的材料、提供非工业性劳务、技术转让、出租固定资产、出租包装物等所取得的收入。

二、销售商品收入

(一) 销售商品收入的确认和计量

销售商品取得的收入通常应在销售成立时予以确认,并按实际交易金额入账。

但在会计实务中,商品交易的方式多种多样,交易过程也纷繁复杂,判断一项销售商品的收入是否可以确认入账或应于何时确认入账时,需要考虑多种因素。企业会计准则规定,销售商品收入同时满足下列条件的,才能予以确认:① 企业已将商品所有权上的主要风险和报酬转移给购货方。② 企业既没有保留通常与所有权相联系的继续管理权,也没有对已售出的商品实施有效控制。③ 收入的金额能够可靠地计量。④ 相关的经济利益很可能流入企业。⑤ 相关的已发生或将发生的成本能够可靠地计量。

1. 企业已将商品所有权上的主要风险和报酬转移给购货方

企业已将商品所有权上的主要风险和报酬转移给购货方是指与商品所有权有关的主要风险和报酬同时转移给了购货方。与商品所有权有关的风险是指商品可能发生减值或毁损等形成的损失。与商品所有权有关的报酬是指商品价值增值或通过使用商品等形成的经济利益。如果与商品所有权有关的任何损失均不需要销货方承担,与商品所有权有关的任何经济利益也不归销货方所有,就意味着商品所有权上的主要风险和报酬转移给了购货方。

判断企业是否已将商品所有权上的主要风险和报酬转移给购货方,应当关注交易的实质而不是形式,并结合所有权凭证的转移或实物的交付进行判断。

(1) 通常情况下,转移商品所有权凭证或交付实物后,商品所有权上的所有风险和报酬随之转移,如大多数商品零售、预收款销售商品等。

(2) 某些情况下,转移商品所有权凭证或交付实物后,商品所有权上的主要风险和报酬随之转移,企业只保留商品所有权上的次要风险和报酬,如交款提货方式销售商品。在这种情形下,应当视同商品所有权上的所有风险和报酬已经转移给购货方。例如,金欣股份有限公司销售一批商品给海通公司。海通公司已根据金欣股份有限公司开出的发票账单支付了货款,取得了提货单,但金欣股份有限公司尚未将商品移交海通公司。在这种情况下,购买方支付货款并取得提货单,说明商品所有权上的主要风险和报酬已转移给购买方。虽然商品未实际交付,金欣股份有限公司仍可以认为商品所有权上的主要风险和报酬已经转移,应当确认收入。

(3) 某些情况下,转移商品所有权凭证或交付实物后,如果企业仍保留商品所有权上的主要风险和报酬,则该项交易就不是一项销售,也不能确认销售收入。企业可能在以下几种情况下仍保留商品所有权上的主要风险和报酬:

(a) 企业销售的商品在质量、品种、规格等方面不符合合同或协议要求,又未根据正常的保证条款予以弥补,因而仍负有责任。例如,金欣股份有限公司向海通公司销售一批商品,商品已经发出,有关发票账单也一并交付。海通公司收到商品后,发现商品质量没有达到合同约定的要求,立即根据合同有关条款与金欣股份有限公司交涉,要求在价格上给予一定折让,否则要求退货。但双方没有就此达成一致意见,金欣股份有限公司也未采取任何补救措施。在这种情况下,尽管商品已经发出,并将发票账单交付购买方,但由于双方在商品质量的弥补方面未达成一致意见,说明购买方尚未正式接受商品,商品可能被退回。因此,商品所有权上的主要风险和报酬仍保留在金欣股份有限公司,金欣股份有限公司此时不能确认收入。

(b) 企业销售商品的收入是否能够取得,取决于购买方是否已将商品销售出去。例如,企业采用支付手续费方式委托代销商品,委托方在发出商品时,商品所有权上的主要风险和报酬并未随之转移,因此,委托方此时通常不应确认销售商品收入,只有在收到受托方开出的代销清单时才能据以确认销售商品收入。

(c) 企业尚未完成售出商品的安装或检验工作,且安装或检验工作是销售合同或协议的重要组成部分。例如,制造企业销售一些大型设备,通常需要负责设备的安装调试。购买方通常只支付部分货款,其余货款要等设备安装调试完毕并经检验合格后才会支付。在这种情况下,设备的发出并不标明商品所有权上的主要风险和报酬已经转移,销货方在安装过程中可能会发生一些不确定因素,影响该项销售的实现,因此,只有在设备安装完毕并检验合格后才能确认收入。

(d) 销售合同或协议中规定了买方由于特定原因有权退货的条款,且企业又不能确定退货的可能性。例如,金欣股份有限公司为推销一种新产品,为产品规定了1个月的试用期,在试用期内如果对产品使用效果不满意,金欣股份有限公司将无条件给予退货。该种新产品已交付买方,货款已收讫。在这种情形下,金欣股份有限公司虽然已将产品售出,并已收到货款。但是由于是新产品,金欣股份有限公司无法估计退货的可能性,表明产品所有权上的主要风险和报酬并未随实物的交付而发生转移,不能确认收入。

2. 企业既没有保留通常与所有权相联系的继续管理权,也没有对已售出的商品实施有效控制

对售出商品实施继续管理或有效控制,既可能源于仍拥有商品的所有权,也可能与商品的所有权无关。如果商品售出后,企业仍保留与商品所有权相联系的继续管理权,或仍然对该商品实施有效控制,则说明此项销售交易没有完成,销售不能成立,不应确认销售商品收入。但如果企业对售出的商品实施继续管理与商品的所有权无关,则不受本条件的限制。例如,软件开发公司将成套软件售出后,接受客户委托对该成套软件进行日常管理,由于这种管理与成套软件的所有权无关,因此,软件销售成立。

3. 收入的金额能够可靠地计量

收入的金额能够可靠地计量,是收入确认的基本前提。企业在销售商品时,商品销售价格通常已经确定。但是,由于销售商品过程中某些不确定因素的影响,也有可能存在商品销售价格发生变动的情况。在这种情况下,新的商品销售价格未

确定前通常不应确认销售商品收入。

企业通常应按从购货方已收或应收的合同或协议价款确定收入金额。某些情况下,合同或协议价款延期收取具有融资性质时,企业应按应收的合同或协议价款的公允价值确定收入金额。已收或应收的价款不公允的,企业应按公允的交易价格确定收入金额。

4. 相关的经济利益很可能流入企业

相关的经济利益的流入就销售商品而言,是指销售商品的价款的收回。销售商品的价款能否收回,主要根据企业以前与买方交往的直接经验、政府有关政策、其他方面取得信息等进行判断分析。例如,如果企业根据以前与买方交往的直接经验判断买方信誉较差,或销售时得知买方在另一项交易中发生了巨额亏损,资金周转十分困难;或在出口商品时不能肯定进口企业所在国政府是否允许将款项汇出等,就可能会出现与销售商品相关的经济利益不能流入企业的情况,不应确认收入。

企业在判断一项销售价款收回的可能性时,应进行定性分析。当确定销售商品价款收回的可能性大于不能收回的可能性时,应认为价款能够收回。一般情况下,企业销售的商品若符合合同或协议要求,并已将发票账单交付买方,买方承诺付款,则表明满足本确认条件(相关的经济利益很可能流入企业)。

5. 相关的已发生或将发生的成本能够可靠地计量

通常情况下,销售商品相关的已发生或将发生的成本能够合理地估计,如库存商品的成本、商品运输费用等。如果库存商品是本企业生产的,其生产成本能够可靠计量;如果是外购的,购买成本能够可靠计量。有时,销售商品相关的已发生或将发生的成本不能够合理地估计,此时企业不应确认收入,已收到的价款应确认为负债。例如,金欣股份有限公司约定为海通公司生产并销售一台大型设备。金欣股份有限公司因生产能力不足,委托 C 公司生产某部件,C 公司发生的成本经金欣股份有限公司认定后按成本总额的 106% 支付款项。假定 A、C 公司均完成生产任务,并将设备交付海通公司验收合格。如果 C 公司未将成本资料交金欣股份有限公司认定,且金欣股份有限公司无法合理估计成本金额,则不满足本确认条件;如果 C 公司未将成本资料交金欣股份有限公司认定,但金欣股份有限公司能够合理估计成本金额,则视同满足本确认条件。

(二) 销售商品收入的账务处理

1. 通常情况下销售商品收入的账务处理

通常情况下,企业应按照从购货方已收或应收的合同或协议价款的公允价值确认销售商品收入的金额。确认销售商品收入时,企业应按已收或应收的合同或协议价款,加上应收取的增值税额,借记"银行存款"、"应收账款"、"应收票据"等账户;按确定的收入金额,贷记"主营业务收入"、"其他业务收入"等账户,按应收取的增值税额,贷记"应交税费——应交增值税(销项税额)"账户。同时或在资产负债表日,按应交纳的消费税、资源税、城市维护建设税、教育费附加等税费金额,借记"营业税金及附加"账户,贷记"应交税费——应交消费税(应交资源税、应交城市维护建设税等)"账户。

如果售出商品不符合收入确认条件,则不应确认收入;已经发出的商品,应当通过"发出商品"账户进行核算。

【例9-1】 金欣股份有限公司是一般纳税企业,向海通公司销售一批商品,共100件,生产成本为120 000元,货已按合同约定的品种和质量发出,增值税专用发票上注明的商品价款200 000元,增值税销项税额为34 000元。当日收到海通公司签发的不带息商业承兑汇票1张,该票据的期限为3个月。海通公司已收到商品,并验收入库。金欣股份有限公司的账务处理如下:

```
借:应收票据                                234 000
    贷:主营业务收入                            200 000
        应交税费——应交增值税(销项税额)         34 000
借:主营业务成本                              120 000
    贷:库存商品                                120 000
```

2. 销售商品涉及现金折扣、商业折扣、销售折让的处理

(1)现金折扣的处理。现金折扣是指债权人为鼓励债务人在规定的期限内付款而向债务人提供的债务扣除。企业销售商品涉及现金折扣的,应当按照扣除现金折扣前的金额确定销售商品收入金额。现金折扣在实际发生时计入财务费用。

【例9-2】 金欣股份有限公司在20×7年7月1日向海通公司销售一批商品100件,增值税专用发票上注明售价10 000元,增值税额1 700元。金欣股份有限公司为了及早收回货款在合同中承诺给予海通公司如下现金折扣条件:"2/10,1/20,n/30"。假定计算现金折扣时不考虑增值税,该销售商品收入符合确认条件,则金欣股份有限公司的账务处理如下:

7月1日,按销售总价确认收入:

```
借:应收账款                                 11 700
    贷:主营业务收入                             10 000
        应交税费——应交增值税(销项税额)          1 700
```

如海通公司在7月9日付清货款,则按销售总价10 000元的2%享受200元(10 000×2%)的现金折扣,实际付款11 500元(11 700-200)。

借：银行存款	11 500
财务费用	200
贷：应收账款		11 700

如海通公司在 7 月 18 日付清货款，则应享受的现金折扣为 100 元（10 000×1%），实际付款 11 600 元。

借：银行存款	11 600
财务费用	100
贷：应收账款		11 700

如海通公司在 7 月底才付清货款，则应按全额付款：

| 借：银行存款 | 11 700 |
| 贷：应收账款 | | 11 700 |

（2）商业折扣的处理。商业折扣是指企业为促进商品销售而在商品标价上给予的价格扣除。企业销售商品涉及商业折扣的，应当按照扣除商业折扣后的金额确定销售商品收入金额。

【例 9-3】 金欣股份有限公司向海通公司销售一批产品，按照价目表上标明的价格计算，其售价金额为 20 000 元。由于是批量销售，金欣股份有限公司给予 10% 的商业折扣，折扣金额为 2 000 元，适用的增值税税率为 17%。金欣股份有限公司的账务处理如下：

销售实现时：

借：应收账款	21 060
贷：主营业务收入		18 000
应交税费——应交增值税（销项税额）		3 060

收到价款时：

| 借：银行存款 | 21 060 |
| 贷：应收账款 | | 21 060 |

（3）销售折让的处理。销售折让是指企业因售出商品的质量不合格等原因而在售价上给予的减让。对于销售折让，企业应分别不同情况进行处理：① 尚未确认收入的售出商品发生销售折让的，商品发出时记入"发出商品"账户，发生折让时按折让后的金额确认收入，同时结转成本。② 已确认收入的售出商品发生销售折让的，通常应当在发生时冲减当期销售商品收入。③ 已确认收入的销售折让属于资产负债表日后事项的，应当按照有关资产负债表日后事项的相关规定进行处理。

【例 9-4】 20×7 年 12 月 15 日，金欣股份有限公司销售一批商品给海通公司,增值税专用发票上注售价 80 000 元,增值税额 13 600 元。20×7 年 12 月 28 日货到后买方发现商品质量不合格,要求在价格上给予 5% 的折让。经查明,海通公司提出的销售折让要求符合原合同的约定,金欣股份有限公司同意并办妥了有关手续。假定此前金欣股份有限公司已确认该批商品的销售收入,发生的销售折让允许扣减当期增值税额。金欣股份有限公司相关的账务处理如下:

20×7 年 12 月 15 日销售实现时:

　　借:应收账款　　　　　　　　　　　　　　　　　　　93 600
　　　贷:主营业务收入　　　　　　　　　　　　　　　　　　80 000
　　　　　应交税费——应交增值税(销项税额)　　　　　　　13 600

20×7 年 12 月 28 日发生销售折让时:

　　借:主营业务收入　　　　　　　　　　　　　　　　　　4 000
　　　　应交税费——应交增值税(销项税额)　　　　　　　　680
　　　贷:应收账款　　　　　　　　　　　　　　　　　　　4 680

实际收到款项时:

　　借:银行存款　　　　　　　　　　　　　　　　　　　88 920
　　　贷:应收账款　　　　　　　　　　　　　　　　　　88 920

【问题与思考 9-1】

A 公司上月销售一批钢材,共 20 吨,不含税金额 80 000 元,增值税额 13 600 元。本月对方公司发现质量上不符合要求,要求 A 公司给予 10% 的销售折让。请问:次月发生销售折让,应该如何办理增值税专用发票手续?

3. 销售退回的处理

销售退回是指企业售出的商品由于质量、品种不符合要求等原因而发生的退货。对于销售退回,企业应根据是否已确认销售收入,是否属于资产负债表日后事项等具体情况,分别进行会计处理。

(1)发生销售退回时,企业尚未确认销售收入。对于未确认收入的售出商品发生销售退回的,企业应按已记入"发出商品"账户的商品成本金额,借记"库存商品"账户,贷记"发出商品"账户。

【例 9-5】 金欣股份有限公司销售一批产品给海通公司,该产品生产成本为 65 000 元,销售价格为 80 000 元,增值税额 13 600 元。根据合同约定,海通公司对产品验收无误后再付款,金欣股份有限公司于海通公司付款时开具增值税专用发票。海通公司在验收产品时,发现产品质量存在问题,要求退货,金欣股份有限公司同意退货。金欣股份有限公司相关的账务处理如下:

发出产品时:

借：发出商品	65 000
贷：库存商品	65 000

海通公司要求退货，金欣股份有限公司同意退货：

借：库存商品	65 000
贷：发出商品	65 000

（2）发生销售退回时，企业已经确认销售收入。对于已确认收入的售出商品发生退回的，企业一般应在发生时冲减当期销售商品收入，同时冲减当期销售商品成本。如该项销售退回已发生现金折扣的，应同时调整相关财务费用的金额；如该项销售退回允许扣减增值税额的，应同时调整"应交税费——应交增值税（销项税额）"账户的相应金额。

【例 9-6】 金欣股份有限公司在 20×7 年 12 月 15 日向海通公司销售商品一批，售价 20 000 元，增值税额 3 400 元，成本 14 000 元。合同规定，现金折扣条件为"2/10,1/20,n/30"。买方于 12 月 24 日付款。20×8 年 5 月 17 日，该批产品因质量严重不合格被退回。假定计算现金折扣时不考虑增值税，销售退回不属于资产负债表日后事项。金欣股份有限公司的账务处理如下：

销售商品时：

借：应收账款	23 400
贷：主营业务收入	20 000
应交税费——应交增值税（销项税额）	3 400
借：主营业务成本	14 000
贷：库存商品	14 000

收回货款时：

借：银行存款	23 000
财务费用	400
贷：应收账款	23 400

销售退回时：

借：主营业务收入	20 000
应交税费——应交增值税（销项税额）	3 400
贷：银行存款	23 000
财务费用	400
借：库存商品	14 000
贷：主营业务成本	14 000

（3）发生的销售退回，属于资产负债表日后事项。已确认收入的售出商品发

生的销售退回属于资产负债表日后事项的,应当按照有关资产负债表日后事项的相关规定进行会计处理。

【例9-7】 承接[例9-6]资料,假定金欣股份有限公司在20×8年1月5日为海通公司办理退货,其他条件不变。另外,金欣股份有限公司按净利润的10%计提法定盈余公积,所得税税率为25%。

由于该项销售退回发生在年度资产负债表日至财务会计报告批准报出日之间,因此,属于资产负债表日后事项。金欣股份有限公司办理退货后,应作账务处理如下:

调整销售收入:

借:以前年度损益调整　　　　　　　　　　　　　　　20 000
　　应交税费——应交增值税(销项税额)　　　　　　　 3 400
　　　贷:其他应付款　　　　　　　　　　　　　　　　23 000
　　　　　以前年度损益调整　　　　　　　　　　　　　　 400
借:其他应付款　　　　　　　　　　　　　　　　　　23 000
　　贷:银行存款　　　　　　　　　　　　　　　　　　23 000

调整销售成本:

借:库存商品　　　　　　　　　　　　　　　　　　　14 000
　　贷:以前年度损益调整　　　　　　　　　　　　　　14 000

调整应交所得税:

　　　　　调整金额=(20 000-400-14 000)×25%=1 400(元)

借:应交税费——应交所得税　　　　　　　　　　　　 1 400
　　贷:以前年度损益调整　　　　　　　　　　　　　　 1 400

将"以前年度损益调整"账户余额转入"利润分配"账户。

　　　以前年度损益调整科目余额=20 000-400-14 000-1 400=4 200(元)

借:利润分配——未分配利润　　　　　　　　　　　　 4 200
　　贷:以前年度损益调整　　　　　　　　　　　　　　 4 200

调整利润分配:

　　　　　　　调整金额=4 200×10%=420(元)

借:盈余公积　　　　　　　　　　　　　　　　　　　　 420
　　贷:利润分配——未分配利润　　　　　　　　　　　　 420

调整20×7年度会计报表相关项目的数字(略)。

4. 特殊销售商品业务的处理

在会计实务中,可能遇到一些特殊的销售商品业务。在将销售商品收入和计量原则运用于特殊销售商品业务的会计处理时,应结合这些特殊销售商品交易的形式,并注重交易的实质。

(1) 代销商品。

(a) 视同买断方式。视同买断方式代销商品是指由委托方和受托方签订协议,委托方按协议价收取所代销的货款,实际售价可由受托方自定,实际售价与协议价之间的差额归受托方所有。如果委托方和受托方之间的协议明确标明,受托方在取得代销商品后,无论是否卖出和获利,均与委托方无关,那么,该代销商品交易,与委托方直接销售商品给受托方没有实质区别,在符合销售商品收入确认条件时,委托方应确认相关销售商品收入,见[例 9-8]。如果委托方和受托方之间的协议明确标明,将来受托方没有将商品售出时可将商品退回委托方,或受托方因代销商品出现亏损时可以要求委托方补偿,则委托方在交付商品时不确认收入,受托方也不作为购进商品处理。受托方将商品销售后,应按实际售价确认为销售收入,并向委托方开具代销清单。委托方收到代销清单时,再确认收入。具体做法见"拓展提高"。

【例 9-8】 金欣股份有限公司委托海通公司销售甲商品 100 件,协议价为 100 元/件,成本为 60 元/件。代销协议约定,海通公司在取得代销商品后,无论是否能够卖出或获利,均与金欣股份有限公司无关。甲商品已发出,货款尚未收到,金欣股份有限公司开出的增值税专用发票上注明的增值税额 1 700 元。

根据本例的资料,金欣股份有限公司采用视同买断方式委托海通公司代销商品。而且海通公司无论是否能够卖出或获利,均与金欣股份有限公司无关,因此,金欣股份有限公司应确认销售商品收入。金欣股份有限公司在发出商品时的账务处理如下:

借:应收账款　　　　　　　　　　　　　　　　　　　11 700
　　贷:主营业务收入　　　　　　　　　　　　　　　　10 000
　　　　应交税费——应交增值税(销项税额)　　　　　 1 700
借:主营业务成本　　　　　　　　　　　　　　　　　　6 000
　　贷:库存商品　　　　　　　　　　　　　　　　　　 6 000

拓展提高

金欣股份有限公司委托海通公司销售甲商品 100 件,协议价为 100 元/件,成本为 60 元/件,增值税税率为 17%。假定代销协议约定,将来海通公司没有将商品售出时可将商品退回金欣股份有限公司。金欣股份有限公司收到海通公司开来的代销清单时开具增值税专用发票,发票上注明:售价 10 000 元,增值税额 1 700 元。海通公司实际销售时开具的增值税专用发票上注明:售价 12 000 元,增值税额为 2 040 元。

根据本资料,金欣股份有限公司采用视同买断方式委托海通公司代销商品。而且将来海通公司没有将商品售出时可将商品退回金欣股份有限公司。因此,金欣股份有限公司在发出商品时的账务处理如下:

金欣股份有限公司将甲商品交付海通公司时:

  借:委托代销商品   6 000
   贷:库存商品   6 000

金欣股份有限公司收到代销清单时:

  借:应收账款   11 700
   贷:主营业务收入   10 000
     应交税费——应交增值税(销项税额)   1 700
  借:主营业务成本   6 000
   贷:委托代销商品   6 000

收到海通公司汇来的货款11 700元时:

  借:银行存款   11 700
   贷:应收账款   11 700

海通公司的账务处理如下:

收到甲商品时:

  借:受托代销商品   10 000
   贷:受托代销商品款   10 000

实际销售时:

  借:银行存款   14 040
   贷:主营业务收入   12 000
     应交税费——应交增值税(销项税额)   2 040
  借:主营业务成本   10 000
   贷:受托代销商品   10 000
  借:受托代销商品款   10 000
   贷:应付账款   10 000

按合同协议价将款项付给金欣股份有限公司时:

  借:应付账款   10 000
    应交税费——应交增值税(进项税额)   1 700
   贷:银行存款   11 700

(b) 收取手续费。收取手续费代销商品是指受托方根据所代销的商品数量向委托方收取手续费的一种代销方式。这种代销方式,受托方通常应按照委托方规定的价格销售,不得自行改变售价。委托方向受托方交付商品时,一般不满足销售商品收入的确认条件,因此,应将发出的代销商品转入"委托代销商品"账户单独核算,收到受托方销售商品后开具的代销清单时,根据代销清单所列的已售商品金额确认收入,应付的代销手续费计入当期销售费用。受托方对收到的代销商品不能作为购入的商品处理,应设置"受托代销商品"账户单独核算,在商品销售后,按合同或协议约定的方法计算确定手续费,作为劳务收入确认入账。

【例9-9】 金欣股份有限公司委托海通公司销售甲商品200件,商品已发出,成本为70元/件。假定代销合同规定,海通公司应按每件100元售给顾客,金欣股份有限公司按售价的10%支付海通公司手续费。海通公司对外实际销售100件,开出的增值税专用发票上注明的销售价款为10 000元,增值税额1 700元,款项已经收到。金欣股份有限公司收到海通公司开具的代销清单时,向海通公司开具一张相同金额的增值税额发票。假定金欣股份有限公司发出商品时纳税义务尚未发生,不考虑其他相关税费。

金欣股份有限公司的账务处理如下:

金欣股份有限公司将甲商品交付海通公司时:

借:委托代销商品　　　　　　　　　　　　　　　　14 000
　　贷:库存商品　　　　　　　　　　　　　　　　　　14 000

金欣股份有限公司收到代销清单时:

借:应收账款　　　　　　　　　　　　　　　　　　11 700
　　贷:主营业务收入　　　　　　　　　　　　　　　　10 000
　　　　应交税费——应交增值税(销项税额)　　　　　1 700
借:主营业务成本　　　　　　　　　　　　　　　　　7 000
　　贷:委托代销商品　　　　　　　　　　　　　　　　7 000
借:销售费用　　　　　　　　　　　　　　　　　　　1 000
　　贷:应收账款　　　　　　　　　　　　　　　　　　1 000

收到海通公司支付的货款净额10 700元(11 700-1 000)时:

借:银行存款　　　　　　　　　　　　　　　　　　10 700
　　贷:应收账款　　　　　　　　　　　　　　　　　　10 700

海通公司的账务处理如下:

收到甲商品时:

借:受托代销商品　　　　　　　　　　　　　　　　20 000
　　贷:受托代销商品款　　　　　　　　　　　　　　　20 000

实际销售时:

借:银行存款 11 700
　贷:应付账款 10 000
　　　应交税费——应交增值税(销项税额) 1 700

收到金欣股份有限公司开出的增值税专用发票时:

借:应交税费——应交增值税(进项税额) 1 700
　贷:应付账款 1 700
借:受托代销商品款 10 000
　贷:受托代销商品 10 000

支付金欣股份有限公司货款并计算代销手续费时:

借:应付账款 11 700
　贷:银行存款 10 700
　　　主营业务收入 1 000

(2) 分期收款销售商品。企业销售商品,有时会采取分期收款的方式,如分期收款发出商品,即商品已经交付,货款分期收回(通常为超过 3 年)。如果延期收取的货款具有融资性质,其实质是企业向购货方提供信贷时,企业应当按照应收的合同或协议价款的公允价值确定收入金额。应收的合同或协议价款的公允价值,通常应当按照其未来现金流量现值或商品现销价格计算确定。

应收的合同或协议价款与其公允价值之间的差额,应当在合同或协议期间内,按照应收款项的摊余成本和实际利率计算确定的金额进行摊销,作为财务费用的抵减处理。其中,实际利率是指具有类似信用等级的企业发行类似工具的现时利率,或者将应收的合同或协议价款折现为商品现销价格时的折现率等。

应收的合同或协议价款与其公允价值之间的差额,按照实际利率法摊销与直线法摊销结果相差不大的,也可以采用直线法进行摊销。

【例 9-10】 20×4 年 1 月 1 日,A 公司采用分期收款方式向海通公司销售一套大型设备,设备的生产成本为 2 050 万元。合同约定的销售价格为 3 000 万元(假定不考虑增值税),价款分 5 次于每年 12 月 31 日等额收取。在现销方式下,该大型设备的销售价格为 2 400 万元。

现用插值法计算折现率及未实现融资收益。

根据本例资料,金欣股份有限公司应确认的销售商品收入金额为 2 400 万元。

根据公式:未来 5 年收款额的现值等于现销方式下应收款项金额,可以得出:

$$600 \times (P/A, r, 5) = 2\,400(元)$$

当 $r=7\%$ 时,$600\times 4.1002=2\,460.12$(元)
当 $r=8\%$ 时,$600\times 3.9927=2\,395.62$(元)
因此,r 介于 7% 与 8% 之间,用插值法计算可得 $r=7.93\%$。

$$未实现融资收益=30\,000\,000-24\,000\,000=600(万元)$$

现采用实际利率法分配未实现融资利益。

金欣股份有限公司采用实际利率法编制的未实现融资收益分配表,如表 9-1 所示。

表 9-1　　　　　　　　未实现融资收益分配表
（实际利率法）　　　　　　金额单位：万元

日　期 (t)	未收本金 $A_t=A_{t-1}-C_{t-1}$	财务费用 $B=A\times 7.93\%$	本金收现 $C=D-B$	总收现 D
20×4 年 1 月 1 日	2 400.00	0	0	0
20×4 年 12 月 31 日	2 400.00	190.32	409.68	600
20×5 年 12 月 31 日	1 990.32	157.83	442.17	600
20×6 年 12 月 31 日	1 548.15	122.77	477.23	600
20×7 年 12 月 31 日	1 070.92	84.92	515.08	600
20×8 年 12 月 31 日	555.84	44.16 *	555.84	600
总　额		600.00	2 400.00	3 000

* 尾数调整。

20×4 年 1 月 1 日销售实现时：

借：长期应收款　　　　　　　　　　　　　　　　　30 000 000
　　贷：主营业务收入　　　　　　　　　　　　　　24 000 000
　　　　未实现融资收益　　　　　　　　　　　　　 6 000 000

借：主营业务成本　　　　　　　　　　　　　　　　20 500 000
　　贷：库存商品　　　　　　　　　　　　　　　　20 500 000

20×4 年 12 月 31 日收到第一笔分期应收款时：

借：银行存款　　　　　　　　　　　　　　　　　　 6 000 000
　　贷：长期应收款　　　　　　　　　　　　　　　 6 000 000

以后各期收取分期应收款的会计分录同上,此处略。

20×4 年 12 月 31 日分配未实现融资收益时：

借：未实现融资收益	1 903 200
贷：财务费用	1 903 200

20×5年12月31日分配未实现融资收益时：

借：未实现融资收益	1 578 300
贷：财务费用	1 578 300

以后各期分配未实现融资收益的会计分录可以以此类推，此略。

（3）售后回购。售后回购是指销售商品的同时，销售方同意日后再将同类或类似的商品购回的销售方式。通常情况下，售后回购交易属于融资交易，在该方式下，所售商品所有权上的主要风险和报酬实质上并没有从销售方转移到购货方，因而销售方不应当确认收入，收到的款项应确认为负债；回购价格大于原销售价格的差额，企业应当在回购期间按期计提利息，计入财务费用。

企业在发出商品后，按实际收到的价款，借记"银行存款"账户；按增值税专用发票上注明的增值税额，贷记"应交税费——应交增值税（销项税额）"账户；按其差额，贷记"其他应付款"账户。回购期间计提利息费用时，借记"财务费用"账户，贷记"其他应付款"账户。重新购回该项商品时，按约定的商品回购价格，借记"其他应付款"账户；按增值税专用发票上注明的增值税额，借记"应交税费——应交增值税（进项税额）"账户；按实际支付的金额，贷记"银行存款"账户。

【例9-11】 20×7年3月1日，金欣股份有限公司与海通公司签订一项售后回购协议，金欣股份有限公司向海通公司销售商品一批，开出的增值税专用发票上注明的销售价款为400 000元，增值税额为68 000元。该批商品的成本为280 000元，商品已经发出，款项已收到。协议约定，金欣股份有限公司应于20×7年7月31日将所售商品购回，回购价格为450 000元（不含增值税）。

金欣股份有限公司的账务处理如下：

20×7年3月1日发出商品时：

借：银行存款	468 000
贷：其他应付款	400 000
应交税费——应交增值税（销项税额）	68 000
借：发出商品	280 000
贷：库存商品	280 000

20×7年3月31日，金欣股份有限公司计提利息费用：

每月计提的利息费用＝50 000÷5＝10 000（元）

借：财务费用	10 000
贷：其他应付款	10 000

以后各月月末计提利息费用的会计处理同上,此处略。

20×7年7月31日,金欣股份有限公司按约定的价格购回该批商品。假定商品已验收入库,款项已经支付。

借:库存商品　　　　　　　　　　　　　　　　　　　280 000
　　贷:发出商品　　　　　　　　　　　　　　　　　　280 000
借:其他应付款　　　　　　　　　　　　　　　　　　450 000
　　应交税费——应交增值税(进项税额)　　　　　　76 500
　　贷:银行存款　　　　　　　　　　　　　　　　　526 500

(4) 附有销售退回条件的商品销售。附有销售退回条件的商品销售是指购买方依照有关协议有权退货的销售方式。在这种销售方式下,如果企业根据以往经验能够合理估计退货可能性,则应确认收入,并确认与退货相关的负债;如果企业不能合理估计退货可能性的,则应在售出商品退货期满时确认收入。

【例9-12】 20×7年1月1日,金欣股份有限公司向海通公司赊销商品3 000件,单位销售价格为300元,单位成本为200元,开出的增值税专用发票上注明的销售价格为900 000元,增值税额为153 000元。根据协议约定,海通公司应于2月1日之前支付货款,在6月30日之前有权退还未售出的商品。商品已经发出,款项尚未收到。假定金欣股份有限公司根据过去的经验,估计该批商品退货率约为10%,商品发出时纳税义务已经发生,实际发生销售退回时有关的增值税额允许冲减。

金欣股份有限公司的账务处理如下:

1月1日发出商品时:

借:应收账款　　　　　　　　　　　　　　　　　　1 053 000
　　贷:主营业务收入　　　　　　　　　　　　　　　900 000
　　　　应交税费——应交增值税(销项税额)　　　　153 000
借:主营业务成本　　　　　　　　　　　　　　　　　600 000
　　贷:库存商品　　　　　　　　　　　　　　　　　600 000

1月31日确认估计的销售退回:

借:主营业务收入　　　　　　　　　　　　　　　　　90 000
　　贷:主营业务成本　　　　　　　　　　　　　　　60 000
　　　　其他应付款　　　　　　　　　　　　　　　　30 000

2月1日前收到货款时:

借:银行存款　　　　　　　　　　　　　　　　　　1 053 000
　　贷:应收账款　　　　　　　　　　　　　　　　　1 053 000

6月30日发生销售退回,实际退货量为300件,款项已经支付:

借:库存商品	60 000
应交税费——应交增值税(销项税额)	15 300
其他应付款	30 000
贷:银行存款	105 300

如果实际退货量为200件时:

借:库存商品	40 000
应交税费——应交增值税(销项税额)	10 200
主营业务成本	20 000
其他应付款	30 000
贷:银行存款	70 200
主营业务收入	30 000

如果实际退货量为500件时:

借:库存商品	100 000
应交税费——应交增值税(销项税额)	25 500
主营业务收入	30 000
其他应付款	30 000
贷:主营业务成本	20 000
银行存款	165 500

【例9-13】 承接[例9-12],假定金欣股份有限公司无法合理估计退货的可能性,则发出商品时不确认收入。另外,商品发出时纳税义务已经发生。

20×7年1月1日,金欣股份有限公司向海通公司赊销商品3 000件,单位销售价格为300元,单位成本为200元,开出的增值税专用发票上注明的销售价格为900 000元,增值税额为153 000元。根据协议约定,海通公司应于2月1日之前支付货款,在6月30日之前有权退还未售出的商品。商品已经发出,款项尚未收到。假定金欣股份有限公司无法合理估计退货的可能性;商品发出时纳税义务已经发生,实际发生销售退回时有关的增值税额允许冲减。

金欣股份有限公司的账务处理如下:

1月1日发出商品时:

借:应收账款	153 000
贷:应交税费——应交增值税(销项税额)	153 000
借:发出商品	600 000
贷:库存商品	600 000

2月1日前收到货款时：

借：银行存款	1 053 000	
贷：预收账款		900 000
应收账款		153 000

6月30日退货期满没有发生退货时：

借：预收账款	900 000	
贷：主营业务收入		900 000
借：主营业务成本	600 000	
贷：发出商品		600 000

6月30日退货期满，发生500件退货时：

借：预收账款	900 000	
应交税费——应交增值税（销项税额）	25 500	
贷：主营业务收入		750 000
银行存款		175 500
借：主营业务成本	500 000	
库存商品	100 000	
贷：发出商品		600 000

三、提供劳务收入

企业应当根据在资产负债表日提供劳务交易的结果能否可靠估计，分别采用不同的方法予以确认和计量。

（一）提供劳务交易结果能够可靠估计

在资产负债表日，企业提供劳务交易的结果能够可靠地估计，则应当采用完工百分比法确认提供的劳务收入。

1. 提供劳务交易结果能够可靠估计的条件

提供劳务交易的结果能够可靠估计是指同时满足下列条件：

（1）收入的金额能够可靠地计量。企业应当按照从接受劳务方已收或应收的合同或协议价款确定提供劳务收入总额。随着劳务的不断提供，可能会根据实际情况增加或减少已收或应收的合同或协议价款，此时应及时调整提供劳务收入总额。

（2）相关的经济利益很可能流入企业。企业在确定提供劳务收入总额能否收回时，应当结合接受劳务方的信誉、以前的经验以及双方就结算方式和期限达成的合同或协议条款等因素，综合进行判断。通常情况下，企业提供的劳务符合合同或协议要求,接受劳务方承诺付款,就表明提供劳务收入总额收回的可能性大于不能收回的可能性。如果企业判断提供劳务收入总额不是很可能流入企业,应当提供确凿证据。

(3) 交易的完工进度能够可靠地确定。企业确定提供劳务交易的完工进度,可以选用下列方法:① 已完工作的测量。② 已经提供的劳务占应提供劳务总量的比例。③ 已经发生的成本占估计总成本的比例。

(4) 交易中已发生和将发生的成本能够可靠地计量。企业应当准确地提供每期发生的成本,并对完成剩余劳务将要发生的成本作出科学、合理的估计。随着劳务的不断提供或外部情况的不断变化,应随时对将要发生的成本进行修订。

2. 完工百分比法的具体应用

完工百分比法是指按照提供劳务交易的完工进度确认收入和费用的方法。企业应当在资产负债表日按照提供劳务收入总额乘以完工进度扣除以前会计期间累计已确认提供劳务收入后的金额,确认当期提供劳务收入;同时,按照提供劳务估计总成本乘以完工进度扣除以前会计期间累计已确认劳务成本后的金额,结转当期劳务成本。即:

本期确认的收入=劳务总收入×本期末止劳务的完工进度-以前期间已确认的收入

本期确认的费用=劳务总成本×本期末止劳务的完工进度-以前期间已确认的费用

在采用完工百分比法确认提供劳务收入的情况下,企业应按计算确定的提供劳务收入金额,借记"应收账款"、"银行存款"等账户,贷记"主营业务收入"账户。结转提供劳务成本时,借记"主营业务成本"账户,贷记"劳务成本"账户。

【例 9-14】 20×7 年 11 月 20 日,金欣股份有限公司签订了一项设备安装劳务合同。根据合同规定,设备安装费总额为 300 000 元,接受劳务方预付款项的 50%,剩下的 50%待安装完工验收合格后支付。20×7 年 12 月 1 日,金欣股份有限公司开始进行设备安装,并收到预收安装费。至 20×7 年 12 月 31 日,实际发生安装费用为 120 000 元(假定均为安装人员薪酬),估计还会发生安装费用 80 000 元。假定金欣股份有限公司按实际发生的成本占估计总成本的比例确定劳务的完工进度。金欣股份有限公司的账务处理如下:

20×7 年 12 月 1 日预收 50%的安装费用时:

  借:银行存款   150 000
    贷:预收账款   150 000

实际发生劳务成本时:

  借:劳务成本   120 000
    贷:应付职工薪酬   120 000

20×7年12月31日确认劳务收入并结转劳务成本时：

$$\frac{实际发生的成本占}{估计总成本的比例}=120\,000\div(120\,000+80\,000)\times100\%=60\%$$

应确认的劳务收入 = 300 000×60% - 0 = 180 000(元)

应结转的劳务成本 = (120 000+80 000)×60% - 0 = 120 000(元)

借：预收账款　　　　　　　　　　　　　　　　　　　180 000
　　贷：主营业务收入　　　　　　　　　　　　　　　　　180 000
借：主营业务成本　　　　　　　　　　　　　　　　　　120 000
　　贷：劳务成本　　　　　　　　　　　　　　　　　　　120 000

(二) 提供劳务交易结果不能可靠估计

在资产负债表日，如果提供劳务交易结果不能够可靠估计的，企业应正确预计已经发生的劳务成本能够得到补偿和不能得到补偿，分别进行会计处理：

(1) 如果已经发生的劳务成本预计全部能够得到补偿的，应按已收或预计能够收回的金额确认提供劳务收入，并结转已经发生的劳务成本。

(2) 如果已经发生的劳务成本预计部分能够得到补偿的，应按能够得到补偿的劳务成本金额确认提供劳务收入，并结转已经发生的劳务成本。

(3) 如果已经发生的劳务成本预计全部不能得到补偿的，应将已经发生的劳务成本计入当期损益，不确认提供劳务收入。

【例9-15】 金欣股份有限公司于20×7年12月20日接受长江公司委托，为其培训一批学员，培训期为4个月，20×8年1月1日开学。协议约定，长江公司应向金欣股份有限公司支付的培训费总额为100 000元，分4次等额支付：第一次在开学时预付，第二次在20×8年2月1日支付，第三次在20×8年3月1日支付，第四次在培训结束时支付。

20×8年1月1日，长江公司预付第一次培训费。20×8年1月31日，金欣股份有限公司发生培训成本30 000元(假定均为培训人员薪酬)。20×8年2月1日，金欣股份有限公司得知长江公司经营发生困难，后两次培训费能否收回难以确定。金欣股份有限公司的账务处理如下：

20×8年1月1日收到长江公司预付的培训费：

借：银行存款　　　　　　　　　　　　　　　　　　　 25 000
　　贷：预收账款　　　　　　　　　　　　　　　　　　　 25 000

实际发生培训支出30 000元：

借：劳务成本　　　　　　　　　　　　　　　　　　　　30 000
　　贷：应付职工薪酬　　　　　　　　　　　　　　　　　30 000

20×8年1月31日确认劳务收入并结转劳务成本：

借：预收账款　　　　　　　　　　　　　　　　　　　　25 000
　　贷：主营业务收入　　　　　　　　　　　　　　　　　　　25 000

借：主营业务成本　　　　　　　　　　　　　　　　　　　30 000
　　贷：劳务成本　　　　　　　　　　　　　　　　　　　　　30 000

（三）同时销售商品和提供劳务交易

企业与其他企业签订的合同或协议如果既包括销售商品又包括提供劳务，企业应当区分不同情况进行账务处理如下：

（1）销售商品部分和提供劳务部分能够区分且能够单独计量的，应当分别核算销售商品部分和提供劳务部分，将销售商品的部分作为销售商品处理，将提供劳务的部分作为提供劳务处理。

（2）销售商品部分和提供劳务部分不能够区分，或虽能区分但不能够单独计量的，应当将销售商品部分和提供劳务部分全部作为销售商品部分进行账务处理。

（四）特殊劳务收入

企业提供的劳务种类繁多，不同的劳务，其提供方式以及收费方式各有特点。下列提供劳务满足收入确认条件的，应按规定确认收入：

（1）安装费，在资产负债表日根据安装的完工进度确认为收入。如果安装工作是商品销售附带条件的，则安装费通常应在确认商品销售实现时确认为收入。

（2）宣传媒介的收费，在相关的广告或商业行为开始出现于公众面前时予以确认收入。广告的制造费，通常应在资产负债表日根据广告的完工进度确认为收入。

（3）为特定客户开发软件的收费，在资产负债表日根据开发的完工进度确认为收入。

（4）包括在商品售价内可区分的服务费，在提供服务的期间内分期确认为收入。

（5）艺术表演、招待宴会和其他特殊活动的收费，在相关活动发生时确认为收入。收费涉及几项活动的，预收的款项应合理分配给每项活动，分别确认为收入。

（6）申请入会费和会员费只允许取得会籍，所有其他服务或商品都要另行收费的，通常应在款项收回不存在重大不确定性时确认为收入。申请入会费和会员费能使会员在会员期内得到各种服务或出版物，或者以低于非会员的价格销售商品或提供服务的，通常应在整个受益期内分期确认为收入。

（7）属于提供设备和其他有形资产的特许权费，通常应在交付资产或转移资产所有权时确认为收入；属于提供初始及后续服务的特许权费，通常应在提供服务时确认为收入。

(8) 长期为客户提供重复劳务收取的劳务费,通常应在相关劳务活动发生时确认为收入。

四、让渡资产使用权收入

企业的有些交易活动,并不转移资产的所有权,仅让渡资产的使用权,由此产生的收入,即为让渡资产使用权收入,主要包括利息收入和使用费收入。

利息收入主要是指金融企业对外贷款形成的利息收入,以及同业之间发生往来形成的利息收入;使用费收入主要是指企业转让无形资产(如商标权、专利权、专营权、软件、版权)等资产的使用权形成的使用费收入。让渡资产使用权收入同时满足下列条件的,才能予以确认:① 相关的经济利益很可能流入企业。企业在确定让渡资产使用权收入金额能否收回时,应当根据对方企业的信誉和生产经营情况,双方就结算方式和期限等达成的合同或协议条款等因素,综合进行判断。如果企业估计款项收回的可能性不大,就不应确认收入。② 收入的金额能够可靠地计量。收入的金额能够可靠地计量是指让渡资产使用权收入的金额能够合理地估计。如果让渡资产使用权收入的金额不能够合理地估计,则不应确认收入。

企业应当区别下列情况分别确定让渡资产使用权收入的金额:

(1) 利息收入金额。企业应在资产负债表日,按照他人使用本企业货币资金的时间和实际利率计算确定利息收入金额。按计算确定的利息收入金额,借记"应收利息"、"银行存款"等账户,贷记"利息收入"、"其他业务收入"等账户。

(2) 使用费收入金额。使用费收入应当按照有关合同或协议约定的收费时间和方法计算确定。不同的使用费收入,收费时间和方法各不相同:一次性收取一笔固定金额的,如一次收取10年的场地使用费;有在合同或协议规定的有效期内分期等额收取的,如合同或协议规定在使用期内每期收取一笔固定的金额;还有的分期不等额收取的,如合同或协议规定按资产使用方每期销售额的百分比收取使用费等。如果合同或协议规定一次性收取使用费,且不提供后续服务的,应当视同销售该项资产一次性确认收入;提供后续服务的,应在合同或协议规定的有效期内分期确认收入。如果合同或协议规定分期收取使用费的,应按合同或协议规定的收款时间和金额或规定的收费方法计算确定的金额分期确认收入。

五、建造合同收入

建筑安装企业和生产飞机、船舶、大型机械设备等产品的工业制造企业,其生产活动、经营方式有其特殊性:这类企业所建造或生产的产品通常体积巨大,建造或生产产品的周期比较长,往往跨越一个或几个会计期间,且所建造或生产的产品的价值比较大。因此,这类企业在开始建造或生产产品之前,通常要与产品的需求方(即客户)签订建造合同,其收入的确认也不同于一般的商品销售。

(一)建造合同的概念及类型

建造合同是指为建造一项或数项在设计、技术、功能、最终用途等方面密切相关的资产而订立的合同。

建造合同分为固定造价合同和成本加成合同两大类。

固定造价合同是指按照固定的合同价或固定单价确定工程价款的建造合同。例如,建筑承包商与某单位签订一项建造办公楼的合同,合同规定办公楼的总造价为2 000万元。

成本加成合同是指以合同约定或其他方式议定的成本为基础,加上该成本的一定比例或定额费用确定工程价款的建造合同。例如,造船厂与某单位签订一项建造船舶的合同,合同规定合同总价款以建造该船舶的实际成本为基础,加收8%计取。

(二)合同收入与合同成本的基本内容

1. 合同收入的组成

合同收入包括合同规定的初始收入和因合同变更、索赔、奖励等形成的收入。

(1)合同规定的初始收入是指建造承包商与客户签订的合同中最初商定的合同总金额。它构成了合同收入的基本内容。

(2)合同变更、索赔、奖励等形成的收入是指在执行合同过程中由于合同变更、索赔、奖励等原因而形成的收入。其中:① 合同变更是指客户为改变合同规定的作业内容而提出的调整。因合同变更而形成的收入,应当在客户能够认可因变更而增加的收入,并且收入能够可靠地计量时予以确认。② 索赔款是指因客户或第三方的原因造成的、向客户或第三方收取的、用以补偿不包括在合同造价中成本的款项。因索赔而形成的收入,应当根据谈判情况,预计对方能够同意该项索赔,并且对方同意接受的金额能够可靠地计量时予以确认。③ 奖励款是指工程达到或超过规定的标准,客户同意支付的额外款项。因奖励形成的收入,应当根据合同目前完成情况,在足以判断工程进度和工程质量能够达到或超过规定的标准,并且奖励金额能够可靠地计量时予以确认。

2. 合同成本的组成

合同成本包括从合同签订开始至合同完成止所发生的、与执行合同有关的直接费用和间接费用。

(1)直接费用是指为完成合同所发生的、可以直接计入合同成本核算对象的各项费用支出,包括耗用的材料费用、耗用的人工费用、耗用的机械使用费和其他直接费用。

(a) 耗用的材料费用。它主要包括施工生产过程中耗用的构成工程实体或有助于形成工程实体的原材料、辅助材料、构配件、零件、半成品的成本和周转材料的摊销及租赁费用。周转材料是指企业在施工过程中能多次使用并可基本保持原来的实物形态而逐渐转移其价值的材料,如施工中使用的模板、挡板和脚手架等。

(b) 耗用的人工费用。它主要包括从事工程建造的人员的工资、奖金、福利费、工资性质的津贴等支出。

(c) 耗用的机械使用费。它主要包括施工生产过程中使用自有施工机械所发生的机械使用费、租用外单位施工机械支付的租赁费和施工机械的安装、拆卸和进出场费。

(d) 其他直接费用。它是指在施工过程中发生的除上述三项直接费用以外的其他可以直接计入合同成本核算对象的费用。它主要包括有关的设计和技术援助费用、施工现场材料的二次搬运费、生产工具和用具使用费、检验试验费、工程定位复测费、工程点交费用、场地清理费用等。

(2) 间接费用是指为完成合同所发生的、不宜直接归属于合同成本核算对象而应分配计入有关合同成本核算对象的各项费用支出。它主要包括临时设施摊销费用和企业下属的施工、生产单位管理人员薪酬、劳动保护费、固定资产折旧费及修理费、物料消耗、取暖费、水电费、办公费、差旅费、财产保险费、工程保修费、排污费等。其中,施工单位是指建筑安装企业的施工队、项目经理部等;生产单位是指船舶、飞机、大型机械设备等制造企业的生产车间。

直接费用在发生时能够分清受益对象,所以在发生时直接计入合同成本。间接费用在发生时一般不宜直接归属于受益对象,而应在资产负债表日按照系统、合理的方法分摊计入合同成本。与合同有关的零星收益,如完成合同后处置残余物资取得的收益,应冲减合同成本。

企业行政管理部门为组织和管理生产经营活动所发生的管理费用、船舶等制造企业的销售费用、企业为建造合同借入款项所发生的、不符合资本化条件的借款费用,应在发生时计入当期损益,不计入建造合同成本。

(三) 合同收入与合同费用的确认与计量

建造合同收入与合同费用的确认与计量,应当在资产负债表日根据建造合同的结果能否可靠估计,分别采用不同的方法进行会计处理。

1. 结果能够可靠估计的建造合同

在资产负债表日,建造合同的结果能够可靠估计的,企业应根据完工百分比法确认合同收入和合同费用。完工百分比法是根据合同完工进度确认合同收入和费用的方法。

固定造价合同的结果能够可靠估计是指同时满足下列条件：
(1) 合同总收入能够可靠地计量。
(2) 与合同相关的经济利益很可能流入企业。
(3) 实际发生的合同成本能够清楚地区分和可靠地计量。
(4) 合同完工进度和为完成合同尚需发生的成本能够可靠地确定。

成本加成合同的结果能够可靠估计是指同时满足下列条件：
(1) 与合同相关的经济利益很可能流入企业。
(2) 实际发生的合同成本能够清楚地区分和可靠地计量。

合同完工进度可以按累计实际发生的合同成本占合同预计总成本的比例、已经完成的合同工作量占合同预计总工作量的比例、实际测定的完工进度等方法确定。其中，累计实际发生的合同成本不包括：① 施工中尚未安装、使用或耗用的材料成本等与合同未来活动相关的合同成本。② 在分包工程的工作量完成之前预付给分包单位的款项。

在资产负债表日，确定建造合同的完工进度后，就可以根据完工百分比法确认和计量当期的合同收入和费用。当期确认的合同收入和费用可用下列公式计算：

当期确认的合同收入 = 合同总收入 × 累计完工进度 − 以前会计期间累计已确认的收入

当期确认的合同费用 = 合同预计总成本 × 累计完工进度 − 以前会计期间累计已确认的费用

当期确认的合同毛利 = 当期确认的合同收入 − 当期确认的合同费用

2. 结果不能可靠估计的建造合同

在资产负债表日，如果建造合同的结果不能可靠估计，则不能采用完工百分比法确认和计量合同收入和费用，而应区别以下两种情况进行账务处理：

(1) 合同成本能够收回的，合同收入根据能够收回的实际合同成本予以确认，合同成本在其发生的当期确认为合同费用。

(2) 合同成本不可能收回的，应在发生时立即确认为合同费用，不确认合同收入。

(四) 建造合同收入的账务处理

1. 账户设置

企业应当设置"工程施工"账户，核算企业(建造承包商)实际发生的合同成本和合同毛利，并可按建造合同，分别"合同成本"、"间接费用"、"合同毛利"进行明细账户核算。

企业应当设置"工程结算"账户，核算企业(建造承包商)根据建造合同约定向业主办理结算的累计金额,并可按建造合同,分别设置明细账户核算。

2. 账务处理

企业进行合同建造时发生的人工费、材料费、机械使用费以及施工现场材料的二次搬运费、生产工具和用具使用费、检验试验费、临时设施折旧费等直接费用,直接计入合同成本,借记"工程施工——合同成本"账户,贷记"应付职工薪酬"、"原材料"等账户。

企业进行合同建造时发生的施工、生产单位管理人员职工薪酬、固定资产折旧费、财产保险费、工程保修费、排污费等间接费用,发生时借记"工程施工——间接费用"账户,贷记"累计折旧"、"银行存款"等账户;期末将间接费用分配计入有关合同成本,借记"工程施工——合同成本"账户,贷记"工程施工——间接费用"账户。

企业确认合同收入、合同费用时,借记"主营业务成本"账户,贷记"主营业务收入"账户;按其差额借记或贷记"工程施工——合同毛利"账户。

企业向业主办理工程价款结算时,按应结算的金额,借记"应收账款"等账户,贷记"工程结算"账户。合同完工时,应将相关工程的"工程结算"账户余额与"工程施工"账户对冲。

【案例分析】 中山公司做得对吗?

中山公司为境内上市公司,主要从事电子设备的生产、设计和安装业务。该公司系增值税一般纳税企业,适用的增值税税率为17%。注册会计师在对该公司2006年度会计报表进行审计过程中发现以下事实:2006年9月20日,该公司与紫金公司签订产品委托代销合同。合同规定,采用视同买断方式进行代销,紫金公司代销A电子设备100台,每台销售价格(不含增值税,以下同)为50万元。至12月31日,该公司向紫金公司发送80台A电子设备,收到紫金公司寄来的代销清单上注明已销售40台A电子设备。

该公司在2006年度确认销售80台A电子设备的销售收入,并结转了相应的成本。

第二节 费 用

一、费用的概念与确认

(一) 费用的概念

费用是指企业在日常活动中发生的、会导致所有者权益减少的、与向所有者分配利润无关的经济利益的总流出。根据费用的定义,费用具有以下特征:

1. 费用是企业在日常活动中形成的

费用必须是企业在其日常活动中所形成的,这些日常活动的界定与收入定义中涉及的日常活动的界定相一致。因日常活动所产生的费用通常包括销售成本(营业成本)、管理费用等。

费用形成于企业日常活动的特征使其与产生于非日常活动的损失相区分。企业从事或发生的某些活动或事项也能导致经济利益流出企业,但不属于企业的日常活动。例如,企业处置固定资产、无形资产等非流动资产,因违约支付罚款、对外捐赠,因自然灾害等非常原因造成财产毁损等,这些活动或事项形成的经济利益的总流出属于企业的损失而不是费用。

2. 费用会导致所有者权益的减少

费用既可能表现为资产的减少,如减少银行存款、库存商品等;也可能表现为负债的增加,如增加应付职工薪酬、应交税费(应交营业税、消费税)等。根据"资产－负债＝所有者权益"的会计等式,费用一定会导致企业所有者权益的减少。

企业经营管理中的某些支出并不减少企业的所有者权益,也就不构成费用。例如,企业以银行存款偿还一项负债,只是一项资产和一项负债的等额减少,对所有者权益没有影响,因此,不构成企业的费用。

3. 费用是与向所有者分配利润无关的经济利益的总流出

费用的发生应当会导致经济利益的流出,从而导致资产的减少或者负债的增加(最终也会导致资产的减少)。其表现形式包括现金或者现金等价物的流出,存货、固定资产和无形资产等的流出或者消耗等。鉴于企业向所有者分配利润也会导致经济利益的流出,而该经济利益的流出显然属于所有者权益的抵减项目,不应确认为费用,应当将其排除在费用的定义之外。

(二)费用的确认

费用有狭义和广义之分。广义的费用泛指企业各种日常活动发生的所有耗费;狭义的费用仅指与本期营业收入相配比的那部分耗费。费用应按照权责发生制和配比原则确认,凡应属于本期发生的费用,不论其款项是否支付,均确认为本期费用;反之,不属于本期发生的费用,即使其款项已在本期支付,也不确认为本期费用。

在确认费用时,首先应当划分生产费用与非生产费用的界限。生产费用是指与企业日常生产经营活动有关的费用,如生产产品所发生的原材料费用、人工费用等;非生产费用是指不应有生产费用负担的费用,如用于购建固定资产所发生的费用,不属于生产费用。其次应当分清生产费用与产品成本的界限。生产费用与一定的时期相联系,而与生产的产品无关;产品成本与一定品种和数量的产品相联系,而不论发生在哪一期。再次应当分清生产费用与期间费用的界限。生产费用应当计入产品成本,而期间费用直接计入当期损益。

在确认费用时,对于确认为期间费用的费用,必须进一步划分为管理费用、销售费用和财务费用。对于确认为生产费用的费用,必须根据该费用发生的实际情况分别不同的费用性质将其确认为不同产品生产所负担的费用;对于几种产品共同发生的费用,必须按受益原则,采用一定方法和程序将其分配计入相关产品的生产成本。本节所指的费用主要指期间费用。

费用的确认除了应当符合定义外,也应当满足严格的条件,即费用只有在经济利益很可能流出从而导致企业资产减少或者负债增加、经济利益的流出额能够可靠计量时才能予以确认。因此,具体来说,费用的确认至少应当符合以下条件:① 与费用相关的经济利益应当很可能流出企业。② 经济利益流出企业的结果会导致资产的减少或者负债的增加。③ 经济利益的流出额能够可靠地计量。

【问题与思考9-2】
费用确认的基本原则是什么?

二、期间费用

期间费用是指本期发生的、不能直接或间接归入某种产品成本的、直接计入损益的各项费用。它包括管理费用、销售费用和财务费用。

(一)管理费用

1. 管理费用的概念及其内容

管理费用是指企业为组织和管理企业生产经营所发生的管理费用。它包括企业在筹建期间内发生的开办费、董事会和行政管理部门在企业的经营管理中发生的或者应当由企业统一负担的公司经费(包括行政管理部门职工工资及福利费、物料消耗、低值易耗品摊销、办公费和差旅费等)、工会经费、董事会费(包括董事会成员津贴、会议费和差旅费等)、聘请中介机构费、咨询费(含顾问费)、诉讼费、业务招待费、房产税、车船税、土地使用税、印花税、技术转让费、矿产资源补偿费、研究费用、排污费以及企业生产车间(部门)和行政管理部门等发生的固定资产修理费用等。

2. 管理费用的核算

企业发生的管理费用,在"管理费用"账户核算,并按费用项目设置明细账进行明细核算。企业发生的各项管理费用借记该账户,贷记"库存现金"、"银行存款"、"原材料"、"应付职工薪酬"、"累计折旧"、"累计摊销"、"研发支出"、"应交税费"等账户;期末,将本账户借方归集的管理费用全部由本账户的贷方转入"本年利润"账户的借方,计入当期损益;结转管理费用后,"管理费用"账户期末无余额。

【例9-16】 金欣股份有限公司7月份发生以下管理费用:以银行存款支付业务招待费8 500元,分配行政管理人员工资20 000元,提取职工福利费2 800元,计提管理部门使用的固定资产折旧费8 000元,摊销无形资产3 000元,计算应交车船使用税2 000元。月末结转管理费用。

根据上述资料,金欣股份有限公司账务处理如下:

支付业务招待费:

借:管理费用——业务招待费	8 500
贷:银行存款	8 500

分配工资及计提福利费:

借:管理费用——工资及福利费	22 800
贷:应付职工薪酬——工资	20 000
——福利费	2 800

计提折旧费:

借:管理费用——折旧费	8 000
贷:累计折旧	8 000

摊销无形资产:

借:管理费用——无形资产摊销	3 000
贷:累计摊销	3 000

计算应交车船税:

借:管理费用——车船税	2 000
贷:应交税费——应交车船税	2 000

月末结转管理费用:

借:本年利润	44 300
贷:管理费用	44 300

(二)销售费用

1. 销售费用的概念及其内容

销售费用是指企业在销售商品和材料、提供劳务的过程中发生的各种费用,包括企业销售商品过程中发生的保险费、包装费、展览费和广告费,商品维修费、预计产品质量保证损失、运输费、装卸费等以及为销售本企业商品而专设的销售机构(含销售网点、售后服务网点等)的职工薪酬、业务费、折旧费、固定资产修理费用等费用。

2. 销售费用的核算

企业发生的销售费用在"销售费用"账户核算，并按费用项目设置明细账进行明细核算。企业发生的各项销售费用借记该账户，贷记"库存现金"、"银行存款"、"应付职工薪酬"等账户；月末，将该账户借方归集的销售费用全部由该账户的贷方转入"本年利润"账户的借方，计入当期损益；结转销售费用后，"销售费用"账户期末无余额。

【例9-17】 金欣股份有限公司7月份发生以下销售费用包括：以银行存款支付广告费6 500元，以现金支付应由公司负担的销售A产品的运输费500元，本月分配给专设销售机构的职工工资4 000元，提取职工福利费560元。月末结转销售费用。

根据上述资料，金欣股份有限公司账务处理如下：

支付广告费：

　　借：销售费用——广告费　　　　　　　　　　　　　　　　　6 500
　　　贷：银行存款　　　　　　　　　　　　　　　　　　　　　　　　6 500

支付运输费：

　　借：销售费用——运输费　　　　　　　　　　　　　　　　　　500
　　　贷：库存现金　　　　　　　　　　　　　　　　　　　　　　　　 500

分配职工工资及计提福利费：

　　借：销售费用——工资及福利费　　　　　　　　　　　　　4 560
　　　贷：应付职工薪酬——工资　　　　　　　　　　　　　　　　4 000
　　　　　　　　　　　——福利费　　　　　　　　　　　　　　　　 560

月末结转销售费用：

　　借：本年利润　　　　　　　　　　　　　　　　　　　　　　11 560
　　　贷：销售费用　　　　　　　　　　　　　　　　　　　　　　　11 560

（三）财务费用

1. 财务费用的概念及其内容

财务费用是指企业为筹集生产经营所需资金等而发生的筹资费用。它包括利息支出(减利息收入)、汇兑损益以及相关的手续费、企业发生的现金折扣或收到的现金折扣等。

2. 财务费用的核算

企业发生的财务费用在"财务费用"账户核算，并按费用项目设置明细账进行明细核算。企业发生的各项财务费用借记该账户,贷记"银行存款"等账户;企业发生利息收入、汇兑收益时,借记"银行存款"等账户,贷记该账户。月末,将该账户借方归集的财务费用全部由该账户的贷方转入"本年利润"账户的借方,计入当期损益;结转当期财务费用后,"财务费用"账户期末无余额。

【例9-18】 金欣股份有限公司7月份以来发生如下事项:接到银行通知,已划拨本月银行借款利息2 000元,银行转来存款利息800元。月末结转财务费用。

根据上述资料,金欣股份有限公司账务处理如下:

支付银行借款利息:

借:财务费用——利息支出　　　　　　　　　　　　　2 000
　　贷:银行存款　　　　　　　　　　　　　　　　　　　2 000

收到存款利息:

借:银行存款　　　　　　　　　　　　　　　　　　　　800
　　贷:财务费用——利息收入　　　　　　　　　　　　　800

月末结转财务费用:

借:本年利润　　　　　　　　　　　　　　　　　　　1 200
　　贷:财务费用　　　　　　　　　　　　　　　　　　1 200

第三节　利　　润

一、利润的构成

企业作为独立的经济实体,应当以自己的经营收入抵补其成本费用,并且实现盈利。企业盈利的大小在很大程度上反映企业生产经营的经济效益,表明企业在每一会计期间的最终经营成果。

利润是指企业在一定会计期间的经营成果。利润包括收入减去费用后的净额、直接计入当期利润的利得和损失等。其中,直接计入当期利润的利得和损失是指应当计入当期损益、会导致所有者权益发生增减变动的、与所有者投入资本或者向所有者分配利润无关的利得或者损失。利润金额取决于收入和费用、直接计入当期利润的利得和损失金额的计量。在利润表中,利润分为营业利润、利润总额和净利润三个层次。

(一)营业利润

营业利润是指企业一定期间的日常活动取得的利润。营业利润的具体构成,可用公式表示如下:

$$营业利润 = 营业收入 - 营业成本 - 营业税金及附加 - 销售费用 - 管理费用 - 财务费用 - 资产减值损失 \pm 公允价值变动净损益 \pm 投资净损益$$

其中:营业收入包括主营业务收入和其他业务收入;营业成本包括主营业务成本和其他业务成本;营业税金及附加包括主营业务和其他业务应负担的营业税、消费税、城市维护建设税、资源税、土地增值税和教育附加等;资产减值损失是指企业计提各项资产减值准备所形成的损失。

(二)利润总额

利润总额是指企业一定期间的营业利润加上营业外收入减去营业外支出后的所得税前利润总额。可用公式表示如下:

$$利润总额=营业利润+营业外收入-营业外支出$$

其中,营业外收入(或支出)是指企业发生的与日常活动无直接关系的各项利得(或损失),如处置固定资产净损益、债务重组损益、非货币性资产交换损益、罚款收入或支出等。

(三)净利润

净利润是指企业一定期间的利润总额减去所得税费用后的净额。可用公式表示如下:

$$净利润=利润总额-所得税费用$$

其中,所得税费用是指企业确认的应从当期利润总额中扣除的当期所得税费用和递延所得税费用。

【例9-19】 金欣股份有限公司20×5年度取得主营业务收入4 000万元,其他业务收入1 200万元,投资净收益500万元,营业外收入200万元;发生主营业务成本2 500万元,其他业务成本800万元,营业税金及附加40万元,销售费用350万元,管理费用320万元,财务费用120万元,资产减值损失130万元,公允价值变动净损失100万元,营业外支出150万元;本年度确认的所得税费用为420万元。

根据上述资料,金欣股份有限公司20×5年度的利润构成情况,如表9-2所示。

表9-2　　　　　　　　　利　润　表(简表)
20×5年度　　　　　　　　　金额单位:元

项　　　　目	本　年　金　额
一、营业收入	52 000 000
减:营业成本	33 000 000
营业税金及附加	400 000
销售费用	3 500 000

(续表)

项目	本年金额
管理费用	3 200 000
财务费用	1 200 000
资产减值损失	1 300 000
加：公允价值变动收益	－1 000 000
投资净收益	5 000 000
二、营业利润	13 400 000
加：营业外收入	2 000 000
减：营业外支出	1 500 000
三、利润总额	13 900 000
减：所得税费用	4 200 000
四、净利润	9 700 000

二、营业外收入和营业外支出

营业外收入和营业外支出虽然与企业的生产经营活动无直接关系，但从企业主体来考虑，同样带来收入或形成支出，从而构成利润的一部分，对企业的盈亏状况产生较大影响。

（一）营业外收入

营业外收入是指企业发生的与其日常活动无直接关系的各项利得。它主要包括非流动资产处置利得、非货币性资产交换利得、债务重组利得、政府补助、盘盈利得、捐赠利得、确实无法支付而按规定程序经批准后转作营业外收入的应付款项等。

(1) 非流动资产处置利得，主要包括固定资产处置利得和无形资产出售利得。固定资产处置利得是指企业出售固定资产所取得价款或报废固定资产的材料价值和变价收入等，扣除处置固定资产的账面价值、清理费用、处置相关税费后的净收益；无形资产出售利得是指企业出售无形资产所取得的价款，扣除出售无形资产的账面价值、出售相关税费后的净收益。

(2) 非货币性资产交换利得是指在非货币性资产交换中换出资产为固定资产、无形资产的，换入资产公允价值大于换出资产账面价值的差额，扣除相关费用后计入营业外收入的金额。

(3) 债务重组利得是指企业在进行债务重组时，债务人因债务重组的账面价值超过清偿债务的现金、非现金资产的公允价值、所转股份的公允价值,或者重组后债务账面价值之间的差额。

(4) 政府补助是指企业从政府无偿取得货币性资产或非货币性资产形成的利得。

(5) 盘盈利得是指企业在财产清查中发现的现金、固定资产等实存数量超过账面数量而获得的资产溢余利得。

(6) 捐赠利得是指企业接受外部现金和非现金资产捐赠而获得的利得。

(7) 确实无法支付而按规定程序经批准后转作营业外收入的应付款项是指由于债权单位撤销或其他原因而无法支付,或者将应付款项划转给关联方等其他企业而无法支付或无需支付,按规定程序报经批准后转入当期损益的应付款项。

企业应当通过"营业外收入"账户,核算营业外收入的取得及结转情况。该账户可按营业外收入项目进行明细核算。企业确认营业外收入时,借记"固定资产清理"、"银行存款"、"待处理财产损溢"、"应付账款"等账户,贷记"营业外收入"账户。期末,应将"营业外收入"账户余额转入"本年利润"账户,借记"营业外收入"账户,贷记"本年利润"账户,结转后该账户无余额。

(二) 营业外支出

营业外支出是指企业发生的与其日常活动无直接关系的各项损失。它主要包括非流动资产处置损失、非货币性资产交换损失、债务重组损失、公益性捐赠支出、非常损失、盘亏损失等。

(1) 非流动资产处置损失,主要包括固定资产处置损失和无形资产出售损失。固定资产处置损失是指企业出售固定资产所取得价款或报废固定资产的材料价值和变价收入等,不足以抵补处置固定资产的账面价值、清理费用、处置相关税费所发生的净损失;无形资产出售损失是指企业出售无形资产所取得价款,不足以抵补出售无形资产的账面价值、出售相关税费后所发生的净损失。

(2) 非货币性资产交换损失是指在非货币性资产交换中换出资产为固定资产、无形资产的,换入资产公允价值小于换出资产账面价值的差额,扣除相关费用后计入营业外支出的金额。

(3) 债务重组损失是指企业在进行债务重组时,债权人因债务重组的账面价值超过债务人用于清偿债务的现金、非现金资产的公允价值、放弃债权而享有股份的公允价值,或者重组后债权的账面价值之间的差额。

(4) 公益性捐赠支出是指企业对外进行公益性捐赠发生的支出。

(5) 非常损失是指企业对于因客观因素(如自然灾害等)造成的损失,在扣除保险公司赔偿后计入营业外支出的净损失。

(6)盘亏损失是指企业在财产清查中发现的现金、固定资产等实存数量少于账面数量而发生的资产短缺损失。

企业应通过"营业外支出"账户,核算营业外支出的发生及结转情况。该账户可按营业外支出项目进行明细核算。企业发生营业外支出时,借记"营业外支出"账户,贷记"固定资产清理"、"待处理财产损溢"、"库存现金"、"银行存款"等账户。期末,应将"营业外支出"账户余额转入"本年利润"账户,借记"本年利润"账户,贷记"营业外支出"账户。结转后该账户无余额。

需要注意的是,营业外收入和营业外支出所包含的收支项目互不相关,不存在配比关系,因此,在会计核算上,应当严格区分营业外收入与营业外支出的界限,不得以营业外支出直接冲减营业外收入,也不得以营业外收入冲减营业外支出,两者的发生金额应当分别核算。

三、所得税费用

（一）所得税概述

企业的会计核算和税收处理分别遵循不同的原则,服务于不同的目的,两者在资产与负债的计量标准、收入与费用的确认原则等诸多方面存在一定分歧,导致企业一定期间按税收规定计算的当期所得税往往与按《企业会计准则》的要求确认的所得税费用。所得税会计就是会计与税收规定之间的差异在所得税会计核算中的具体体现。我国所得税会计采用资产负债表债务法核算所得税,要求企业从资产负债表出发,通过比较资产负债表上列示的资产、负债按照会计准则规定确定的账面价值与按照税法规定确定的计税基础,对于两者之间存在的差异,分别就应纳税暂时性差异与可抵扣暂时性差异,确认相关的递延所得税负债与递延所得税资产,并在此基础上确定每一会计期间利润表中的所得税费用。

【问题与思考9-3】

资产负债表债务法与利润表债务法的区别是什么？

企业进行所得税核算一般应遵循以下程序：

（1）按照《企业会计准则》规定确定资产负债表中除递延所得税资产和递延所得税负债以外的其他资产和负债项目的账面价值。其中,资产、负债的账面价值是指企业按照相关会计准则的规定进行核算后在资产负债表中列示的金额。例如,企业持有的应收账款账面余额为2 000万元,企业对该应收账款计提了100万元的坏账准备,其账面价值为1 900万元,是该应收账款在资产负债表中的列示金额。

（2）按照准则中对于资产和负债计税基础的确定方法,以适用的税收法规为基础,确定资产负债表中有关资产、负债项目的计税基础。

（3）比较资产、负债的账面价值与其计税基础,对于两者之间存在差异的,分析其性质，除准则中规定的特殊情况外，分别就应纳税暂时性差异与可抵扣暂时性差异并乘以所得税税率，确定资产负债表日递延所得税负债和递延所得税资产的应有金额，并与期初递延所得税负债和递延所得税资产的余额相比，确定当期应予进一步确认的递延所得税资产和递延所得税负债金额或应予转销的金额，作为构成利润表中所得税费用的其中一个组成部分——递延所得税。

（4）按照适用的税法规定计算确定当期应纳税所得额，将应纳税所得额与适用的所得税税率计算的结果确认为当期应交所得税，作为利润表中应予确认的所得税费用的另外一个组成部分——当期所得税。

（5）确定利润表中的所得税费用。利润表中的所得税费用包括当期所得税和递延所得税两个组成部分，企业在计算确定了当期所得税和递延所得税后，两者之和（或之差），是利润表中的所得税费用。

（二）资产、负债的计税基础

所得税会计的关键在于确定资产、负债的计税基础。在确定资产、负债的计税基础时，应严格遵循税收法规中对于资产的税务处理以及可税前扣除的费用等的规定进行。

1. 资产的计税基础

资产的计税基础是指企业收回资产账面价值过程中，计算应纳税所得额时按照税法规定可以自应税经济利益中抵扣的金额，即某一项资产在未来期间计税时按照税法规定可以税前扣除的金额。

通常情况下，资产在初始确认时，其入账价值与计税基础是相同的，一般为取得成本；而在后续计量过程中，因《企业会计准则》的规定与税法的规定不同，可能导致资产的账面价值与其计税基础之间的差异。

例如，固定资产在持有期间进行后续计量时，由于会计与税法的规定就折旧方法、折旧年限以及固定资产减值准备的提取等处理不同，可能造成固定资产的账面价值与计税基础的差异。假定金欣股份有限公司20×5年年末以300万元购入一项生产用的固定资产。按照该项固定资产的预计使用情况，金欣股份有限公司在会计核算时估计其使用寿命为10年，按照适用税法规定，其折旧年限为20年，假定会计与税收均按年限平均法计提折旧，净残值均为零。20×6年，该项固定资产按照12个月计提折旧。根据《企业会计准则》规定，20×6年12月31日，该项固定资产的账面价值为270万元；如果根据税法的规定，20×6年12月31日，该项固定资产的计税基础为285万元。该项固定资产账面价值270万元与计税基础285万元之间产生的15万元差额，在未来期间会减少企业的应纳税所得额。

又如，交易性金融资产的公允价值变动。根据《企业会计准则》的规定，交易性金融资产期末应以公允价值计量，公允价值的变动计入当期损益；如果根据税法的规定,交易性金融资产在持有期间公允价值变动损益在计税时不予考虑,由此产生了交易性金融资产的账面价值与计税基础之间的差异。假定金欣股份有限公司自公开市场取得一项权益性投资,支付价款1 500万元,作为交易性金融资产核算。该项交易性金融资产期末公允价值为1 660万元。根据企业会计准则的规定,该项交易性金融资产的期末账面价值应调整至1 660万元,同时确认公益价值变动收益;如果根据税法的规定,该项公益价值变动收益不计入应纳税所得额,期末,该交易性金融资产的计税基础应维持原取得成本不变,即为1 500万元,则该交易性金融资产的账面价值1 660万元与其计税基础1 500万元之间产生了160万元的差额,在未来期间会增加企业的应纳税所得额。

2. 负债的计税基础

负债的计税基础是指负债的账面价值减去未来期间计算应纳税所得额时按照税法规定可予抵扣的金额。

短期借款、应付账款等负债的确认与偿还一般不会影响企业的损益,也不会影响其应纳税所得额,未来期间计算应纳税所得额时按照税法规定可予抵扣的金额为零,计税基础即为账面价值。但在某些情况下,负债的确认可能会影响企业的损益,进而影响不同期间的应纳税所得额,使得其计税基础与账面价值之间产生差额。

例如,企业确认的某些预计负债。根据《企业会计准则》的规定,企业对于预计提供售后服务将发生的支出在满足有关确认条件时,销售当期即应确认为费用,同时确认预计负债。如果按照税法规定,与销售产品相关的支出,应于未来期间实际发生时税前扣除,则产生了预计负债的账面价值与计税基础之间的差异。假定金欣股份有限公司业20×6年因销售产品提供售后服务确认了80万元的预计负债,并计入当期费用,当年度未发生任何保修支出。如果根据税法规定,与产品售后服务相关的费用在实际发生时允许税前扣除,则该项预计负债的计税基础为零,其账面价值大于计税基础的80万元差额,在未来期间会减少企业的应纳税所得额。

(三)暂时性差异

暂时性差异是指资产、负债的账面价值与其计税基础不同产生的差额。根据暂时性差异对未来期间应纳税所得额的影响,分为应纳税暂时性差异和可抵扣暂时性差异。

(1)应纳税暂时性差异是指在确定未来收回资产或清偿负债期间的应纳税所得额时,将导致产生应税金额的暂时性差异。该差异在未来期间转回时,会增加转回期间的应纳税所得额。资产的账面价值大于其计税基础或者负债的账面价值小于其计税基础,会产生应纳税暂时性差异。

(2)可抵扣暂时性差异是指在确定未来收回资产或清偿负债期间的应纳税所

得额时,将导致产生可抵扣金额的暂时性差异。该差异在未来期间转回时会减少转回期间的应纳税所得额,减少未来期间的应交所得税。资产的账面价值小于其计税基础或者负债的账面价值大于其计税基础会产生可抵扣暂时性差异。

（四）递延所得税资产和递延所得税负债

资产负债表日,企业应通过比较分析资产、负债的账面价值与计税基础,计算确定应纳税暂时性差异与可抵扣暂时性差异,进而按照所得税准则规定的原则确认与应纳税暂时性差异相关的递延所得税负债以及与可抵扣暂时性差异相关的递延所得税资产。企业合并等特殊交易或事项中取得的资产和负债,应于购买日比较其入账价值与计税基础,按照企业会计准则的规定计算确认相关的递延所得税资产或递延所得税负债。递延所得税负债和递延所得税资产的计算公式如下：

递延所得税负债＝应纳税暂时性差异×所得税税率
递延所得税资产＝可抵扣暂时性差异×所得税税率

【例 9-20】 金欣股份有限公司适用的所得税税率为25%。20×6年12月31日的资产负债表中,资产、负债的账面价值与计税基础存在差异的项目,如表9-3所示。

表9-3　　　　　资产、负债账面价值与计税基础比较表

金额单位：万元

项　　目	账面价值	计税基础	暂时性差异	
			应纳税暂时性差异	可抵扣暂时性差异
固定资产	270	285		15
交易性金融资产	1 660	1 500	160	
预计负债	80	0		80
合　　计	—	—	160	95

假定金欣股份有限公司递延所得税资产和递延所得税负债均无期初余额,根据表9-3的资料,该公司递延所得税资产、递延所得税负债的计算如下：

递延所得税资产＝95×25%＝23.75(万元)
递延所得税负债＝160×25%＝40(万元)

确认由可抵扣暂时性差异产生的递延所得税资产,应当以未来期间很可能取得用来抵扣可抵扣暂时性差异的应纳税所得额为限。企业在确定未来期间很可能取得的应纳税所得额时,包括未来期间企业正常生产经营活动实现的应纳税所得额,以及在可抵扣暂时性差异转回期间因应纳税暂时性差异的转回而增加的应纳税所得额,并应提供相关的证据。

此外,因适用税收法规的变化,导致企业在某一会计期间适用的所得税税率发生变化的,企业应对已确认的递延所得税资产和递延所得税负债按照新的税率进

行重新计量。递延所得税资产和递延所得税负债的金额代表的是有关可抵扣暂时性差异或应纳税暂时性差异于未来期间转回时,导致应交所得税金额的减少或增加的情况。因国家税收法律、法规等的变化导致适用税率变化的,必然导致应纳税暂时性差异或可抵扣暂时性差异在未来期间转回时产生应交所得税金额的变化,在适用税率变动的情况下,应对原已确认的递延所得税资产及递延所得税负债的金额进行调整,反映税率变化带来的影响。

除直接计入所有者权益的交易或事项产生的递延所得税资产及递延所得税负债以及相关的调整金额应计入所有者权益以外,其他情况下产生的递延所得税资产及递延所得税负债的调整金额应确认为变化当期的所得税费用(或收益)。

(五) 所得税费用的确认和计量

所得税费用是指根据《企业会计准则》的要求确认的应从当期利润总额中扣除的所得税费用。按照资产负债表债务法核算所得税的情况下,利润表中的所得税费用由两个部分组成:当期所得税和递延所得税。

1. 当期所得税

当期所得税是指根据所得税法的要求,按一定期间的应纳税所得额和适用税率计算的应交纳给税务部门的当期应交所得税。

企业在确定当期所得税时,对于当期发生的交易或事项,会计处理与税收处理不同的,应在会计利润的基础上,按照适用税收法规的规定进行调整,计算出当期应纳税所得额,按照应纳税所得额与适用所得税税率计算确定当期应交所得税。一般情况下,当期应纳税所得额可在会计利润的基础上,考虑会计与税收之间的差异,按照以下公式计算确定:

当期应纳税所得额 = 会计利润 + 按照会计准则规定计入利润表但计税时不允许税前扣除的费用 ± 计入利润表的费用与按照税法规定可予税前抵扣的费用金额之间的差额 ± 计入利润表的收入与按照税法规定应计入应纳税所得额的收入之间的差额 − 税法规定的不征税收入 ± 其他需要调整的因素

当期所得税 = 当期应交所得税 = 当期应纳税所得额 × 适用的所得税税率

2. 递延所得税

递延所得税是指按照所得税准则规定应予确认的递延所得税资产和递延所得税负债在期末应有的金额相对于原已确认金额之间的差额。即递延所得税资产及递延所得税负债当期发生额的综合结果,但不包括计入所有者权益的交易或事项的所得税影响。用公式表示如下:

递延所得税 = (期末递延所得税负债 − 期初递延所得税负债) − (期末递延所得税资产 − 期初递延所得税资产)

计算确定了当期所得税及递延所得税以后,利润表中应予确认的所得税费用

为两者之和,即:

$$所得税费用=当期所得税+递延所得税$$

企业应通过"所得税费用"账户,核算企业所得税费用的确认及其结转情况。期末,应将"所得税费用"账户的余额转入"本年利润"账户,借记"本年利润"账户,贷记"所得税费用"账户。

【例9-21】 承接[例9-20]资料,假定除表9-3中项目外,金欣股份有限公司其他资产、负债的账面价值与其计税基础之间不存在差异,也不存在可抵扣亏损和税款抵减。该企业预计在未来期间能够产生足够的应纳税所得额用以抵扣可抵扣暂时性差异。递延所得税资产和递延所得税负债无期初余额。该企业当期按照税法规定计算确定的应交所得税为400万元,其账务处理如下:

所得税费用=400+16.25=416.25(万元)

借:所得税费用——当期所得税费用   4 000 000
　　　　　　——递延所得税费用   162 500
　　递延所得税资产   237 500
　贷:应交税费——应交所得税   4 000 000
　　　递延所得税负债   400 000

(六)递延所得税的特殊处理

企业因确认递延所得税资产和递延所得税负债产生的递延所得税,一般应当计入所得税费用。但以下两种情况除外:一是某项交易或事项按照《企业会计准则》规定应计入所有者权益的,由该交易或事项产生的递延所得税资产或递延所得税负债及其变化亦应直接计入所有者权益,不构成利润表中的递延所得税费用(或收益);二是企业合并中取得的资产、负债,其账面价值与计税基础不同,应确认相关递延所得税的,该递延所得税的确认影响合并中产生的商誉或是计入合并当期损益的金额,不影响所得税费用。

1. 直接计入所有者权益的交易或事项产生的递延所得税

与直接计入所有者权益的交易或事项相关的递延所得税资产,借记"递延所得税资产"账户,贷记"资本公积——其他资本公积"账户;与直接计入所有者权益的交易或事项相关的递延所得税负债,借记"资本公积——其他资本公积"账户,贷记"递延所得税负债"账户。

【例9-22】 金欣股份有限公司持有的某项可供出售金融资产,成本为600万元,会计期末,其公允价值为670万元。该公司适用的所得税税率为25%。除该事项外,该公司不存在其他会计与税收之间的差异,且递延所得税资产和递延所得税负债不存在期初余额。

会计期末在确认 70 万元的公允价值变动时：

借：可供出售金融资产　　　　　　　　　　　　　　　　700 000
　　贷：资本公积——其他资本公积　　　　　　　　　　700 000

确认应纳税暂时性差异的所得税影响时：

借：资本公积——其他资本公积　　　　　　　　　　　　175 000
　　贷：递延所得税负债　　　　　　　　　　　　　　　175 000

2. 企业合并中产生的递延所得税

企业合并中取得的资产、负债，其账面价值与计税基础不同形成的可抵扣暂时性差异，应于合并日确认递延所得税资产，同时调整商誉，借记"递延所得税资产"账户，贷记"商誉"等账户；企业合并中取得的资产、负债，其账面价值与计税基础不同形成的应纳税暂时性差异，应于合并日确认递延所得税负债，同时调整商誉，借记"商誉"等账户，贷记"递延所得税资产"账户。

【例 9-23】　金欣股份有限公司通过发行权益性证券购买了明光公司全部净资产，发生合并成本 6 500 万元。购买日，明光公司各项可辨认资产的公允价值为 7 000 万元，计税基础为 5 400 万元；各项可辨认负债的公允价值为 2 000 万元，计税基础为 1 600 万元。金欣股份有限公司的账务处理如下：

确认企业合并取得的净资产及商誉：

借：相关资产　　　　　　　　　　　　　　　　　　70 000 000
　　商誉　　　　　　　　　　　　　　　　　　　　15 000 000
　　贷：相关负债　　　　　　　　　　　　　　　　20 000 000
　　　　股本及资本公积　　　　　　　　　　　　　65 000 000

确认递延所得税资产和递延所得税负债：

　　　　　应纳税暂时性差异 = 7 000 − 5 400 = 1 600（万元）

　　　　　递延所得税负债 = 1 600 × 25% = 400（万元）

　　　　　可抵扣暂时性差异 = 2 000 − 1 600 = 400（万元）

　　　　　递延所得税资产 = 400 × 25% = 100（万元）

借：递延所得税资产　　　　　　　　　　　　　　　　1 000 000
　　商誉　　　　　　　　　　　　　　　　　　　　　3 000 000
　　贷：递延所得税负债　　　　　　　　　　　　　　4 000 000

【案例分析】　世界通讯虚计固定资产等资本性支出，高估经营利润

2001 年 4 月，美国第二大长途电信营运商——世界通讯公司 CFO 苏利文

在审阅了第一季度财务报表后,发现其线路成本占营业收入的比例居高不下,为了掩盖利润持续下降的颓势,苏利文授意世界通讯副总裁兼主计大卫·迈耶斯,要求总账会计给各地分支机构分管固定资产记录的会计人员下指令,在各季度结账后,根据指令以"预付容量"的名义,对2001年第一季度补作一笔借记"固定资产"7.71亿美元,贷记"线路成本"7.71亿美元的会计分录,该分录无原始凭证和作账依据。此后,2001年第二至第四季度及2002年第一季度按上述方法继续造假,5个季度共虚计固定资产38.52亿美元,相应虚增了利润38.52亿美元。2001年,世界通讯对外报告的税前利润为23.92亿美元,通过虚计固定资产增加税前利润30.34亿美元,实际亏损6.42亿美元;2002年第一季度对外报告的税前利润为240亿美元,通过虚计固定资产增加税前利润818亿美元,实际亏损5.78亿美元。

资料来源:黄世忠主编:《会计数字游戏——美国十大财务舞弊案例剖析》,中国财政经济出版社2003年版。

四、利润的结转与分配

(一) 利润的结转

1. 利润结转的方法

(1) 表结法。表结法下,各损益类账户每月月末只需结计出本月发生额和月末累计余额,不结转到"本年利润"账户,只有在年末时才将全年累计余额结转入"本年利润"账户。但每月月末要将损益类账户的本月发生额合计数填入利润表的本月数栏,同时将本月末累计余额填入利润表的本年累计数栏,通过利润表计算反映各期的利润(或亏损)。表结法下,年中损益类账户无需结转入"本年利润"账户,从而减少了转账环节和工作量,同时并不影响利润表的编制及有关损益指标的利用。

(2) 账结法。账结法下,每月月末均需编制转账凭证,将在账上结计出的各损益类账户的余额结转入"本年利润"账户。结转后,"本年利润"账户的本月合计数反映当月实现的利润或发生的亏损,"本年利润"账户的本年累计数反映本年累计实现的利润或发生的亏损。账结法在各月均可通过"本年利润"账户提供当月及本年累计的利润(或亏损)额,但增加了转账环节和工作量。

2. 利润结转的账务处理

企业应当设置"本年利润"账户,核算企业当期实现的净利润(或发生的净亏损)。企业期(月)末结转利润时,应将收入类账户贷方余额转入该账户贷方登记,借记"主营业务收入"、"其他业务收入"、"营业外收入"等账户,贷记"本年利润"账户;将支出类账户借方余额转入该账户借方登记,借记"本年利润"

账户,贷记"主营业务成本"、"其他业务成本"、"营业税金及附加"、"销售费用"、"管理费用"、"财务费用"、"资产减值损失"、"营业外支出"、"所得税费用"等账户。"公允价值变动损益"、"投资收益"账户如为净收益,则借记"公允价值变动损益"、"投资收益"账户,贷记"本年利润"账户;如为净损失,作相反会计分录。

期末结转利润后,"本年利润"账户如为贷方余额,表示当期实现的净利润;如为借方余额,表示当期发生的净亏损。年度终了,企业应将本年收入和支出相抵后结出的本年实现的净利润,转入"利润分配——未分配利润"账户,借记"本年利润"账户,贷记"利润分配——未分配利润"账户;如果为净亏损,作相反的会计分录。结转后"本年利润"账户应无余额。

【例 9-24】 金欣股份有限公司 20×6 年度取得主营业务收入 4 000 万元,其他业务收入 1 200 万元,投资净收益 500 万元,营业外收入 200 万元;发生主营业务成本 2 500 万元,其他业务成本 800 万元,营业税金及附加 40 万元,销售费用 350 万元,管理费用 320 万元,财务费用 120 万元,资产减值损失 130 万元,公允价值变动净损失 100 万元,营业外支出 150 万元;本年度确认的所得税费用为 420 万元。金欣股份有限公司中期期末不进行利润结转,年末一次结转利润。其账务处理如下:

20×6 年 12 月 31 日,结转本年损益类账户余额:

借:主营业务收入	40 000 000
其他业务收入	12 000 000
投资收益	5 000 000
营业外收入	2 000 000
贷:本年利润	59 000 000
借:本年利润	49 300 000
贷:主营业务成本	25 000 000
其他业务成本	8 000 000
营业税金及附加	400 000
销售费用	3 500 000
管理费用	3 200 000
财务费用	1 200 000
资产减值损失	1 300 000
公允价值变动净损益	1 000 000
营业外支出	1 500 000
所得税费用	4 200 000

20×6 年 12 月 31 日,结转本年净利润:

借：本年利润 9 700 000
  贷：利润分配——未分配利润 9 700 000

(二) 利润的分配

企业当期实现的净利润,加上上年初未分配利润(或减去年初未弥补亏损)后的余额,为可供分配的利润。可供分配的利润,一般按下列顺序分配：

(1) 提取法定盈余公积是指企业根据有关法律的规定,按照净利润的10%提取盈余公积。法定盈余公积累计额已达注册资本的50%时,可以不再提取。

(3) 支付优先股股利是指企业按照利润分配方案分配给优先股股东的股利。

(4) 提取任意盈余公积是指公司出于实际需要或采取审慎经营策略,按股东大会决议自愿提取的任意盈余公积。

(5) 支付普通股股利是指企业按照利润分配方案分配给普通股股东的股利。也包括非股份有限公司分配给投资者的利润。

企业应当设置"利润分配"账户,核算企业利润的分配(或亏损的弥补),以及历年分配(或弥补)后积存的未分配利润(或未弥补亏损)。在该账户下,应分别设置"提取法定盈余公积"、"提取任意盈余公积"、"应付现金股利或利润"、"转作股本的股利"、"盈余公积补亏"、"未分配利润"等明细账户进行明细核算。

企业按有关法律规定提取的法定盈余公积,借记"利润分配——提取法定盈余公积"账户,贷记"盈余公积——法定盈余公积"账户；企业按照利润分配方案分配给优先股股东的股利时,借记"利润分配——应付优先股股利"账户,贷记"应付股利"账户；按股东大会或类似机构决议提取任意盈余公积,借记"利润分配——提取任意盈余公积"账户,贷记"盈余公积——任意盈余公积"账户；企业按照利润分配方案分配给普通股股东的现金股利时,借记"利润分配——应付现金股利或利润"账户,贷记"应付股利"账户；企业按照利润分配方案分配给股东的股票股利,在办理增资手续后,借记"利润分配——转作股本的股利"账户,贷记"股本"账户,如有差额,贷记"资本公积——股本溢价"账户。企业用盈余公积弥补亏损时,借记"盈余公积——法定盈余公积或任意盈余公积"账户,贷记"利润分配——盈余公积补亏"账户。

年度终了,企业应将"利润分配"账户所属其他明细账户余额转入"未分配利润"明细账户。结转后,除"未分配利润"明细账户外,其他明细账户应无余额。

【例9-25】 金欣股份有限公司20×6年度实现净利润97万元,按净利润的10%提取法定盈余公积,按净利润的10%提取任意盈余公积,向普通股股东分派现金股利20万元,同时分派每股面值1元的股票股利10万股。其账务处理如下：

提取盈余公积：

借：利润分配——提取法定盈余公积		97 000
——提取任意盈余公积		97 000
贷：盈余公积——法定盈余公积		97 000
——任意盈余公积		97 000

分派现金股利：

借：利润分配——应付现金股利		200 000
贷：应付股利		200 000

分派股票股利，已办妥增资手续：

借：利润分配——转作股本的股利		100 000
贷：股本		100 000

结转"利润分配"其他明细账户余额：

借：利润分配——未分配利润		494 000
贷：利润分配——提取法定盈余公积		97 000
——提取任意盈余公积		97 000
——应付现金股利		200 000
——转作股本的股利		100 000

本 章 小 结

本章首先讲述了收入的概念、确认、计量以及核算，包括商品销售、提供劳务和让渡资产使用权收入的确认原则、计量方法及不同销售方式下商品销售收入的账务处理。本章还叙述了费用的概念及其核算的主要内容，规定了管理费用、销售费用和财务费用包括的内容及其账务处理程序。最后本章明确了利润的概念、所得税的核算、利润的构成和利润分配的核算。

复 习 思 考 题

1. 什么是收入？收入有何特征？收入如何分类？
2. 什么是费用？费用有何特征？
3. 营业外收入和营业外支出包括哪些主要内容？
4. 什么是暂时性差异？它包括哪些类型？如何确定差异金额？
5. 当期所得税和所得税费用的差异有哪些？如何引起的？
6. 为什么净利润是一个重要指标？与利润总额相比，税后利润对企业管理者和投资者是否更为重要?

案例讨论题

张某是甲公司的市场经理,他向乙公司出售了12件产品。销售合同是在2007年4月27日签订的。合同规定,每件产品的目录价格为1 200元,但是,有5%的数量折扣,产品将于5月10日交货。如果乙公司能在6月10日之前支付货款,将给予所欠金额2%的现金折扣。5月10日,卖方按期交货并于6月9日收到相应货款。

请问:

(1) 收入是在4月、5月还是在6月确认?确认多少?请解释。

(2) 假定甲公司6月9日收到现金时会计应如何处理?

(3) 假定其中一件产品有划痕,甲公司同意从该公司所欠总金额中减去100元,那么6月9日收到现金时会计应如何处理?

同步测试题

一、单项选择题

1. 下列关于收入确认的表述中,错误的是( )。
    A. 卖方仅仅为了到期收回货款而保留商品的法定产权,则销售成立,相应的收入应予以确认
    B. 合同或协议价款的收取采用递延方式,如分期收款销售商品,实质上具有融资性质的,应当按照应收的合同或协议价款确定销售商品收入金额
    C. 销售商品涉及商业折扣的,应当按照扣除商业折扣后的金额确定销售商品收入金额
    D. 根据收入和费用配比原则,与同一项销售有关的收入和成本应在同一会计期间予以确认。成本不能可靠地计量,相关的收入也不能确认

2. 企业对外销售需要安装的商品时,若安装和检验属于销售合同的重要组成部分,则确认该商品销售收入的时间是( )。
    A. 商品运抵并开始安装时　　B. 发出商品时
    C. 商品安装完毕并检验合格时　　D. 收到商品销售货款时

3. Y公司本月销售情况如下:① 现款销售10台,总售价100 000元(不含增值税,下同)已入账。② 需要安装的销售2台,总售价30 000元,款项尚未收取,安

装任务构成销售业务的主要组成部分,安装尚未完成。③附有退货条件的销售2台,总售价23 000元已入账,退货期3个月,退货的可能性难以估计。Y公司本月应确认的销售收入是( )元。

  A. 100 000   B. 140 000   C. 163 000   D. 183 000

4. 在支付手续费方式委托代销的方式下,委托方确认收入的时点是( )。

  A. 委托方交付商品时   B. 受托方销售商品时
  C. 委托方收到代销清单时   D. 委托方收到货款时

5. 2007年7月1日,A公司对外提供一项为期8个月的劳务,合同总收入310万元。2007年年底无法可靠地估计劳务结果。2007年发生的劳务成本为156万元,预计已发生的劳务成本能得到补偿的金额为120万元,则A公司2007年该项业务应确认的收入为( )万元。

  A. 156   B. —36   C. 120   D. 310

二、多项选择题

1. 下列各项收入中,属于工业企业的其他业务收入的是( )。

  A. 提供运输劳务所取得的收入   B. 提供加工装配劳务所取得的收入
  C. 出租无形资产所取得的收入   D. 销售材料产生的收入

2. 关于让渡资产使用权产生的收入的确认与计量,下列说法中,正确的是( )。

  A. 让渡资产使用权收入同时满足"相关的经济利益很可能流入企业"和"收入的金额能够可靠地计量"时才能予以确认
  B. 让渡资产使用权收入同时满足"相关的经济利益很可能流入企业"和"发生的成本能够可靠地计量"时才能予以确认
  C. 使用费收入金额,按照实际收费时间计算确定
  D. 利息收入金额,按照他人使用本企业货币资金的时间和实际利率计算确定

3. 华东公司2008年6月6日发给华西公司商品500件,增值税专用发票注明的货款50 000元,增值税额8 500元,代垫运杂费1 000元,该批商品的成本为42 500元。在向银行办妥手续后得知甲企业资金周转十分困难,该公司决定本月不能确认该笔收入,但是纳税义务已经发生。下列相关会计处理中,正确的是( )。

  A. 借:发出商品   42 500   B. 借:应收账款 1 000
     贷:库存商品 42 500   贷:银行存款 1 000
  C. 借:应收账款   42 500
     贷:主营业务成本 42 500

D. 借：应收账款   8 500
   贷：应交税费——应交增值税(销项税额) 8 500

4. 下列有关收入的表述中,不正确的是(   )。
   A. 凡是资产的增加或负债的减少,或两者兼而有之,同时引起所有者权益的增加,一定表明收入的增加
   B. 在商品销售收入确认条件中,所有权上的主要报酬和风险随所有权凭证的转移而转移
   C. 如果企业确认商品销售收入后,发生销售退回的均冲减退回当月的销售收入,并冲减当月销售成本
   D. 在委托其他单位代销商品情况下,委托方应在收到受托方提供的增值税专用发票时确认收入
   E. 在对销售收入进行计量时,应不考虑预计可能发生的现金折扣和销售折让,现金折扣和销售折让实际发生时才予以考虑

5. 下列各项中,影响企业营业利润的项目是(   )。
   A. 销售费用   B. 管理费用
   C. 投资收益   D. 所得税费用
   E. 公允价值变动损益

三、判断题

1. 企业发生的销货退回,无论是属于本年度销售的,还是以前年度销售的,都应冲减退回年度的主营业务收入及相关的成本费用。(   )

2. 企业只要将商品所有权上的主要风险和报酬转移给了购货方,就可以确认收入。(   )

3. 如果企业保留与商品所有权相联系的继续管理权,则在发出商品时不能确认该项商品销售收入。(   )

4. 如果劳务的开始和完成分属不同的会计年度,就必须按完工百分比法确认收入。(   )

5. 商品需要安装和检验的销售,如果安装程序比较简单,或检验是为最终确定合同价格必须进行的程序,则可以在商品发出时或在商品装运时确认收入。(   )

四、核算题

1. 资料：A企业于2007年11月受托为B企业培训一批学员,培训期为6个月,11月1日开学。双方签订的协议注明,B企业应支付培训费总额为120 000元,分3次支付：第一次在开学时预付；第二次在培训期中间,即2008年2月1日支付；第三次在培训结束时支付。每期支付40 000元。B企业已在11月1日预付

第一期款项。

2007年12月31日，A企业得知B企业当年效益不好，经营发生困难，后两次的培训费是否能收回，没有把握，已经发生的培训成本60 000元，估计能够得到补偿的部分为40 000元。

要求：编制A企业的相关会计分录。

2. 资料：天意软件开发公司于20×7年8月12日接受客户定货，为客户研制一项财务软件，工期约7个月，合同规定总价款为5 000 000元，分两期收取，客户财务状况和信誉良好。20×7年8月15日，通过银行收到客户首期付款3 000 000元，剩余款项于完工时支付。至20×7年年末，天意公司为研制该软件已发生成本2 750 000元，经专业测量师测量，软件的研制开发程度为60%。预计到研制开发完成整个软件还将发生成本1 000 000元，并预计能按时完成软件的研制开发。

要求：编制天意公司20×7年研制软件开始到研制完成的会计分录。

3. 资料：甲公司2007年1月1日售出5 000件商品，单位价格500元，单位成本400元，增值税专用发票已开出。协议约定，购货方应于2月1日前付款，6月30日前有权退货。假定销售退回实际发生时可冲减增值税额。

要求：对下列附有退回条件的商品销售分别作出账务处理。

(1) 甲公司根据经验，估计退货率为20%，6月30日退回1 000件。

(2) 甲公司无法根据经验估计退货率，6月30日未发生销售退回。

4. 资料：甲2007年12月份发生经济业务如下：

(1) 销售C产品45件，每件售价1 000元，增值税税率17%，每件单位成本为700元，款项已收存银行。

(2) 采用商业汇票方式销售B产品50件，每件售价700元，单位成本为400元，增值税税率17%。

(3) 销售A产品100件，每件售价8 000元，货款800 000元，单位成本5 000元，增值税税率17%。

(4) 以前月份销售的A产品本月退回10件，每件售价8 000元，货款已通过银行退回。

(5) 本月发生管理费用6 000元，销售费用5 000元，财务费用20 000元，均用银行存款支付。

(6) 取得罚款净收入20 000元。

(7) 本月固定资产盘亏净损失18 000元。

(8) 企业出售无形资产一项，该项无形资产账面余额100 000元，累计摊销20 000元，出售收入100 000元，营业税税率为5%。

(9) 根据(1)~(8)项经济业务的发生额，计算营业利润、利润总额、所得税费用、净利润等指标。

（10）若本年度 1～11 月份共实现利润总额 2 000 000 元，应交所得税 660 000 元，再根据上述资料的计算结果，进行全年利润的分配，提取盈余公积 10%，分配现金股利 60%。

要求：根据上述资料，编制会计分录。

【延伸阅读】

判断"负债计税基础"的方法

我国新的所得税准则规定，企业应当采用资产负债表债务法核算递延所得税。资产负债表债务法的关键是确定资产、负债的计税基础。计税基础确定了，暂时性差异也就确定了，相应地，递延所得税资产或递延所得税负债的确认、计量也就迎刃而解了。那么负债的计税基础如何判断呢？

首先，将负债区分为预收款项类负债及非预收款项类负债两种。

预收款项类负债主要包括企业预先收取客户的货款、劳务款及资产的使用费，但尚未向客户交付商品、提供劳务或将资产交付对方使用而形成的负债，如预收账款、递延收益等；非预收款项类负债是指企业已接受了对方交付的商品、提供的劳务，或已使用了对方的资产（含货币资金），但尚没有支付相应款项而形成的负债以及企业的预计负债。资产负债表中的大多数负债均属非预收款项类负债，如借款类负债、应付款项类负债、预计负债类等。

两类负债都属企业承担的现时义务，其清偿都会导致未来经济利益流出企业，但其清偿方式或者说其未来经济利益流出的方式却有不同：预收款项类负债的清偿方式是向债权人交付商品、提供劳务或让渡相关资产的使用权；非预收款项类负债通常以现金或现金等价物流出的方式进行清偿。

其次，分别按照不同方法确定两类负债的计税基础。

预收款项类负债的计税基础等于其账面价值减去未来清偿负债时不需纳税的预收账款金额。

实务中，如果一项预收账款在收款时按税法规定已计入收款当期的应纳税所得额，则未来清偿该负债时不需再交纳所得税，即未来清偿负债时不需纳税的预收账款金额等于其账面价值，其计税基础等于其账面价值减去未来清偿负债时不需纳税的预收账款金额＝账面价值－账面价值＝0。

如果一项预收账款在收款时按税法规定没有计入预收期间的应纳税所得额，则在未来清偿时（会计上确认收入时）该部分预收的收入要计入清偿期的应纳税所得额，即负债清偿时免予交纳所得税数额为 0。所以，其计税基础等于账面价值减去未来经济利益流出时不需计税金额＝账面价值－0＝账面价值；非预收款项类负债计税基础，等于其账面价值减去未来经济利益流出时可予税前扣除数。

实务中，非预收款项类负债的计税基础的确定也应区分不同情况：

（1）如果该类负债确认（指会计上确认）时，税法已允许其从当期应纳税所得额中扣除，则以后清偿时不能再进行扣除，即未来扣除数为0，这种情况下负债的计税基础＝账面价值－未来经济利益流出时可予税前扣除数＝账面价值－0＝账面价值。

（2）如果该负债确认（指会计上确认）时，按税法规定不能从当期应纳税所得额中扣除，而是以后清偿时才允许扣除，即未来扣除数等于其账面价值，这种情况下负债的计税基础＝负债的账面价值－未来可税前扣除数＝账面价值－账面价值＝0。

（3）如果一项非预收款项类负债发生时按税法规定不允许扣除，以后清偿时按税法规定也不允许扣除，未来可扣除数为0，则其计税基础＝账面价值－未来可扣除数＝账面价值－0＝账面价值。

依据上述"负债的计税基础"的确定步骤，针对各负债项目的具体情况，举例说明如下：

（1）某企业资产负债表中预收账款（货款）项目账面价值为180万元。税法规定，该预收款收到时，不计入收款期应纳税所得额，企业将产品发出时（清偿负债时）纳税。

分析：预收账款属预收款项类负债，其计税基础＝账面价值－未来清偿负债时不需纳税的金额＝180－0＝180万元。

（2）某企业资产负债表中递延收益项目账面价值为200万元，该递延收益为企业收到的政府补助款。税法规定该笔款项已全部计入收款当期的应纳税所得额。

分析：递延收益属预收款项类负债，其计税基础＝账面价值－未来清偿负债时不需纳税的预收账款金额＝200－200＝0万元。

（3）某企业资产负债表中应付账款项目为200万元。

分析：应付账款属非预收款项类负债。一般而言，企业确认应付账款时按税法规定不允许其扣除，清偿时也不允许税前扣除，其计税基础＝账面余额－未来清偿时允许税前扣除数＝200－0＝200万元。

（4）某企业资产负债表中长期应付款项目的账面价值为300万元。该项长期应付款为企业融资租入固定资产应付款。

分析：长期应付款属非预收款项类负债。一般而言，企业融资租入固定资产属变相融入资金，按税法规定未来偿还变相融资款时不得税前扣除，其计税基础＝账面价值－未来清偿负债时允许税前扣除数。

资料来源：http://www.wtokj.com/paper/v52075.html。

第十章 所有者权益

学习目标

- 理解所有者权益的含义及构成
- 了解投入资本的主要法律规定
- 熟悉资本公积、留存收益的构成内容及账务处理方法
- 了解股利分配的核算办法
- 知道弥补亏损问题的处理方法

引 言

为了促进丽源公司的发展,董事会近期对该公司管理层人员进行了调整。新的管理人员上任后,立即召集各部门开会,共商公司发展大计。会上先由各部门主管对部门的工作计划作简要概括的说明,然后重点讨论了业务预算和财务工作。财务经理向与会的各部门负责人介绍了下一年度公司的财务计划。总经理看完计划后,对"资产负债表"所有者权益部分的内容提出以下几个问题:

(1) 作为会计部门,提供"所有者权益"方面的核算资料能够达到什么目的?

(2) "实收资本"是不是人们常讲的"本钱"的概念?它与"注册资本"、"投入资本"是什么关系?

(3) 既然"所有者权益"是企业全部资金扣除债务后由出资人拥有的部分,为什么还要区分"实收资本"、"资本公积"、"盈余公积"和"未分配利润"?

学习本章之后,你将得到这些问题的正确答案。

第一节 所有者权益概述

一、所有者权益的概念与特征

所有者权益是指企业资产扣除负债后,由所有者享有的剩余权益。公司的所有者权益又称为股东权益。所有者权益是所有者对企业资产的剩余索取权,它是企业资产中扣除债权人权益后应由所有者享有的部分。它既可反映所有者投入资本的保值增值情况,又体现了保护债权人权益的理念。

所有者权益体现的是所有者在企业中的剩余权益,因此,所有者权益的确认主要依赖于其他会计要素,尤其是资产和负债的确认;所有者权益金额的确定也主要取决于资产和负债的计量。例如,企业接受投资者投入的资产,在该资产符合企业资产确认条件时,就相应地符合了所有者权益的确认条件;当该资产的价值能够可靠地计量时,所有者权益的金额也就可以确定。

所有者权益与负债虽然都是权益,共同构成企业的资金来源,但所有者权益反映的是企业所有者对企业资产的索取权,负债反映的是企业债权人对企业资产的索取权,两者在性质上有本质区别,因此企业在会计确认、计量和报告中应当严格区分负债和所有者权益,以如实反映企业的财务状况,尤其是企业的偿债能力和产权比率等。在实务中,企业某些交易或者事项可能同时具有负债和所有者权益的特征,在这种情况下,企业应当将属于负债和所有者权益的部分分开核算和列报。

所有者对企业的经营活动承担着最终的风险,与此同时,也享有最终的权益。如果企业在经营中获利,所有者权益将随之增长;反之,所有者权益将随之减少。任何企业的所有者权益都是由企业的投资者投入资本及其增值所构成的。

二、所有者权益的构成

所有者权益的来源包括所有者投入的资本、直接计入所有者权益的利得和损失、留存收益等。其中,直接计入所有者权益的利得和损失一般作为资本公积处理,留存收益包括盈余公积和未分配利润。因此,所有者权益按形成来源可分为实收资本(或股本)、资本公积、盈余公积和未分配利润等部分。

1. 所有者投入的资本

所有者投入的资本是指所有者投入企业的资本部分。它既包括构成企业注册资本或者股本部分的金额,也包括投入资本超过注册资本或者股本部分的金额,即资本溢价或者股本溢价。这部分投入资本在我国《企业会计准则》体系中被计入了资本公积,并在资产负债表中的资本公积项目下反映。

2. 直接计入所有者权益的利得和损失

直接计入所有者权益的利得和损失是指不应计入当期损益、会导致所有者权益发生增减变动的、与所有者投入资本或者向所有者分配利润无关的利得或者损失。其中,利得是指由企业非日常活动所形成的、会导致所有者权益增加的、与所有者投入资本无关的经济利益的流入。利得包括直接计入所有者权益的利得和直接计入当期利润的利得。损失是指由企业非日常活动所发生的、会导致所有者权益减少的、与向所有者分配利润无关的经济利益的流出。损失包括直接计入所有者权益的损失和直接计入当期利润的损失。直接计入所有者权益的利得和损失主要包括可供出售金融资产的公允价值变动额、现金流量套期中套期工具公允价值变动额(有效套期部分)等,一般作为资本公积处理。

3. 留存收益

留存收益是企业历年实现的净利润留存于企业的部分。它主要包括累计计提的盈余公积和未分配利润。

第二节 投 入 资 本

我国有关法律规定,投资者设立企业首先必须投入资本。我国《企业法人登记管理条例》规定,企业申请开业,必须具备国家规定的与其生产经营和服务规模相适应的资金。所有者向企业投入的资本,在一般情况下无需偿还,可以长期周转使用。投入资本的构成比例,即投资者的出资比例或股东的股份比例,通常是确定所有者在企业所有者权益中所占的份额和参与企业财务经营决策的基础,也是企业进行利润分配或股利分配的依据,同时还是企业清算时确定所有者对净资产的要求权的依据。

▶ 【问题与思考 10-1】

我国《公司法》对各类公司注册资本的最低限额有何规定?

一、一般企业投入资本的会计核算

一般企业是指除股份有限公司以外的企业,如国有企业、有限责任公司和外商投资企业等。投资者投入资本的形式有很多种,如投资者可以投入现金,也可以投入实物资产,符合国家规定比例的,还可以用无形资产投资。一般企业收到投资者投入资本,应通过"实收资本"账户核算。

1. 接受现金资产投资

企业收到投资人投入的现金时,应在实际收到或者存入企业开户银行时,按实际收到的金额,借记"库存现金"、"银行存款"等账户;按投入资本在注册资本中所占份额,贷记"实收资本"账户;实际收到或者存入银行的金额超过投资者在注册资本中所占份额的部分,应当记入"资本公积——资本溢价"账户。

【例10-1】 20×6年1月1日,3个投资者各投资50万元成立某公司,共计实收资本150万元。经营1年后,该公司留存收益为15万元。20×7年1月1日,有另一投资者欲加入该公司并希望占有25%的股份。经协商,该公司将注册资本增加到200万元。但该投资者不能仅投资50万元就能占有25%的股份。假定其交纳60万元,则只能将50万元作为实收资本入账,超过部分作为资本溢价,记入"资本公积——资本溢价"账户。其账务处理如下:

  借:银行存款   600 000
    贷:实收资本——××   500 000
      资本公积——资本溢价   100 000

2. 接受非现金资产投资

企业收到非现金资产投资,对于收到的固定资产、存货、无形资产等各项非现金资产都按照公允价值作为入账价值。一般来说,应按投资合同或协议约定价值确定非现金资产价值(但投资合同或协议约定价值不公允的除外),也就是公允价值。本教材中的例子都是合同或协议约定价值等于公允价值。企业应在办理实物产权转移手续或移交有关凭证时,借记有关资产账户,贷记"实收资本"账户;对于非现金资产入账价值超过其在注册资本中所占份额的部分,应当记入"资本公积——资本溢价"账户。

【例10-2】 长江公司接受海通公司以其所拥有的专利权作为出资,双方协议约定的价值为200万元,按照市场情况估计其公允价值为220万元,已办妥相关手续。长江公司的账务处理如下:

  借:无形资产   2 200 000
    贷:实收资本——海通公司   2 000 000
      资本公积——资本溢价   200 000

二、股份有限公司投入资本的核算

股份有限公司与其他企业相比较,最显著的特点就是将企业的全部资本划分为等额股份,并通过发行股票的方式来筹集资本。股份有限公司应设置"股本"账户核算股东投入公司的股本。为提供企业股份的构成情况,企业可在"股本"账户下按股东单位或姓名设置明细账。企业的股本应在核定的股本总额范围内,发行股票取得。但值得注意的是,企业发行股票取得的收入与股本总额往往不一致,公司发行股票取得的收入大于股本总额的,称为溢价发行;小于股本总额的,称为折价发行;等于股本总额的,为面值发行。我国不允许企业折价发行股票。在采用溢价发行股票的情况下,企业应将相当于股票面值的部分记入"股本"账户,其余部分在扣除发行手续费、佣金等发行费用后记入"资本公积——股本溢价"账户。

【例 10-3】 金欣股份有限公司发行每股面值为 1 元的普通股 1 000 万股,发行价为每股 1.2 元;发行每股面值 1 元、年股利率为 7% 的优先股 60 万股,发行价为每股 1.4 元,股款已收到存入银行。金欣股份有限公司的账务处理如下:

```
借:银行存款                        12 840 000
    贷:股本——普通股                  10 000 000
        ——优先股                        600 000
        资本公积——股本溢价            2 240 000
```

【问题与思考 10-2】

唐华实业有限公司是一家国有控股公司,注册资金为 20 000 000 元,其中国家资本金为 16 000 000 元(包括国家以土地使用权出资 5 000 000 元)。2003 年 12 月 20 日,该公司会计主管来到省财政厅会计处,专门咨询一笔会计事项的处理方法。原来,该公司的上级主管部门在 2003 年 10 月 2 日,将占该公司 40% 的一块土地划转给了帝豪公司,又于 2003 年 10 月 26 日将其下属的另一家国有独资企业的一台进口设备,拨付给唐华公司,以顶替其土地出资额。

要求:
(1) 唐华实业有限公司主管部门的做法是否合适?为什么?
(2) 作为准会计从业人员,对已经发生的这笔事项,应该如何处理?

第三节 资本公积

一、资本公积概述

资本公积是企业收到投资者的超出其在企业注册资本(或股本)中所占份额的投资以及直接计入所有者权益的利得和损失等。资本公积包括资本溢价(或股本溢价)和直接计入所有者权益的利得和损失等。资本溢价(或股本溢价)是企业收到投资者的超出其在企业注册资本(或股本)中所占份额的投资。形成资本溢价(或股本溢价)的原因有溢价发行股票、投资者超额缴入资本等。直接计入所有者权益的利得和损失是指不应计入当期损益、会导致所有者权益发生增减变动的、与所有者投入资本或者向所有者分配利润无关的利得或者损失。

"资本公积"账户一般应设置"资本(或股本)溢价"、"其他资本公积"两个明细账户核算。

二、资本公积的账务处理

(一)资本溢价或股本溢价的账务处理

1. 资本溢价

有限责任公司的投资者依其出资份额对企业经营决策享有表决权,依其所认缴的出资额对企业承担有限责任。在企业创立时,出资者认缴的出资额全部记入"实收资本"账户。在企业重组并有新的投资者加入时,为了维护原有投资者的权益,新计入的投资者的出资额,并不一定全部作为实收资本处理。这是因为,在企业正常经营过程中投入的资金即使与企业创立时投入的资金在数量上一致,但其获利能力却不一致。企业创立时,要经过筹建、试生产经营、为产品寻求市场、开辟市场等过程,从投入资金到取得回报,需经过一段时间并且具有较大的风险,在这个过程中资本利润率很低。而企业进行正常生产经营后,资本利润率通常要高于企业创业初期。而这高于初创阶段的资本利润率是初创时必要的垫支资本带来的,企业创办者为此付出了代价。因此,相同数量的投资,由于出资时间不同,其对企业的影响程度不同,由此带给投资者的权利也不同。所以,新加入的投资者要付出大于原投资者的出资额,才能取得与投资者相同的投资比例。另外,原投资者原有的投资不仅从质量上发生了变化,而且数量上也可能发生了变化,这是因为企业经营过程中实现的利润的一部分留在企业,形成留存收益,而留存收益也属于投资者权益,但其未转入实收资本。新加入的投资者与原投资者共享这部分留存收益,也要求其付出大于原有投资者的出资额,才能取得与原投资者相同的投资比例。投资者投入的资本中按其投资比例计算的出资额部分,应记入"实收资本"账户,大于部分应记入"资本公积——资本溢价"账户。

2. 股本溢价

股份有限公司是以发行股票的方式筹集股本的。股票是企业签发的证明股东按其所持有股份享有权利和承担义务的书面证明。由于股东按其所持企业股份享有权利和承担义务,为了反映和便于计算各股东所持股份占企业全部股本的比例,企业的股本总额应按股票的面值与股份总数的乘积计算。国家规定,实收股本总额应与注册资本相等。因此,为提供企业股本总额及其构成及注册资本等信息,在采用与股票面值相同价格发行股票的情况下,企业发行股票取得的收入,应全部记入"股本"账户;在采用溢价发行股票的情况下,企业发行股票取得的收入,相当于股票面值的部分记入"股本"账户,超出股票面值的溢价收入记入"资本公积——股本溢价"账户。需要注意的是,委托证券商代理发行股票而支付的手续费、佣金等,应从溢价发行收入中扣除,企业应按扣除手续费、佣金后的数额记入"资本公积——股本溢价"账户。

【例 10-4】 金欣股份有限公司委托某证券公司代理发行普通股 1 000 万股,每股面值 1 元,每股发行价格为 1.2 元。金欣股份有限公司与受托单位约定,按发行收入的 2% 收取手续费,从发行收入中扣除。假定股款已收到并存入银行。金欣股份有限公司的账务处理如下:

金欣股份有限公司收到受托单位交来的现金 $= 10\,000\,000 \times 1.2 \times (1 - 2\%) = 11\,760\,000$(元)

应计入资本公积账户的金额 $=$ 溢价收入 $-$ 发行手续费 $= 10\,000\,000 \times (1.2 - 1) - 10\,000\,000 \times 1.2 \times 2\% = 1\,760\,000$(元)

借:银行存款　　　　　　　　　　　　　　　　11 760 000
　　贷:股本　　　　　　　　　　　　　　　　　　10 000 000
　　　　资本公积——股本溢价　　　　　　　　　　1 760 000

除此之外,同一控制下控股合并形成的长期股权投资,也会产生资本或股本溢价。因为同一控制下控股合并形成的长期股权投资,在合并日按取得被合并方所有者权益账面价值的份额,借记"长期股权投资"账户;按支付的合并对价的账面价值,贷记有关资产账户或借记有关负债账户;按其差额,贷记"资本公积——资本溢价(或股本溢价)"账户。若为借方差额的,借记"资本公积——资本溢价(或股本溢价)"账户。借记时如果"资本公积——资本溢价(或股本溢价)"账户不足冲减的,冲减"盈余公积"、"利润分配——未分配利润"账户。

(二) 其他资本公积的账务处理

其他资本公积是指除资本溢价(或股本溢价)项目以外所形成的资本公积。其中主要包括直接计入所有者权益的利得和损失。

1. 采用权益法核算的长期股权投资

长期股权投资采用权益法核算的,在持股比例不变的情况下,被投资单位除净损益以外所有者权益的其他变动,企业按持股比例计算应享有的份额,如果是利得,应当增加长期股权投资的账面价值,同时增加"资本公积——其他资本公积"账户;如果是损失,应当作相反的会计分录。当处置采用权益法核算的长期股权投资时,应当将原记入"资本公积"账户的相关金额转入"投资收益"账户。

2. 可供出售金融资产公允价值的变动

可供出售金融资产在持有期间的资产负债表日,应当以公允价值计量,且公允价值的变动差额记入"资本公积——其他资本公积"账户。

3. 持有至到期投资重分类为可供出售金融资产

将持有至到期投资重分类为可供出售金融资产的,以公允价值进行后续计量。

重分类日,该投资的账面价值与其公允价值之间的差额记入"资本公积——其他资本公积"账户。在该可供出售金融资产发生减值或终止确认时转出,计入当期损益。

4. 投资性房地产的转换差额

自用房地产或存货转换为采用公允价值模式计量的投资性房地产时,转换日的公允价值小于原账面价值的,其差额计入当期损益。转换日的公允价值大于原账面价值的,其差额记入"资本公积——其他资本公积"账户。

5. 以权益结算的股份支付

以权益结算的股份支付换取职工或其他方提供服务的,应按照确定的金额,借记"管理费用"等账户,同时贷记"资本公积——其他资本公积"账户。在行权日,应按实际行权的权益工具数量计算确定的金额,借记"实收资本——其他资本公积"账户;按记入实收资本或股本的金额,贷记"资本公积"或"股本"账户,并将其差额记入"资本公积——资本溢价"账户或"资本公积——股本溢价"账户。

资本公积转增资本的账务处理

按照我国《公司法》的规定,法定公积金(资本公积和盈余公积)转为资本时,所留存的该项公积金不得少于转增前公司注册资本的25%。经股东大会或类似机构决议,用资本公积转增资本时,应冲减资本公积,同时按照转增前的实收资本(或股本)的结构或比例,将转增的金额记入"实收资本"(或"股本")账户下各所有者的明细分类账。

第四节 留 存 收 益

一、留存收益的性质及构成

(一)留存收益的性质

留存收益是股东权益的一个重要项目,是企业历年剩余的净收益累积而成的资本。因此,留存收益也可称为累积收益。按照公司章程或其他有关规定,公司可将留存收益在股东间进行分配,作为公司股东的投资所得;也可以为了某些特殊用途和目的,将其中一部分留在公司而不予分配。公司向股东分派股利将大幅度减少留存收益,因此,公司必须有足够的留存收益才能分配股利。但这并不意味着只要有留存收益就能进行股利分配。公司往往会因特别目的或法令规定而限制留存收益,不作股利分配。留存收益的这种限制,一般称为"拨定"。实务中,为了约束企业过量分配,有关法规均规定企业必须留有一定积累,如提取盈余公积,以利于企业持续经营、维护债权人利益。留存收益可分为两部分:已拨定的留存收益和未拨定的留存收益。

(二) 留存收益的构成

留存收益由盈余公积和未分配利润构成。盈余公积包括法定盈余公积和任意盈余公积,它们属于已拨定的留存收益,而未分配利润属于未拨定的留存收益。

1. 盈余公积

(1) 法定盈余公积。法定盈余公积是指企业按规定从净利润中提出的累积资金。法定意味着提取时由国家法规强制规定。企业必须提取法定盈余公积,目的是确保企业不断积累资本,自我壮大实力。我国《公司法》规定,公司制企业的法定盈余公积按照税后利润的10%提取,法定盈余公积累计额已达注册资本的50%时,可以不再提取。

(2) 任意盈余公积。任意盈余公积是公司出于实际需要或采取审慎经营策略,从税后利润中提取的一部分留存利润。任意是指出于自愿的,而非外力强制,但也不是随心所欲地提取。如果公司有优先股,必须在支付了优先股股利之后,才可提取任意盈余公积。由于任意盈余公积是企业自愿拨定的留存收益,其数额也由企业视实际情况而定。

法定盈余公积和任意盈余公积的区别就在于其各自计提的依据不同。前者以国家的法律或行政规章为依据提取,后者则由企业自行决定提取。

企业提取盈余公积主要可以用于以下几个方面:① 弥补亏损。企业发生亏损时,应由企业自行弥补。其中,企业可以盈余公积弥补亏损。企业以提取的盈余公积弥补亏损时,应当由公司董事会提议,并经股东大会批准。② 转增资本。企业将盈余公积转增资本时,必须经股东大会决议批准。在实际将盈余公积转增资本时,要按股东原有持股比例结转。按照我国《公司法》的规定,法定公积金(资本公积和盈余公积)转为资本时,所留存的该项公积金不得少于转增前公司注册资本的25%。③ 扩大企业生产经营。企业盈余公积的结存数,实际只表现为企业所有者权益的组成部分,表明企业生产经营资金的一个来源而已。其中形成的资金可能表现为一定的货币资金,也可能表现为一定的实物资产,如存货和固定资产等。随同企业的其他来源所形成的资金进行循环周转,用于企业生产经营。

2. 未分配利润

未分配利润是企业留待以后年度进行分配的结存利润,也是企业股东权益的组成部分。相对于股东权益的其他部分来说,企业对于未分配利润的使用分配有较大的自主权。从数量上来说,未分配利润是期初未分配利润,加上本期实现的税后利润,减去提取的各种盈余公积和分出利润后的余额。未分配利润有两层含义:一是留待以后年度处理的利润,二是未指定特定用途的利润。

【问题与思考 10-3】

"盈余公积"和"未分配利润"都是没有分配的利润,有何区别?

二、留存收益的账务处理

(一)盈余公积的账务处理

为了反映盈余公积的形成及使用情况,企业应设置"盈余公积"账户,并按其种类分别设置"法定盈余公积"、"任意盈余公积"账户等进行明细账户核算。

企业提取盈余公积时,借记"利润分配——提取法定盈余公积"、"盈余公积——提取任意盈余公积"账户,贷记"盈余公积——法定盈余公积"、"盈余公积——任意盈余公积"账户。企业用盈余公积弥补亏损或转增资本时,借记"利润分配"账户,贷记"利润分配——盈余公积补亏"、"实收资本"或"股本"账户。企业将盈余公积转增股本时,应当按照转增股本前的股本结构比例,将盈余公积转增股本的数额记入"股本"账户下各股东的明细账,相应增加各股东对企业的股本投资。

(二)未分配利润的账务处理

企业未分配利润的核算是通过"利润分配"账户进行的。"利润分配"账户应当分别"提取法定盈余公积"、"提取任意盈余公积"、"应付现金股利或利润"、"转作股本的股利"、"盈余公积补亏"和"未分配利润"账户等进行明细账户核算。

【问题与思考 10-4】

未分配利润的使用与应付职工薪酬中的职工福利的使用有何区别?

1. 分配股利或利润的账务处理

对董事会或类似机构通过的利润分配方案中拟分配的现金股利或利润,企业不作账务处理,但应在附注中披露。当董事会或类似机构通过的利润分配方案已经获得股东大会或类似机构审议批准后,企业方可按应支付的现金股利或利润,借记"利润分配——应付现金股利或利润"账户,贷记"应付股利"账户。实际支付现金股利或利润,借记"应付股利"账户,贷记"银行存款"等账户。经股东大会或类似机构决议,用盈余公积派送新股;按派送新股计算的金额,借记"盈余公积"账户;按股票面值和派送新股总数计算的股票面值总额,贷记"股本"账户。

2. 期末结转的账务处理

企业期末结转利润时,应将各损益类账户的余额转入"本年利润"账户,结平各损益类账户。结转后"本年利润"账户若为贷方余额,表示当期实现的净利润;若为借方余额,表示当期发生的净亏损。年度终了,应将本年收入和支出相抵后结出的本年实现的净利润或净亏损转入"利润分配——未分配利润"账户。同时,将"利润分配"账户所属的其他明细账户的余额,转入"未分配利润"明细账户。结转后,"未分配利润"明细账户的贷方余额,就是未分配利润的金额;如出现借方余额,则表示未弥补亏损的金额。"利润分配"账户所属的其他明细账户应无余额。

3. 弥补亏损的账务处理

企业在生产经营过程中既有可能发生盈利,也有可能出现亏损。企业在当年发生亏损的情况下,与实现利润的情况相同,应当将本年发生的亏损自"本年利润"账户的贷方转入"利润分配——未分配利润"账户的借方。结转后"利润分配"账户的借方余额,即为未弥补亏损的数额。然后,通过"利润分配"账户,核算有关亏损的弥补情况。

弥补亏损的渠道主要有三条:一是用以后年度税前利润弥补,二是用以后年度税后利润弥补,三是以盈余公积弥补亏损。按照现行制度规定,企业发生亏损时,可用以后 5 年内实现的税前利润弥补,即税前利润弥补亏损的期间为 5 年。若企业发生的亏损经过 5 年期间未弥补足额的,尚未弥补的亏损应用所得税后的利润弥补。

以当年实现的利润弥补以前年度结转的未弥补亏损,不需要进行专门的账务处理。企业应将当年实现的利润自"本年利润"账户转入"利润分配——未分配利润"账户的贷方,其贷方发生额与"利润分配——未分配利润"账户的借方余额自然抵补。

无论是以税前利润还是以税后利润弥补亏损,其会计处理方法相同,所不同的只是两者计算交纳所得税时的处理不同而已。在以税前利润弥补亏损的情况下,其弥补的数额可以抵减当期企业应纳税所得额,而以税后利润弥补的数额,则不能作为纳税所得扣除处理。

【例 10-5】 金欣股份有限公司 20×1 年发生亏损 100 万元。本例中,该公司适用的所得税税率为 25%,不考虑由未弥补亏损确认的递延所得税资产。在年度终了时,企业应当结转本年度发生的亏损,即编制会计分录如下:

```
借：利润分配——未分配利润                                    1 000 000
    贷：本年利润                                              1 000 000
```

假设20×2—20×6年,金欣股份有限公司每年均实现利润18万元。按照现行规定,企业在发生亏损以后的5年内可以用税前利润弥补亏损。金欣股份有限公司在20×2—20×6年均可在税前弥补亏损。因此,金欣股份有限公司在20×2—20×6年每年年度终了时,均应编制会计分录如下：

```
借：本年利润                                                  180 000
    贷：利润分配——未分配利润                                  180 000
```

按照上述会计处理结果,20×6年"利润分配——未分配利润"账户期末余额为借方余额10万元,即20×7年年初未弥补亏损为10万元。假设金欣股份有限公司20×7年实现税前利润30万元。按现行规定,该公司20×7年只能用税后利润弥补以前年度亏损。在20×7年年度终了时,金欣股份有限公司首先应当按照当年实现的税前利润计算交纳当年应负担的所得税,然后再将当期扣除计算交纳的所得税后的净利润转入"利润分配"账户。金欣股份有限公司应作账务处理如下：

(1) 计算当年应交纳所得税。

金欣股份有限公司在20×7年计算交纳年度所得税时,其纳税所得额为30万元,当年应交纳的所得税为7.5万元(30×25%)。

```
借：所得税费用                                                75 000
    贷：应交税费——应交所得税                                  75 000

借：本年利润                                                  75 000
    贷：所得税费用                                            75 000
```

(2) 结转本年利润,弥补以前年度未弥补亏损。

```
借：本年利润                                                  225 000
    贷：利润分配——未分配利润                                  225 000
```

(3) 上述核算结果,该企业20×7年"利润分配——未分配利润"账户的期末贷方余额为12.5万元(−10+22.5)。

本例如考虑由未弥补亏损确认的递延所得税资产,应按《企业会计准则第18号——所得税》第15条规定处理,即："企业对于能够结转以后年度的可抵扣亏损和税款抵减,应当以很可能获得用来抵扣可抵扣亏损和税款抵减的未来应纳税所得额为限,确认相应的递延所得税资产。"

本 章 小 结

本章主要讲述了所有者权益的构成与账务处理,所有者权益是指企业资产扣除负债后,由所有者享有的剩余权益。所有者权益的来源包括所有者投入的资本、直接计入所有者权益的利得和损失、留存收益等。

复 习 思 考 题

1. 试述所有者权益的性质和分类,并阐明会计上对所有者权益如此分类的理由。
2. 简述投入资本的主要法律规定。
3. 何谓资本公积?其构成的内容有哪些?

案 例 讨 论 题

2007年4月,某市审计局派出审计组对某股份有限公司2006年度财务收支进行了审计。审计组的外勤工作结束日为5月10日,并于5月20日向市审计局提交了审计报告。有关情况和资料如下:

(1) 该公司2006年会计报表反映,2006年年末资产总额为8 000万元,注册资本为2 000万元,股东权益总额为2 500万元。当年的税前利润总额为300万元,适用所得税税率33%。该公司的会计报表无附注内容。

(2) 该公司的坏账核算方法一直采用备抵法。2005年和2006年的坏账准备计提比例分别为5‰和3‰。

(3) 2006年4月,该公司应收某客户的账款150万元,已被确认为坏账损失并予以注销,占2006年应收账款年末余额的12.5%。

(4) 2006年年末,该公司的存货余额为1 200万元。2005年和2006年的存货计价方法分别为先进先出法和移动加权平均法。

(5) 2006年年末,该公司的固定资产原值为2 800万元,2005年和2006年的固定资产折旧计提方法分别采用直线法和年数总和法。

(6) 2006年6月,该公司在用的机床1台因管理不善提前报废,原值320万元,累计折旧280万元,发生清理费用34万元。该台机器的原值占2006年固定资产原值余额的11.43%。

(7) 2006年年末,该公司按利润总额10%计提法定盈余公积30万元。该公司2006年度没有年初未分配利润、罚没和其他转入项目。

要求：根据上述资料，找出存在的问题。

同步测试题

一、单项选择题

1. 甲股份有限公司委托某证券公司代理发行普通股100 000股，每股面值1元，每股按1.2元的价格出售。按协议，证券公司从发行收入中扣取2%的手续费。股票发行冻结资金期间产生的利息收入为3 000元。甲公司计入资本公积的数额是（　　）元。

  A. 17 600   B. 20 000   C. 20 600   D. 22 600

2. 甲公司购入股票100万元作为可供出售金融资产。在资产负债表日，该股票的公允价值为97万元，在不考虑所得税影响情况下，影响资本公积的金额是（　　）万元。

  A. 100   B. 3   C. 97   D. 5

3. 用盈余公积弥补亏损，在冲减盈余公积的同时，应增加（　　）。

  A. 资本公积   B. 未分配利润   C. 实收资本   D. 营业外收入

4. 采用权益法核算长期股权投资时，对于被投资企业因经济业务引起资本公积的增加，投资企业应按所拥有的表决权资本的比例计算应享有的份额，将其计入（　　）。

  A. 资本公积   B. 投资收益
  C. 其他业务收入   D. 管理费用

5. 经股东大会决议用盈余公积派送新股，在实施派送新股方案时企业应作的账务处理是（　　）。

  A. 借：利润分配——未分配利润
    贷：股本、资本公积

  B. 借：盈余公积
    贷：股本、资本公积

  C. 借：利润分配——转作股本的普通股股利
    贷：股本、资本公积

  D. 借：利润分配——转作股本的普通股股利
    贷：股本

二、多项选择题

1. 下列各项中，应通过"资本公积"账户核算的是（　　）。

A. 权益法下,被投资单位除净损益以外的所有者权益的变动
B. 接受捐赠资产
C. 存货跌价准备
D. 以权益结算的股份支付
E. 转让无形资产净收益

2. 下列项目中,应通过"资本公积"账户核算的是(   )。
A. 被投资企业增发股票形成的股本溢价
B. 自用房地产或存货转换为投资性房地产引起的直接计入所有者权益的利得或损失
C. 可供出售金融资产公允价值的变动引起的直接计入所有者权益的利得或损失
D. 金融资产的重分类引起的直接计入所有者权益的利得或损失
E. 成本法下投资企业投资当年分得的利润或现金股利

3. 下列项目中,能引起盈余公积发生增减变动的是(   )。
A. 提取任意盈余公积
B. 盈余公积转增资本
C. 用任意盈余公积弥补亏损
D. 用任意盈余公积派发现金股利
E. 按净利润的10%提取法定盈余公积

4. 盈余公积可用于(   )。
A. 分配股利   B. 转增资本
C. 弥补亏损   D. 转为资本公积
E. 偿还债务

5. 下列项目中,属于留存收益的是(   )。
A. 盈余公积   B. 未分配利润   C. 实收资本   D. 资本公积
E. 专项应付款

三、判断题

1. 企业接受捐赠增加资本公积,相应地对外捐赠应减少资本公积。（   ）
2. 企业将外币资本折算为资产入账的价值与折算为实收资本入账的价值的差额,应记入"资本公积"账户的贷方。（   ）
3. 资本公积经批准后可用于派发现金股利。（   ）
4. 平时资产负债表中的未分配利润的金额是由"本年利润"账户及"利润分配"账户的余额合计填入;年末,由于"本年利润"已转入"利润分配",所以资产负债表的未分配利润的金额只有"利润分配"账户的余额。（   ）

5. 企业增发新股,企业的股本或实收资本金额增加,但是所有者权益总额不发生变化。 ( )

6. 企业以盈余公积向投资者分配现金股利,不会引起留存收益总额的变动。 ( )

7. 某企业年初有未弥补亏损20万元,当年实现净利润10万元。按有关规定,该年不得提取法定盈余公积。 ( )

8. 收入能够导致企业所有者权益增加,但导致所有者权益增加的不一定是收入。 ( )

9. 企业不能用盈余公积分配现金股利。 ( )

10. 支付已宣告的现金股利时所有者权益减少。 ( )

四、核算题

1. 紫金公司由A、B、C 3方投资,所得税税率为25%。2007年度,该公司发生如下经济业务:

(1) 紫金公司资产负债表日可供出售金融资产的公允价值为300万元,账面价值为280万元。

(2) 紫金公司按规定办理增资手续后,将资本公积90万元转增资本金。该公司原有注册资本2 910万元,其中A、B、C 3方各占1/3。

(3) 紫金公司用盈余公积400万元弥补以前年度亏损。

(4) 提取盈余公积50万元。

(5) 接受D公司作为新投资者,经各方协商同意,D公司出资1 500万元占有该公司股份的25%。

要求:编制相关业务的会计分录。

2. 甲、乙两公司2006年年末各出资500万元开办了明光公司,双方的投资均构成了明光公司的法定资本。明光公司开办后,发生了下列相关业务事项:

(1) 2007年度,明光公司实现净利润120万元,提取法定盈余公积12万元,向甲、乙两公司分配现金利润48万元。

(2) 2008年1月10日,丙公司投入银行存款536万元入股明光公司。丙公司投资后,甲、乙、丙3方各持有明光公司1/3的股份。

要求:

(1) 编制明光公司2007年提取盈余公积、向投资者分配现金利润的会计分录。

(2) 计算明光公司2007年12月31日资产负债表中实收资本、资本公积、盈余公积和未分配利润各项目金额。

(3) 编制明光公司2008年1月10日接受丙公司投资的会计分录。

【延伸阅读】

股 票 分 割

　　股票分割是指公司征得董事会和股东的认可后,将一张较大面值的股票拆成几张较小面值的股票。因此,股票分割又称股票拆细。当股票的价格达到了相当高的水平时,往往会影响流通。例如,每股面值为100元的股票市价为1 500元,假如购买1 000股股票,就需要1 500 000元,这样的股票因转手困难,交易呆滞,自然就不受投资者欢迎,从而抑制了小额投资人的投资热情。在此前提下,公司为降低其股票市价,将股票加以分割,降低其面值,增加股数,从而降低了每股市价,刺激小额投资者的入市热情。

　　我国采用无票流通方式,股票分割不需要办理任何法律手续,而董事会作出决定即可。通常的做法是证券公司接到公司通知后,在各股东账号上进行分割,表明其分割后的股数,然后股东就可按新的股数进行交易。

　　股票分割时,虽然股票股数增加面值变小,但股本的面值总额及其他股东权益并不因此而发生任何增减变化,故不必作任何账务处理。

　　资料来源:http://baike.baidu.com/view/132530.html。

第十一章　非货币性资产交换

- 了解非货币性资产交换的性质与界定
- 理解非货币性资产交换的确认和计量原则
- 能熟练运用非货币性资产交换的账务处理方法
- 能进行非货币性资产交换的信息披露

引　言

　　2000年4月，在上海证券交易所上市的诚成文化发布了两份不同的1999年年报。这是中国证券市场史上第一次出现两份正式年报。

　　诚成文化发布的这两份年报的最大差异是第一份年报比第二份年报多出了5 000多万元的投资收益，原因是诚成文化1999年进行了资产交换。诚成文化将评估价值870万元的一家子公司，即长印文化娱乐公司与大股东海南诚成企业集团公司评估价值6 528万元的1 600套"传世藏书"进行资产交换，产生了5 000多万元的交换差额，最后在报表中被计算成5 000多万元的投资收益，使诚成文化每股收益达到了0.36元，净资产收益率达到了12%。但是由于这次资产交换属于非货币性资产交换，换进来的资产是1 600套书籍，并不是货币资产，因此财政部按照相关准则认定，这次置换不公平、不合理，计算方式有误，要求诚成文化重新对这项交易进行会计处理，并对财务报表进行修正。于是，就产生了两份差异极大的报表。诚成文化为什么要将其拥有的只有870万元的资产与大股东海南诚成企业集团公司评估价值6 528万元的资产进行资产交换呢？该项资产交换应否确认交换损益呢？学习本章之后，你将得到这一问题的正确答案。

第一节 非货币性资产交换概述

一、非货币性资产交换的概念及其特点

非货币性资产交换是指交易双方通过存货、固定资产、无形资产和长期股权投资等非货币性资产进行的交换。有时也涉及或只涉及少量货币性资产(即补价)。认定涉及少量货币性资产的交换为非货币性资产交换，通常以补价占整个资产交换金额的比例低于25%作为参考。非货币性资产交换的特点主要有：① 非货币性资产交换的交易对象主要是非货币性资产。② 非货币性资产交换是一种交换行为。③ 非货币性资产交换也可能涉及少量的货币性资产。

二、货币性资产

货币性资产是指企业持有的货币资金和将以固定或可确定的金额收取的资产。它包括现金、银行存款、应收账款和应收票据以及准备持有至到期的债券投资等。

三、非货币性资产

非货币性资产是指货币性资产以外的资产。它包括存货、固定资产、无形资产和长期股权投资等。

四、非货币性资产交换账务处理的一般原则

非货币性资产交换的账务处理主要解决的问题有二：一是如何计量换入资产的入账价值；二是如何确认和计量换出资产的损益。

（一）换入资产的入账价值的计量

换入资产的入账价值既可以以公允价值和应支付的相关税费计量，也可以以换出资产的账面价值和应支付的相关税费计量。企业会计准则对于以公允价值和应支付的相关税费为标准计量换入资产的成本规定了相当严格的条件。如果非货币性资产交换未能同时满足准则规定的条件的，则该项非货币性资产交换应当以换出资产的账面价值和应支付的相关税费计量。

非货币性资产交换同时满足下列两个条件的，才能以公允价值和应支付的相关税费为基础计量换入资产的成本。

1. 该项交换具有商业实质

所谓具有商业实质，是指满足下列条件之一的非货币性资产交换：

（1）换入资产的未来现金流量在风险、时间和金额方面与换出资产显著不同。

(2) 换入资产与换出资产的预计未来现金流量现值不同,且其差额与换入资产和换出资产的公允价值相比是非常大的。

在确定非货币性资产交换是否具有商业实质时,企业还应当关注交易各方之间是否存在关联方关系。因为关联方关系的存在可能导致发生的非货币性资产交换不具有商业实质。

在实际工作中,判断非货币性资产交换是否具有商业实质时,首先,要考虑交易发生使企业未来现金流量产生变动的程度。这主要是看换入的资产与换出资产的未来现金流量在时间上、金额上、风险上是否存在显著的不同。如果存在明显的差异,则这样的交换就很可能具有商业实质;如果现金流量相同,则该非货币性交易就不具有商业实质;如果换入资产与换出资产的现金流量的时间、金额及风险难以确定,则还可以预计未来现金流量的现值;如果两者预计未来现金流量的现值不同且两者的差额与两者的公允价值相比存在重大差异,则也可以认定该项交易具有商业实质。

2. 换入资产或换出资产公允价值能够可靠地计量

如果换入资产或换出资产均能够可靠地计量,应当以换出资产的公允价值作为换入资产成本的基础,但有确凿证据表明换入资产的公允价值更加可靠的除外。

(二) 换出资产的损益确认和计量

在非货币性资产交换中,如果以公允价值为计价基础,则换出资产的公允价值与其账面价值之间的差额计入当期损益。确认的非货币性资产交换收益作为营业外收入处理,确认的非货币性资产交换损失作为营业外支出处理;若以账面价值为计价基础,不确认交换损益。

企业发生的非货币性资产交换,应当根据是以公允价值还是以账面价值为基础计量换入资产成本以及是否涉及补价,分别作出不同的会计处理。

【问题与思考 11-1】

为什么说关联方关系的存在可能导致发生的非货币性资产交换不具有商业实质?

第二节 以公允价值为基础计量换入资产

一、不涉及补价情况下的账务处理

非货币性资产交换同时满足准则规定的条件的,则以换出资产的公允价值和应支付的相关税费作为换入资产成本,公允价值与换出资产的账面价值之间的差额计入当期损益。如果只有换入资产的公允价值能够可靠计量,则以换入资产的公允价值为基础计量换入资产的入账价值;如果只有换出资产的公允价值能够可靠计量,则以换出资产的公允价值为基础计量换入资产的入账价值;如果换入资产和换出资产的公允价值均能够可靠计量,则以换出资产的公允价值为基础计量换入资产的入账价值。

【例 11-1】 2007年1月1日,新欣公司以一批不再用的设备与紫金公司的一辆货运汽车交换。该批不再用的设备的账面余额为1 200 000元,已计提折旧200 000元,公允价值为1 100 000元。为此项交换,新欣公司以银行存款支付了设备清理费用10 000元,紫金公司换出的货运汽车账面价值为1 400 000元,已计提折旧300 000元,公允价值为1 100 000元。假定不考虑其他因素。

分析:新欣公司以一批不再用的设备与紫金公司的一辆货运汽车交换,该项交换中不涉及货币性资产,也不涉及补价,属于非货币性资产交换。由于该换入资产能够为企业带来未来的经济利益流入,具有商业实质;同时,换出资产与换入资产的公允价值均可以可靠计量,因此,该项非货币性资产交换能够以公允价值为基础计量换入资产的成本,即应当按照换出资产的公允价值加上应支付的相关税费作为换入资产的入账价值。新欣公司的账务处理如下:

将固定资产净值转入固定资产清理:

  借:固定资产清理   1 000 000
    累计折旧   200 000
    贷:固定资产   1 200 000

支付清理费用:

  借:固定资产清理   10 000
    贷:银行存款   10 000

    换入资产的入账价值=1 100 000+10 000=1 110 000(元)

  借:固定资产   1 110 000
    贷:固定资产清理   1 110 000

结转公允价值与账面价值的差额:

  借:固定资产清理   100 000
    贷:营业外收入   100 000

二、涉及补价情况下的账务处理

涉及补价的非货币性资产交换,主要有以下两个问题需要解决。

(一)涉及补价的非货币性资产交换的判断标准

非货币性资产交换并不意味着交换不涉及任何货币性资产。如果某项交换中涉及少量的货币性资产,则该项交换仍属于非货币性资产交换。其中,涉及少量的货币性资产的判断通常是看补价占整个交换金额的比例。企业会计准则给出了一个参考比例——占整个交换金额的25%。即收到补价的企业,如果其收取的货币性资产占换出资产公允价值的比例小于或等于25%;或者支付补价的企业,如果其支付的货币性资产占换出资产公允价值与支付补价之和的比例小于或等于25%,则视为非货币性资产交换。其计算公式如下:

收到补价的企业:

$$\text{收到的补价} \div \text{换出资产公允价值小于或等于} 25\%$$

支付补价的企业:

$$\text{支付的补价} \div (\text{换出资产公允价值} + \text{支付的补价}) \text{小于或等于} 25\%$$

【例11-2】 2007年10月1日,新欣公司以一批不再用的设备与紫金公司的一辆货运汽车交换。新欣公司不再用的设备的账面价值为190 000元,公允价值为160 000元。紫金公司货运汽车的账面价值为250 000元,公允价值为200 000元。新欣公司支付了补价现金40 000元给紫金公司。

分析:从支付补价的新欣公司看,所支付的补价现金40 000元占换出资产设备的公允价值与支付补价之和200 000元的20%,小于25%,确认为非货币性资产交换。

从收取补价的紫金公司看,所收取的补价现金40 000元占换出资产货运汽车的公允价值与支付补价之和200 000元的20%,小于25%,故确认为非货币性资产交换。

(二)换入资产入账价值的确定以及损益的确认与计量

在涉及补价的情况下,换入资产的入账价值除考虑公允价值和应支付的相关税费外,还应考虑补价的影响。同时,损益的确认与计量也有所不同,应分别视收到补价和支付补价的情况进行处理。

支付补价的企业,换入资产成本与换出资产的账面价值加支付的补价、应支付的相关税费之和的差额,应当计入当期损益。其计算公式如下:

$$\text{应确认的收益} = \text{换入资产的成本} - (\text{换出资产的账面价值} + \text{支付的补价} + \text{应支付的相关税费})$$

其中:

$$\text{换入资产的成本} = \text{换出(入)资产的公允价值} + \text{支付的补价} + \text{应支付的相关税费}$$

因此:应确认的收益=换出(入)资产的公允价值-换出资产的账面价值

收到补价的企业,换入资产成本加收到的补价之和与换出资产的账面价值加

应支付的相关税费之和的差额,应当计入当期损益。其计算公式如下:

换入资产入账价值＝换出(入)资产的公允价值＋应支付的相关税费－补价

$$\text{应确认的收益} = \text{换入资产成本} + \text{补价} - \left(\text{换出资产账面价值} + \text{应支付的相关税费}\right) = \text{换出(入)资产的公允价值} - \text{换出资产账面价值}$$

可见,无论是支付补价的企业,还是收到补价的企业,其损益的确认与计量实际上均为企业换出资产损益的确认与计量。

【例 11-3】 新欣公司以其离生产基地较远的仓库与离新欣公司主要生产基地较近的紫金公司的办公楼相交换,新欣公司换出仓库的账面原价为 3 800 000 元,已计提折旧 500 000 元,公允价值 3 600 000 元。紫金公司换出的办公楼的账面原价为 4 500 000 元,已计提折旧 800 000 元,公允价值 3 700 000 元。新欣公司另支付现金 100 000 元给紫金公司。假设新欣公司换入的办公楼作为固定资产管理和使用,且未对换出资产计提减值准备(不考虑相关税费)。

分析:新欣公司以其离生产基地较远的仓库与离新欣公司主要生产基地较近的紫金公司的办公楼相交换,在这项交换中涉及少量的货币性资产,即涉及补价 100 000 元,所以应首先判断这项交换是否属于非货币性资产交换。

新欣公司支付的补价 100 000 元 ÷ (支付的补价 100 000 元 + 换出资产公允价值 3 600 000 元) = 2.7% 小于 25%

B 公司收到的补价 100 000 元 ÷ 换出资产公允价值 3 700 000 元 = 2.7% 小于 25%

通过上述计算表明,补价占整个交换金额的比例小于 25%,属于非货币性资产交换。

A 公司换入的办公楼的入账价值应为换出仓库的公允价值加上支付的补价和相关税费的金额。

A 公司的账务处理如下:

将固定资产净值转入固定资产清理:

借:固定资产清理　　　　　　　　　　　　　　　　3 300 000
　　累计折旧　　　　　　　　　　　　　　　　　　　500 000
　　贷:固定资产　　　　　　　　　　　　　　　　　　　3 800 000

支付补价:

借:固定资产清理　　　　　　　　　　　　　　　　　100 000
　　贷:银行存款　　　　　　　　　　　　　　　　　　　100 000

换入办公楼的入账价值＝3 600 000＋100 000＝3 700 000(元)

借:固定资产　　　　　　　　　　　　　　　　　　3 700 000
　　贷:固定资产清理　　　　　　　　　　　　　　　　3 700 000

结转损益：

应确认的收益＝3 600 000－3 300 000＝300 000(元)

借：固定资产清理　　　　　　　　　　　　　　　300 000
　　贷：营业外收入　　　　　　　　　　　　　　　　300 000

B公司的账务处理如下：

将固定资产净值转入固定资产清理：

借：固定资产清理　　　　　　　　　　　　　　3 700 000
　　累计折旧　　　　　　　　　　　　　　　　　 800 000
　　贷：固定资产　　　　　　　　　　　　　　　4 500 000

收到补价：

借：银行存款　　　　　　　　　　　　　　　　　100 000
　　贷：固定资产清理　　　　　　　　　　　　　　100 000

换入仓库的入账价值＝3 700 000－100 000＝3 600 000(元)

借：固定资产　　　　　　　　　　　　　　　　3 600 000
　　贷：固定资产清理　　　　　　　　　　　　　3 600 000

应确认的收益＝3 700 000－3 700 000＝0

【问题与思考 11-2】

以公允价值为基础计量换入资产的前提是什么？

第三节　以换出资产账面价值为基础计量换入资产

资产交换的账务处理不具有商业实质的非货币性资产交换，应当以换出资产的账面价值和应支付的相关税费作为换入资产的成本，不确认损益。企业在按照换出资产的账面价值和应支付的相关税费作为换入资产的成本的情况下，发生补价的，应当分别下列情况处理：① 支付补价的，应当以换出资产的账面价值加上支付的补价和应支付的相关税费，作为换入资产的成本，不确认损益。② 收到补价的，应当以换出资产的账面价值，减去收到的补价并加上应支付的相关税费，作为换入资产的成本，不确认损益。

一、不涉及补价情况下的账务处理

在不涉及补价情况下，企业换入资产应当以换出资产的账面价值和应支付的相关税费作为换入资产的成本，不确认损益。

【例11-4】 2007年12月11日,新欣公司以一批账面价值为9 000元、公允价值为10 000元的库存商品换入紫金公司账面余额为11 000元、公允价值为10 000元的材料,新欣公司支付运费300元,紫金公司支付运费500元,新欣公司、紫金公司均未计提存货跌价准备,增值税税率均为17%。假定新欣公司、紫金公司的换入材料均非其生产经营所用。

分析:由于双方交换不具有商业实质,因此,此项非货币性资产交换应以换出资产的账面价值为基础计量换入资产的入账价值,且新欣公司、紫金公司均不确认非货币性资产交换损益。

新欣公司的账务处理如下:

借:原材料   9 300
   应交税费——应交增值税(销项税额)   1 700
 贷:库存商品   9 000
    应交税费——应交增值税(销项税额)   1 700
    银行存款   300

紫金公司的账务处理如下:

借:库存商品   11 500
   应交税费——应交增值税(销项税额)   1 700
 贷:原材料   11 000
    应交税费——应交增值税(销项税额)   1 700
    银行存款   500

二、涉及补价情况下的账务处理

如果非货币性资产交换未同时满足《企业会计准则》规定的以公允价值为基础确认换入资产入账价值的两个条件,同时该项非货币性资产交换又涉及补价的,应当分别按下列情况处理:

支付补价的企业,应当以换出资产的账面价值加支付的补价和应支付的相关税费,作为换入资产的成本,不确认损益。其计算公式如下:

    换入资产的入账价值=换出资产的账面价值+支付的补价+应支付的相关税费

收到补价的企业,应当以换出资产的账面价值减去收到的补价并加上应支付的相关税费,作为换入资产的成本,不确认损益。其计算公式如下:

    换入资产入账价值=换出资产账面价值-补价+应支付的相关税费

【例11-5】 2007年1月1日,新欣公司以一台设备换入紫金公司的一辆小轿车。该设备的账面原价为500 000元,已计提折旧200 000元,公允价值为350 000元。紫金公司小轿车公允价值为300 000元,账面原价为350 000元,已计提折旧30 000元。双方协议,紫金公司支付给新欣公司50 000元补价,新欣公司负责把该设备运至紫金公司,交换小轿车。在这项交换中,新欣公司支付运杂费20 000元,支付营业税金及附加19 250元,紫金公司支付相关税费16 500元。新欣公司未对该设备计提减值准备。紫金公司小轿车已计提减值准备10 000元。

收到补价的新欣公司,收到的补价50 000元占换出资产的公允价值350 000元的比例为14.25%,该比例小于25%。

支付补价的紫金公司,支付补价50 000÷(支付补价50 000+换出资产公允价值300 000)×100%=14.25%,该比例小于25%。此项交换属非货币性资产交换,应按照非货币性资产交换准则核算。设双方的公允价值均不可靠,故采用账面价值计价。

新欣公司的账务处理如下:

  换入小轿车的入账价值=300 000－50 000+39 250=289 250(元)

相应的会计分录如下(设备清理过程略):

  借:固定资产   289 250
    银行存款   10 750
    累计折旧   200 000
    贷:固定资产   500 000

紫金公司的账务处理如下:

  换入设备的入账价值=310 000+50 000+16 500=376 500(元)

相应的会计分录如下:
固定资产清理:

  借:固定资产清理   310 000
    累计折旧   300 000
    固定资产减值准备   10 000
    贷:固定资产   620 000

支付相关税费及补价:

  借:固定资产清理   66 500
    贷:银行存款   66 500

换入设备:

借：固定资产　　　　　　　　　　　　　　　　　　　　376 500
　　贷：固定资产清理　　　　　　　　　　　　　　　　　376 500

【问题与思考 11-3】

以换出资产账面价值为基础计量换入资产的前提是交换不具有商业实质。这种观点正确吗？

第四节　同时换入多项资产的账务处理

在非货币性资产交换中，如果同时换入多项资产，即企业以一项非货币性资产同时换入另一企业的多项非货币性资产，或以多项非货币性资产同时换入另一企业的多项非货币性资产时，企业无法将换出的某一项资产与换入的某一特定资产相对应。因此，非货币性资产交换中涉及多项资产的会计处理，换入资产的成本应按照其占换入资产成本总额的比例进行确认。

非货币性资产同时换入多项资产的，在确定各项换入资产的成本时，应当分别按下列情况处理：

(1) 非货币性资产交换具有商业实质，且换入资产的公允价值能够可靠计量的，应当按照换入各项资产的公允价值占换入资产公允价值总额的比例，对换入资产的成本总额进行分配，确定各项换入资产的成本。

(2) 非货币性资产交换不具有商业实质，或者虽具有商业实质但换入资产的公允价值不能可靠计量的，应当按照换入各项资产的原账面价值占换入资产原账面价值总额的比例，对换入资产的成本总额进行分配，确定各项换入资产的成本。

【例 11-6】 新欣公司以生产经营过程中使用的 1 辆货运汽车和 1 辆客运汽车同时交换紫金公司在生产经营过程中使用的 1 台机床和 10 台电脑。新欣公司货运汽车的账面原价为 20 万元，在交换日的累计折旧为 10 万元，未计提固定资产减值准备；客运汽车的账面原价为 10 万元，在交换日的累计折旧为 5 万元，未计提固定资产减值准备。紫金公司机床的账面原价为 30 万元，在交换日的累计折旧为 20 万元，未计提固定资产减值准备；电脑的账面原价为 8 万元，在交换日的累计折旧为 2 万元，未计提固定资产减值准备。假定非货币性资产交换涉及的非货币性资产的公允价值均无法可靠计量，不考虑其他因素。

A 公司的账务处理如下：

第一步，计算确定换入各项资产的账面价值占换入资产账面价值总额的比例。机床账面价值占换入资产账面价值总额的比例：

$$100\ 000 \div (100\ 000 + 60\ 000) \times 100\% = 62.5\%$$

电脑账面价值占换入资产账面价值总额的比例：

$$60\,000 \div (100\,000 + 60\,000) \times 100\% = 37.5\%$$

第二步，计算确定各项换入资产的入账价值。

$$机床的入账价值 = (100\,000 + 50\,000) \times 62.5\% = 93\,750(元)$$

$$电脑的入账价值 = (100\,000 + 50\,000) \times 37.5\% = 56\,250(元)$$

第三步，作账务处理如下：

借：固定资产清理		150 000
累计折旧		150 000
贷：固定资产——货运汽车		200 000
——客运汽车		100 000
借：固定资产——机床		93 750
——电脑		56 250
贷：固定资产清理		150 000

紫金公司的账务处理如下：

第一步，计算确定换入各项资产的账面价值占换入资产账面价值总额的比例。

货运汽车账面价值占换入资产账面价值总额的比例：

$$100\,000 \div (100\,000 + 50\,000) \times 100\% = 66.67\%$$

客运汽车账面价值占换入资产账面价值总额的比例：

$$50\,000 \div (100\,000 + 50\,000) \times 100\% = 33.33\%$$

第二步，计算确定各项换入资产的入账价值。

$$货运汽车的入账价值 = (100\,000 + 60\,000) \times 66.67\% = 106\,672(元)$$

$$客运汽车的入账价值 = (100\,000 + 60\,000) \times 33.33\% = 53\,328(元)$$

第三步，作账务处理如下：

借：固定资产清理		160 000
累计折旧		220 000
贷：固定资产——机床		300 000
——电脑		80 000
借：固定资产——货运汽车		106 672
——客运汽车		53 328
贷：固定资产清理		160 000

【例 11-7】 新欣公司以生产经营过程中使用的甲设备和乙设备换入紫金公司的 1 辆中巴汽车和 1 辆货运汽车。新欣公司甲设备的账面原价为 80 万元,在交换日的累计折旧为 10.5 万元,公允价值为 70 万元;食品加工机的账面原价为 100 万元,在交换日的累计折旧为 40 万元,公允价值为 60 万元。紫金公司中巴汽车的账面原价为 185 万元,在交换日的累计折旧为 100 万元,公允价值为 85 万元;货运汽车的账面原价为 80 万元,在交换日的累计折旧为 30 万元,公允价值为 55 万元。新欣公司另外向紫金公司支付银行存款 10 万元。假设非货币性资产交换涉及的非货币性资产的公允价值均不能可靠计量,不考虑其他因素。

新欣公司的账务处理如下:
第一步,计算确定换入资产入账价值总额。

换入资产入账价值总额 = (800 000 - 105 000) + (1 000 000 - 400 000) + 100 000 = 1 395 000(元)

第二步,计算确定各项换入资产的公允价值占换入资产公允价值总额的比例。
中巴汽车公允价值占换入资产公允价值总额的比例:

$$850\,000 \div (850\,000 + 550\,000) \times 100\% = 60.7\%$$

货运汽车公允价值占换入资产公允价值总额的比例:

$$550\,000 \div (850\,000 + 550\,000) \times 100\% = 39.3\%$$

第三步,计算确定各项换入资产的入账价值。

中巴汽车的入账价值 = 1 395 000 × 60.7% = 846 765(元)
货运汽车的入账价值 = 1 395 000 × 39.3% = 548 235(元)

第四步,作账务处理如下:

借:固定资产清理	1 295 000
累计折旧	505 000
贷:固定资产——甲设备	800 000
——乙设备	1 000 000
借:固定资产——中巴汽车	846 765
——货运汽车	548 235
贷:固定资产清理	1 295 000
银行存款	100 000

紫金公司的账务处理如下:
第一步,计算确定换入资产入账价值总额。

换入资产入账价值总额 = (1 850 000 − 1 000 000) + (800 000 − 300 000) − 100 000 = 1 250 000(元)

第二步,计算确定各项换入资产的公允价值占换入资产公允价值总额的比例。

甲设备公允价值占换入资产公允价值总额的比例:

$$700\ 000 \div (700\ 000 + 600\ 000) \times 100\% = 53.85\%$$

货运汽车公允价值占换入资产公允价值总额的比例:

$$550\ 000 \div (850\ 000 + 550\ 000) \times 100\% = 39.3\%$$

第三步,计算确定各项换入资产的入账价值。

中巴汽车的入账价值 = 1 395 000 × 60.7% = 846 765(元)
货运汽车的入账价值 = 1 395 000 × 39.3% = 548 235(元)

第四步,作账务处理如下:

借:固定资产清理		1 295 000
累计折旧		505 000
贷:固定资产——甲设备		800 000
——乙设备		1 000 000
借:固定资产——中巴汽车		846 765
——货运汽车		548 235
贷:固定资产清理		1 295 000
银行存款		100 000

【问题与思考 11-4】

同时换入多项资产账务处理的关键是什么?

第五节　非货币性资产交换的披露

企业应当在附注中披露与非货币性资产交换有关的下列信息:

(1) 换入资产、换出资产的类别。它是指企业在非货币性资产交换中,以什么资产与什么资产相交换。例如,甲公司以一批库存商品与乙公司的一台设备进行交换,长江股份有限公司以一批原材料与黄河股份有限公司的一台设备进行交换等。

(2) 换入资产成本的确定方式。它是指企业在非货币性资产交换中,换入资产成本是以换入资产公允价值为基础来确定,还是以换出资产公允价值为基础来确定,或是以换出资产账面价值为基础来确定。

（3）换入资产、换出资产的公允价值以及换出资产的账面价值。它是指企业在非货币性资产交换中，换入资产的公允价值、换出资产的公允价值和换出资产的账面价值各是多少。

（4）非货币性资产交换确认的损益。它是指企业在非货币性资产交换中，确认的非货币性资产交换收益或损失是多少。

【问题与思考 11-5】

换入资产、换出资产的类别，换入资产成本的确定方式，换入资产、换出资产的公允价值和换出资产的账面价值以及非货币性资产交换确认的损益是非货币性资产交换披露的四项目，缺一不可，为什么？

本 章 小 结

企业间的商品交换形式多种多样，按照交换对象的属性，可分为货币性资产交换和非货币性资产交换。通常，企业的交换方式以货币性资产交换为主，如用现金购买原材料、设备，用现金清偿债务等；而非货币性资产交换是以非货币性资产的交换为前提，在这种交换中不涉及或仅涉及少量货币性资产，如用生产的产品换取原材料等。本章以非货币性资产交换为对象，首先阐明非货币性资产交换的性质和界定标准，在此基础上介绍非货币性资产交换的确认、计量，最后概括说明在财务会计报告中披露非货币性资产交换的信息。

复 习 思 考 题

1. 什么是货币性资产？什么是非货币性资产？
2. 什么是非货币性资产交换？非货币性资产交换与货币性资产交换的界限如何划分？
3. 非货币性资产交换核算的关键问题是什么？
4. 非货币性资产交换的会计处理原则是什么？
5. 非货币性资产交换是否必须确认损益？
6. 非货币性资产交换是否必须采用公允价值？
7. 对换出存货的非货币性资产交换，怎样进行账务处理？
8. 对换出固定资产的非货币性资产交换，怎样进行账务处理？
9. 对换出无形资产的非货币性资产交换，怎样进行账务处理？
10. 根据《企业会计准则》的规定，企业应当在附注中披露与非货币性资产交换相关的哪些信息？

案 例 讨 论 题

金东企业为增值税一般纳税人,适用的增值税税率为17%,所得税税率为33%。金东企业采用实际成本法对发出材料进行日常核算,不需考虑增值税以外的其他税费。金东企业2007年和2008年发生如下交易或事项:

(1) 2007年3月1日,金东企业购置甲设备用于生产新产品,取得的增值税专用发票上注明设备买价为100万元,增值税进项税额为17万元,金东企业以银行存款支付运杂费及途中保险费3万元,购入的设备采用直线法计提折旧,预计使用寿命为5年,无残值。

(2) 2007年12月31日,甲设备的可收回金额为86.4万元,此时预计设备尚可使用4年。

(3) 2008年4月30日,因新产品停止生产,金东企业不需要甲设备,故与洪都公司的一批A材料进行交换,换入的A材料用于生产B产品,双方商定设备的公允价值为80万元,换入A材料的增值税专用发票上注明的售价为60万元,增值税额为10.2万元,金东企业收到补价9.8万元。

(4) 由于市场供应发生变化,金东企业决定停止生产B产品。2008年6月30日,按市场价格计算的该批A材料的价值为60万元,销售该批A材料预计发生销售费用及相关税费为3万元。该批A材料在6月30日全部保存在仓库中。2008年6月30日前,该批A材料未计提跌价准备。

假定上述公司之间换入资产的未来现金流量在风险、时间和金额方面与换出资产显著不同。

请问:金东企业购买甲设备、甲设备计提减值准备、非货币性资产交换和换入材料计提减值准备应如何作出相应的账务处理?

同 步 测 试 题

一、单项选择题

1. A公司以1台固定资产换入B公司的一项长期股权投资,换出固定资产的账面原价为1 200万元,已计提折旧50万元,未提取减值准备,公允价值为1 250万元;长期股权投资的账面原价为1 320万元,未提取减值准备,公允价值为1 200万元,B公司另外向A公司支付现金50万元。假定该交换不具有商业实质,且不考虑相关税费,A公司应就此项非货币性资产交换确认的非货币性资产交换收益(损失以负数表示)是(　　)万元。

A. -5   B. -2.8   C. 2.08   D. 0

2. A公司以1台设备换入B公司的1辆轿车,换出设备的账面原价为50万元,已计提折旧20万元,未提取减值准备,公允价值为30万元;轿车的账面原价为35万元,已计提折旧3万元,未提取减值准备,公允价值为30万元,B公司另外向A公司支付补价3万元。A公司发生税费2万元,假定该交换具有商业实质,换入、换出资产的公允价值均可靠计量,则A公司确认的损益是(　　)万元。

　　A. 3   B. 5   C. 2   D. 0

3. 甲公司以1台已使用2年的A设备换入乙公司的1台B设备,支付置换相关税费1万元,支付补价3万元。A设备的账面原价为50万元,预计使用年限为5年,原预计净残值率为5%,并采用双倍余额递减法计提折旧,未提取减值准备,公允价值为25万元;B设备的账面原价为30万元,已计提折旧3万元,未提取减值准备,公允价值为28万元。假定该交换具有商业实质,换入、换出资产的公允价值均可靠计量,则A公司换入的B设备的入账价值是(　　)元。

　　A. 220 000   B. 236 000   C. 290 000   D. 320 000

4. 甲公司以1台已使用2年的A设备换入乙公司的1台B设备,支付清理费1万元,从乙公司收取补价3万元。A设备的账面原价为50万元,预计使用年限为5年,原预计净残值率为5%,并采用双倍余额递减法计提折旧,未提取减值准备,公允价值为25万元;B设备的账面原价为24万元,已计提折旧3万元,未提取减值准备,公允价值为22万元。假定该交换不具有商业实质,换入、换出资产的公允价值均可靠计量,则A公司换入的B设备的入账价值是(　　)元。

　　A. 168 400   B. 160 000   C. 182 400   D. 200 000

5. 某公司以1栋办公楼换入1台生产设备和1辆汽车,换出办公楼的账面原价为300万元,已计提折旧180万元,未提取减值准备,公允价值为150万元;换入生产设备和汽车的账面原价分别为90万元和60万元,公允价值分别为100万元和50万元。假定该交换具有商业实质,换入、换出资产的公允价值均可靠计量,则该公司换入汽车的入账价值是(　　)万元。

　　A. 30   B. 50   C. 40   D. 56

二、多项选择题

1. 在不涉及补价情况下,下列关于不具有商业实质的非货币性资产交换说法中,正确的是(　　)。

　　A. 不确认非货币性资产交换损益
　　B. 增值税不会影响换入存货入账价值的确定
　　C. 涉及多项资产交换,按换入的各项资产的公允价值与换入资产公允价值总额的比例,对换出资产的账面价值与应支付的相关税费之和进行

分配,以确定各项换入资产的入账价值
D. 换入存货实际成本通常按换出资产的账面价值减去可抵扣的增值税进项税额,加上应支付的相关税费确定
E. 可能确认非货币性资产交换损益

2. 非货币性资产交换具有商业实质且公允价值能够可靠地计量的,关于换出资产公允价值与其账面价值的差额处理中,正确的是( )。
   A. 换出资产为存货的,应当视同销售处理,按其公允价值确认商品销售收入,同时结转商品销售成本
   B. 换出资产为固定资产、无形资产的,换入资产公允价值和换出资产账面价值的差额,计入营业外收入或营业外支出
   C. 换出资产为固定资产、无形资产的,换入资产公允价值和换出资产账面价值的差额,计入或冲减资产减值损失
   D. 换出资产为长期股权投资、可供出售金融资产的,换入资产公允价值和换出资产账面价值的差额,计入资本公积
   E. 换出资产为长期股权投资、可供出售金融资产的,换入资产公允价值和换出资产账面价值的差额,计入投资收益

3. 在收到补价的具有商业实质的并且公允价值能够可靠地计量的非货币性资产交换业务中,如果换入单项固定资产,影响固定资产入账价值的因素是( )。
   A. 收到补价   B. 换入资产公允价值
   C. 换出资产公允价值   D. 换出资产的账面价值
   E. 换出资产应交的税金

4. 关于不具有商业实质的非货币性资产交换,下列项目中,会影响支付补价企业计算换入资产入账价值的是( )。
   A. 支付的补价   B. 可以抵扣的进项税额
   C. 换出资产已计提的减值准备   D. 换入资产的账面价值
   E. 换出资产的增值税销项税额

5. 下列经济业务中,属于非货币性资产交换的是( )。
   A. 以公允价值20万元的小汽车1辆换取生产设备1台,另支付补价10万元
   B. 以公允价值20万元的小汽车1辆换取生产设备1台,另支付补价5万元
   C. 以公允价值50万元的机械设备换取电子设备1台,另收到补价25万元
   D. 以公允价值50万元的机械设备换取电子设备1台,另收到补价15万元
   E. 以公允价值30万元的机械设备1台和持有的公允价值为20万元的股

票,换取电子设备1台,另收到补价25万元

三、判断题

1. 非货币性资产交换中收到补价一方要计算应确认的收益,不得计算应确认的损失。（ ）

2. 非货币性资产交换中,无论是支付补价一方还是收到补价一方,都要解决换入资产的入账价值和换出资产的收益确认问题。（ ）

3. 非货币性资产交换准则规范了所有非货币性资产交换,包括企业合并中发生的非货币性资产交换。（ ）

4. 非货币性资产交换是指交换双方以非货币性资产进行的交换,这种交换不会涉及货币性资产。（ ）

5. 企业应当在财务会计报告中披露非货币性资产交换中换入、换出资产的类别及其金额。（ ）

四、核算题

1. 资料：A公司决定和B公司进行资产交换,A公司和B公司的增值税税率为17%,计税价格等于公允价值。整个交易过程中没有发生除增值税以外的其他相关税费。该交易具有商业实质。有关资料如下：

A公司换出：

（1）固定资产——××车床：原价300万元,累计折旧30万元,计提固定资产减值准备20万元,公允价值220万元。

（2）库存商品——M商品：账面余额180万元,计提存货跌价准备20万元,公允价值150万元。

B公司换出：

（3）固定资产——汽车：原价450万元,累计折旧150万元,公允价值280万元。

库存商品——N商品：账面余额180万元,计提存货跌价准备80万元,公允价值90万元。

要求：分别编制A公司和B公司有关非货币性资产交换的会计分录。

2. 资料：为适应业务发展的需要,经协商,甲公司决定以生产经营过程中使用的机床和货运汽车换入乙公司的专利权和客运汽车。甲公司另外向乙公司支付银行存款15万元补价。假定整个交换过程中没有发生相关税费,具有商业实质且公允价值能够可靠计量。有关资料如下：

甲公司换出：

（1）固定资产——机床：原始价值120万元,累计折旧为15.75万元,公允价值为105万元。

（2）固定资产——货运汽车：原始价值150万元,累计折旧为60万元,公允价

值为90万元。

乙公司换出：

(1) 无形资产——专利权：原始价值300万元，累计摊销为22.5万元，计提的减值准备为150万元，公允价值为127.5万元。

(2) 固定资产——客运汽车：原始价值120万元，累计折旧为45万元，公允价值为82.5万元。

要求：分别编制甲公司和乙公司有关非货币性资产交换的会计分录。

3. 资料：甲公司和乙公司均为增值税一般纳税人，其适用的增值税税率为17%。甲公司以生产用设备、库存原材料与乙公司的生产用设备、专利权和库存商品进行交换，假定不具有商业实质。有关资料如下：

甲公司换出：

(1) 固定资产——A设备：原始价值800万元，累计折旧为500万元。

(2) 原材料账面价值200万元，计税价格为220万元。

乙公司换出：

(1) 固定资产——B设备：原始价值700万元，累计折旧为400万元。

(2) 无形资产——专利权：原始价值200万元，累计摊销为20万元。

(3) 库存商品：账面价值60万元，计税价格为80万元。

要求：分别编制甲公司和乙公司有关非货币性资产交换的会计分录。

4. 资料：甲公司2007年度发生如下经济业务：

(1) 甲公司以其生产的一批产品换入丙公司的1台设备，产品的账面余额为420 000元，已提存货跌价准备10 000元，计税价格等于公允价值为500 000元，增值税税率为17%。交换过程中，甲公司以现金支付给丙公司15 000元作为补价，同时支付相关费用5 000元，设备的原价为800 000元，已计提折旧220 000元，已提减值准备20 000元，设备的公允价值为600 000元。

(2) 甲公司以1台设备换入丁公司的专利权，设备的原价为600 000元，已计提折旧220 000元，已提减值准备40 000元，设备的公允价值为400 000元，专利权的账面原价为500 000元，累计摊销为150 000元，公允价值为380 000元，甲公司收到丁公司支付的补价20 000元现金。

(3) 甲公司以其持有的可供出售金融资产——A股票，交换乙公司的原材料。在交换日，甲公司的可供出售金融资产——A股票账面余额为320 000元（其中成本为240 000元，公允价值变动为80 000元），公允价值为360 000元，换入的原材料账面价值为280 000元，公允价值（计税价格）为300 000元，增值税额为51 000元，甲公司收到乙公司支付的补价9 000元。假定不考虑除增值税以外的其他相关税费。上述非货币性资产交换均具有商业实质且公允价值能够可靠计量。

要求：作出甲公司的账务处理。

5. 资料：甲公司和乙公司均为房地产开发企业，甲公司因变更主营业务，与乙公司进行资产交换。有关资料如下：

(1) 2007年3月1日，甲公司和乙公司签订资产交换协议。协议规定：甲公司将其建造的商品房与乙公司持有的长期股权投资进行交换。甲公司换出的商品房的账面价值为5 600万元，公允价值为7 000万元；乙公司换出的长期股权投资的账面价值为5 000万元，公允价值为6 000万元。乙公司另以银行存款向甲公司支付1 000万元作为补价。假定甲公司和乙公司换出的资产均未计提减值准备。

(2) 2007年5月10日，乙公司通过银行转账向甲公司支付补价款1 000万元。

(3) 甲公司和乙公司换出的资产相关所有权划转手续于2007年6月30日全部办理完毕。假定甲公司换入的长期股权投资按成本法核算，乙公司换入的商品房作为办公用房。

要求：分别编制甲公司和乙公司相关的会计分录。

【延伸阅读】

税法相关规定

(一) 流转税的处理

1. 以存货换取存货或其他非货币性资产

一方面，作为销售存货，按照增值税相关规定确定售价，计算增值税销项税额；另一方面，作为购进资产，按照换入资产的市场价作为计税成本。符合规定的，按照规定凭合法凭证抵扣增值税进项税额。

2. 以生产的应税消费品换取存货或其他非货币性资产

一方面，作为销售存货，按照增值税相关规定确定售价，计算增值税销项税额；同时，依据适用的税目和税率计算交纳消费税，属于从价计征的，根据国税发[1994]156号文件的规定，以纳税人同类应税消费品的最高销售价格作为计税依据计算消费税。另一方面，作为购进资产，按照换入资产的市场价作为计税成本。符合规定的，按照规定凭合法凭证抵扣增值税进项税额。

3. 以已经使用过的设备等固定资产换取非货币性资产

一方面，按照财税字[2002]029号文件规定进行增值税处理；另一方面，作为购进资产，按照换入资产的市场价作为计税成本。符合规定的，按照规定凭合法凭证抵扣增值税进项税额。

4. 以无形资产、不动产换取非货币性资产

一方面，按照转让无形资产或销售不动产计缴营业税等；另一方面，作为购进

资产，按照换入资产的市场价作为计税成本。符合规定的，按照规定凭合法凭证抵扣增值税进项税额。

（二）所得税处理

根据企业所得税条例及其细则

纳税人的收入总额包括生产、经营收入，财产转让收入，利息收入，租赁收入，特许权使用费收入，股息收入，其他收入。财产转让收入是指纳税人有偿转让各类财产取得的收入，包括转让固定资产、有价证券、股权以及其他财产而取得的收入。

资料来源：夏晨华等编著：《企业会计与税法的差异及协调详解》，上海财经大学出版社2006年版。

第十二章 债务重组会计

- 了解债务重组的概念和特点
- 理解债务重组的账务处理原则
- 能熟练运用各种不同方式债务重组的账务处理方法
- 能正确区分债务重组与企业重组

引　言

好运来公司系金都市一家上市公司,公司的主打产品为家庭影院W系列产品,该公司2000年为某一写字楼投入建设资金12 049.54万元。其间,为解决建设款不足,该公司的大股东以及关联单位多次为其提供借款。2001年,由于公司主营业务收入大幅下降近70%,公司面临严重的资金匮乏,原本2002年下半年交付使用的写字楼不得不延期交付。由于多项银行贷款到期,而公司又被多位业主及施工单位起诉,要求归还写字楼的购房款或建设款并支付利息、罚金。公司资金链条断裂,陷入了困境。

2001年12月,好运来公司进行债务重组。具体方案如下:好运来公司以8 680万元向甲公司转让28%的股份,甲公司成为好运来公司第一大股东。股权转让后,好运来公司将部分经营不善的子公司股权以及其关联公司进行了剥离,对由于转让而由原内部往来款形成的其他应收款,受让方分别承诺作债务担保。随后,2002年公司利用股权转让款解决了资金瓶颈,终于完成了写字楼的开发并交付使用。2003年,好运来公司先后数次利用这一写字楼进行了抵债,并最终走出困境。好运来公司债务重组是否成功?学习本章之后,你将得到这一问题的正确答案。

第一节 债务重组概述

由于市场的不确定性,致使作为市场经济主体的企业在生产经营过程中承担大量的财务风险。一些企业可能会由于不适应市场经济环境变化或经营管理不善等原因而陷入资金周转困难,难以按期偿还债务,企业间的债务纠纷屡有发生。在这种情况下,作为债权人有以下两种选择:一是通过法律程序,要求债务人破产,以破产资产清偿债务;二是通过互相协商,修改某些债务条件,即债务重组,使债务人减轻负担,渡过难关。债务重组会计就是对债务重组事项予以确认和计量,并对相关信息予以披露的一种专项会计。

一、债务重组的概念

债务重组是指在债务人发生财务困难的情况下,债权人按照其与债务人达成的协议或者法院的裁定所作出的让步事项。从上述的债务重组概念可以看出:① 债务重组的发生是有条件的,即在债务人发生财务困难的情况下。② 债权人作出让步是债务重组的特征,债权人作出让步的情形主要包括债权人减免债务人部分债务本金或者利息、降低债务人应付债务的利率等。其让步的结果是:债权人发生债务重组损失,债务人获得债务重组收益。如果债权人未作出让步,包括债务人以非现金资产抵偿债务的公允价值等于或大于债务的账面价值,或债权人收到债务人以非现金资产抵偿债务的公允价值等于或大于债权的账面价值的情况,均不属于债务重组。③ 债务重组是在债务人持续经营的条件下进行的。债务重组可以分为持续经营条件下的债务重组和非持续经营条件下的债务重组。非持续经营条件下的债务重组是指债务人处于破产清算或企业改组等状态时与债权人之间所进行的债务重组。而持续经营条件下的债务重组是指债务人和债权人在可预见的将来仍然会继续经营的情况下所进行的债务重组。

二、债务重组的方式

债务重组的方式可以概括为以下五种:

(1) 以低于债务的账面价值的现金清偿债务。这种方式是指债务人以低于债务的账面价值的现金清偿债务,对于债权人而言,可能放弃了部分债权。

(2) 以非现金资产清偿债务。非现金资产是指除现金之外的、作为过去事项的结果而由企业控制的、可望向企业流入未来经济利益的资源。债务人常用于偿债的非现金资产主要有存货、持有至到期投资、固定资产、长期股权投资、交易性金融资产、可供出售金融资产、无形资产等。

(3) 债务转为资本。这种方式是指债务人将其债务转为债权人的股权,用以清偿债务。债务人采用债务转为资本方式清偿债务,对于股份有限公司而言,可能受到法律的限制。例如,按照我国《证券法》的规定,公司发行新股应当符合我国《公司法》有关发行新股的条件。也就是说,股份有限公司只有在满足国家规定条件的情况下,才能采用该种方式。

(4) 修改债务条件。这种方式是指债务人除以上两种方式外,采用修改债务条件进行债务重组。修改债务条件是指延长债务偿还期限、延长债务偿还期限并加收利息、延长债务偿还期限并减少本金或债务利息等。

(5) 以上两种或两种以上方式的组合简称为混合重组方式。

三、债务重组日的确定

债务重组可能发生在债务到期前、到期日或到期后。债务重组日是指债务重组完成日。即债务人履行协议或法院裁定,将相关资产转让给债权人、将债务转为资本或修改后偿债条件开始执行的日期。债务重组日应当分别以下情况确定:

(1) 债务人以其存货抵偿债务。债务人以其存货抵偿债务,应以债务人的存货运抵债权人企业且办理有关债务解除手续之日为债务重组日。如果债务人的存货是分批运抵债权人企业的,则应以最后一批存货运抵债权人企业且办理有关债务解除手续之日为债务重组日。

(2) 债务人以在建工程抵偿债务。债务人以其在建工程抵偿债务,债权人同时要求债务人继续按计划完成在建工程,应以该项工程完工并交付使用且办理有关债务解除手续之日为债务重组日。

(3) 债务人同意将所欠债务转为债权人资本。债权人同意债务人将其所欠债务转为资本,应以债务人办妥增资批准手续并向债权人出具出资证明之日为债务重组日。

> 【问题与思考 12-1】
> 广义的债务重组包括持续经营条件下的债务重组和非持续经营条件下的债务重组。为什么债务重组准则中的债务重组特指持续经营条件下的债务重组?

第二节 以资产清偿债务的债务重组

以资产清偿债务的债务重组是指债务人转让资产给债权人以清偿债务。债务人常用于偿债的资产主要有存货、持有至到期投资、固定资产、长期股权投资、交易性金融资产、可供出售金融资产、无形资产等。以资产清偿债务的债务重组方式又分为两种:一是以低于债务的账面价值的现金清偿债务,二是以非现金资产清偿债务。债务重组采用以非现金资产清偿债务的,非现金资产的公允价值应当按照下列规定进行计量:① 非现金资产属于企业持有的股票、债券、基金等金融资产,且该金融资产存在活跃市场的,应当以金融资产的市价作为非现金资产的公允价值。② 非现金资产属于金融资产,但该金融资产不存在活跃市场的,应当采用《企业会计准则第 22 号——金融工具确认和计量》规定的估值技术等合理的方法确定其公允价值。③ 非现金资产属于存货、固定资产、无形资产等其他资产,且存在活跃市场的,应当以其市场价格为基础确定其公允价值;该资产不存在活跃市场、但与其类似资产存在活跃市场的,应当以类似资产的市场价格为基础作适当调整后,确定其公允价值。在上述两种情况下仍不能确定非现金资产的公允价值的,应当根据交易双方自愿进行的、公允的资产交易金额为依据确定其公允价值。双方交易协议的价格不公允的除外。

对债权人在债务重组过程中产生的收益不确认,重组损失应记入"营业外支出"账户,对债务人在债务重组过程中产生的重组收益应记入"营业外收入"账户。

一、以低于债务的账面价值的现金清偿债务

(一) 债务人的账务处理

企业以低于债务的账面价值的现金清偿债务的,债务人应当将重组债务的账面价值与实际支付的现金之间的差额,计入当期损益。具体来说,债务人应当按照重组债务的账面价值,借记"应付账款"、"应付票据"等账户;按支付的现金,贷记"银行存款"账户;按重组债务的账面价值与实际支付的现金之间的差额,贷记"营业外收入"账户。

【例 12-1】 2005 年 2 月 10 日,新欣公司销售一批商品给紫金公司,不含税价格为 100 000 元,增值税税率为 17%。3 月 20 日,紫金公司资金周转发生困难,无法按合同规定偿还债务。经双方协议,新欣公司同意减免紫金公司 20 000 元,余额用现金立即偿还。

紫金公司的账务处理如下:

商品验收入库时:

借:库存商品 100 000
  应交税费——应交增值税(进项税额) 17 000
 贷:应付账款 117 000

债务重组交易完成时:

计算应付账款的账面价值与所支付现金的差额:

应付账款的账面价值	117 000 元
所支付现金	97 000 元
差额	20 000 元

会计分录如下：

借：应付账款		117 000
贷：银行存款		97 000
营业外收入		20 000

（二）债权人的账务处理

债权人应当将重组债权的账面价值与实际支付的现金之间的差额，计入当期损益。具体来说，债权人应当按收到的现金，借记"银行存款"账户；按已计提的坏账准备，借记"坏账准备"账户，重组债务的账面价值；按重组债权的账面价值，贷记"应收账款"、"应收票据"等账户；按重组债权的账面价值与实际收到的现金之间的差额，借记"营业外支出——债务重组损失"账户。

【例 12-2】 承接[例 12-1]，新欣公司的账务处理如下：

计算应付账款的账面价值与所支付现金的差额：

应收账款的账面价值	117 000 元
所收到的现金	97 000 元
差额	20 000 元

因为新欣公司未对该项债权提取坏账准备，所以此处的 20 000 元即为债务重组损失。

会计分录如下：

借：银行存款		97 000
营业外支出		20 000
贷：应收账款		117 000

二、以非现金资产清偿债务

（一）债务人的账务处理

企业以非现金资产清偿债务的，债务人应当按照重组债务的账面价值，借记"应付账款"、"应付票据"等账户，按照非现金资产的公允价值，贷记"库存商品"、"原材料"等账户；按照应交纳的增值税销项税额，贷记"应交税费——应交增值税（销项税额）"账户；按照借贷双方之间的差额，借记"营业外支出"账户或贷记"营业外收入"账户。同时，按照非现金资产的公允价值与其账面价值之间的差额，借记或贷记"库存商品"、"原材料"等账户；按照已计提的存货跌价准备，借记"存货跌价准备"账户；按照借贷双方之间的差额,借记"营业外支出"账户或贷记"营业外收入"账户。企业以非现金资产清偿债务的,非现金资产类别不同,其账务处理也有所不同。

【例 12-3】 2007 年 2 月 11 日,紫金公司因遭受自然灾害,短期内偿还所欠新欣公司货款 280 000 元。经与新欣公司协商,紫金公司决定以其一项固定资产偿还欠新欣公司的货款。当日,该固定资产的账面原价为 260 000 元,已计提累计折旧 54 000 元,已计提减值准备 16 000 元,公允价值 200 000 元。假设不考虑相关税费。

紫金公司的会计分录如下:

借:固定资产清理	190 000
累计折旧	54 000
固定资产减值准备	16 000
贷:固定资产	260 000
借:应付账款	280 000
贷:固定资产清理	200 000
营业外收入	80 000
借:固定资产清理	10 000
贷:营业外收入	10 000

（二）债权人的账务处理

以非现金资产清偿债务的,债权人应当按照对受让的非现金资产按其公允价值入账,重组债权的账面价值与受让的非现金资产公允价值之间的差额计入当期损益,债务人以非现金资产清偿债务的,非现金资产类别不同,其账务处理也有所不同。

【例 12-4】 承接[例 12-3],新欣公司的会计分录如下:

借:固定资产	200 000
营业外支出	80 000
贷:应收账款	280 000

【问题与思考 12-2】

以资产清偿债务的债务重组处理中的关键是资产公允价值的确定。这种说法正确吗？为什么？

第三节　以债务转为资本的债务重组

一、债务人的账务处理

企业将债务转为资本的,债务人应当将债权人放弃债权而享有股份的面值总额确认为股本,股份的公允价值总额与股本之间的差额确认为资本公积,重组债的账面价值与股份的公允价值总额之间的差额计入当期损益。

【例 12-5】 2007 年 2 月 10 日,新欣公司销售一批产品给紫金公司,增值税专用发票上注明的产品价款和增值税进项税额合计为 4 450 000 元。8 月 10 日,紫金公司发生财务困难,无法偿还债务。经双方协商,新欣公司同意紫金公司以其普通股 400 000 股抵偿。假设普通股的面值为 1 元,每股市价为 10 元,新欣公司、紫金公司已办妥了有关增资手续。

B 公司的会计分录如下:

借:应付账款　　　　　　　　　　　　　　　　　　　4 450 000
　贷:实收资本　　　　　　　　　　　　　　　　　　　　400 000
　　　资本公积　　　　　　　　　　　　　　　　　　　3 600 000
　　　营业外收入　　　　　　　　　　　　　　　　　　　450 000

二、债权人的账务处理

企业将债务转为资本的,债权人应当将债权人放弃债权而享有股份的公允价值确认为对债务人的投资,重组债权的账面价值与股份的公允价值之间的差额,计入当期损益。

【例 12-6】 承接[例 12-5],新欣公司的会计分录如下:

借:长期股权投资　　　　　　　　　　　　　　　　　4 000 000
　　营业外支出　　　　　　　　　　　　　　　　　　　450 000
　贷:应收账款　　　　　　　　　　　　　　　　　　　4 450 000

【问题与思考 12-3】

为什么要把重组债权的账面价值与股份的公允价值之间的差额计入当期损益?

第四节　修改债务条件的债务重组

一、债务人的账务处理

修改债务条件的,债务人将修改债务条件后债务的公允价值作为重组后债务的入账价值。重组债务的账面价值与重组后债务的入账价值之间的差额,计入当期损益。修改后的债务条款如涉及或有应付金额,且该或有应付金额符合或有事项准则中有关预计负债确认条件的,债务人应当将该或有应付金额确认为预计负债。重组债务的账面价值与预计负债金额之间的差额,计入当期损益。具体来说,企业采用修改债务条件进行债务重组的,应当区分是否涉及或有应付金额进行账务处理。不涉及或有应付金额的,应当按照重组债务的账面价值,借记"应付账款"、"应付票据"等账户;按照修改债务条件后债务的公允价值,贷记"应付账款"、"应付票据"等账户;按照借贷双方之间的差额,借记"营业外支出"账户或贷记"营业外收入"账户。涉及或有应付金额的,债务人应当按照重组债务的账面余额,借记"应付账款"、"应付票据"等账户;按照修改债务条件后债务的公允价值,贷记"应付账款"、"应付票据"等账户;按照应当确认的或有应付金额,贷记"预计负债"账户;按照借贷双方之间的差额,借记"营业外支出"账户或贷记"营业外收入"账户。

【例 12-7】 2007 年 6 月 30 日,新欣公司向紫金公司开出面值为 20 000 元的商业汇票到期,累计利息为 1 000 元。

新欣公司发生了财务困难,无法立即支付到期商业汇票。紫金公司为将经济损失降到最低,同意将新欣公司的票据期限延长 6 个月,并减少本金 5 000 元,票据期限延长期间不计算利息。紫金公司未对该项应收款项计提坏账准备。新欣公司的账务处理如下:

计算应付票据的账面价值与将来应付金额的差额:

应付票据的账面价值	21 000 元
减:将来应付金额	16 000 元
差额	5 000 元

差额 5 000 元确认为债务重组收益,计入营业外收入。

会计分录如下:

借:应付票据		21 000
贷:应付账款		16 000
营业外收入		5 000

二、债权人的账务处理

修改债务条件的,债权人将修改债务条件后债务的公允价值作为重组后债权的入账价值。重组债权的账面价值与重组后债权的入账价值之间的差额,计入当期损益。修改后的债务条款如涉及或有应收金额的,债权人不应当确认或有应收金额,不得将其计入重组后债权的账面价值。具体来说,企业采用修改债务条件进行债务重组的,债权人应当按照重组债权的公允价值,借记"应收账款"、"应收票据"等账户;按照已计提的重组债权的坏账准备,借记"坏账准备"账户;按照重组债权的账面余额,贷记"应收账款"、"应收票据"等账户;按照借贷双方之间的差额,借记"营业外支出"账户或贷记"营业外收入"账户。

【例 12-8】 承接[例 12-7]，B公司的账务处理如下：

计算应付票据的账面价值与将来应收金额的差额：

应收票据的账面价值	21 000 元
减：将来应收金额	16 000 元
差额	5 000 元

差额 5 000 元确认为债务重组损失，计入营业外支出。

会计分录如下：

借：应收账款		16 000
营业外支出		5 000
贷：应收票据		21 000

【问题与思考 12-4】

企业采用修改债务条件进行债务重组的，为什么要区分是否涉及或有应付金额进行账务处理？

第五节 混合重组方式的债务重组

一、混合重组方式的种类

混合重组方式是指前述债务重组方式中两种或两种以上方式的组合。债务重组实际有以下多种重组方式：① 以现金、非现金资产的重组方式。② 以现金、债务转为资本的重组方式。③ 以现金、修改债务条件的重组方式。④ 以非现金资产、债务转为资本的重组方式。⑤ 以非现金资产、修改债务条件的重组方式。⑥ 以债务转为资本、修改债务条件的重组方式。⑦ 以现金、非现金资产、债务转为资本的重组方式。⑧ 以现金、非现金资产、修改债务条件的重组方式。⑨ 以非现金资产、债务转为资本、修改债务条件的重组方式。

从会计核算角度来说，上述九种混合重组方式，综合归纳为以下三类组合重组方式：第一类，以现金、非现金资产的重组方式；第二类，以现金、非现金资产、债务转为资本的重组方式；第三类，以现金、非现金资产、修改债务条件进行的债务重组。

二、混合重组方式的账务处理

在各类、多种混合重组方式的会计核算中，需要解决的一个关键性问题是如何确定清偿顺序，组合的各部分应如何核算。一般情况下，无论哪一种组合方式，其组合中某一部分的账务处理原则应该遵循前几节所述的各种单独的债务重组方式的会计处理方法来进行核算。我国《企业会计准则》对混合重组方式的账务处理规定如下：

（一）债务人的账务处理

(1) 以现金、非现金资产重组方式清偿某项债务的，债务人应先以支付的现金冲减重组债务的账面价值，再按本章第二节有关方法进行账务处理。

(2) 以现金、非现金资产、债务转为资本重组方式清偿某项债务的，债务人应先以支付的现金、非现金资产冲减重组债务的账面价值，再按本章第三节有关方法进行账务处理。

(3) 以现金、非现金资产、债务转为资本重组方式清偿某项债务的一部分，并对该债务的另一部分以修改债务条件进行债务重组的，债务人应先以支付的现金、非现金资产的账面价值、债权人享有的股权的账面价值冲减重组债务的账面价值，再按本章第四节有关方法进行账务处理。

（二）债权人的账务处理

(1) 以现金、非现金资产重组方式的组合清偿某项债务的，债权人应先以收到的现金冲减重组债权的账面价值，再按本章第二节有关方法进行账务处理。

(2) 以现金、非现金资产、债务转为资本重组方式清偿某项债务的，债权人应先以支付的现金、非现金资产冲减重组债权的账面价值，再按本章第三节有关方法进行账务处理。

(3) 以现金、非现金资产、债务转为资本重组方式清偿某项债务的一部分，并对该债务的另一部分以修改债务条件进行债务重组的，债务人应先以支付的现金、非现金资产的账面价值、债权人享有的股权的账面价值冲减重组债权的账面价值，再按本章第四节有关方法进行账务处理。

【问题与思考 12-5】

在混合重组方式债务重组中应如何确定先后顺序？

第六节 债务重组的披露

一、债务人的披露

债务人应当在附注中披露与债务重组有关的信息：

(1) 债务重组方式。

(2) 确认的债务重组收益总额。

(3) 将债务转为资本所导致的股本增加额。

(4) 或有应付金额。

(5) 债务重组中转让的非现金资产的公允价值、由债务转成的股份的公允价值和修改债务条件后债务的公允价值的确定方法及依据。

二、债权人的披露

债权人应当在附注中披露与债务重组有关的信息：
(1) 债务重组方式。
(2) 确认的债务重组损失总额。
(3) 将债权转为股权所导致的投资增加额及该投资占债务人股份总额的比例。
(4) 或有应收金额。
(5) 债务重组中转让的非现金资产的公允价值、由债权转成的股份的公允价值和修改债务条件后债权的公允价值的确定方法及依据。

▶ 【问题与思考12-6】
为什么债务人与债权人对于债务重组的披露方式和内容应——对应？

本 章 小 结

企业可能在一定条件下与债权人对债权债务进行重组，通过债务重组使企业的财务状况有所改善。本章首先阐明债务重组的一般会计问题，在此基础上介绍债务重组的处理原则及方法，最后介绍债务重组的账务处理及信息披露问题。

复 习 思 考 题

1. 简述债务重组的概念及种类。
2. 简述债务重组的方式。
3. 简述债务重组的账务处理的关键点。
4. 债务人与债权人应分别披露哪些债务重组信息？
5. 企业应如何确定债务重组日？
6. 什么是公允价值？公允价值的确定原则是什么？
7. 债务人以非现金资产抵偿债务发生的税费应如何进行账务处理？
8. 债权人在债务重组中发生的税费应如何进行账务处理？
9. 混合重组方式下，债务人与债权人应如何分别进行账务处理？
10. 债务重组是否会对债务人与债权人的资本结构产生影响？

案例讨论题

1. 清江公司持有威雄公司的应收票据,金额为20 000元,票据到期时,累计利息为1 000元。由于威雄公司资金周转发生困难,经与清江公司协商,同意威雄公司支付5 000元现金,同时转让一项无形资产以清偿该项债务。该项无形资产的账面价值和公允价值为14 000元,威雄公司因转让无形资产应交纳的营业税为900元。假定威雄公司没有对转让的无形资产计提减值准备,且不考虑其他税费。要求分别作出清江公司和威雄公司有关债务重组的账务处理。

2. 甲公司和丙企业均为增值税一般纳税人,增值税税率为17%,甲公司于2007年5月1日销售一批商品给丙企业,含税收入为1 000万元,货款未收。按规定货款应于6月8日付清。但因丙企业因发生财务困难,现金流量严重不足,短期内无法归还。甲公司对该应收账款已提取20万元的坏账准备。因此在7月5日双方签订了债务重组协议。假设债务重组协议分别为以下六种情况:

第一种情况:债务重组协议规定丙企业支付700万元银行存款,余额不再偿还。甲公司已于2007年7月8日将款项收入入账,并当即解除了债务手续。

第二种情况:债务重组协议规定丙企业以原材料和产成品偿还。已知原材料的账面余额为200万元,公允价值(计税价格等于公允价值)为250万元,未计提存货跌价准备,产成品的账面余额为560万元,公允价值(计税价格等于公允价值)为600万元,对产成品已计提80万元存货跌价准备,原材料已于2007年7月12日由甲公司验收入库,产成品于7月15日运抵甲公司并于当日解除了债务手续。

第三种情况:债务重组协议规定,丙企业以银行存款150万元归还债务,余额以1台机器设备偿还。已知机器设备的原值为1 700万元,已计提折旧1 090万元,公允价值为620万元,机器设备办完交接手续和解除债务手续为7月20日。假设不考虑相关税费。

第四种情况:债务重组协议规定丙企业将债务转为资本,甲公司取得增资后的注册资本2 000万元的30%股权,该股权的公允价值为800万元。增资手续已于2007年8月22日办妥,并当即解除了债务手续。

第五种情况:债务重组协议规定,从2007年8月1日起延长付款期限1年,1年后丙企业用现金偿还债务金额为850万元。

第六种情况:债务重组协议规定,丙企业首先以银行存款100万元归还债务;其次将剩余债务免除200万元,从2007年8月1日起算延长到2008年7月31日,并从2007年8月1日起按4%的年利率收取利息。同时规定,如果丙企业在2007

年实现盈利,则年利率上升到6%;如果未盈利,则仍维持4%,要求利息在归还本金时支付。在债务重组时,丙企业判断很可能盈利。甲公司已知丙企业未实现盈利,假设不考虑相关税费。所有必要手续均已在2007年8月1日办妥,并当即解除了债务手续。

已知甲公司在6月末已提取20万元的坏账准备。

请问:对上述六种情况如何确定债务重组日期?丙企业的会计如何处理债务重组账务?甲公司的会计如何处理债务重组账务?

同步测试题

一、单项选择题

1. 甲公司欠乙公司货款10万元,甲公司短期内不能支付货款。经协商,乙公司同意甲公司以固定资产偿付货款,甲公司的固定资产账面原价为12万元,累计折旧3万元,公允价值7万元,则乙公司的债务重组损失是( )万元。

A. 2 B. 3 C. 0 D. 1

2. 甲公司欠乙公司货款10万元,甲公司短期内不能支付货款,经协商,乙公司同意甲公司以存货抵偿债务。甲公司的存货售价为8万元,实际成本为7万元。甲公司为一般纳税企业,增值税税率为17%,则甲公司应计入营业外收支的金额是( )万元。

A. 1.64 B. 0.64 C. 3.00 D. 2.00

3. 下列事项中,不属于即期清偿债务的债务重组方式是( )。

A. 债务转为资本 B. 以非现金资产清偿债务
C. 修改其他债务条件 D. 以低于债务账面价值的非现金资产抵债

4. 关于债务重组,下列说法中,不正确的是( )。

A. 债务人应将应付债务的账面价值与债权人因放弃债权而享有股权份额的差额,作为营业外收入
B. 如果债务重组中涉及多项股权,债权人应按各项股权的公允价值占股权公允价值总额的比例,对重组的应收债权的账面价值进行分配,并按分配后的价值作为各项股权的入账价值
C. 债务人以现金、非现金资产、债务转为资本方式的组合清偿债务的,债权人应先以收到的现金冲减重组应收债权的账面价值,再分别按接受的非现金资产和股权的公允价值占其公允价值总额的比例,对重组应收债权的账面价值减去收到的现金后的余额进行分配,以确定非现金资产、股权的入账价值

D. 债务重组时,若涉及或有收益,债权人应将或有收益包括在将来应收金额中

5. 进行债务重组时,债权人对于受让非现金资产过程中发生的运杂费、保险费等相关费用,应计入( )。
   A. 接受资产的价值   B. 其他业务支出
   C. 管理费用   D. 营业外支出

6. 甲公司欠乙公司600万元货款,到期日为2007年10月30日。甲公司因财务困难,经协商于2007年11月15日与乙公司签订债务重组协议。协议规定,甲公司以价值550万元的商品抵偿欠乙公司的全部债务。2007年11月20日,乙公司收到该商品并验收入库。2007年11月22日办理了有关债务解除手续。该债务重组的重组日是( )。
   A. 2007年10月30日   B. 2007年11月15日
   C. 2007年11月20日   D. 2007年11月22日

7. 在以现金、非现金资产和修改债务条件混合重组方式清偿债务的情况下,以下处理的先后顺序正确的是( )。
   A. 非现金资产方式、现金方式、修改债务条件
   B. 现金方式、非现金资产方式、修改债务条件
   C. 修改债务条件、非现金资产、现金方式
   D. 现金方式、修改债务条件、非现金资产方式

8. A公司因销售货物应收B公司款项5 000万元,并对该款项计提了坏账准备1 000万元。现因B公司暂时性财务困难,进行债务重组。债务重组协议规定,B公司立即以银行存款4 200万元抵债,其余款项A公司予以豁免,则A公司实际收到款项时应作会计分录如下( )。

   A. 借:银行存款   4 200
         坏账准备   1 000
         贷:应收账款   5 000
            资产减值损失   200
   B. 借:银行存款   4 200
         坏账准备   800
         贷:应收账款   5 000
   C. 借:银行存款   4 200
         坏账准备   1 000
         贷:应收账款   5 000
            营业外收入   200

D. 借：银行存款　　　　　　　　　　　　　　　　　　　　4 200
　　　坏账准备　　　　　　　　　　　　　　　　　　　　　800
　　　贷：应收账款　　　　　　　　　　　　　　　　　　　　5 000

9. A公司根据债务重组协议规定,以1台机器偿还所欠B公司100万元的债务(应付账款),该机器原价120万元,已提折旧10万元,未提减值准备,该机器的公允价值为98万元,假定无相关税费。B公司对该重组债权计提坏账准备5万元,则A公司应分别确认债务重组收益、机器转让损益(　　)万元。

　　A. 2,-12　　　B. -10,0　　　C. 2,0　　　D. -12,0

10. A公司因现金流量严重不足,无力支付到期债务400万元。经债权人同意,A公司于2007年9月10日以库存商品的一部分抵偿该项债务。该批库存商品的账面余额为350万元,已提跌价准备20万元,公允价值为300万元,增值税税率为17%,消费税税率为5%,则A公司在债务重组中应确认"营业外收入——债务重组收益"(　　)万元。

　　A. 49　　　　B. 68　　　　C. 100　　　　D. 34

二、多项选择题

1. 在债务重组中,债权人在发生(　　)的情况下,可以确认为债务重组损失。
   A. 债务人以低于债务账面价值的现金抵债
   B. 债务人以低于债务账面价值的非现金资产抵债
   C. 债务人以修改其他负债条件抵债,而且重组债权的账面价值大于将来应收金额
   D. 债务人以修改其他负债条件抵债,而且重组债权的账面价值小于或等于将来应收金额

2. 企业发生的债务重组业务,下列说法中,正确的是(　　)。
   A. 债务人在债务重组时,以低于应收债权的账面价值的现金清偿债务,应将支付的现金小于应付债务的账面价值的差额,计入当期营业外收入
   B. 债务人以非现金资产清偿债务的,应按重组债务的账面价值小于受让的非现金资产的账面价值和相关税费之和的差额,计入当期营业外支出
   C. 债权人以债权转为股权,应按应收债权的账面价值加上支付的相关税费,作为受让的股权的入账价值
   D. 债权人在修改其他债务条件后,如果涉及或有收益的,不应将或有收益计入在将来的应收款项中

3. 延期清偿债务的债务重组方式包括(　　)。
   A. 减少债务本金　　　　　　B. 降低利率
   C. 免去应付未付的利息　　　D. 债务转为股本

4. 关于债务重组,下列说法中,正确的是(　　)。
   A. 债务转为资本时,债务人应将债务的账面价值与股份面值总额的差额,计入营业外收入
   B. 债务转为资本时,债务人应将债务的账面价值与股份面值总额的差额,计入资本公积
   C. 债务转为资本时,债权人应按应付债务的账面价值加上应支付的相关税费,作为长期股权投资成本
   D. 债务转为资本时,债权人应按应付债务的公允价值加上应支付的相关税费,作为长期股权投资成本

5. 债务人以非现金资产抵偿债务时,用于抵偿债务的非现金资产公允价值(如果是存货还要加上相应的销项税额)与重组应付债务账面价值的差额,不可能计入(　　)。
   A. 资本公积
   B. 管理费用
   C. 营业外收入
   D. 资产减值损失

6. 下列各项中,不属于债务重组的是(　　)。
   A. 债务人发行的可转换债券按正常条件转换为股权
   B. 债务人破产清算时以低于债务账面价值的现金清偿债务
   C. 债务人因临时资金周转困难以非现金资产抵偿债务
   D. 债务人借新债还旧债

7. 下列有关附或有条件的债务重组的表述中,正确的是(　　)。
   A. 计算未来应付金额时应包含或有支出
   B. 计算未来应付金额时应包含或有收益
   C. 计算未来应付金额时不应包含或有支出
   D. 计算未来应付金额时不应包含或有收益

8. 2006年6月30日,A公司从某银行取得年利率10%、3年期的贷款1 500万元,现因A公司财务困难,于2009年12月31日进行债务重组,银行同意延长到期日至2012年12月31日,年利率降至7%,免除积欠利息525万元,本金减至1 200万元,利息按年支付,但附有一条件:债务重组后,如A公司自2011年起有盈利,则利率恢复至10%;若无盈利,仍维持7%的利率,则A公司和某银行的有关计算正确的是(　　)。
   A. A公司重组日应付债务的账面价值=1 500×(1+10%×3.5)=2 025(万元)
   B. A公司将来应付金额=1 200×(1+7%×3)+1 200×3%×2=1 524(万元)

C. 某银行重组日应收债权的账面余额＝1 500×(1＋10％×3.5)＝2 025(万元)

D. 某银行将来应收金额＝1 200×(1＋7％×3)1 452(万元)

9. 下列有关非现金资产抵债方式下债务重组的论断中,正确的是(　　)。
   A. 抵债资产为存货的,应当视同销售处理,按存货的公允价值确认商品销售收入,同时结转商品的销售成本,认定相关税费
   B. 抵债资产为固定资产、无形资产的,其公允价值和账面价值的差额,计入营业外收入或营业外支出
   C. 抵债资产为长期股权投资的,其公允价值和账面价值的差额,计入投资收益
   D. 以非现金资产清偿债务的,债权人应当对受让的非现金资产按其公允价值入账,重组债权的账面余额与受让非现金资产公允价值之间的差额,在符合金融资产终止确认条件时,计入当期损益(营业外支出)

三、判断题

1. 只要债务重组时确定的债务偿还条件不同于原协议的,不论债权人是否作出让步,均属于准则定义的债务重组。(　　)

2. 债权人和债务人在债务重组时,均不能确认债务重组收益,因此,企业进行债务重组不会影响当期的损益。(　　)

3. 债务重组是债权人为了防止债务人破产所作出的让步。(　　)

4. 通过修改其他债务条件进行债务重组时,如果重组债权的账面价值大于将来应收金额,债权人不作账务处理。(　　)

5. 在债务重组中,债务人以非现金资产清偿债务的,债权人应按受让的非现金资产的公允价值作为受让非现金资产的入账价值。(　　)

6. 以债务转为资本清偿某项债务的,如果涉及多项股权,债权人应按各项股权的账面价值占股权账面价值总额的比例,对重组债权的账面价值进行分配,以确定各项股权的入账价值。(　　)

7. 以非现金资产清偿债务的若不考虑相关税费和补价,债权人应按重组债权的账面价值作为受让的非现金资产的入账价值。(　　)

8. 以低于债务账面价值的现金清偿某项债务的,债权人应将重组债权的账面价值与收到的现金之间的差额,确认为当期损失,计入管理费用。(　　)

9. 在债务重组中,债务人以非现金资产清偿债务的,债权人不应按受让的非现金资产的公允价值作为受让非现金资产的入账价值。(　　)

10. 对债务重组业务,债务人应确认债务重组收益。(　　)

四、核算题

1. 资料：2007年1月1日，甲企业于2006年12月1日赊销商品给乙企业，价税合计1 000万元。乙企业因资金困难无法偿付，于2007年4月1日双方约定执行如下债务重组条款：① 豁免15万元的债务。② 由乙企业以一批原材料给甲企业抵偿债务。该批原材料账面成本为48万元，公允计税价值为50万元，增值税税率为17%。该批原材料于2007年4月12日运抵甲企业。③ 其余款项延期3个月后偿付，如果在第三个月盈余达到50万元，则追加偿付10万元。④ 双方债务解除手续于2007年5月1日办妥。⑤ 甲公司对该应收账款已经提取了18万元的坏账准备。⑥ 2007年7月，乙企业实现了盈余55万元。⑦ 双方于2007年8月1日交割尾款。

要求：根据上述资料，认定债务重组日，并分别编制甲、乙企业的会计分录。

2. 资料：清江公司持有威雄公司的应收票据，金额为20 000元，票据到期时，累计利息为1 000元。由于威雄公司资金周转发生困难，经与清江公司协商，同意威雄公司支付5 000元现金，同时转让一项无形资产以清偿该项债务。该项无形资产的账面价值和公允价值为14 000元，威雄公司因转让无形资产应交纳的营业税为900元。假定威雄公司没有对转让的无形资产计提减值准备，且不考虑其他税费。

要求：分别作出清江公司和威雄公司有关债务重组的账务处理。

3. 资料：2007年1月1日，甲企业将一批货物销售给乙企业，取得含税收入300万元。双方协商在上半年归还。乙企业因财务困难，一直无法归还，经协商于2007年7月1日签订债务重组协议：乙企业用现金归还250万元，甲企业即解除债务。当日，乙企业立即支付了250万元。甲企业已对该项债权计提了30万元坏账准备。

要求：根据上述资料，编制甲、乙企业的会计分录。

4. 资料：W公司于2006年2月10日销售给M公司一批商品，价值100 000元（包括应收取的增值税额）。M公司因现金流量不足，短期内不能支付货款。8月10日经与W公司协商，W公司同意M公司以1台设备偿还债务。该设备的账面原价为120 000元，已计提折旧30 000元（假设该公司转让该设备不需要交纳增值税）。W公司未对该项应收账款提取坏账准备。

要求：根据上述资料，编制W、M公司的会计分录。

5. 资料：2005年6月30日，A公司从新业银行取得年利率7%、3年期限的贷款2 000万元。现因A公司财务困难，于2006年6月30日进行债务重组，新业银行同意延长到期日至2009年12月31日，利率降到4%，免除积欠利息490万元，本金减到1 800万元，但附有两个条件，债务重组后，若A公司自第二年起有盈利，则利率回复至7%；若无盈利，仍维持5%的利率。若至还款日A公司仍无偿还贷款本金的能力,则 A 公司需以其在某市的一处办公楼账面价值偿还部分债务。该办公楼的账面原值为 1 200 万元,已计提折旧 200 万元,年平均折旧率为 10%(不考虑残值),其余部分以 100 万股普通股抵偿(每股面值 1 元,不具有重大影响)。新业银行未对该贷款计提贷款呆账准备。

要求:

(1) 作出债务重组日 A 公司和新业银行的相关账务处理。

(2) 如果 A 公司从 2007 年起开始盈利,作出 A 公司和新业银行对该借款的相关账务处理。

(3) 如果 A 公司从 2007 年起仍未盈利,A 公司和新业银行应对该借款作出账务处理。

(4) 假定至 2008 年 12 月 31 日,A 公司仍无偿还贷款本金的能力,需以原约定以办公楼及债务转为资本进行偿还,该项固定资产清理费用为 15 万元,未计提减值准备。不考虑其他相关税费,则 A 公司和新业银行应对该借款作出账务处理。

【延伸阅读】

公允价值计量解析

"公允价值计量"是一个世界性的财务报告难题。"定义"和"计量级次"是公允价值计量难题的症结所在。前者涉及公允价值的内涵、外延和目标,后者关系到公允价值计量的技术路线……IASB 关于公允价值的定义是:在公平交易中熟悉情况并自愿交易的各方能将资产交换或将债务清偿的金额。定义的明确程度取决于其内涵和外延的明确程度。与历史成本、现行成本等其他计量属性的定义比较,上述公允价值定义内涵均含糊不清,因为"公平交易"、"自愿"和"熟悉情况"等描述公允价值的术语本身就是不清晰的。IASB 和 FASB 希望用这些术语明确"公允"概念,但事与愿违。谢诗芬认为,"公允"概念蕴意深广,颇有只可意会,不可言传之妙。安永指出,"公允价值"是一个含义深奥的术语,它集中表达了人们希望获得基于公平交易和真实反映的财务报告信息的愿望。Barth 和 Landsman 从另一个角度分析公允价值无法准确定义的原因,指出只有在完美和完全市场环境下公允价值才能被准确定义,此时所有资产都有活跃交易市场,不存在私人信息,市场价格反映了所有与价值相关的信息,因而公允价值一定等同于市场价格。现实经济环境中,市场的深度和广度还很不充分,并非所有资产都存在活跃交易市场,许多资产没有可观察的市场价格。

资料来源:汪祥耀:《公允价值计量:一个世界性的财务报告难题》,《立信会计学院学报》2008 年第 1 期。

第十三章 财务报表

- 了解所有者权益变动表的编制原理
- 掌握资产负债表、利润表、现金流量表的格式和编制方法
- 熟悉财务报表附注的编制方法
- 熟练正确地编制资产负债表、利润表
- 熟练正确地编制现金流量表

引 言

道(Dow)化学公司的主计长怀疑,他们为经理们提供了过量内容的会计信息,经理们无法有效地使用信息,每一层次的经理都会收到一套完整的月度财务报表。主计长意识到经理们把"过多"的时间用在了分析数据上,进而对过量分析产生了疑问,亦即信息流动加快是否有助于更好地制定决策?信息流转是否有效?

带着这个疑问,主计长和其下属对全公司经理进行了调查,以决定哪些信息是真正需要的。他们向经理们提出这样的问题,"谁需要信息"?和"怎样利用信息"?如果你是道化学公司的经理,你将如何解答这些问题呢?学习本章之后,你将得到这些问题的正确答案。

第一节 财务报表概述

一、财务会计报告

（一）财务会计报告的概念

财务会计报告是指单位根据经过审核的会计账簿记录和有关资料编制并对外

提供的反映单位某一特定日期财务状况和某一会计期间经营成果、现金流量的文件。它是企业根据日常会计核算资料归集、加工和汇总后形成的,是企业会计核算的最终成果,也是会计核算工作的总结。

单位编制财务会计报告的主要目的,就是向财务会计报告使用者提供与企业财务状况、经营成果和现金流量等有关的会计信息,反映企业管理层受托责任履行情况,有助于财务会计报告使用者作出经济决策。财务会计报告使用者包括投资者、债权人、政府及其有关部门和社会公众等。

(二)企业财务会计报告的构成

财务会计报告包括财务报表及其附注和其他应当在财务会计报告中披露的相关信息和资料。财务报表至少应当包括资产负债表、利润表、现金流量表等报表。小企业编制的财务报表可以不包括现金流量表。

1. 财务报表概述

财务报表是财务会计报告的核心。它主要包括资产负债表、利润表、现金流量表及相关附表。财务报表按不同标准,主要有以下几种分类:

(1)按照财务报表所反映的内容不同可以分为静态报表和动态报表。

静态报表是指综合反映企业某一特定日期资产、负债和所有者权益状况的报表,资产负债表;动态报表是指综合反映企业一定期间的经营情况或现金流动情况的报表,如利润表或现金流量表。

(2)按财务报表编报的时间不同可以分为月报、季报、半年报和年报。

月报要求简明扼要,及时反映;年报要求揭示完整,反映全面;而季报和半年报在会计信息的详细程度方面,介于两者之间。

(3)按照财务报表的报送对象不同可以分为内部报表和外部报表。

内部报表是指为满足企业内部经营管理需要而编制的财务报表;外部报表则是指企业向外提供的财务报表,主要供投资者、债权人、政府部门和社会公众等有关方面使用。

(4)按照财务报表的编制单位不同可以分为单位报表和合并报表。

单位报表是指由企业在自身会计核算基础上对账簿记录进行加工而编制的财务报表;合并报表是以母公司和子公司组成有企业集团为会计主体,根据母公司和所属子公司的财务报表,由母公司编制的综合反映企业集团财务状况、经营成果及现金流量的财务报表。

2. 财务报表附注

财务报表附注是指为便于财务报表使用者理解财务报表的内容而对财务报表的编制基础、编制依据、编制原则和方法及主要项目等所作的解释。

二、财务报表列报的基本要求

(一) 遵循各项会计准则进行确认和计量

企业应当根据实际发生的交易或事项,遵循各项具体会计准则的规定进行确认和计量,并在此基础上编制财务报表。企业应当在附注中对遵循企业会计准则编制的财务报表作出声明,只有遵循了企业会计准则的所有规定时,财务报表才应当被称为"遵循了企业会计准则"。

企业不应以在附注中披露来代替对交易或事项的确认和计量。也就是说,企业采用不恰当的会计政策,不得通过在附注中披露等其他形式予以更正,企业应当对交易或事项进行正确的确认和计量。

(二) 列报基础

持续经营是会计的基本前提,是会计确认、计量及编制财务报表的基础。企业会计准则规范的是持续经营条件下企业对所发生交易或事项确认、计量及报表列报;相反,如果企业经营出现了非持续经营,致使以持续经营为基础编制财务报表不再合理的,企业应当采用其他基础编制财务报表。

在编制财务报表的过程中,企业管理层应当对企业持续经营的能力进行评价,需要考虑的因素包括市场经营风险、企业目前或长期的盈利能力、偿债能力、财务弹性以及企业管理层改变经营政策的意向等。评价后对企业持续经营的能力产生严重怀疑的,应当在附注中披露导致对持续经营能力产生重大怀疑的重要的不确定因素。

非持续经营是企业在极端情况下出现的一种情况,非持续经营往往取决于企业所处的环境以及企业管理部门的判断。一般而言,企业如果存在以下情况之一,则通常表明其处于非持续经营状态:① 企业已在当期进行清算或停止营业。② 企业已经正式决定在下一个会计期间进行清算或停止营业。③ 企业已确定在当期或下一个会计期间没有其他可供选择的方案而将被迫进行清算或停止营业。

企业处于非持续经营状态时,应当采用其他方法编制财务报表,比如破产企业的资产采用可变现净值计量、负债按照其预计的结算金额计量等。由于企业在持续经营和非持续经营环境下采用的会计计量基础不同,产生的经营成果和财务状况不同,因此在附注中披露非持续经营信息对报表使用者而言非常重要。在非持续经营情况下,企业应当在附注中声明财务报表未以持续经营为基础列报,披露未以持续经营为基础的原因以及财务报表的编制基础。

(三) 重要性和项目列报

财务报表是通过对大量的交易或其他事项进行处理而生成的。这些交易或其他事项按其性质或功能汇总归类而形成财务报表中的项目。关于项目在财务报表中是单独列报还是合并列报,应当依据重要性原则来判断。总的原则是:如果某项目单个看不具有重要性,则可将其与其他项目合并列报;如具有重要性,则应当单独列报。具体而言,应当遵循以下几点:

(1) 性质或功能不同的项目,一般应当在财务报表中单独列报,但是不具有重要性的项目可以合并列报。比如存货和固定资产在性质上和功能上都有本质差别,必须分别在资产负债表上单独列报。

(2) 性质或功能类似的项目,一般可以合并列报,但是对其具有重要性的类别应该单独列报。比如原材料、低值易耗品等项目在性质上类似,均通过生产过程形成企业的产品存货,因此可以合并列报,合并之后的类别统称为"存货",在资产负债表上单独列报。

(3) 项目单独列报的原则不仅适用于报表,还适用于附注。某些项目的重要性程度不足以在资产负债表、利润表、现金流量表或所有者权益变动表中单独列示,但是可能对附注而言却具有重要性,在这种情况下应当在附注中单独披露。仍以上述存货为例,对某制造业企业而言,原材料、包装物及低值易耗品、在产品、库存商品等项目的重要性程度不足以在资产负债表上单独列示,因此在资产负债表上合并列示。但是鉴于对该制造业企业的重要性,其应当在附注中单独披露。

(4) 无论是财务报表列报准则规定的单独列报项目,还是其他具体会计准则规定单独列报的项目,企业都应当予以单独列报。

重要性是判断项目是否单独列报的重要标准。《企业会计准则》首次对"重要性"概念进行了定义,即如果财务报表某项目的省略或错报会影响使用者据此作出经济决策的,则该项目就具有重要性。企业在进行重要性判断时,应当根据所处环境,从项目的性质和金额大小两方面予以判断:一方面,应当考虑该项目的性质是否属于企业日常活动、是否对企业的财务状况和经营成果具有较大影响等因素;另一方面,判断项目金额大小的重要性,应当通过单项金额占资产总额、负债总额、所有者权益总额、营业收入总额、净利润等直接相关项目金额的比重加以确定。

(四) 列报的一致性

可比性是会计信息质量的一项重要质量要求,目的是使同一企业不同期间和同一期间不同企业的财务报表相互可比。为此,财务报表项目的列报应当在各个会计期间保持一致,不得随意变更,这一要求不仅只针对财务报表中的项目名称,还包括财务报表项目的分类、排列顺序等方面。

当会计准则要求改变,或企业经营业务的性质发生重大变化后、变更财务报表项目的列报能够提供更可靠、更相关的会计信息时,财务报表项目的列报是可以改变的。

(五)财务报表项目金额间的相互抵销

财务报表项目应当以总额列报,资产和负债、收入和费用不能相互抵销,即不得以净额列报,但企业会计准则另有规定的除外。这是因为,如果相互抵销,所提供的信息就不完整,信息的可比性大为降低,难以在同一企业不同期间以及同一期间不同企业的财务报表之间实现相互可比,报表使用者难以据此作出判断。比如,企业欠客户的应付款不得与其他客户欠本企业的应收款相抵销,如果相互抵销,就掩盖了交易的实质。又如,收入和费用反映了企业投入和产出之间的关系,是企业经营成果的两个方面,为了更好地反映经济交易的实质、考核企业经营管理水平以及预测企业未来现金流量,收入和费用不得相互抵销。

以下两种情况不属于抵销,可以以净额列示:① 资产计提的减值准备,实质上意味着资产的价值确实发生了减损,资产项目应当按扣除减值准备后的净额列示,这样才反映资产当时的真实价值,并不属于上面所述的抵销。② 非日常活动并非企业主要的业务,且具有偶然性。从重要性来讲,非日常活动产生的损益以收入和费用抵销后的净额列示,对公允反映企业财务状况和经营成果影响不大,抵销后反而更能有利于报表使用者的理解。因此,非日常活动产生的损益应当以同一交易形成的收入扣减费用后的净额列示,并不属于抵销。例如,非流动资产处置形成的利得和损失,应按处置收入扣除该资产的账面金额和相关销售费用后的余额列示。

(六)比较信息的列报

企业在列报当期财务报表时,至少应当提供所有列报项目上一可比会计期间的比较数据以及与理解当期财务报表相关的说明,目的是向报表使用者提供对比数据,提高信息在会计期间的可比性,以反映企业财务状况、经营成果和现金流量的发展趋势,提高报表使用者的判断与决策能力。

在财务报表项目的列报确需发生变更的情况下,企业应当对上期比较数据按照当期的列报要求进行调整,并在附注中披露调整的原因和性质以及调整的各项目金额。但是,在某些情况下,对上期比较数据进行调整是不切实可行的,则应当在附注中披露不能调整的原因。

(七)财务报表表首的列报要求

财务报表一般分为表首、正表两部分。其中,在表首部分企业应当概括地说明下列基本信息:① 编报企业的名称,如企业名称在所属当期发生了变更的,还应明确标明。② 对资产负债表而言,需披露资产负债表日;面对利润表、现金流量表、所有者权益变动表而言,需披露报表涵盖的会计期间。③ 货币名称和单位,按照我国企业会计准则的规定,企业应当以人民币作为记账本位币列报,并标明金额单位,如人民币元、人民币万元等。④ 财务报表是合并财务报表的,应当予以标明。

（八）报告期间

企业至少应当编制年度财务报表。根据《中华人民共和国会计法》的规定，会计年度自公历1月1日起至12月31日止。因此，在编制年度财务报表时，可能存在年度财务报表涵盖的期间短于1年的情况，比如企业在年度中间（如3月1日）开始设立等，在这种情况下，企业应当披露年度财务报表的实际涵盖期间及其短于1年的原因，并应当说明由此引起财务报表项目与比较数据不具可比性这一事实。

第二节 资产负债表

一、资产负债表概述

（一）资产负债表的定义和作用

资产负债表是反映企业在某一特定日期的财务状况的财务报表。例如，公历每年12月31日的财务状况，它反映的就是该日的情况。

资产负债表主要提供有关企业财务状况方面的信息，即某一特定日期关于企业资产、负债、所有者权益及其相互关系。资产负债表的作用包括：第一，可以提供某一日期资产的总额及其结构，表明企业拥有或控制的资源及其分布情况，使用者可以一目了然地从资产负债表上了解企业在某一特定日期所拥有的资产总量及其结构；第二，可以提供某一日期的负债总额及其结构，表明企业未来需要用多少资产或劳务清偿债务以及清偿时间；第三，可以反映所有者所拥有的权益，据以判断资本保值、增值的情况以及对负债的保障程度。此外，资产负债表还可以提供进行财务分析的基本资料，如将流动资产与流动负债进行比较，计算出流动比率；将速动资产与流动负债进行比较，计算出速动比率等，可以表明企业的变现能力、偿债能力和资金周转能力，从而有助于报表使用者作出经济决策。

资产概念的理解

资产在企业中具有非常重要的地位。资产不仅是企业赖以生存和发展的物质基础，而且只有通过资产，才会衍生出费用、收入、负债等会计要素并且成为资本增加的主要来源。但从20世纪初以来，人们对资产的本质、定义一直存在不同的看法，葛家澍教授在《资产概念的本质、定义与特征》一文中对此作了深度的剖析。

首先,作者简单回顾了前人对这一问题的考察。认为无论是用"取得成本"来表述资产,还是用"未来的经济利益"来定义资产,都各有其理由。即观察资产的角度不同,但又未能体现资产的本质。

其次,作者联系经济学,对资产进行了一系列的分析,得出企业资产的本质是社会经济资源的结论,并且对资产作出如下定义:资产是特定企业由于交易或事项(包括资本投入或退出的产权交易)以及交易虽未执行但在法律上不可更改的契约而取得或控制,而由企业配置和运用,旨在为企业带来未来经济利益(未来经济流入)的经济资源。同时作者认为,资产具有各种特征,主要有:提供未来服务的能力;有交换其他资产的能力,可以清偿负债;特别是可用来捕捉获利的机遇;还有提供未来经济利益的能力等等。

最后,作者还指出了企业控制的经济资源可以是有形的,也可以是无形的。当前的企业资产还只是由企业配置的经济资源的一部分。作者认为资产的定义与 FASB 和 IASB 所给出的最大的不同是:不把资源的取得限定于过去的交易或事项。作者不同意把资产的一项主要特征——能单独或必须与其他生产要素结合才能产生的未来经济利益即未来的现金净流入作为资产定义中的主题,更不同意资产的本质是未来经济利益的说法。

资料来源:摘自葛家澍:《资产概念的本质、定义与特征》《经济学动态》2005 年第 5 期。

(二)资产负债表列报总体要求

1. 分类别列报

资产负债表列报,最根本的目标就是应如实反映企业在资产负债表日所拥有的资源、所承担的负债以及所有者所拥有的权益。因此,资产负债表应当按照资产、负债和所有者权益三大类别分类列报。

2. 资产和负债按流动性列报

资产和负债应当按照流动性分别分为流动资产和非流动资产、流动负债和非流动负债列示。流动性,通常按资产的变现或耗用时间长短或者负债的偿还时间长短来确定。按照财务报表列报准则的规定,应先列报流动性强的资产或负债,再列报流动性弱的资产或负债。

银行、证券、保险等金融企业由于在经营内容上不同于一般的工商企业,导致其资产和负债的构成项目也与一般工商企业有所不同,具有特殊性。金融企业的有些资产或负债无法严格区分为流动资产和非流动资产。在这种情况下,往往按照流动性列示能够提供可靠且更相关的信息。因此,金融企业可以大体按照流动性顺序列示资产和负债。

3. 列报相关的合计、总计项目

资产负债表中的资产类至少应当列示流动资产和非流动资产的合计项目;负债类至少应当列示流动负债、非流动负债以及负债的合计项目;所有者权益类应当列示所有者权益的合计项目。

资产负债表遵循了"资产=负债+所有者权益"这一会计恒等式,把企业在特定时日所拥有的经济资源和与之相对应的企业所承担的债务及偿债以后属于所有者的权益充分反映出来。因此,资产负债表应当分别列示资产总计项目和负债与所有者权益之和的总计项目,并且这两者的金额应当相等。

(三) 资产的列报

资产负债表中的资产反映由过去的交易、事项形成并由企业在某一特定日期所拥有或控制的、预期会给企业带来经济利益的资源。资产应当按照流动资产和非流动资产两大类别在资产负债表中列示,在流动资产和非流动资产类别下进一步按性质分项列示。

1. 流动资产和非流动资产的划分

资产负债表中的资产应当分别流动资产和非流动资产列报,因此区分流动资产和非流动资产十分重要。资产满足下列条件之一的,应当归类为流动资产:

(1) 预计在一个正常营业周期中变现、出售或耗用。这主要包括存货、应收账款等资产。需要指出的是,变现一般针对应收账款等而言,指将资产变为现金;出售一般针对产品等存货而言;耗用一般指将存货(如原材料)转变成另一种形态(如产成品)。

(2) 主要为交易目的而持有。

(3) 预计在资产负债表日起1年内(含1年)变现。

(4) 自资产负债表日起1年内,交换其他资产或清偿负债的能力不受限制的现金或现金等价物。在实务中存在用途受到限制的现金或现金等价物,比如用途受到限制的信用证存款、汇票存款、技改资金存款等,这类现金或现金等价物如果作为流动资产列报,可能高估了流动资产金额,从而高估流动比率等财务指标,影响到使用者的决策。

2. 正常营业周期

值得注意的是,判断流动资产、流动负债时所称的一个正常营业周期,是指企业从购买用于加工的资产起至实现现金或现金等价物的期间。

正常营业周期通常短于1年,在1年内有几个营业周期。但是,也存在正常营业周期长于1年的情况,如房地产开发企业开发用于出售的房地产开发产品,造船企业制造的用于出售的大型船只等,从购买原材料进入生产,到制造出产品出售并收回现金或现金等价物的过程,往往超过1年,在这种情况下,与生产循环相关的产成品、应收账款、原材料尽管是超过1年才变现、出售或耗用,仍应作为流动资产列示。

当正常营业周期不能确定时,应当以1年(12个月)作为正常营业周期。

（四）负债的列报

资产负债表中的负债反映在某一特定日期企业所承担的、预期会导致经济利益流出企业的现时义务。负债应当按照流动负债和非流动负债在资产负债表中进行列示。

流动负债的判断标准与流动资产的判断标准相类似。负债满足下列条件之一的,应当归类为流动负债:① 预计在一个正常营业周期中清偿。② 主要为交易目的而持有。③ 自资产负债表日起1年内到期应予以清偿。④ 企业无权自主地将清偿推迟至资产负债表日后1年以上。

值得注意的是,有些流动负债,如应付账款、应付职工薪酬等,属于企业正常营业周期中使用的营运资金的一部分。尽管这些经营性项目有时在资产负债表日后超过1年才到期清偿,但是它们仍应划分为流动负债。

（五）所有者权益的列报

资产负债表中的所有者权益是企业资产扣除负债后的剩余权益,反映企业在某一特定日期股东投资者拥有的净资产的总额。资产负债表中的所有者权益类一般按照净资产的不同来源和特定用途进行分类,应当按照实收资本(或股本)、资本公积、盈余公积、未分配利润等项目分项列示。

二、资产负债表的格式

我国资产负债表按账户式反映,即资产负债表分为左方和右方,左方列示资产各项目,右方列示负债和所有者权益各项目,资产各项目的合计等于负债和所有者权益各项目的合计。通过账户式资产负债表,反映资产、负债和所有者权益之间的内在关系,并达到资产负债表左方和右方平衡。同时,资产负债表还提供年初数和期末数的比较资料。

三、资产负债表的填制方法

通常资产负债表的各项目均需填列"年初余额"和"期末余额"两栏。

资产负债表中的"年初余额"栏内的各项数字,应根据上年末资产负债表"期末余额"栏内所列数字填列。如果本年度资产负债表规定的各个项目的名称和内容与上年度不一致,应对上年度末的资产负债表各项目的名称和数字按照本年度的规定进行调整,填入报表中的"年初数"栏内。

资产负债表中"期末余额"栏内各项数字,一般应根据资产、负债和所有者权益类账户的期末余额填列。主要包括以下方式:

(1) 根据总账账户的余额填列。资产负债表中的有些项目,可直接根据有关总账账户的余额填列,如"交易性金融资产"、"短期借款"、"应付票据"、"应付职工薪酬"等项目;有些项目则需根据几个总账账户的余额计算填列,如"货币资金"项目,需根据"库存现金"、"银行存款"、"其他货币资金"三个总账账户余额的合计数填列。

(2) 根据有关明细账账户的余额计算填列。如"应付账款"项目,需要根据"应付账款"和"预付账款"两个账户所属的相关明细账户的期末贷方余额计算填列;"应收账款"项目,需要根据"应收账款"和"预收账款"两个账户所属的相关明细账户的期末借方余额计算填列。

(3) 根据总账账户和明细账账户的余额分析计算填列。如"长期借款"项目,需根据"长期借款"总账账户余额扣除"长期借款"账户所属的明细账户中将在资产负债表日起1年内到期、且企业不能自主地将清偿义务展期的长期借款后的金额计算填列。

(4) 根据有关账户余额减去其备抵账户余额后的净额填列。如资产负债表中的"应收账款"、"长期股权投资"等项目,应根据"应收账款"、"长期股权投资"等账户的期末余额减去"坏账准备"、"长期股权投资减值准备"等账户月末余额后的净额填列;"固定资产"项目,应根据"固定资产"账户的期末余额减去"累计折旧"、"固定资产减值准备"账户余额后的净额填列;"无形资产"项目,应根据"无形资产"账户的期末余额,减去"累计摊销"、"无形资产减值准备"账户余额后的净额填列。

(5) 综合运用上述填列方法分析填列。如资产负债表中的"存货"项目,需根据"原材料"、"库存商品"、"委托加工物资"、"周转材料"、"材料采购"、"在途物资"、"发出商品"、"材料成本差异"等总账账户期末余额的分析汇总数,再减去"存货跌价准备"账户余额后的金额填列。

四、资产负债表"期末余额"的填列方法

(一) 资产项目的填报方法

"货币资金"项目,反映企业库存现金、银行结算户存款、外埠存款、银行汇票存款、银行本票存款、信用卡存款、信用证保证金存款等的合计数。本项目应根据"库存现金"、"银行存款"、"其他货币资金"账户期末余额的合计数填列。

"交易性金融资产"项目,反映企业持有的以公允价值计量且其变动计入当期损益的为交易目的所持有的债券投资、股票投资、基金投资、权证投资等金融资产。本项目应根据"交易性金融资产"账户的期末余额填列。

"应收票据"项目,反映企业因销售商品、提供劳务等而收到的商业汇票,包括

银行承兑汇票和商业承兑汇票。本项目应根据"应收票据"账户的期末余额,减去"坏账准备"账户中有关应收票据计提的坏账准备期末余额后的金额填列。

"应收账款"项目,反映企业因销售商品、提供劳务等经营活动应收取的款项。本项目应根据"应收账款"和"预收账款"账户所属各明细账户的期末借方余额合计数,减去"坏账准备"账户中有关应收账款计提的坏账准备期末余额后的金额填列。如"应收账款"账户所属明细账户期末有贷方余额的,应在资产负债表"预收款项"项目内填列。

"预付款项"项目,反映企业按照购货合同规定预付给供应单位的款项等。本项目应根据"预付账款"账户和"应付账款"账户所属各明细账户的期末借方余额合计数,减去"坏账准备"账户中有关预付款项计提的坏账准备期末余额后的金额填列。如"预付账款"账户所属各明细账户期末有贷方余额的,应在资产负债表"应付账款"项目内填列。

"应收利息"项目,反映企业应收取的债券投资等的利息。本项目应根据"应收利息"账户的期末余额,减去"坏账准备"账户中有关应收利息计提的坏账准备期末余额后的金额填列。

"应收股利"项目,反映企业应收取的现金股利和应收取其他单位分配的利润。本项目应根据"应收股利"账户的期末余额,减去"坏账准备"账户中有关应收股利计提的坏账准备期末余额后的金额填列。

"其他应收款"项目,反映企业除应收票据、应收账款、预付账款、应收股利、应收利息等经营活动以外的其他各种应收、暂付的款项。本项目应根据"其他应收款"账户的期末余额,减去"坏账准备"账户中有关其他应收款计提的坏账准备期末余额后的金额填列。

"存货"项目,反映企业期末在库、在途和在加工中的各种存货的可变现净值。本项目应根据"材料采购"、"原材料"、"低值易耗品"、"库存商品"、"周转材料"、"委托加工物资"、"委托代销商品"、"生产成本"等账户的期末余额合计,减去"受托代销商品款"、"存货跌价准备"账户期末余额后的金额填列。材料采用计划成本核算,以及库存商品采用计划成本核算或售价核算的企业,还应按加或减材料成本差异、商品进销差价后的金额填列。

"一年内到期的非流动资产"项目,反映企业将于1年内到期的非流动资产项目金额。本项目应根据有关账户的期末余额填列。

"其他流动资产"项目,反映企业除货币资金、交易性金融资产、应收票据、应收账款、存货等流动资产以外的其他流动资产。本项目应根据有关账户的期末余额填列。

"可供出售金融资产"项目,反映企业持有的以公允价值计量的可供出售的股票投资、债券投资等金融资产。本项目应根据"可供出售金融资产"账户的期末余额,减去"可供出售金融资产减值准备"账户期末余额后的金额填列。

"持有至到期投资"项目,反映企业持有的以摊余成本计量的持有至到期投资。本项目应根据"持有至到期投资"账户的期末余额,减去"持有至到期投资减值准备"账户期末余额后的金额填列。

"长期应收款"项目,反映企业融资租赁产生的应收款项、采用递延方式具有融资性质的销售商品和提供劳务等产生的长期应收款项等。本项目应根据"长期应收款"账户的期末余额,减去相应的"未实现融资收益"账户和"坏账准备"账户所属相关明细账户期末余额后的金额填列。

"长期股权投资"项目,反映企业持有的对子公司、联营企业和合营企业的长期股权投资。本项目应根据"长期股权投资"账户的期末余额,减去"长期股权投资减值准备"账户期末余额后的金额填列。

"投资性房地产"项目,反映企业持有的投资性房地产。企业采用成本模式计量投资性房地产的,本项目应根据"投资性房地产"账户的期末余额,减去"投资性房地产累计折旧(摊销)"账户和"投资性房地产减值准备"账户的期末余额后的金额填列;企业采用公允价值模式计量投资性房地产的,本项目应根据"投资性房地产"账户的期末余额填列。

"固定资产"项目,反映企业各种固定资产原价减去累计折旧和累计减值准备后的净额。本项目应根据"固定资产"账户的期末余额,减去"累计折旧"账户和"固定资产减值准备"账户的期末余额后的金额填列。

"在建工程"项目,反映企业期末各项未完工程的实际支出,包括交付安装的设备价值、未完建筑安装工程已经耗用的材料、工资和费用支出、预付出包工程的价款等的可收回金额。本项目应根据"在建工程"账户的期末余额,减去"在建工程减值准备"账户期末余额后的金额填列。

"工程物资"项目,反映企业尚未使用的各项工程物资的实际成本。本项目应根据"工程物资"账户的期末余额填列。

"固定资产清理"项目,反映企业因出售、毁损、报废等原因转入清理但尚未清理完毕的固定资产的净值,以及固定资产清理过程中所发生的清理费用和变价收入等各项金额的差额。本项目应根据"固定资产清理"账户的期末借方余额填列,如"固定资产清理"账户期末为贷方余额,以"一"号填列。

"生产性生物资产"项目,反映企业持有的生产性生物资产。本项目应根据"生产性生物资产"账户的期末余额,减去"生产性生物资产累计折旧"账户和"生产性生物资产减值准备"账户的期末余额后的金额填列。

"油气资产"项目,反映企业持有的矿区权益和油气井及相关设施的原价减去累计折耗和累计减值准备后的净额。本项目应根据"油气资产"账户的期末余额,减去"累计折耗"账户期末余额和相应减值准备后的金额填列。

"无形资产"项目,反映企业持有的无形资产,包括专利权、非专利技术、商标权、著作权、土地使用权等。本项目应根据"无形资产"账户的期末余额,减去"累计摊销"账户和"无形资产减值准备"账户的期末余额后的金额填列。

"开发支出"项目,反映企业开发无形资产过程中能够资本化形成无形资产成本的支出部分。本项目应根据"研发支出"账户中所属的"资本化支出"明细账户期末余额填列。

"商誉"项目,反映企业合并中形成的商誉的价值。本项目应根据"商誉"账户的期末余额,减去相应减值准备后的金额填列。

"长期待摊费用"项目,反映企业已经发生但应由本期和以后各期负担的分摊期限在1年以上的各项费用。长期待摊费用中在1年内(含1年)摊销的部分,在资产负债表"一年内到期的非流动资产"项目填列。本项目应根据"长期待摊费用"账户的期末余额减去将于1年内(含1年)摊销的数额后的金额填列。

"递延所得税资产"项目,反映企业确认的可抵扣暂时性差异产生的递延所得税资产,本项目应根据"递延所得税资产"账户的期末余额填列。"其他非流动资产"项目,反映企业除长期股权投资、固定资产、在建工程、工程物资、无形资产等资产以外的其他非流动资产。本项目应根据有关账户的期末余额填列。

(二)负债项目的列报说明

"短期借款"项目,反映企业向银行或其他金融机构等借入的期限在1年以下(含1年)借款。本项目应根据"短期借款"账户的期末余额填列。

"交易性金融负债"项目,反映企业承担的以公允价值计量且其变动计入当期损益的为交易目的所持有的金融负债。本项目应根据"交易性金融负债"账户的期末余额填列。

"应付票据"项目,反映企业购买材料、商品和接受劳务供应等而开出、承兑的商业汇票,包括银行承兑汇票和商业承兑汇票。本项目应根据"应付票据"账户的期末余额填列。

"应付账款"项目,反映企业因购买材料、商品和接受劳务供应等经营活动应支付的款项。本项目应根据"应付账款"账户和"预付账款"账户所属各明细账户的期末贷方余额合计数填列;如"应付账款"账户所属明细账户期末有借方余额的,应在资产负债表"预付款项"项目内填列。

"预收款项"项目,反映企业按照购货合同规定预付给供应单位的款项。本项目应根据"预收账款"账户和"应收账款"账户所属各明细账户的期末贷方余额合计数填列。如"预收账款"账户所属各明细账户期末有借方余额,应在资产负债表"应收账款"项目内填列。

"应付职工薪酬"项目,反映企业根据有关规定应付给职工的工资、职工福利、社会保险费、住房公积金、工会经费、职工教育经费、非货币性福利、辞退福利等各种薪酬。外商投资企业按规定从净利润中提取的职工奖励及福利基金,也在本项目列示。

"应交税费"项目,反映企业按照税法规定计算应交纳的各种税费,包括增值税、消费税、营业税、所得税、资源税、土地增值税、城市维护建设税、房产税、土地使用税、车船税、教育费附加、矿产资源补偿费等。企业代扣代缴的个人所得税,也通过本项目列示。企业所交纳的税金不需要预计应交数的,如印花税、耕地占用税等,不在本项目列示。本项目应根据"应交税费"账户的期末贷方余额填列;如"应交税费"账户期末为借方余额,应以"—"号填列。

"应付利息"项目,反映企业按照规定应当支付的利息,包括分期付息到期还本的长期借款应支付的利息、企业发行的企业债券应支付的利息等。本项目应当根据"应付利息"账户的期末余额填列。

"应付股利"项目,反映企业分配的现金股利或利润。企业分配的股票股利,不通过本项目列示。本项目应根据"应付股利"账户的期末余额填列。

"其他应付款"项目,反映企业除应付票据、应付账款、预收款项、应付职工薪酬、应付股利、应付利息、应交税费等经营活动以外的其他各项应付、暂收的款项。本项目应根据"其他应付款"账户的期末余额填列。

"一年内到期的非流动负债"项目,反映企业非流动负债中将于资产负债表日后1年内到期部分的金额,如将于1年内偿还的长期借款。本项目应根据有关账户的期末余额填列。

"其他流动负债"项目,反映企业除短期借款、交易性金融负债、应付票据、应付账款、应付职工薪酬、应交税费等流动负债以外的其他流动负债。本项目应根据有关账户的期末余额填列。

"长期借款"项目,反映企业向银行或其他金融机构借入的期限在1年以上(不含1年)的各项借款。本项目应根据"长期借款"账户的期末余额填列。

"应付债券"项目,反映企业为筹集长期资金而发行的债券本金和利息。本项目应根据"应付债券"账户的期末余额填列。

"长期应付款"项目,反映企业除长期借款和应付债券以外的其他各种长期应付款项。本项目应根据"长期应付款"账户的期末余额,减去相应的"未确认融资费用"账户期末余额后的金额填列。

"专项应付款"项目,反映企业取得政府作为企业所有者投入的具有专项或特定用途的款项。本项目应根据"专项应付款"账户的期末余额填列。

"预计负债"项目,反映企业确认的对外提供担保、未决诉讼、产品质量保证、重组义务、亏损性合同等预计负债。本项目应根据"预计负债"账户的期末余额填列。

"递延所得税负债"项目,反映企业确认的应纳税暂时性差异产生的所得税负债。本项目应根据"递延所得税负债"账户的期末余额填列。

"其他非流动负债"项目,反映企业除长期借款、应付债券等负债以外的其他非流动负债。本项目应根据有关账户的期末余额减去将于1年内(含1年)到期偿还后的余额填列。非流动负债各项目中将于1年内(含1年)到期的非流动负债,应在"一年内到期的非流动负债"项目内单独反映。

(三)所有者权益项目的列报说明

"实收资本(或股本)"项目,反映企业各投资者实际投入的资本(或股本)总额。本项目应根据"实收资本"(或"股本")账户的期末余额填列。

"资本公积"项目,反映企业资本公积的期末余额。本项目应根据"资本公积"账户的期末余额填列。

"库存股"项目,反映企业持有尚未转让或注销的本公司股份金额。本项目应根据"库存股"账户的期末余额填列。

"盈余公积"项目,反映企业盈余公积的期末余额。本项目应根据"盈余公积"账户的期末余额填列。

"未分配利润"项目,反映企业尚未分配的利润。本项目应根据"本年利润"账户和"利润分配"账户的余额计算填列。未弥补的亏损在本项目内以"一"号填列。

【问题与思考 13-1】

资产负债表中,"应付账款"项目应根据"应付账款"账户和"预付账款"账户所属各明细账户的期末贷方余额合计数填列,这是为什么呢?请你举例说明。

五、资产负债表编制举例

(一)资料

1. 金欣股份有限公司为一般纳税人,增值税税率为17%,所得税税率为25%。其20×8年1月1日有关账户的余额如表13-1所示(假定下列各项与关联方之间的交易价格均与非关联方同类交易的价格相同)。

表 13-1　　　　　　　　　账　户　余　额　表

金额单位:元

账　户　名　称	借方余额	账　户　名　称	贷方余额
库存现金	20 000	短期借款	3 000 000
银行存款	12 800 000	应付票据	2 000 000
其他货币资金	1 243 000	应付账款	9 548 000
交易性金融资产	150 000	应付职工薪酬	1 100 000

(续表)

账 户 名 称	借方余额	账 户 名 称	贷方余额
应收票据	2 460 000	应交税费	366 000
应收账款	4 000 000	应付利息	0
坏账准备	−9 000	应付股利	0
预付账款	1 000 000	其他应付款	500 000
应收股利	0	长期借款	6 000 000
其他应收款	3 050 000	其中：一年内到期的非流动负债	10 000 000
在途物资	2 250 000	实收资本	50 000 000
原材料	5 500 000	资本公积	0
材料成本差异	369 500	盈余公积	1 000 000
周转材料	880 500	未分配利润	500 000
存货跌价准备	0		
库存商品	16 800 000		
可供出售金融资产	0		
长期股权投资	2 500 000		
投资性房地产	0		
固定资产	8 400 000		
累计折旧	−400 000		
在建工程	15 000 000		
工程物资	0		
生产性生物资产	0		
生产性生物资产累计折旧	0		
无形资产	6 000 000		
累计摊销	0		
开发支出	0		
长期待摊费用	0		
递延所得税资产	0		
其他非流动资产	2 000 000		
合 计	84 014 000	合 计	84 014 000

2. 金欣股份有限公司 20×8 年发生的经济业务如下：

(1) 收到银行通知，用银行存款支付到期的商业承兑汇票 1 000 000 元。

(2) 购入原材料一批，用银行存款支付货款 1 500 000 元，以及购入材料支付的增值税额 255 000 元，款项已付，材料未到。

(3) 收到原材料一批，实际成本 1 000 000 元，计划成本 950 000 元，材料已验收入库，货款于上月支付。

(4) 用银行汇票支付采购材料价款，公司收到开户银行转来的银行汇票多余款收账通知，通知上填写的多余款 2 340 元，购入材料及运费 998 000 元，支付的增值税额为 169 660 元，原材料已验收入库，该批原材料计划价格 1 000 000 元。

(5) 销售产品一批，销售价款 3 000 000（不含应收取的增值税），该批产品实际成本 1 800 000 元，产品已发出，货款未收到。

(6) 公司将交易性金融资产（股票投资）兑现 165 000 元，该投资的成本为 130 000 元，公允价值变动为增值 20 000 元，处置收益为 15 000 元，均存入银行。

(7) 购入 1 台不需要安装的设备，发票价格 854 700 元，增值税额 145 300 元，发生的运费 10 000 元，所有费用已用银行存款全部付清，设备已交付使用。（假设按规定该固定资产的进项税额不允许抵扣）

(8) 购入工程物资一批，价款 1 500 000 元（含已交纳的增值税），已用银行存款支付。

(9) 工程应付工程人员工资 2 280 000 元。

(10) 工程完工，交付生产使用，已办理竣工手续，固定资产价值为 14 000 000 元。

(11) 基本生产车间 1 台生产设备报废，原价 2 000 000 元，已提折旧 1 800 000 元（会计上和税法上对折旧的计提一致），清理费用 5 000 元，残值收入 8 000 元，均通过银行存款支付。该项固定资产已清理完毕。

(12) 从银行借入 3 年期借款 10 000 000 元，借款已存入银行账户。

(13) 销售产品一批，销售价款 7 000 000 元，应收的增值税额 1 190 000 元，销售产品的实际成本为 4 200 000 元，货款银行已收妥。

(14) 公司将要到期的一张面值为 2 000 000 元的无息银行承兑汇票（不含增值税），连同解讫通知和进账单交银行办理转账。收到银行盖章退回的进账单一联。款项银行已收妥。

(15) 公司出售 1 台不需用设备，收到价款 3 000 000 元，该设备原价 4 000 000 元，已提折旧 1 500 000 元。该项设备已被购入单位运走。

(16) 取得交易金融资产（股票投资），价款 1 030 000 元，交易费用 20 000 元，已用银行存款支付。

(17) 支付工资 5 000 000 元，其中包括支付给在建工程人员的工资 2 000 000 元。

(18) 分配应支付的职工工资 3 000 000 元（不包括在建工程应负担的工资），其中生产工人工资 2 750 000 元，车间管理人员工资 100 000 元，行政管理部门人员工资 150 000 元。

(19) 提取职工福利费 420 000 元（不包括在建工程应负担的工资），其中生产工人福利费 385 000 元，车间管理人员 14 000 元，行政管理部门人员 21 000 元。

(20) 基本生产车间领用原材料，计划成本 7 000 000 元；领用低值易耗品，计划成本 500 000 元，采用一次转销法摊销。

(21) 结转领用原材料应分摊的材料成本差异。材料成本差异率为5%。

(22) 摊销无形资产 600 000 元，以银行存款支付基本生产车间水电费 900 000 元。

(23) 计提固定资产折旧 1 000 000 元，其中，计入制造费用 800 000 元，管理费用 200 000 元。计提固定资产减值准备 300 000 元。

(24) 收到应收账款 510 000 元，存入银行。计提应收账款坏账准备 9 000 元。

(25) 用银行存款支付产品展览费 100 000 元。

(26) 计算并结转本期完工产品成本 12 824 000 元。没有期初在产品，本期生产的产品全部完工入库。

(27) 广告费 100 000 元，已用银行存款支付。

(28) 公司采用商业承兑汇票结算方式销售产品一批，价款 2 500 000 元，增值税额为 425 000 元，收到 2 925 000 元的商业承兑汇票一张，产品实际成本 1 500 000 元。

(29) 公司将上述承兑汇票到银行办理贴现，贴现息为 200 000 元。

(30) 公司本期产品销售应交纳的教育费附加为 20 000 元。

(31) 用银行存款交纳增值税额 1 000 000 元；教育费附加 20 000 元。

(32) 本期在建工程应负担的长期借款利息费用 2 000 000 元，长期借款为分期付息。

(33) 提取应计入本期损益的长期借款利息 100 000 元，长期借款为分期付息。

(34) 归还短期借款本金 2 500 000 元。

(35) 支付长期借款利息 2 100 000 元。

(36) 偿还长期借款 10 000 000 元。

(37) 上年度销售产品一批，开出的增值税专用发票注明价款为 100 000 元，增值税额为 17 000 元，对方开出商业承兑汇票。本期由于对方发生财务困难，无法偿还。经双方协议,对本公司同意对方用产品抵偿应收票据。用于抵债的产品市价为 80 000 元,增值税税率为 17%。

(38) 持有的交易性金融资产的公允价值为 1 050 000 元。

(39) 结转本期产品销售成本 7 500 000 元。

(40) 假定本企业除计提固定资产减值准备 300 000 元造成固定资产账面价值与其计税基础存在差异外,不考虑其他项目的所得税影响。企业按税法规定计算确定的应交所得税为 948 650 元,递延所得税资产为 75 000 元。

(41) 将各收支业务结转至本年利润。

(42) 按净利润的 10% 提取法定盈余公积。

(43) 将利润分配各明细账户的余额转入"未分配利润"明细账户,结转本年利润。

(44) 用银行存款交纳当年应交所得税。

(二) 根据上述资料编制会计分录和比较资产负债表

1. 根据前述业务编制会计分录

(1) 借:应付票据　　　　　　　　　　　　　　　　1 000 000
　　　贷:银行存款　　　　　　　　　　　　　　　　　　1 000 000

(2) 借:材料采购　　　　　　　　　　　　　　　　1 500 000
　　　　应交税费——应交增值税(进项税额)　　　　　255 000
　　　贷:银行存款　　　　　　　　　　　　　　　　　　1 755 000

(3) 借:原材料　　　　　　　　　　　　　　　　　　950 000
　　　　材料成本差异　　　　　　　　　　　　　　　　50 000
　　　贷:材料采购　　　　　　　　　　　　　　　　　　1 000 000

(4) 借:材料采购　　　　　　　　　　　　　　　　　998 000
　　　　银行存款　　　　　　　　　　　　　　　　　　　2 340
　　　　应交税费——应交增值税(进项税额)　　　　　169 660
　　　贷:其他货币资金　　　　　　　　　　　　　　　　1 170 000
　　　借:原材料　　　　　　　　　　　　　　　　　　1 000 000
　　　贷:材料采购　　　　　　　　　　　　　　　　　　　998 000
　　　　　材料成本差异　　　　　　　　　　　　　　　　　2 000

(5) 借:应收账款　　　　　　　　　　　　　　　　3 510 000
　　　贷:主营业务收入　　　　　　　　　　　　　　　3 000 000
　　　　　应交税费——应交增值税(销项税额)　　　　510 000

(6) 借：银行存款　　　　　　　　　　　　　　　　　　　165 000
　　　贷：交易性金融资产——成本　　　　　　　　　　　　130 000
　　　　　　　　　　　——公允价值变动　　　　　　　　　20 000
　　　　　投资收益　　　　　　　　　　　　　　　　　　　15 000
　　借：公允价值变动损益　　　　　　　　　　　　　　　　20 000
　　　贷：投资收益　　　　　　　　　　　　　　　　　　　20 000

(7) 借：固定资产　　　　　　　　　　　　　　　　　　　1 010 000
　　　贷：银行存款　　　　　　　　　　　　　　　　　　1 010 000

(8) 借：工程物资　　　　　　　　　　　　　　　　　　　1 500 000
　　　贷：银行存款　　　　　　　　　　　　　　　　　　1 500 000

(9) 借：在建工程　　　　　　　　　　　　　　　　　　　2 280 000
　　　贷：应付职工薪酬　　　　　　　　　　　　　　　　2 280 000

(10) 借：固定资产　　　　　　　　　　　　　　　　　　14 000 000
　　　贷：在建工程　　　　　　　　　　　　　　　　　 14 000 000

(11) 借：固定资产清理　　　　　　　　　　　　　　　　　200 000
　　　　累计折旧　　　　　　　　　　　　　　　　　　　1 800 000
　　　贷：固定资产　　　　　　　　　　　　　　　　　　2 000 000
　　借：固定资产清理　　　　　　　　　　　　　　　　　　5 000
　　　贷：银行存款　　　　　　　　　　　　　　　　　　　5 000
　　借：银行存款　　　　　　　　　　　　　　　　　　　　8 000
　　　贷：固定资产清理　　　　　　　　　　　　　　　　　8 000
　　借：营业外支出——处置非流动资产损失　　　　　　　197 000
　　　贷：固定资产清理　　　　　　　　　　　　　　　　197 000

(12) 借：银行存款　　　　　　　　　　　　　　　　　　10 000 000
　　　贷：长期借款　　　　　　　　　　　　　　　　　 10 000 000

(13) 借：银行存款　　　　　　　　　　　　　　　　　　　8 190 000
　　　贷：主营业务收入　　　　　　　　　　　　　　　　7 000 000
　　　　　应交税费——应交增值税(销项税额)　　　　　　1 190 000

(14) 借：银行存款　　　　　　　　　　　　　　　　　　　2 000 000
　　　贷：应收票据　　　　　　　　　　　　　　　　　　2 000 000

(15) 借：固定资产清理　　　　　　　　　　　　　　　　　2 500 000
　　　　累计折旧　　　　　　　　　　　　　　　　　　　1 500 000
　　　贷：固定资产　　　　　　　　　　　　　　　　　　4 000 000

借：银行存款　　　　　　　　　　　　　　　　　　3 000 000
　　贷：固定资产清理　　　　　　　　　　　　　　　3 000 000

借：固定资产清理　　　　　　　　　　　　　　　　　500 000
　　贷：营业外收入——处置非流动资产利得　　　　　500 000

（16）借：交易性金融资产　　　　　　　　　　　　　1 030 000
　　　　　投资收益　　　　　　　　　　　　　　　　　20 000
　　　　贷：银行存款　　　　　　　　　　　　　　　1 050 000

（17）借：应付职工薪酬　　　　　　　　　　　　　　5 000 000
　　　　贷：银行存款　　　　　　　　　　　　　　　5 000 000

（18）借：生产成本　　　　　　　　　　　　　　　　2 750 000
　　　　　制造费用　　　　　　　　　　　　　　　　　100 000
　　　　　管理费用　　　　　　　　　　　　　　　　　150 000
　　　　贷：应付职工薪酬　　　　　　　　　　　　　3 000 000

（19）借：生产成本　　　　　　　　　　　　　　　　　385 000
　　　　　制造费用　　　　　　　　　　　　　　　　　14 000
　　　　　管理费用　　　　　　　　　　　　　　　　　21 000
　　　　贷：应付职工薪酬　　　　　　　　　　　　　　420 000

（20）借：生产成本　　　　　　　　　　　　　　　　7 000 000
　　　　贷：原材料　　　　　　　　　　　　　　　　7 000 000

借：制造费用　　　　　　　　　　　　　　　　　　　500 000
　　贷：周转材料　　　　　　　　　　　　　　　　　500 000

（21）当期领用材料（含低值易耗品）应负担的材料成本差异为：

原材料应负担：7 000 000×5％＝350 000（元）

低值易耗品应负担：500 000×5％＝25 000（元）

　　　　借：生产成本　　　　　　　　　　　　　　　350 000
　　　　　　制造费用　　　　　　　　　　　　　　　　25 000
　　　　　贷：材料成本差异　　　　　　　　　　　　375 000

（22）借：管理费用——无形资产摊销　　　　　　　　600 000
　　　　贷：累计摊销　　　　　　　　　　　　　　　600 000

借：制造费用　　　　　　　　　　　　　　　　　　　900 000
　　贷：银行存款　　　　　　　　　　　　　　　　　900 000

(23) 借：制造费用——折旧费 800 000
　　　　管理费用——折旧费 200 000
　　　贷：累计折旧 1 000 000
　　借：资产减值损失 300 000
　　　贷：固定资产减值准备 300 000

(24) 借：银行存款 510 000
　　　贷：应收账款 510 000
　　借：资产减值损失 9 000
　　　贷：坏账准备 9 000

(25) 借：销售费用——展览费 100 000
　　　贷：银行存款 100 000

(26) 借：生产成本 2 339 000
　　　贷：制造费用 2 339 000
　　借：库存商品 12 824 000
　　　贷：生产成本 12 824 000

(27) 借：销售费用——广告费 100 000
　　　贷：银行存款 100 000

(28) 借：应收票据 2 925 000
　　　贷：主营业务收入 2 500 000
　　　　应交税费——应交增值税（销项税额） 425 000

(29) 借：财务费用 200 000
　　　银行存款 2 725 000
　　　贷：应收票据 2 925 000

(30) 借：营业税金及附加 20 000
　　　贷：应交税费——应交教育费附加 20 000

(31) 借：应交税费——应交增值税 1 000 000
　　　　　　　——应交教育费附加 20 000
　　　贷：银行存款 1 020 000

(32) 借：在建工程 2 000 000
　　　贷：应付利息 2 000 000

(33) 借：财务费用 100 000
　　　贷：应付利息 100 000

(34) 借：短期借款　　　　　　　　　　　　　　　　2 500 000
　　　贷：银行存款　　　　　　　　　　　　　　　　2 500 000

(35) 借：应付利息　　　　　　　　　　　　　　　　2 100 000
　　　贷：银行存款　　　　　　　　　　　　　　　　2 100 000

(36) 借：长期借款　　　　　　　　　　　　　　　　10 000 000
　　　贷：银行存款　　　　　　　　　　　　　　　　10 000 000

(37) 借：库存商品　　　　　　　　　　　　　　　　80 000
　　　应交税费——应交增值税　　　　　　　　　　13 600
　　　营业外支出　　　　　　　　　　　　　　　　23 400
　　　贷：应收票据　　　　　　　　　　　　　　　　117 000

(38) 借：交易性金融资产——公允价值变动　　　　　20 000
　　　贷：公允价值变动损益　　　　　　　　　　　　20 000

(39) 借：主营业务成本　　　　　　　　　　　　　　7 500 000
　　　贷：库存商品　　　　　　　　　　　　　　　　7 500 000

(40) 借：所得税费用　　　　　　　　　　　　　　　948 650
　　　贷：应交税费——应交所得税　　　　　　　　948 650
　　　借：递延所得税资产　　　　　　　　　　　　　75 000
　　　贷：所得税费用　　　　　　　　　　　　　　　75 000

(41) 借：主营业务收入　　　　　　　　　　　　　　12 500 000
　　　营业外收入　　　　　　　　　　　　　　　　500 000
　　　投资收益　　　　　　　　　　　　　　　　　15 000
　　　贷：本年利润　　　　　　　　　　　　　　　　13 015 000
　　　借：本年利润　　　　　　　　　　　　　　　　9 520 400
　　　贷：主营业务成本　　　　　　　　　　　　　　7 500 000
　　　　　营业税金及附加　　　　　　　　　　　　　20 000
　　　　　销售费用　　　　　　　　　　　　　　　　200 000
　　　　　管理费用　　　　　　　　　　　　　　　　971 000
　　　　　财务费用　　　　　　　　　　　　　　　　300 000
　　　　　资产减值损失　　　　　　　　　　　　　　309 000
　　　　　营业外支出　　　　　　　　　　　　　　　220 400
　　　借：本年利润　　　　　　　　　　　　　　　　873 650
　　　贷：所得税费用　　　　　　　　　　　　　　　873 650

(42) 本年应提法定盈余公积＝(13 015 000－9 520 400－873 650)×10％＝262 095(元)

借：利润分配——提取法定盈余公积			262 095
贷：盈余公积——法定盈余公积			262 095
（43）借：利润分配——未分配利润			262 095
贷：利润分配——提取法定盈余公积			262 095
借：本年利润			2 620 950
贷：利润分配——未分配利润			2 620 950
（44）借：应交税费——应交所得税			948 650
贷：银行存款			948 650

2. 编制比较资产负债表

资产负债表如表13-2所示。

表13-2　　　　　　　　　　　资　产　负　债　表

编制单位：××公司　　　　　20×8年12月31日　　　　　　　　金额单位：元

资　　产	行次	期末余额	年初余额	负债和所有者权益（或股东权益）	行次	期末余额	年初余额
流动资产：				流动负债：			
货币资金		10 504 690	14 063 000	短期借款		500 000	3 000 000
交易性金融资产		1 050 000	150 000	交易性金融负债		0	0
应收票据		343 000	2 460 000	应付票据		1 000 000	2 000 000
应收账款		6 982 000	3 991 000	应付账款		9 548 000	9 548 000
预付账款		1 000 000	1 000 000	预收账款		0	0
应收利息		0	0	应付职工薪酬		1 800 000	1 100 000
应收股利		0	0	应交税费		1 052 740	366 000
其他应收款		3 050 000	3 050 000	应付利息		0	0
存货		25 827 000	25 800 000	应付股利		0	0
其中：消耗性生物资产		0	0	其他应付款		500 000	500 000
一年内到期的非流动资产		0	0	一年内到期的非流动负债		10 000 000	10 000 000
其他流动资产		0	0	其他流动负债		0	0
流动资产合计		48 756 690	50 514 000	流动负债合计		24 400 740	26 514 000
非流动资产：				非流动负债：			
可供出售金融资产		0	0	长期借款		6 000 000	6 000 000

(续表)

资产	行次	期末余额	年初余额	负债和所有者权益 （或股东权益）	行次	期末余额	年初余额
持有至到期投资		0	0	应付债券		0	0
长期应收款		0	0	长期应付款		0	0
长期股权投资		2 500 000	2 500 000	专项应付款		0	0
投资性房地产		0	0	预计负债		0	0
固定资产		19 010 000	8 000 000	递延所得税负债		0	0
在建工程		5 280 000	15 000 000	其他非流动负债		0	0
工程物资		1 500 000	0	非流动负债合计		6 000 000	6 000 000
固定资产清理		0	0	负债合计		30 400 740	32 514 000
生产性生物资产		0	0	所有者权益：			
油气资产		0	0	实收资本		50 000 000	50 000 000
无形资产		5 400 000	6 000 000	资本公积		0	0
开发支出		0	0	减：库存股			
商誉		0	0	盈余公积		1 262 095	1 000 000
长期待摊费用		0	0	未分配利润		2 858 855	500 000
递延所得税资产		75 000	0	所有者权益（或股 本权益）合计		54 120 950	
其他非流动资产		2 000 000	2 000 000				
非流动资产合计		35 765 000	33 500 000				
资产总计		84 521 690	84 014 000	负债和所有者权益 （或股东权益）总计		84 521 690	84 014 000

第三节 利润表

一、利润表概述

（一）利润表的概念

利润表是反映企业在一定会计期间的经营成果的财务报表。例如，某年1月1日至12月31日的利润表，反映的就是该期间的企业经营成果。

利润表的列报必须充分反映企业经营业绩的主要来源和构成，有助于使用者判断净利润的质量及其风险,有助于使用者预测净利润的持续性,从而作出正确的决策。通过利润表,可以反映企业一定会计期间收入的实现情况,如实现的营业收入有多少、实现的投资收益有多少、实现的营业外收入有多少等等;可以反映一定会计期间的费用耗费情况,如耗费的营业成本有多少、营业税金及附加有多少及销售费用、管理费用、财务费用各有多少、营业外支出有多少等等;可以反映企业生产经营活动的成果,即净利润的实现情况,据以判断资本保值、增值等情况。将利润表中的信息与资产负债表中的信息相结合,还可以提供进行财务分析的基本资料,如:将赊销收入净额与应收账款平均余额进行比较,计算出应收账款周转率;将销货成本与存货平均余额进行比较,计算出存货周转率;将净利润与资产总额进行比较,计算出资产收益率等,可以反映企业资金周转情况及企业的盈利能力和水平,便于报表使用者判断企业未来的发展趋势,作出经济决策。

(二)费用采用"功能法"列报

根据财务报表列报准则的规定,对于费用的列报,企业应当采用"功能法"列报,即按照费用在企业所发挥的功能进行分类列报,通常分为从事经营业务发生的成本、管理费用、销售费用和财务费用等,并且将营业成本与其他费用分开披露。从企业而言,其活动通常可以划分为生产、销售、管理、融资等,每一种活动上发生的费用所发挥的功能并不相同,因此,按照费用功能法将其分开列报,有助于使用者了解费用发生的活动领域。例如,企业为销售产品发生了多少费用、为一般行政管理发生了多少费用、为筹措资金发生了多少费用等。这种方法通常能向报表使用者提供具有结构性的信息,能更清楚地揭示企业经营业绩的主要来源和构成,提供的信息更为相关。

由于关于费用性质的信息有助于预测企业未来现金流量,企业可以在附注中披露费用按照性质分类的利润表补充资料。费用按照性质分类,指将费用按其性质分为耗用的原材料、职工薪酬费用、折旧费、摊销费等,而不是按照费用在企业所发挥的不同功能分类。

此外,由于银行、保险、证券等金融企业的日常活动与一般工商企业不同,具有特殊性,在这种情况下,可以根据金融企业的特殊性列示利润表项目。例如,商业银行将利息支出作为利息收入的抵减项目、将手续费及佣金支出作为手续费及佣金收入的抵减项目等列示。

二、利润表的格式

利润表正表的格式一般有两种:单步式利润表和多步式利润表。单步式利润表是将当期所有的收入列在一起,然后将所有的费用列在一起,两者相减得出当期净损益。多步式利润表是通过对当期的收入、费用、支出项目按性质加以归类,按利润形成的主要环节列示一些中间性利润指标,分步计算当期净损益。

财务报表列报准则规定,企业应当采用多步式列报利润表,将不同性质的收入和费用类进行对比,从而可以得出一些中间性的利润数据,便于使用者理解企业经营成果的不同来源。企业可以分如下三个步骤编制利润表:

第一步,以营业收入为基础,减去营业成本、营业税金及附加、销售费用、管理费用、财务费用、资产减值损失,加上公允价值变动收益(减去公允价值变动损失)和投资收益(减去投资损失),计算出营业利润。

第二步,以营业利润为基础,加上营业外收入,减去营业外支出,计算出利润总额。

第三步,以利润总额为基础,减去所得税费用,计算出净利润(或净亏损)。

普通股或潜在普通股已公开交易的企业,以及正处于公开发行普通股或潜在普通股过程中的企业,还应当在利润表中列示每股收益信息。

三、利润表各项目的编制方法

(一)报表中的"本期金额"和"上期金额"栏内各项数字的填列方法

报表中的"上期金额"在编制年度财务报告时,填列上年全年累计实际发生数;在编报中期财务报告时,填列上年同期累计实际发生数。如果上年度利润表与本年度利润表的项目名称和内容不相一致,应对上年度利润表项目的名称和数字按本年度的规定进行调整,填入本表"上期金额"栏。

报表中的"本期金额"栏反映各项目自年初起至报告期末止的累积实际发生数。

(二)报表中各项目的内容和填列方法

(1)"营业收入"项目,反映企业经营主要业务和其他业务所确认的收入总额。本项目应根据"主营业务收入"和"其他业务收入"账户的发生额分析填列。

(2)"营业成本"项目,反映企业经营主要业务和其他业务所发生的成本总额。本项目应根据"主营业务成本"和"其他业务成本"账户的发生额分析填列。

(3)"营业税金及附加"项目,反映企业经营业务应负担的消费税、营业税、城市维护建设税、资源税、土地增值税和教育费附加等。本项目应根据"营业税金及附加"账户的发生额分析填列。

(4)"销售费用"项目,反映企业在销售商品过程中发生的包装费、广告费等费用和为销售本企业商品而专设的销售机构的职工薪酬、业务费等经营费用。本项目应根据"销售费用"账户的发生额分析填列。

(5)"管理费用"项目,反映企业为组织和管理生产经营发生的管理费用。本项目应根据"管理费用"账户的发生额分析填列。

(6)"财务费用"项目,反映企业筹集生产经营所需资金等而发生的筹资费用。

本项目应根据"财务费用"账户的发生额分析填列。

(7)"资产减值损失"项目,反映企业各项资产发生的减值损失。本项目应根据"资产减值损失"账户的发生额分析填列。

(8)"公允价值变动收益"项目,反映企业应当计入当期损益的资产或负债公允价值变动收益。本项目应根据"公允价值变动损益"账户的发生额分析填列,如为净损失,本项目以"一"号填列。

(9)"投资收益"项目,反映企业以各种方式对外投资所取得的收益。本项目应根据"投资收益"账户的发生额分析填列;如为投资损失,本项目以"一"号填列。

(10)"营业利润"项目,反映企业实现的营业利润;如为亏损,本项目以"一"号填列。

(11)"营业外收入"项目,反映企业发生的与经营业务无直接关系的各项收入。本项目应根据"营业外收入"账户的发生额分析填列。

(12)"营业外支出"项目,反映企业发生的与经营业务无直接关系的各项支出。本项目应根据"营业外支出"账户的发生额分析填列。

(13)"利润总额"项目,反映企业实现的利润;如为亏损,本项目以"一"号填列。

(14)"所得税费用"项目,反映企业应从当期利润总额中扣除的所得税费用。本项目应根据"所得税费用"账户的发生额分析填列。

(15)"净利润"项目,反映企业实现的净利润,如为亏损,本项目以"一"号填列。

四、利润表编制举例

(1)接上一节的例子,金欣股份有限公司20×8年度有关损益账户的余额如表13-3所示。

表 13-3 账 户 余 额 表

金额单位:元

账 户 名 称	借方发生额	贷方发生额
主营业务收入		12 500 000
其他业务收入		
主营业务成本	7 500 000	
其他业务成本		
营业税金及附加	20 000	
销售费用	200 000	

（续表）

账 户 名 称	借方发生额	贷方发生额
管理费用	971 000	
财务费用	300 000	
资产减值损失	309 000	
公允价值变动损益	0	
投资收益		15 000
营业外收入		500 000
营业外支出	220 400	
所得税费用	873 650	

（2）根据资料，编制利润表如表13-4所示。

表13-4　　　　　　　　　　利 润 表

编制单位：金欣股份有限公司　　　20×8年12月　　　　　　　　金额单位：元

项　　　　　目	行次	本期金额	上期金额（略）
一、营业收入		12 500 000	
减：营业成本		7 500 000	
营业税金及附加		20 000	
销售费用		200 000	
管理费用		971 000	
财务费用		300 000	
资产减值损失		309 000	
加：公允价值变动收益（损失以"－"号填列）		0	
投资收益（损失以"－"号填列）		15 000	
二、营业利润（亏损以"－"号填列）		3 215 000	
加：营业外收入		500 000	
减：营业外支出		220 400	
三、利润总额（亏损总额以"－"号填列）		3 494 600	
减：所得税费用		873 650	
四、净利润（净亏损以"－"号填列）		2 620 950	
五、每股收益：			
（一）基本每股收益			
（二）稀释每股收益			

知识库

企业收益计量理论

美国财务会计准则委员会(FASB,1976)指出:由于存在三种不同的企业收益计量理论,因而导致了三种不同的财务报表概念基础——资产负债观(asset-liability view)、收入费用观(revenue-expense view)也称损益观、收益观和非环接观(non-articulated view)。时至今日,认为资产负债表与收益表是各自独立的报表、其数据不需要环接的非环接观已为人们所摒弃(Wolk, 2004)。当前争论较多的是,在会计准则的制定中应当以资产负债观为指导理念、还是应当以收入费用观为指导理念。

资产负债观和收入费用观原本是计量企业收益的两种不同理论。资产负债观基于资产和负债的变动来计量收益,因此当资产的价值增加或是负债的价值减少时会产生收益;而收入费用观则通过收入与费用的直接配比来计量企业收益。按照收入费用观,会计上通常是在产生收益后再计量资产的增加或是负债的减少。简言之,资产负债观关注资产和负债的变动来计量收益,而收入费用观则先计量收益然后再将之分摊计入到相应的资产和负债中去。

人们将之引申到会计准则制定中,资产负债观即是指会计准则制定机构在制定规范某类交易或事项的会计准则时,总是首先定义并规范由该类交易或事项产生的相关资产和负债或其对相关资产和负债造成影响的确认和计量,然后再根据资产和负债的变化确认收益;而收入费用观则要求会计准则制定机构在准则制定过程中,首先考虑与某类交易或事项相关的收入和费用的直接确认与计量。

在资产负债观下,会计准则制定重在规范资产和负债的定义、确认和计量;与之相对应,收入费用观下,会计准则制定主要关注收益表要素的定义,把收益的确认和计量作为准则规范的首要内容,资产和负债的定义、确认和计量成为收益确定的副产品或曰过渡产物。两者在具体会计处理中的一个显著差异就是对未实现损益的会计处理:按照资产负债观,企业的收益是当期净资产的净增长额(不包括业主投资或派给业主款造成的净资产变动),收益的确定不需要考虑实现问题;收入费用观则直接确认已实现的每笔收入和费用,进而根据配比原则确定收益。与收入费用观相比而言,资产负债观更为注重交易或事项的实质,要求首先界定每笔交易或事项发生后对企业资产和负债变化的影响,确保了企业各时点上的资产和负债存量的真实准确,从源头上厘清该交易或事项对企业财务和经营状况产生的影响及后果,为确定某一期间流量概念的收入和费用提供了可靠的基础,最终采用一种财务报表使用者易于理解的方式在财务报告中反映这些交易或事项的结果,提供的收益总额信息相关性强;而收入费用观由于强调配比原则的运用,因此可以得到收益的明细数据。

两者在资产负债表与收益表之间关系的问题上取向截然不同:资产负债观认为,如果资产负债表信息不完整或不可靠,则收益表信息必然不完整且没用,因此认为资产负债表是会计准则规范的重点和一切会计核算的首要出发点;而收入费用观认为,即使资产负债表信息无效,收益表信息也可以保证完整有效,收益表信息能够满足财务报表使用者的绝大部分信息需求。因此,有人认为,资产负债观就是指资产负债表在相互环接的财务报表中居主导地位,而收入费用观则指收益表最为重要;也有人认为,没有必要区分资产负债观与收入费用观,称这种划分会使得人们将现行价值会计与资产负债观相联系,而将历史成本会计看作是收入费用观的体现。其实,这不过是资产负债观与收入费用观本质区别的一个外在直观的表象,据此就将资产负债观认定是资产负债表优于收益表或是在资产负债观与现行价值会计之间画等号的观点都是错误的。

资料来源:李勇等:《资产负债观与收入费用观比较研究:美国的经验与启示》,《会计研究》2005年第12期。

第四节　现金流量表的编制

一、现金概念的界定

(一)现金

现金是指企业库存现金以及可以随时用于支付的存款。具体包括库存现金、银行存款和其他货币资金。

(1)库存现金。库存现金是指企业持有的可随时用于支付的现金限额。它与会计核算中"现金"账户所包括的内容基本一致。

(2)银行存款。银行存款是指企业存在金融企业的可随时用于支付的存款。它与会计核算中"银行存款"账户所包括的内容基本一致,但也不完全一样,区别在于:如果存在金融企业中的款项中不能随时用于支付的存款,如不能随时用于支付的定期存款,不作为现金流量表中的现金。但提前通知金融企业便可支取的定期存款,则包括在现金流量表的现金范围内。

(3) 其他货币资金。其他货币资金是指企业存在金融企业有特定用途的资金。如外埠存款、银行汇票存款、银行本票存款、信用证保证金存款、信用卡存款等。

现金的概念,基本类似于会计核算中的货币资金。其差异主要体现在银行存款上。

(二) 现金等价物

现金等价物是指企业持有的期限短、流动性强、易于转换为已知金额的现金、价值变动风险很小的投资。其中,"期限短"一般是指从购买日起3个月内到期。例如,可在证券市场上流通的3个月内到期的短期债券等。

现金等价物虽然不是现金,但其支付能力与现金的差别不大,可视为现金。例如,企业为保证支付能力,手持必要的现金,为了不使现金闲置,可以购买短期债券,在需要现金时,随时可以变现。

现金等价物的定义本身,包含了判断一项投资是否属于现金等价物的四个条件:期限短、流动性强、易于转换为已知金额的现金、价值变动风险很小。其中,期限短、流动性强,强调了变现能力,而易于转换为已知金额的现金、价值变动风险很小,则强调了支付能力的大小。现金等价物通常包括3个月内到期的短期债券投资。权益性投资变现的金额通常不确定,因而不属于现金等价物。

【问题与思考 13-2】
企业准备3个月内出售的短期股票投资,是现金等价物吗?

二、现金流量的分类

现金流量指企业现金和现金等价物的流入和流出。在现金流量表中,现金及现金等价物被视为一个整体,企业现金(含现金等价物,下同)形式的转换不会产生现金的流入和流出。例如,企业从银行提取现金,是企业现金存放形式的转换,并未流出企业,不构成现金流量。同样,现金与现金等价物之间的转换也不属于现金流量。例如,企业用现金购买3个月内到期的国库券。根据企业业务活动的性质和现金流量的来源,现金流量表准则将企业一定期间产生的现金流量分为三类:经营活动现金流量、投资活动现金流量和筹资活动现金流量。

(一) 经营活动现金流量

经营活动是指企业投资活动和筹资活动以外的所有交易或事项。各类企业由于行业特点不同,对经营活动的认定存在一定差异。对于工商企业而言,经营活动主要包括销售商品、提供劳务、购买商品、接受劳务、支付税费等。对于商业银行而言,经营活动主要包括吸收存款、发放贷款、同业存放、同业拆借等。对于保险公司而言,经营活动主要包括原保险业务和再保险业务等。对于证券公司而言,经营活动主要包括自营证券、代理承销证券、代理兑付证券、代理买卖证券等。

(二)投资活动现金流量

投资活动是指企业长期资产的购建和不包括在现金等价物范围内的投资及其处置活动。长期资产是指固定资产、无形资产、在建工程、其他资产等持有期限在1年或一个营业周期以上的资产。这里所讲的投资活动,既包括实物资产投资,也包括金融资产投资。这里之所以将"包括在现金等价物范围内的投资"排除在外,是因为已经将包括在现金等价物范围内的投资视同现金。不同企业由于行业特点不同,对投资活动的认定也存在差异。例如,交易性金融资产所产生的现金流量,对于工商企业而言,属于投资活动现金流量;而对于证券公司而言,属于经营活动现金流量。

(三)筹资活动现金流量

筹资活动是指导致企业资本及债务规模和构成发生变化的活动。这里所说的资本,既包括实收资本(股本),也包括资本溢价(股本溢价);这里所说的债务,指对外举债,包括向银行借款、发行债券以及偿还债务等。通常情况下,应付账款、应付票据等属于经营活动,不属于筹资活动。

对于企业日常活动之外特殊的、不经常发生的特殊项目,如自然灾害损失、保险赔款、捐赠等,应当归并到相关类别中,并单独反映。例如,对于自然灾害损失和保险赔款,如果能够确指,属于流动资产损失,应当列入经营活动产生的现金流量;属于固定资产损失,应当列入投资活动产生的现金流量。如果不能确指,则可以列入经营活动产生的现金流量。捐赠收入和支出,可以列入经营活动。如果特殊项目的现金流量金额不大,则可以列入现金流量类别下的"其他"项目,不单列项目。

三、现金流量的列示

通常情况下,现金流量应当分别按照现金流入和现金流出总额列报,从而全面揭示企业现金流量的方向、规模和结构。但是,下列各项可以按照净额列报:

(1)代客户收取或支付的现金以及周转快、金额大、期限短项目的现金流入和现金流出。例如,证券公司代收的客户证券买卖交割费、印花税等,旅游公司代游客支付的房费、餐费、交通费、文娱费、行李托运费、门票费、票务费、签证费等费用。这些项目由于周转快,在企业停留的时间短,企业加以利用的余地比较小,净额更能说明其对企业支付能力、偿债能力的影响;反之,如果以总额反映,反而会对评价企业的支付能力和偿债能力、分析企业的未来现金流量产生误导。

（2）金融企业的有关项目主要指期限较短、流动性强的项目。对于商业银行而言，这些项目主要包括短期贷款发放与收回的贷款本金、活期存款的吸收与支付、同业存款和存放同业款项的存取、向其他金融企业拆借资金等；对于保险公司而言，这些项目主要包括再保险业务收到或支付的现金净额；对于证券公司而言，这些项目主要包括自营证券和代理业务收到或支付的现金净额等。

四、现金流量表的基本格式

现金流量表格式分别一般企业、商业银行、保险公司、证券公司等企业类型予以规定。企业应当根据其经营活动的性质，确定本企业适用的现金流量表格式。

政策性银行、信托投资公司、租赁公司、财务公司、典当公司应当执行商业银行现金流量表格式规定；如有特别需要，可以结合本企业的实际情况，进行必要调整和补充。

担保公司应当执行保险公司现金流量表格式规定；如有特别需要，可以结合本企业的实际情况，进行必要调整和补充。

资产管理公司、基金公司、期货公司应当执行证券公司现金流量表格式规定；如有特别需要，可以结合本企业的实际情况，进行必要调整和补充。

一般企业现金流量表格式如表 13-5 所示。

13-5 现 金 流 量 表

会企 03 表

编制单位： 年 月 金额单位：元

项 目	本期金额	上期金额
一、经营活动产生的现金流量		
销售商品、提供劳务收到的现金		
收到的税费返还		
收到其他与经营活动有关的现金		
经营活动现金流入小计		
购买商品、接受劳务支付的现金		
支付给职工以及为职工支付的现金		
支付的各项税费		
支付其他与经营活动有关的现金		
经营活动现金流出小计		
经营活动产生的现金流量净额		

（续表）

项　　　　目	本期金额	上期金额
二、投资活动产生的现金流量		
收回投资收到的现金		
取得投资收益收到的现金		
处置固定资产、无形资产和其他长期资产收回的现金		
处置子公司及其他营业单位收到的现金净额		
收到其他与投资活动有关的现金		
投资活动现金流入小计		
购建固定资产、无形资产和其他长期资产支付的现金		
投资支付的现金		
取得子公司及其他营业单位支付的现金净额		
支付其他与投资活动有关的现金		
投资活动现金流出小计		
投资活动产生的现金流量净额		
三、筹资活动产生的现金流量		
吸收投资收到的现金		
取得借款收到的现金		
收到其他与筹资活动有关的现金		
筹资活动现金流入小计		
偿还债务支付的现金		
分配股利、利润或偿付利息支付的现金		
支付其他与筹资活动有关的现金		
筹资活动现金流出小计		
筹资活动产生的现金流量净额		
四、汇率变动对现金及现金等价物的影响		
五、现金及现金等价物净增加额		
加：期初现金及现金等价物余额		
六、期末现金及现金等价物余额		

五、现金流量表的编制方法

(一)直接法和间接法

编制现金流量表时,列报经营活动现金流量的方法有两种:一是直接法,一是间接法。这两种方法通常也称为编制现金流量表的方法。

所谓直接法,是指按现金收入和现金支出的主要类别直接反映企业经营活动产生的现金流量的方法。如销售商品、提供劳务收到的现金,购买商品、接受劳务支付的现金等就是按现金收入和支出的类别直接反映的。在直接法下,一般是以利润表中的营业收入为起算点,调节与经营活动有关的项目的增减变动,然后计算出经营活动产生的现金流量。

所谓间接法,是指以净利润为起算点,调整不涉及现金的收入、费用、营业外收支等有关项目,剔除投资活动、筹资活动对现金流量的影响,据此计算出经营活动产生的现金流量的方法。由于净利润是按照权责发生制原则确定的,而且包括了与投资活动和筹资活动相关的收益和费用,将净利润调节为经营活动现金流量,实际上就是将按权责发生制原则确定的净利润调整为现金净流入,并剔除投资活动和筹资活动对现金流量的影响。

采用直接法编报的现金流量表,便于分析企业经营活动产生的现金流量的来源和用途,预测企业现金流量的未来前景;采用间接法编报现金流量表,便于将净利润与经营活动产生的现金流量净额进行比较,了解净利润与经营活动产生的现金流量差异的原因,从现金流量的角度分析净利润的质量。所以,现金流量表准则规定企业应当采用直接法编报现金流量表,同时要求在附注中提供以净利润为基础调节到经营活动现金流量的信息。

(二)工作底稿法或T形账户法

在具体编制现金流量表时,可以采用工作底稿法或T形账户法,也可以根据有关科目记录分析填列。

1. 工作底稿法

采用工作底稿法编制现金流量表,是以工作底稿为手段,以资产负债表和利润表数据为基础,对每一项目进行分析并编制调整分录,从而编制现金流量表。工作底稿法的程序是:

第一步,将资产负债表的期初数和期末数过入工作底稿的期初数栏和期末数栏。

第二步,对当期业务进行分析并编制调整分录。编制调整分录时,要以利润表项目为基础从"营业收入"开始,结合资产负债表项目逐一进行分析。在调整分录中,有关现金和现金等价物的事项,并不直接借记或贷记现金,而是分别记入"经营活动产生的现金流量"、"投资活动产生的现金流量"、"筹资活动产生的现金流量"有关项目。借记表示现金流入,贷记表示现金流出。

第三步,将调整分录过入工作底稿中的相应部分。

第四步,核对调整分录,借方、贷方合计数均已经相等,资产负债表项目期初数加减调整分录中的借贷金额以后,也等于期末数。

第五步,根据工作底稿中的现金流量表项目部分编制正式的现金流量表。

2. T形账户法

采用T形账户法编制现金流量表,是以T形账户为手段,以资产负债表和利润表数据为基础,对每一项目进行分析并编制调整分录,从而编制现金流量表。T形账户法的程序是:

第一步,为所有的非现金项目(包括资产负债表项目和利润表项目)分别开设T形账户,并将各自的期末期初变动数过入各相关账户。如果项目的期末数大于期初数,则将差额过入与项目余额相同的方向;反之,过入相反的方向。

第二步,开设一个大的"现金及现金等价物"T形账户,每边分为经营活动、投资活动和筹资活动三个部分,左边记现金流入,右边记现金流出。与其他账户一样,过入期末期初变动数。

第三步,以利润表项目为基础,结合资产负债表分析每一个非现金项目的增减变动,并据此编制调整分录。

第四步,将调整分录过入各T形账户,并进行核对。该账户借贷相抵后的余额与原先过入的期末期初变动数应当一致。

第五步,根据大的"现金及现金等价物"T形账户编制正式的现金流量表。

六、一般企业现金流量表各项目的编制方法

现金流量表的项目主要有经营活动产生的现金流量、投资活动产生的现金流量、筹资活动产生的现金流量、汇率变动对现金以及现金等价物的影响等。

(一)经营活动产生的现金流量有关项目的编制

1. 销售商品、提供劳务收到的现金

本项目反映企业销售商品、提供劳务实际收到的现金,包括销售收入和应向购买者收取的增值税销项税额。具体包括本期销售商品、提供劳务收到的现金,以及前期销售商品、提供劳务本期收到的现金和本期预收的款项,减去本期销售本期退回的商品和前期销售本期退回的商品支付的现金。企业销售材料和代购代销业务收到的现金,也在本项目反映。本项目可以根据"库存现金"、"银行存款"、"应收票据"、"应收账款"、"预收账款"、"主营业务收入"、"其他业务收入"账户的记录分析填列。

【例 13-1】 金欣股份有限公司本期销售一批商品,开出的增值税专用发票上注明的销售价款为 2 800 000 元,增值税销项税额为 476 000 元,以银行存款收讫;应收票据期初余额为 270 000 元,期末余额为 60 000 元;应收账款期初余额为 1 000 000 元,期末余额为 400 000 元;年度内核销的坏账损失为 20 000 元。另外,本期因商品质量问题发生退货,支付银行存款 30 000 元,货款已通过银行转账支付。

本期销售商品、提供劳务收到的现金计算如下:

本期销售商品收到的现金	3 276 000
加:本期收到前期的应收票据(270 000—60 000)	210 000
本期收到前期的应收账款(1 000 000—400 000—20 000)	580 000
减:本期因销售退回支付的现金	30 000
本期销售商品、提供劳务收到的现金	4 036 000

2. 收到的税费返还

本项目反映企业收到返还的各种税费,如收到的增值税、营业税、所得税、消费税、关税和教育费附加返还款等。本项目可以根据"库存现金"、"银行存款"、"营业税金及附加"、"营业外收入"等账户的记录分析填列。

【例 13-2】 金欣股份有限公司前期出口商品一批,已交纳增值税,按规定应退增值税额 8 500 元,前期未退,本期以转账方式收讫;本期收到退回的营业税款 18 000 元、收到的教育费附加返还款 33 000 元,款项已存入银行。

本期收到的税费返还计算如下:

本期收到的出口退增值税额	8 500
加:收到的退营业税额	18 000
收到的退教育费附加返还额	33 000
本期收到的税费返还	59 500

3. 收到的其他与经营活动有关的现金

本项目反映企业除上述各项外,收到的其他与经营活动有关的现金,如罚款收入、经营租赁固定资产收到的现金、流动资产损失中由个人赔偿的现金收入、除税费返还外的其他政府补助收入等。其他与经营活动有关的现金,如果价值较大的,应单列项目反映。本项目可以根据"库存现金"、"银行存款"、"管理费用"、"销售费用"等账户的记录分析填列。

4. 购买商品、接受劳务支付的现金

本项目反映企业购买材料、商品、接受劳务实际支付的现金,包括支付的货款以及与货款一并支付的增值税进项税额。具体包括:本期购买商品、接受劳务支付的现金,以及本期支付前期购买商品、接受劳务的未付款项和本期预付款项,减去本期发生的购货退回收到的现金。为购置存货而发生的借款利息资本化部分,应在"分配股利、利润或偿付利息支付的现金"项目中反映。本项目可以根据"库存现金"、"银行存款"、"应付票据"、"应付账款"、"预付账款"、"主营业务成本"、"其他业务支出"等账户的记录分析填列。

【例 13-3】 金欣股份有限公司本期购买原材料,收到的增值税专用发票上注明的材料价款为 150 000 元,增值税进项税额为 25 500 元,款项已通过银行转账支付;本期支付应付票据 1 000 000 元;购买工程用物资 150 000 元,货款已通过银行转账支付。

本期购买商品、接受劳务支付的现金计算如下:

本期购买原材料支付的价款	150 000
加:本期购买原材料支付的增值税进项税额	25 500
本期支付的应付票据	100 000
本期购买商品、接受劳务支付的现金	275 500

5. 支付给职工以及为职工支付的现金

本项目反映企业实际支付给职工的现金以及为职工支付的现金,包括企业为获得职工提供的服务,本期实际给予各种形式的报酬以及其他相关支出,如支付给职工的工资、奖金、各种津贴和补贴等,以及为职工支付的其他费用,不包括支付给在建工程人员的工资。支付的在建工程人员的工资,在"购建固定资产、无形资产和其他长期资产所支付的现金"项目中反映。

企业为职工支付的医疗、养老、失业、工伤、生育等社会保险基金、补充养老保险、住房公积金,企业为职工交纳的商业保险金,因解除与职工劳动关系给予的补偿,现金结算的股份支付,以及企业支付给职工或为职工支付的其他福利费用等,应根据职工的工作性质和服务对象,分别在"购建固定资产、无形资产和其他长期资产所支付的现金"和"支付给职工以及为职工支付的现金"项目中反映。

本项目可以根据"库存现金"、"银行存款"、"应付职工薪酬"等账户的记录分析填列。

【例 13-4】 金欣股份有限公司本期实际支付工资 500 000 元,其中经营人员工资 300 000 元,在建工程人员工资 200 000 元。本期支付给职工以及为职工支付的现金为 300 000 元。

6. 支付的各项税费

本项目反映企业按规定支付的各项税费,包括本期发生并支付的税费,以及本期支付以前各期发生的税费和预交的税金,如支付的教育费附加、印花税、房产税、土地增值税、车船税、营业税、增值税、所得税等。不包括本期退回的增值税、所得税。本期退回的增值税、所得税等,在"收到的税费返还"项目中反映。本项目可以根据"应交税费"、"库存现金"、"银行存款"等账户分析填列。

【例13-5】 金欣股份有限公司本期向税务机关交纳增值税额34 000元,本期发生的所得税3 100 000元已全部交纳,企业期初未交所得税280 000元,期末未交所得税120 000元。

本期支付的各项税费计算如下:

本期支付的增值税额	34 000
加:本期发生并交纳的所得税额	3 100 000
前期发生本期交纳的所得税额(280 000－120 000)	160 000
本期支付的各项税费	3 294 000

7. 支付的其他与经营活动有关的现金

本项目反映企业除上述各项目外,支付的其他与经营活动有关的现金,如罚款支出、支付的差旅费、业务招待费、保险费、经营租赁支付的现金等。其他与经营活动有关的现金,如果金额较大的,应单列项目反映。本项目可以根据有关账户的记录分析填列。

(二) 投资活动产生的现金流量有关项目的编制

1. 收回投资收到的现金

本项目反映企业出售、转让或到期收回除现金等价物以外的交易性金融资产、持有至到期投资、可供出售金融资产、长期股权投资、投资性房地产而收到的现金,不包括债权性投资收回的利息、收回的非现金资产,以及处置子公司及其他营业单位收到的现金净额。债权性投资收回的本金,在本项目反映,债权性投资收回的利息,不在本项目中反映,而在"取得投资收益所收到的现金"项目中反映。处置子公司及其他营业单位收到的现金净额单设项目反映。本项目可以根据"交易性金融资产"、"持有至到期投资"、"可供出售金融资产"、"长期股权投资"、"投资性房地产"、"库存现金"、"银行存款"等账户的记录分析填列。

【例13-6】 金欣股份有限公司出售某项长期股权投资,收回的全部投资金额为480 000元;出售某项长期债权性投资,收回的全部投资金额为410 000元,其中,60 000元是债券利息。

本期收回投资所收到的现金计算如下:

收回长期股权投资金额	480 000
加:收回长期债权性投资本金(410 000－60 000)	350 000
本期收回投资所收到的现金	830 000

2. 取得投资收益收到的现金

本项目反映企业因股权性投资而分得的现金股利,从子公司、联营企业或合营企业分回利润而收到的现金,因债权性投资而取得的现金利息收入。股票股利不在本项目中反映;包括在现金等价物范围内的债券性投资,其利息收入在本项目中反映。本项目可以根据"应收股利"、"应收利息"、"投资收益"、"库存现金"、"银行存款"等账户的记录分析填列。

【例 13-7】 金欣股份有限公司期初长期股权投资余额 2 000 000 元,其中,1 500 000 万元投资于联营企业 A 企业,占其股本的 25%,采用权益法核算,另外 200 000 元和 300 000 元分别投资于 B 企业和 C 企业,各占接受投资企业总股本的 5% 和 10%,采用成本法核算;当年 A 企业盈利 2 000 000 元,分配现金股利 800 000 元,B 企业亏损没有分配股利,C 企业盈利 600 000 元,分配现金股利 200 000 元。企业已如数收到现金股利。

本期取得投资收益收到的现金计算如下:

取得 A 企业实际分回的投资收益(800 000×25%)	200 000
加:取得 B 企业实际分回的投资收益	0
取得 C 企业实际分回的投资收益(200 000×10%)	20 000
本期取得投资收益收到的现金	220 000

3. 处置固定资产、无形资产和其他长期资产收回的现金净额

本项目反映企业出售固定资产、无形资产和其他长期资产所取得的现金,减去为处置这些资产而支付的有关费用后的净额。处置固定资产、无形资产和其他长期资产所收到的现金与处置活动支付的现金,两者在时间上比较接近,以净额反映更能准确反映处置活动对现金流量的影响。由于自然灾害等原因所造成的固定资产等长期资产报废、毁损而收到的保险赔偿收入,在本项目中反映。如处置固定资产、无形资产和其他长期资产所收回的现金净额为负数,则应作为投资活动产生的现金流量,在"支付的其他与投资活动有关的现金"项目中反映。本项目可以根据"固定资产清理"、"库存现金"、"银行存款"等账户的记录分析填列。

【例 13-8】 金欣股份有限公司出售 1 台不需用设备,收到价款 30 000 元,该设备原价 40 000 元,已提折旧 15 000 元。支付该项设备拆卸费用 200 元,运输费用 80 元,设备已由购入单位运走。

本期处置固定资产、无形资产和其他长期资产所收回的现金净额计算如下:

本期出售固定资产收到的现金	30 000
减:支付出售固定资产的清理费用	(280)
本期处置固定资产、无形资产和其他长期资产所收回的现金净额	29 720

4. 处置子公司及其他营业单位收到的现金净额

本项目反映企业处置子公司及其他营业单位所取得的现金减去子公司或其他营业单位持有的现金和现金等价物以及相关处置费用后的净额。本项目可以根据有关账户的记录分析填列。

整体处置一个单位,其结算方式是多种多样的。企业处置子公司及其他营业单位是整体交易,子公司和其他营业单位可能持有现金和现金等价物。这样,整体处置子公司或其他营业单位的现金流量,就应以处置价款中收到现金的部分减去子公司或其他营业单位持有的现金和现金等价物以及相关处置费用后的净额反映。

现金流量表准则要求企业在附注中以总额披露当期取得或处置子公司及其他营业单位的下列信息:

(1) 取得或处置价格。
(2) 取得或处置价格中以现金支付的部分。
(3) 取得或处置子公司及其他营业单位所取得的现金。
(4) 取得或处置子公司及其他营业单位按主要类别分类的非现金资产和负债。

处置子公司及其他营业单位收到的现金净额如为负数,则将该金额填列至"支付其他与投资活动有关的现金"项目中。

5. 收到的其他与投资活动有关的现金

本项目反映企业除上述各项目外,收到的其他与投资活动有关的现金。其他与投资活动有关的现金,如果价值较大的,应单列项目反映。本项目可以根据有关账户的记录分析填列。

6. 购建固定资产、无形资产和其他长期资产支付的现金

本项目反映企业购买、建造固定资产,取得无形资产和其他长期资产支付的现金,包括购买机器设备所支付的现金及增值税款、建造工程支付的现金、支付在建工程人员的工资等现金支出,不包括为购建固定资产、无形资产和其他长期资产而发生的借款利息资本化部分,以及融资租入固定资产所支付的租赁费。为购建固定资产、无形资产和其他长期资产而发生的借款利息资本化部分,在"分配股利、利润或偿付利息支付的现金"项目中反映;融资租入固定资产所支付的租赁费,在"支付的其他与筹资活动有关的现金"项目中反映,不在本项目中反映。本项目可以根据"固定资产"、"在建工程"、"工程物资"、"无形资产"、"库存现金"、"银行存款"等账户的记录分析填列。

【例 13-9】 金欣股份有限公司购入房屋 1 幢,价款 1 850 000 元,通过银行转账 1 800 000 元,其他价款用公司产品抵偿。为在建厂房购进建筑材料一批,价值

为160 000元,价款已通过银行转账支付。

本期购建固定资产、无形资产和其他长期资产支付的现金计算如下：

购买房屋支付的现金	1 800 000
加：为在建工程购买材料支付的现金	160 000
本期购建固定资产、无形资产和其他长期资产支付的现金	1 960 000

7. 投资支付的现金

本项目反映企业进行权益性投资和债权性投资所支付的现金,包括企业取得的除现金等价物以外的交易性金融资产、持有至到期投资、可供出售金融资产而支付的现金以及支付的佣金、手续费等交易费用。企业购买债券的价款中含有债券利息的,以及溢价或折价购入的,均按实际支付的金额反映。

企业购买股票和债券时,实际支付的价款中包含的已宣告但尚未领取的现金股利或已到付息期但尚未领取的债券利息,应在"支付的其他与投资活动有关的现金"项目中反映;收回购买股票和债券时支付的已宣告但尚未领取的现金股利或已到付息期但尚未领取的债券利息,应在"收到的其他与投资活动有关的现金"项目中反映。

本项目可以根据"交易性金融资产"、"持有至到期投资"、"可供出售金融资产"、"投资性房地产"、"长期股权投资"、"库存现金"、"银行存款"等账户的记录分析填列。

【例13-10】 金欣股份有限公司以银行存款2 000 000元投资于A企业的股票。此外,购买中国光大银行发行的金融债券,面值总额200 000元,票面利率8%,实际支付金额为204 000元。

本期投资所支付的现金计算如下：

投资于A企业的现金总额	2 000 000
投资于中国光大银行金融债券的现金总额	204 000
本期投资所支付的现金	2 204 000

8. 取得子公司及其他营业单位支付的现金净额

本项目反映企业取得子公司及其他营业单位购买出价中以现金支付的部分减去子公司或其他营业单位持有的现金和现金等价物后的净额。本项目可以根据有关账户的记录分析填列。

整体购买一个单位,其结算方式是多种多样的,如购买方全部以现金支付或一部分以现金支付而另一部分以实物清偿。同时,企业购买子公司及其他营业单位是整体交易,子公司和其他营业单位除有固定资产和存货外,还可能持有现金和现金等价物。这样,整体购买子公司或其他营业单位的现金流量,就应以购买出价中以现金支付的部分减去子公司或其他营业单位持有的现金和现金等价物后的净额反映,如为负数,应在"收到其他与投资活动有关的现金"项目中反映。

【例 13-11】 金欣股份有限公司购买丙企业一子公司,出价 150 000 元,全部以银行存款转账支付。该子公司的有关资料如表 13-6 所示。

表 13-6　　　　　　　　　　资产负债表(简表)

金额单位:元

资　　产	金　额	负债和所有者权益	金　额
现金及银行存款	15 000	短期借款	40 000
存货	30 000	应付账款	50 000
固定资产	150 000	长期应付款	20 000
长期股权投资	60 000	实收资本	120 000
其他资产	5 000	资本公积	20 000
		盈余公积	10 000
资产总额	260 000	负债和所有者权益总额	260 000

该子公司有 15 000 元的现金及银行存款,没有现金等价物,企业的实际现金流出为:

购买子公司出价	150 000
减:子公司持有的现金和现金等价物	(15 000)
购买子公司支付的现金净额	135 000

9. 支付的其他与投资活动有关的现金

本项目反映企业除上述各项目外,支付的其他与投资活动有关的现金。其他与投资活动有关的现金,如果价值较大的,应单列项目反映。本项目可以根据有关账户的记录分析填列。

(三) 筹资活动产生的现金流量有关项目的编制

1. 吸收投资收到的现金

本项目反映企业以发行股票、债券等方式筹集资金实际收到的款项净额(发行收入减去支付的佣金等发行费用后的净额)。以发行股票等方式筹集资金而由企业直接支付的审计、咨询等费用,不在本项目中反映,而在"支付的其他与筹资活动有关的现金"项目中反映;由金融企业直接支付的手续费、宣传费、咨询费、印刷费等费用,从发行股票、债券取得的现金收入中扣除,以净额列示。本项目可以根据

"实收资本(或股本)"、"资本公积"、"库存现金"、"银行存款"等账户的记录分析填列。

【例 13-12】 金欣股份有限公司对外公开募集股份 1 000 000 股,每股 1 元,发行价每股 1.1 元,代理发行的证券公司为其支付的各种费用,共计 15 000 元。此外,金欣股份有限公司为建设一新项目,批准发行 2 000 000 元的长期债券。与证券公司签署的协议规定:该批长期债券委托证券公司代理发行,发行手续费为发行总额的 3.5%,宣传及印刷费由证券公司代为支付,并从发行总额中扣除。该企业至委托协议签署为止,已支付咨询费、公证费等 5 800 元。证券公司按面值发行,价款全部收到,支付宣传及印刷费等各种费用 11 420 元。按协议将发行款划至企业在银行的存款账户上。

本期吸收投资收到的现金计算如下:

发行股票取得的现金	1 085 000
其中:发行总额(1 000 000×1.1)	1 100 000
减:发行费用	15 000
发行债券取得的现金	1 918 580
其中:发行总额	2 000 000
减:发行手续费(2 000 000×3.5%)	70 000
证券公司代付的各种费用	11 420
本期吸收投资收到的现金	3 003 580

本例中,已支付的咨询费、公证费等 5 800 元,应在"支付的其他与筹资活动有关的现金"项目中反映。

2. 借款收到的现金

本项目反映企业举借各种短期、长期借款而收到的现金。本项目可以根据"短期借款"、"长期借款"、"交易性金融负债"、"应付债券"、"库存现金"、"银行存款"等账户的记录分析填列。

3. 收到的其他与筹资活动有关的现金

本项目反映企业除上述各项目外,收到的其他与筹资活动有关的现金。其他与筹资活动有关的现金,如果价值较大的,应单列项目反映。本项目可根据有关账户的记录分析填列。

4. 偿还债务所支付的现金

本项目反映企业以现金偿还债务的本金,包括归还金融企业的借款本金、偿付企业到期的债券本金等。企业偿还的借款利息、债券利息,在"分配股利、利润或偿付利息所支付的现金"项目中反映,不在本项目中反映。本项目可以根据"短期借款"、"长期借款"、"交易性金融负债"、"应付债券"、"库存现金"、"银行存款"等账户的记录分析填列。

5. 分配股利、利润或偿付利息支付的现金

本项目反映企业实际支付的现金股利、支付给其他投资单位的利润或用现金支付的借款利息、债券利息。不同用途的借款，其利息的开支渠道不一样，如在建工程、财务费用等，均在本项目中反映。本项目可以根据"应付股利"、"应付利息"、"利润分配"、"财务费用"、"在建工程"、"制造费用"、"研发支出"、"库存现金"、"银行存款"等账户的记录分析填列。

【例 13-13】 金欣股份有限公司期初应付现金股利为 21 000 元，本期宣布并发放现金股利 50 000 元，期末应付现金股利 12 000 元。

本期分配股利、利润或偿付利息所支付的现金计算如下：

本期宣布并发放的现金股利	50 000
加：本期支付的前期应付股利（21 000－12 000）	9 000
本期分配股利、利润或偿付利息支付的现金	59 000

6. 支付的其他与筹资活动有关的现金

本项目反映企业除上述各项目外，支付的其他与筹资活动有关的现金，如以发行股票、债券等方式筹集资金而由企业直接支付的审计、咨询等费用，融资租赁所支付的现金、以分期付款方式构建固定资产以后各期支付的现金等。其他与筹资活动有关的现金，如果价值较大的，应单列项目反映。本项目可以根据有关账户的记录分析填列。

（四）汇率变动对现金的影响

编制现金流量表时，应当将企业外币现金流量以及境外子公司的现金流量折算成记账本位币。现金流量表准则规定，外币现金流量以及境外子公司的现金流量，应当采用现金流量发生日的即期汇率或按照系统合理的方法确定的、与现金流量发生日即期汇率近似的汇率折算。汇率变动对现金的影响额应当作为调节项目，在现金流量表中单独列报。

汇率变动对现金的影响，指企业外币现金流量及境外子公司的现金流量折算成记账本位币时，所采用的是现金流量发生日的汇率或按照系统合理的方法确定的、与现金流量发生日即期汇率近似的汇率，而现金流量表"现金及现金等价物净增加额"项目中外币现金净增加额是按资产负债表日的即期汇率折算。这两者的差额即为汇率变动对现金的影响。

【例 13-14】 金欣股份有限公司当期出口商品一批，售价 10 000 美元。假设销售实现时的汇率为 1∶7.91，收汇当日汇率为 1∶7.90；当期进口货物一批，价值

5 000美元,结汇当日汇率为1:7.92,资产负债表日的即期汇率为1:7.93;当期没有其他业务发生。

汇率变动对现金的影响额计算如下:

经营活动流入的现金	10 000(美元)
汇率变动(7.93－7.90)	×0.03
汇率变动对现金流入的影响额	300(元)
经营活动流出的现金	5 000(美元)
汇率变动(7.93－7.92)	×0.01
汇率变动对现金流出的影响额	50(元)
汇率变动对现金的影响额	250(元)

现金流量表中:

经营活动流入的现金	79 000
经营活动流出的现金	39 600
经营活动产生的现金流量净额	39 400
汇率变动对现金的影响额	250
现金及现金等价物净增加额	39 600

现金流量表补充资料中:

现金及现金等价物净增加情况:

银行存款的期末余额(5 000×7.93)	39 600
银行存款的期初余额	0
现金及现金等价物净增加额	39 650

从上例可以看出,现金流量表"现金及现金等价物净增加额"项目数额与现金流量表补充资料中"现金及现金等价物净增加额"数额相等,应当核对相符。在编制现金流量表时,对当期发生的外币业务,也可不必逐笔计算汇率变动对现金的影响,可以通过现金流量表补充资料中"现金及现金等价物净增加额"数额与现金流量表中"经营活动产生的现金流量净额"、"投资活动产生的现金流量净额"、"筹资活动产生的现金流量净额"三项之和比较,其差额即为"汇率变动对现金的影响额"。

第五节 所有者权益变动表的编制

一、所有者权益变动表列报的内容

所有者权益变动表应当反映构成所有者权益的各组成部分当期的增减变动情

况。当期损益直接计入所有者权益的利得和损失,以及与所有者(或股东,下同)的资本交易导致的所有者权益的变动,应当分别列示。

所有者权益变动表至少应当单独列示反映下列信息的项目:
(1) 净利润。
(2) 直接计入所有者权益的利得和损失项目及其总额。
(3) 会计政策变更和差错更正的累积影响金额。
(4) 所有者投入资本和向所有者分配利润等。
(5) 按照规定提取的盈余公积。
(6) 实收资本(或股本)、资本公积、盈余公积、未分配利润的期初数和期末数余额及其调节情况。

权益的增减变动直接反映了主体在一定期间的总收益和总费用,按准则规定的格式内容列报权益的增减变动。

二、一般企业所有者权益变动表的列报方法

(一) 所有者权益变动表各项目的列报说明

(1) "上年年末余额"项目,反映企业上年资产负债表中实收资本(或股本)、资本公积、盈余公积、未分配利润的年末余额。

(2) "会计政策变更"和"前期差错更正"项目,分别反映企业采用追溯调整法处理的会计政策变更的累积影响金额和采用追溯重述法处理的会计差错更正的累积影响金额。

为了体现会计政策变更和前期差错更正的影响,企业应当在上期期末所有者权益余额的基础上进行调整得出本期期初所有者权益,根据"盈余公积"、"利润分配"、"以前年度损益调整"等账户的发生额分析填列。

(3) "本年增减变动额"项目分别反映如下内容:

(a) "净利润"项目,反映企业当年实现的净利润(或净亏损)金额,并对应列在"未分配利润"栏。

(b) "直接计入所有者权益的利得和损失"项目,反映企业当年直接计入所有者权益的利得和损失金额。其中:

"可供出售金融资产公允价值变动净额"项目,反映企业持有的可供出售金额资产当年公允价值变动的金额,并对应列在"资本公积"栏。

"权益法下被投资单位其他所有者权益变动的影响"项目,反映企业对按照权益法核算的长期股权投资,在被投资单位除当年实现的净损益以外其他所有者权益当年变动中应享有的份额,并对应列在"资本公积"栏。

"与计入所有者权益项目相关的所得税影响"项目,反映企业根据《企业会计准

则第18号——所得税》规定应计入所有者权益项目的当年所得税影响金额,并对应列在"资本公积"栏。

(c)"净利润"和"直接计入所有者权益的利得和损失"小计项目,反映企业当年实现的净利润(或净亏损)金额和当年直接计入所有者权益的利得和损失金额的合计数。

(d)"所有者投入和减少资本"项目,反映企业当年所有者投入的资本和减少的资本。其中:

"所有者投入资本"项目,反映企业接受投资者投入形成的实收资本(或股本)和资本溢价或股本溢价,并对应列在"实收资本"和"资本公积"栏。

"股份支付计入所有者权益的金额"项目,反映企业处于等待期中的权益结算的股份支付当年计入资本公积的金额,并对应列在"资本公积"栏。

(e)"利润分配"下各项目,反映当年对所有者(或股东)分配的利润(或股利)金额和按照规定提取的盈余公积金额,并对应列在"未分配利润"和"盈余公积"栏。其中:

"提取盈余公积"项目,反映企业按照规定提取的盈余公积。

"对所有者(或股东)的分配"项目,反映对所有者(或股东)分配的利润(或股利)金额。

(f)"所有者权益内部结转"下各项目,反映不影响当年所有者权益总额的所有者权益各组成部分之间当年的增减变动,包括资本公积转增资本(或股本)、盈余公积转增资本(或股本)、盈余公积弥补亏损等项金额。为了全面反映所有者权益各组成部分的增减变动情况,所有者权益内部结转也是所有者权益变动表的重要组成部分,主要指不影响所有者权益总额、所有者权益的各组成部分当期的增减变动。其中:

"资本公积转增资本(或股本)"项目,反映企业以资本公积转增资本或股本的金额。

"盈余公积转增资本(或股本)"项目,反映企业以盈余公积转增资本或股本的金额。

"盈余公积弥补亏损"项目,反映企业以盈余公积弥补亏损的金额。

(二)上年金额栏的列报方法

所有者权益变动表"上年金额"栏内各项数字,应根据上年度所有者权益变动表"本年金额"栏内所列数字填列。如果上年度所有者权益变动表规定的各个项目的名称和内容同本年度不相一致,应对上年度所有者权益变动表各项目的名称和数字按本年度的规定进行调整,填入所有者权益变动表"上年金额"栏内。

表13-7

所有者权益变动表

编制单位： 年度 会企04表
金额单位：元

项目	本年金额						上年金额					
	实收资本（或股本）	资本公积	减：库存股	盈余公积	未分配利润	所有者权益合计	实收资本（或股本）	资本公积	减：库存股	盈余公积	未分配利润	所有者权益合计
一、上年年末余额												
加：会计政策变更												
前期差错更正												
二、本年年初余额												
三、本年增减变动金额（减少以"-"号填列）												
（一）净利润												
（二）直接计入所有者权益的利得和损失												
1. 可供出售金融资产公允价值变动净额												
2. 权益法下被投资单位其他所有者权益变动的影响												
3. 与计入所有者权益项目相关的所得税影响												
4. 其他												
上述（一）和（二）小计												

(续表)

项　目	本　年　金　额					上　年　金　额				
	实收资本（或股本）	资本公积	减：库存股	盈余公积	未分配利润	所有者权益合计	实收资本（或股本）	资本公积	减：库存股	盈余公积	未分配利润	所有者权益合计
（三）所有者投入和减少资本												
1. 所有者投入资本												
2. 股份支付计入所有者权益的金额												
3. 其他												
（四）利润分配												
1. 提取盈余公积												
2. 对所有者（或股东）的分配												
3. 其他												
（五）所有者权益内部结转												
1. 资本公积转增资本（或股本）												
2. 盈余公积转增资本（或股本）												
3. 盈余公积弥补亏损												
4. 其他												
四、本年年末余额												

(三) 本年金额栏的列报方法

所有者权益变动表"本年金额"栏内各项数字一般应根据"实收资本(或股本)"、"资本公积"、"盈余公积"、"利润分配"、"库存股"、"以前年度损益调整"等账户的发生额分析填列。

企业的净利润及其分配情况作为所有者权益变动的组成部分,不需要单独设置利润分配表列示。

所有者权益变动表如表 13-7 所示。

第六节 财务报表附注的编制

一、概述

财务报表附注应当提供关于财务报表的编制基础和企业针对重要经济业务采用的会计政策和会计估计的说明、对财务报表中重要项目的进一步解释,以及未在财务报表中列示但国家统一的会计制度要求披露,或有助于准确、完整地理解财务报表的信息。

财务报表附注应当按照一定的方式披露。财务报表中的项目应当与财务报表附注中的相关信息相互参照。财务报表附注应当按照下列顺序披露:

(1) 财务报表的编制基础。
(2) 遵循企业会计准则的声明。
(3) 重要会计政策的说明,包括财务报表项目的计量基础和会计政策的确定依据等。
(4) 重要会计估计的说明,包括下一会计期间内很可能导致资产和负债账面价值重大调整的会计估计的确定依据等。
(5) 会计政策和会计估计变更以及差错更正的说明。在决定一项特定的会计政策或估计是否应予披露时,企业应考虑披露是否有助于使用者理解交易或其他事项如何在财务报表中反映的。当企业在国家统一的会计制度中选择特定的会计政策时,披露这些会计政策对报表使用者尤为有用。例如,企业应披露是按照先进先出法、加权平均法,还是个别计价法计量存货的后进先出法(已不采用)。另外,企业在确定是否披露一项特定的会计政策时,应考虑其经营的性质和政策,如当企业拥有重要的国外经营或外币交易时,企业应披露确认汇兑损益的会计政策。
(6) 对已在资产负债表、利润表、所有者权益变动表和现金流量表中列示的重要项目的进一步说明,包括终止经营税后利润的金额及其构成情况等。

(7) 或有事项和承诺事项、资产负债表日后非调整事项、关联方关系及其交易等需要说明的事项。

此外，对重要资产转让及其出售、企业合并与分立、重大投资与融资活动、财务报表重要项目等事项说明，以及其他有助于理解和分析财务报表需要说明的其他事项，也应在附注中披露。

同时，企业应当在附注中披露在资产负债表日后、财务报表批准报出日前提议或宣布发放的股利总额和每股股利金额（或分配给投资者的利润总额）。

下列各项没有在与财务报表一起公布的其他信息中披露的，企业应当在附注中披露：

(1) 企业注册地、组织形式和总部地址。
(2) 企业的业务性质和主要经营活动。
(3) 母公司以及集团最终母公司的名称。

财务报表附注分别按一般企业、商业银行、保险公司、证券公司等企业类型予以规定。企业应当根据其经营活动的性质，确定本企业适用的财务报表格式和附注。

除不存在的项目外，企业应当按照具体准则及应用指南规定的报表格式进行列报。

政策性银行、信托投资公司、租赁公司、财务公司、典当公司应当执行商业银行财务报表格式和附注规定，如有特别需要，可以结合本企业的实际情况，进行必要调整和补充。

担保公司应当执行保险公司财务报表格式和附注规定，如有特别需要，可以结合本企业的实际情况，进行必要调整和补充。

资产管理公司、基金公司、期货公司应当执行证券公司财务报表格式和附注规定，如有特别需要，可以结合本企业的实际情况，进行必要调整和补充。

二、附注内容及披露说明

企业应当按照《企业会计准则第1号——存货》等38项具体会计准则要求，在附注中至少披露下列内容。但是，非重要项目除外。

企业金融工具业务重大的，应当比照商业银行附注中相关规定进行披露。

（一）企业的基本情况

企业的基本情况包括：
(1) 企业注册地、组织形式和总部地址。
(2) 企业的业务性质和主要经营活动。
(3) 母公司以及集团最终母公司的名称。

(4) 财务报告的批准报出者和财务报告批准报出日。按照有关法律、行政法规等规定，企业所有者或其他方面有权对报出的财务报告进行修改的事实。

（二）财务报表的编制基础

财务报表的编制基础包括：

(1) 会计年度。

(2) 记账本位币。

(3) 会计计量所运用的计量基础。

(4) 现金和现金等价物的构成。

（三）遵循企业会计准则的声明

企业应当明确说明编制的财务报表符合《企业会计准则》体系的要求，真实、公允地反映了企业的财务状况、经营成果和现金流量。

（四）重要会计政策和会计估计

企业应当披露重要的会计政策和会计估计，不具有重要性的会计政策和估计可以不披露。判断会计政策和会计估计是否重要，应当考虑与会计政策或会计估计相关项目的性质和金额。

企业应当披露会计政策的确定依据。例如，如何判断持有的金融资产为持有至到期的投资而不是交易性投资；对于拥有的持股不足50％的企业，如何判断企业拥有控制权并因此将其纳入合并范围；如何判断与租赁资产相关的所有风险和报酬已转移给企业，以及投资性房地产的判断标准；等等。这些判断对报表中确认的项目金额具有重要影响。

企业应当披露会计估计中所采用的关键假设和不确定因素的确定依据。例如，固定资产可收回金额的计算需要根据其公允价值减去处置费用后的净额与预计未来现金流量的现值两者之间的较高者确定；在计算资产预计未来现金流量的现值时需要对未来现金流量进行预测，选择适当的折现率，并应当在附注中披露未来现金流量预测所采用的假设及其依据、所选择的折现率的合理性；等等。

企业应当披露的重要会计政策如下。

1. 存货

(1) 确定发出存货成本所采用的方法。

(2) 可变现净值的确定方法。

(3) 存货跌价准备的计提方法。

2. 投资性房地产

(1) 投资性房地产的计量模式。

(2) 采用公允价值模式的，投资性房地产公允价值的确定依据和方法。

3. 固定资产

(1) 固定资产的确认条件和计量基础。

(2) 固定资产的折旧方法。

4. 生物资产

各类生产性生物资产的折旧方法。

5. 无形资产

(1) 使用寿命有限的无形资产的使用寿命的估计情况。

(2) 使用寿命不确定的无形资产的使用寿命不确定的判断依据。

(3) 无形资产的摊销方法。

(4) 企业判断无形项目支出满足资本化条件的依据。

6. 资产减值

(1) 资产或资产组可收回金额的确定方法。

(2) 可收回金额按照资产组的公允价值减去处置费用后的净额确定的,确定公允价值减去处置费用后的净额的方法、所采用的各关键假设及其依据。

(3) 可收回金额按照资产组预计未来现金流量的现值确定的,预计未来现金流量的各关键假设及其依据。

(4) 分摊商誉到不同资产组采用的关键假设及其依据。

7. 股份支付

权益工具公允价值的确定方法。

8. 债务重组

(1) 债务人债务重组中转让的非现金资产的公允价值、由债务转成的股份的公允价值和修改其他债务条件后债务的公允价值的确定方法及依据。

(2) 债权人债务重组中受让的非现金资产的公允价值、由债权转成的股份的公允价值和修改其他债务条件后债权的公允价值的确定方法及依据。

9. 收入

收入确认所采用的会计政策,包括确定提供劳务交易完工进度的方法。

10. 建造合同

确定合同完工进度的方法。

11. 所得税

确认递延所得税资产的依据。

12. 外币折算

企业及其境外经营选定的记账本位币及选定的原因,记账本位币发生变更的理由。

13. 金融工具

(1) 对于指定为以公允价值计量且其变动计入当期损益的金融资产或金融负债,应当披露下列信息:

(a) 指定的依据。

(b) 指定的金融资产或金融负债的性质。

(c) 指定后如何消除或明显减少原来由于该金融资产或金融负债的计量基础不同所导致的相关利得或损失在确认或计量方面不一致的情况,以及是否符合企业正式书面文件载明的风险管理或投资策略的说明。

(2) 指定金融资产为可供出售金融资产的条件。

(3) 确定金融资产已发生减值的客观依据以及计算确定金融资产减值损失所使用的具体方法。

(4) 金融资产和金融负债的利得和损失的计量基础。

(5) 金融资产和金融负债终止确认条件。

(6) 其他与金融工具相关的会计政策。

14. 租赁

(1) 承租人分摊未确认融资费用所采用的方法。

(2) 出租人分配未实现融资收益所采用的方法。

15. 石油天然气开采

(1) 探明矿区权益、井及相关设施的折耗方法和减值准备的计提方法。

(2) 与油气开采活动相关的辅助设备及设施的折旧方法和减值准备计提方法。

16. 企业合并

(1) 属于同一控制下企业合并的判断依据。

(2) 非同一控制下企业合并成本的公允价值的确定方法。

17. 其他

(五) 会计政策和会计估计变更以及差错更正的说明

(1) 会计政策变更的性质、内容和原因。

(2) 当期和各个列报前期财务报表中受影响的项目名称和调整金额。

(3) 会计政策变更无法进行追溯调整的事实和原因以及开始应用变更后的会计政策的时点、具体应用情况。

(4) 会计估计变更的内容和原因。

(5) 会计估计变更对当期和未来期间的影响金额。

(6) 会计估计变更的影响数不能确定的事实和原因。

(7) 前期差错的性质。

(8) 各个列报前期财务报表中受影响的项目名称和更正金额;前期差错对当期财务报表也有影响的,还应披露当期财务报表中受影响的项目名称和金额。

(9) 前期差错无法进行追溯重述的事实和原因以及对前期差错开始进行更正的时点、具体更正情况。

(六)重要报表项目的说明

企业应当尽可能以列表形式披露重要报表项目的构成或当期增减变动情况。

对重要报表项目的明细说明,应当按照资产负债表、利润表、现金流量表、所有者权益变动表的顺序以及报表项目列示的顺序进行披露,应当以文字和数字描述相结合进行披露,并与报表项目相互参照。

本 章 小 结

本章主要讲述了财务会计报告的概念及编制要求。详细地介绍资产负债表、利润表和现金流量表的格式和编制方法以及财务报表附注的编制。

资产负债表是反映企业在某一特定日期的财务状况的财务报表。资产负债表主要提供有关企业财务状况方面的信息,即某一特定日期关于企业资产、负债、所有者权益及其相互关系。通常资产负债表的各项目均需填列"年初余额"和"期末余额"两栏。资产负债表中的"年初余额"栏内的各项数字,应根据上年末资产负债表"期末余额"栏内所列数字填列。如果本年度资产负债表规定的各个项目的名称和内容与上年度不一致,应对上年度末的资产负债表各项目的名称和数字按照本年度的规定进行调整,填入报表中的"年初数"栏内。资产负债表中"期末余额"栏内各项数字,一般应根据资产、负债和所有者权益类账户的期末余额填列。

利润表是反映企业在一定会计期间的经营成果的财务报表。利润表的列报必须充分反映企业经营业绩的主要来源和构成,有助于使用者判断净利润的质量及其风险,有助于使用者预测净利润的持续性,从而作出正确的决策。利润表中的"上期金额"在编制年度财务报告时,填列上年全年累计实际发生数;在编报中期财务报告时,填列上年同期累计实际发生数。如果上年度利润表与本年度利润表的项目名称和内容不相一致,应对上年度利润表项目的名称和数字按本年度的规定进行调整,填入本表"上期金额"栏。利润表中的"本期金额"栏反映各项目自年初起至报告期末止的累积实际发生数。

现金流量表的项目主要有经营活动产生的现金流量、投资活动产生的现金流量、筹资活动产生的现金流量、汇率变动对现金以及现金等价物的影响等。

复习思考题

1. 我国资产负债表的分类方法是什么？具体如何分类？
2. 什么是利润表？利润表反映的主要内容是什么？
3. 单步式利润表和多步式利润表各有哪些优缺点？
4. 什么是现金流量表？现金流量表的编制基础是什么？
5. 现金流量表中的投资活动与企业日常核算中的投资有何区别？

案例讨论题

下面是 ABC 公司 20×8 年 12 月 31 日的资产负债表和截至 20×8 年 12 月 31 日的利润表及现金流量表（见表 13-8、表 13-9、表 13-10）。

表 13-8　　　　　　　　　资产负债表
20×8 年 12 月 31 日　　　　　　　　金额单位：元

项　　目	20×8 年	20×7 年
资产		
库存现金	50 000	280 000
应收账款	920 000	700 000
存货	1 300 000	850 000
预付账款	40 000	60 000
固定资产	2 000 000	400 000
累计折旧	(200 000)	(100 000)
资产总计	4 110 000	2 190 000
负债和股东权益		
应付账款	490 000	440 000
应付所得税	150 000	40 000
预提费用	60 000	50 000
应付债券	1 650 000	200 000
普通股股本	1 060 000	960 000
留存收益	700 000	500 000
负债和股东权益总计	4 110 000	2 190 000

表 13-9 利 润 表

20×8年度12月31日   金额单位：元

项目	金额
营业收入	5 000 000
减费用：	
销售成本（包括折旧费 40 000）	3 100 000
销售和管理费用（包括折旧费 60 000）	800 000
利息费用（全部以现金支付）	110 000
费用合计	4 010 000
税前收益	990 000
所得税费用	300 000
净收益	690 000

附注：20×8年支付现金股利 490 000 万元。

表 13-10 现 金 流 量 表

20×8年度12月31日   金额单位：元

项　　　　目	金　　额
净利润	690 000
加：折旧费用	100 000
财务费用——利息费用	110 000
应付账款增加	50 000
应交所得税增加	10 000
应计负债增加	10 000
预付账款减少	20 000
减：应收账款增加	220 000
存货增加	450 000
经营活动产生的现金流量净额	320 000
投资活动的现金流量	
购置固定资产	-1 600 000

(续表)

项目	金额
投资活动的现金流量净额	−1 600 000
筹资活动的现金流量	
吸收权益性投资所得到的现金	100 000
发行债券所收到的现金	1 550 000
偿付利息所支付的现金	−110 000
分配股利所支付的现金	−490 000
筹资活动的现金流量净额	1 050 000
本期现金净增加额	−230 000

ABC公司总经理不能理解为什么公司在偿付当期债务方面存在困难,他注意到企业经营是不错的,因为营业收入不但翻了一番,而且公司20×8年获得的净利润为690 000元。

要求:如何对总经理作出一个合理的解释?

同 步 测 试 题

一、单项选择题

1. 某企业20×5年4月1日从银行借入期限为3年的长期借款400万元,编制20×7年12月31日资产负债表时,此项借款应填入的报表项目是(　　)。

　　A. 短期借款　　　　　　　　B. 长期借款

　　C. 其他长期负债　　　　　　D. 1年内到期的长期负债

2. 下列资产负债表项目中,可直接根据某个总账余额填列的是(　　)。

　　A. 货币资金　　　　　　　　B. 交易性金融资产

　　C. 存货　　　　　　　　　　D. 应收账款

3. 某企业"应付账款"账户月末贷方余额40 000元,其中,"应付甲公司账款"明细账户贷方余额35 000元,"应付乙公司账款"明细账户贷方余额5 000元;"预付账款"账户月末贷方余额30 000元,其中:"预付A工厂账款"明细账户贷方余额50 000元,"预付B工厂账款"明细账户借方余额20 000元。该企业月末资产负债表中"应付账款"账户的金额是(　　)元。

　　A. 90 000　　　B. 30 000　　　C. 40 000　　　D. 70 000

4. 某企业20×6年12月31日应收账款总账余额100万元,其中,应收A公司借方余额125万元,应收B公司贷方余额25万元,坏账准备贷方余额10万元,则在资产负债表应收账款项目中列示的金额是(　　)万元。

　　A. 125　　　　　B. 115　　　　　C. 100　　　　　D. 90

5. 企业20×6年10月31日生产成本借方余额50 000元,原材料借方余额30 000元,材料成本差异贷方余额500元,委托代销商品借方余额40 000元,工程物资借方余额10 000元,存货跌价准备贷方余额3 000元,则资产负债表"存货"账户的金额是(　　)元。

　　A. 116 500　　　B. 117 500　　　C. 119 500　　　D. 126 500

二、多项选择题

1. 下列资产负债表各项目中,属于流动负债的是(　　)。
　　A. 预收账款　　　　　　　　B. 其他应付款
　　C. 预付账款　　　　　　　　D. 1年内到期的长期借款

2. 资产负债表中"存货"项目的金额,应根据(　　)账户的余额分析填列。
　　A. 材料采购　　　　　　　　B. 材料成本差异
　　C. 发出商品　　　　　　　　D. 生产成本

3. 下列各项中,属于经营活动现金流量的是(　　)。
　　A. 销售商品收到的现金　　　B. 购买固定资产支付的现金
　　C. 吸收投资收到的现金　　　D. 偿还应付账款支付的现金

4. 资产满足下列条件之一的,应当归类为流动资产的是(　　)。
　　A. 预计在一个正常营业周期中变现、出售或耗用
　　B. 主要为交易目的而持有
　　C. 预计在资产负债表日起1年内(含1年,下同)变现
　　D. 在资产负债表日起1年内,交换其他资产或清偿负债的能力不受限制的现金或现金等价物

5. 所有者权益变动表列示的内容包括(　　)。
　　A. 直接计入所有者权益的利得和损失项目及其总额
　　B. 会计政策变更和差错更正的累积影响金额
　　C. 所有者投入资本和向所有者分配利润等
　　D. 按照规定提取的盈余公积

三、判断题

1. 财务报表是对企业财务状况、经营成果和现金流量的结构性表述。(　　)

2. 企业应当以持续经营为基础,根据实际发生的交易或事项,按照《企业会计准则——基本准则》和其他各项会计准则的规定进行确认和计量,在此基础上编制

财务报表。   （ ）

3. 企业不能以附注披露代替确认和计量。   （ ）

4. 性质或功能不同的项目,应当在财务报表中单独列报,不具有重要性的项目除外。   （ ）

5. 重要性应当根据企业所处环境,从项目金额大小方面加以判断。   （ ）

四、核算题

1. 甲公司20×7年12月31日结账后有关账户余额如表13-11所示。

表13-11　　　　　　　　　　有关账户余额表

金额单位:元

账 户 名 称	借 方 余 额	贷 方 余 额
应收账款	600	40
坏账准备——应收账款		80
预收账款	100	800
应付账款	20	400
预付账款	320	60

要求:根据上述资料,计算资产负债表中下列项目的金额:

(1) 应收账款。

(2) 预付款项。

(3) 应付款项。

(4) 预收款项。

2. 乙公司20×7年12月31日有关资料如下。

(1) 长期借款资料(见表13-12)。

表13-12　　　　　　　　　　长期借款情况

借款起始日期	借款期限(年)	金额(万元)
2007年1月1日	3	300
2005年1月1日	5	600
2004年6月1日	4	450

(2)"长期待摊费用"项目的期末余额为50万元,将于1年内摊销的数额为20万元。

要求:根据上述资料,计算资产负债表中下列项目的金额:

(1) 长期借款。

(2) 长期借款中应列入"一年内到期的非流动负债"项目的金额。
(3) 长期待摊费用。
(4) 长期待摊费用中应该列入"一年内到期的非流动资产"项目的金额。

3. 长江公司属于工业企业,为增值税一般纳税人,适用17%的增值税税率,售价中不含增值税。商品销售时,同时结转成本。本年利润采用表结法结转。20×8年有关账户1~11月的发生额如表13-13所示。

表13-13　　　　　　有关账户1~11月的发生额

金额单位:万元

账 户 名 称	借方余额	账 户 名 称	贷方余额
主营业务成本	1 000	主营业务收入	1 750
营业税金及附加	20	其他业务收入	50
其他业务成本	30	投资收益	40
销售费用	40	营业外收入	30
管理费用	250	公允价值变动损益	30
财务费用	20		
资产减值损失	80		
营业外支出	17		

20×8年12月份长江公司发生如下经济业务:

(1) 销售商品一批,增值税专用发票上注明的售价200万元,增值税额34万元,款项尚未收到。该批商品的实际成本为120万元。

(2) 本月发生应付职工薪酬150万元,其中生产工人工资100万元,车间管理人员工资10万元,厂部管理人员工资25万元,销售人员工资15万元。

(3) 本月收到增值税返还50万元。

(4) 本月摊销自用无形资产成本20万元。

(5) 本月主营业务应交城市维护建设税5万元、教育费附加0.5万元。

(6) 12月31日,某项交易性金融公允价值上升2万元。

(7) 12月31日,计提坏账准备5万元,计提存货跌价准备10万元。

(8) 该公司适用所得税税率为33%。假定本年应纳税所得额为500万元。

假定不考虑递延所得税的确认和计量。

要求:

(1) 编制长江公司20×8年12月份相关业务的会计分录。

(2) 编制长江公司20×8年度利润表(见表13-14)。

表 13-14 利 润 表

编制单位：长江公司　　　　　20×8年　　　　　金额单位：万元

项　目	本 期 金 额
一、营业收入	
减：营业成本	
营业税金及附加	
销售费用	
管理费用	
财务费用	
资产减值损失	
加：公允价值变动收益（损失以"－"号填列）	
投资收益（损失以"－"号填列）	
二、营业利润（亏损以"－"号填列）	
加：营业外收入	
减：营业外支出	
三、利润总额（亏损总额以"－"号填列）	
减：所得税费用	
四、净利润（净亏损以"－"号填列）	

【延伸阅读】

全面收益理论：一种全新的收益观

（一）经济学收益观

1776年，古典经济学家亚当·斯密提出了收益概念。他在《国富论》中将收益定义为"财富的增加"，"那部分不侵蚀资本的可予消费的数额"。1890年，艾·马歇尔在《经济学原理》中，首先将亚当·斯密的"财富的增加"这一收益观引入企业，提出了区分"实体资本"和"增值收益"的经济学收益思想。20世纪初，欧文·费雪进一步发展了收益理论。他在《资本与收益的性质》中，从收益的表现形式上分析了收益的概念，提出了三种不同形态的收益：① 精神收益——精神上获得的满足。② 货币收益——增加资产的货币价值。③ 实际收益——物质财富的增加。他还进一步指出，收益是补偿资本成本之后的一种增量，经济学家侧重于研究实际收益。1946年，J·R·希克斯在《价值与资本》中，把收益概念发展成为一般性的经济收益概念。他认为，收益是指在保持期末和期初同等富裕的情况下，可予消费的最大金额。由于希克斯没有明确说明什么叫"同等富裕"，因而这一收益概念构成了许多收益概念争论的基础，并对会计收益理论特别是资本保全理论产生了巨大影响。

从以上对经济学收益观的回顾可以看出，早期的收益计量从属于资产的计价，一般是通过重置成本会计或定期对期末资产进行估价来求得一定时期内资产的净增量，并以此作为当期收益，它是建立在"资产负债观"基础上的。

（二）传统会计学收益观

传统会计学收益观采用的是"收入费用观"，即会计核算在四大假设的基础上，按照权责发生制原则和配比原则，运用会计的专业方法，确定企业在一定会计期间实际经济交易的结果。其特征为"三位一体"，即遵循历史成本原则、配比原则和谨慎性原则。相对于经济学收益观来说，会计学收益观的应用优势更明显。它更具有客观性和可验证性，因此，会计学收益观得到了广泛接受。1968年，美国的鲍尔和布朗通过实证研究证实了会计收益具有信息含量。会计收益的产生和发展离不开人们对企业收益信息的需求。随着对会计收益确认、计量和分析的研究不断深入，人们从另一个角度认识到了传统会计收益所存在的缺陷，即会计收益没有考虑通货膨胀、持有利得、商誉以及它们价值变动对企业收益产生的影响，而只追求可靠性、可验证性和可计量性。会计界自20世纪50年代以来就开始注意吸收经济学收益观的某些合理内核，引导现代会计理论的收益观朝着经济学收益观方向发展。

20世纪70年代以后，各种金融工具及其衍生工具纷至沓来，跨国公司不断涌现，科学技术日新月异，企业的经营活动日趋复杂。使得过于保守的实现原则不利于对企业的经营业绩进行评价，历史成本原则无法体现资产的本质属性，无形资产拘于"三位一体"原则而无法入账，人为操纵利润的事件层出不穷，传统会计学收益观的种种缺陷迫使人们不得不重新审视会计收益理论。

（三）全面收益理论：一种全新的收益观

鉴于传统会计收益理论存在的缺陷，人们从决策有用观出发，认为当相关性与可靠性之间发生矛盾时，宁愿"牺牲一点可验证性而增加相关性"。学术界在不损害可靠性的前提下，遵循历史成本原则、配比原则和谨慎性原则，试图形成一种全新的收益理论。

1961年，爱德华兹和贝尔在《企业收益理论与计量方法》中肯定了经济学收益观的理论价值，将经济收益与会计收益相结合，提出了"企业收益"的概念，并进一步强调，任何完整的收益分析，都应考虑已实现的和未实现的持有利得，并按其来源进行分类。

1980年12月,美国财务会计准则委员会(FASB)在第3号财务会计概念公告中首次提出了全面收益这一全新概念,并将其定义为:企业在报告期内除去业主投资和分派业主款以外的交易、事项和情况所产生的一切权益(净资产)的变动。

1984年12月,FASB第5号财务会计概念公告再一次指出,全面收益的报告,应当成为一整套财务报表的组成部分。

1997年,FASB正式公布了第130号财务会计准则《报告全面收益》。全面收益包括净收益和其他全面收益。其中:净收益仍由收益表提供,只反映已确认及已实现的收入(利得)和费用(损失);其他全面收益则涵盖那些已确认但未实现、平时不记入收益表而在资产负债表部分表述的项目,包括外币折算调整项目、最低退休金负债调整、可销售证券的利得或损失。

为什么这些已确认但未实现的利得或损失不能在收益表中列报,而要增设第四张报表呢?这主要在于:① 这些已确认但未实现的利得或损失差不多都是持有损益,具有较大的不确定性。② 收益表中的净利润反映企业管理者当期的经营业绩和效率,是企业管理者年薪中奖励部分的计算依据,也是某些银行借款或债务重组债权人计算利息应采用利率的契约履行的条件。至此,报告全面收益的报表便成为美国企业财务报表体系中的第四张报表。

1998年6月,FASB又发布了第133号财务会计准则《衍生工具和套期保值活动的会计处理》,要求计量符合资产和负债定义的金融资产和金融负债,运用公允价值计量,并在当期损益或其他全面收益中确认有关用来避险的衍生工具的公允价值变化或现金流量的变化,包括对预期的以外币标价的交易进行避险的衍生工具的利得或损失。

2000年2月,FASB发布了第7号财务会计概念公告《在会计计量中应用现金流量信息与现值》。此公告为在初始确认或新开始计量时运用未来现金流量作为一项会计计量基础以及摊销的利息法提供了一个框架,提出了指导现值使用的一般原则,指出在初始确认和开始计量时,使用现值的唯一目的是估计公允价值。

20世纪90年代以来,国际会计准则委员会及英、法、澳等国纷纷颁布实施了业绩报告准则,引入公允价值计量属性,要求报告全面收益。1998年1月,国际会计准则委员会(IASC)与英国、美国、澳大利亚、加拿大的会计准则制定机构组成的四加一小集团(G4+1)提出,财务业绩应在单一的业绩报表中进行报告。1999年3月,IASC颁布了《国际会计准则第39号——金融工具:确认和计量》,要求将金融工具在财务报表中加以确认、计量和报告。IASC于2001年4月改组为国际会计准则理事会(IASB),并且制定了会计准则立项远景规划。业绩报告是其确定的旨在确保其主导地位、促进会计准则趋同化的四个项目之一,由IASB与英国会计准则委员会合作研究。这一项目主要涉及企业与所有者以外的其他各方之间的交易或事项所引起的资产和负债的变化如何在财务报告中列报的问题。

从以上全面收益理论的研究发展历程不难看出,西方各国关于全面收益理论的研究思路是一致的:全面收益的理想内涵为建立在"资产负债观"基础之上的报告期内企业与所有者以外的其他各方之间的交易或事项所引起的净资产的变动额;突破了收益表的局限,把全部已确认但未实现的利得或损失纳入财务报表中;很好地结合了"当期经营利润观"和"满计当期损益观",并加以应用;突破了传统会计收益的实现原则,引入了公允价值,使公允价值作为计量属性的使用成为一种必然的趋势。

资料来源:裘宗舜、张思群:《全面收益理论:一种全新的收益观》,《财会月刊》2004年第2期。

参 考 文 献

[1] 财政部会计资格评价中心. 中级会计实务[M]. 北京:经济科学出版社,2007.

[2] 财政部会计司编写组. 企业会计准则讲解 2006[M]. 北京:人民出版社,2007.

[3] 中华人民共和国财政部. 企业会计准则——应用指南 2006[M]. 北京:中国财政经济出版社,2006.

[4] 张天西,薛许军. 中级财务会计[M]. 上海:复旦大学出版社,2005.

[5] 戴德明. 新企业会计准则[M]. 北京:中国人民大学出版社,2007.

[6] 陈立军,崔凤鸣. 中级财务会计[M]. 大连:东北财经大学出版社,2007.

[7] 陈立军,崔凤鸣. 中级财务会计学习指导书[M]. 大连:东北财经大学出版社,2007.

[8] 中国注册会计师协会. 2007年度注册会计师全国统一考试辅导教材——会计[M]. 北京:中国财政经济出版社,2007.

[9] 刘永泽,陈立军. 中级财务会计[M]. 大连:东北财经大学出版社,2007.

[10] 朱学义. 中级财务会计[M]. 北京:机械工业出版社,2007.